普通高等教育“十四五”市场营销系列教材

市场营销学

（第3版）

主　编　符加林　陈　昱

副主编　魏蕾如　赵占恒　张卫宾　彭诗金

中国铁道出版社有限公司

2023年·北　京

内 容 简 介

本书依据新文科建设基本理念和要求，聚焦当前企业“数转智改”浪潮，着重突出营销理论体系的逻辑自洽性和营销创新实践的应用指导性，是面向新时代高等学校市场营销专业主干课程的教材。全书包括市场营销概论、市场营销环境、市场营销主体、市场营销战略、市场营销策略、市场营销管理六篇，分别重点讲述市场营销学的发展与基本概念、营销环境分析、以4P为核心的营销策略、营销管理的主要过程及典型的品牌管理等内容。六篇各有侧重又紧密贯通，反映了市场营销学的基本框架与主体内容，注重将营销理论与实际应用紧密结合，突出对基本概念、基本理论的讲解及学生实用技能的培养。

本书适合作为普通高等院校经济与管理类专业的教材，也可作为市场营销人员的学习参考和培训用书。

图书在版编目(CIP)数据

市场营销学/符加林，陈昱主编. —3版. —北京：中国铁道出版社有限公司，2023.12

普通高等教育“十四五”市场营销系列教材

ISBN 978-7-113-30140-8

Ⅰ.①市… Ⅱ.①符… ②陈… Ⅲ.①市场营销学-高等学校-教材 Ⅳ.①F713.50

中国国家版本馆CIP数据核字(2023)第062079号

书　　名：市场营销学
作　　者：符加林　陈　昱

策　　划：陆慧萍　　**编辑部电话：**(010) 63549508
责任编辑：陆慧萍　贾淑媛
封面设计：刘　颖
责任校对：苗　丹
责任印制：樊启鹏

出版发行：中国铁道出版社有限公司（100054，北京市西城区右安门西街8号）
网　　址：http://www.tdpress.com/51eds/
印　　刷：三河市宏盛印务有限公司
版　　次：2010年1月第1版　2023年12月第3版　2023年12月第1次印刷
开　　本：787 mm×1 092 mm 1/16　**印张：**19　**字数：**470千
书　　号：ISBN 978-7-113-30140-8
定　　价：52.00元

前言

迅猛发展的新科学技术持续推动新营销、新业态、新商业模式不断地迭代、发展，网络直播、IP 营销等数字化营销如火如荼，绿色营销、沉浸式体验营销等新营销理念成为营销关注的重要方向。为更及时、充分地适应营销理论与实践的新发展，让学生更快速、有效地掌握市场营销基本理论知识，理解、融入市场营销新实践新发展，本书进行了修订与更新。

新修订的第 3 版，理念上沿袭前版教材，特别注重将营销理论与实际应用紧密结合，突出对基本概念、基本理论的讲解及学生实用技能的培养。同时，呼应市场营销的新发展，对部分内容进行了调整，并更新了案例。编写采用易于掌握和分类学习的框架结构，全书内容包括市场营销概论、市场营销环境、市场营销主体、市场营销战略、市场营销策略、市场营销管理六篇，构成了市场营销学的基本框架。

本书力求体现如下特点：

第一，经典理论框架与前沿理论知识紧密结合。一方面遵循营销管理理论的一般逻辑框架，内容条理清晰、知识衔接流畅，便于初学者系统把握市场营销专业理论基础；另一方面，紧跟时代发展步伐，引入学科前沿知识，培养创新思维与学科思维能力，为学生将来在市场营销领域的研究和发展奠定坚实基础。

第二，专业知识培养与学生价值塑造紧密结合。不仅向学生传递系统的专业营销理论知识，还帮助学生更加清晰地理解企业营销实践与中国经济发展的内在关系。通过对营销知识单元中课程思政要素的挖掘与整合，引导学生养成正确的人生观、价值观和世界观，提升学生道德品质，完善自身人格。

第三，鲜明时代背景与典型企业实践紧密结合。在营销理论知识体系的整合过程中，始终坚持以数字经济时代为背景，强调“数转智改”这一最大的企业营销实践转向。同时注重书中案例选取的典型代表性，使学生在分析案例过程中把握专业知识、洞察时代特征、提升营销技能。

本书由郑州轻工业大学六位具有丰富教学及营销实践经验的老师通力合作共同完成，符加林博士和陈昱博士任主编，负责拟定全书大纲及统稿，魏蕾如博士、赵占恒博士、张卫宾副教授和彭诗金教授任副主编。具体写作分工如下：符加林负责编写第1章，彭诗金负责编写第2章，张卫宾负责编写第3、4、5、9、10、11章，陈昱负责编写第6、7、8、16章，魏蕾如负责编写第12、13、14、15章，赵占恒负责编写第17章。

本书编写过程中参考了很多专家的著作资料，并借鉴、吸收了其中的某些研究成果，在参考文献中详细列出了相应参考书目及其作者，在此向有关作者一并致以深切的谢意。

同时，本书也存在不足及疏漏之处，希望得到同行及读者们的批评指正。

编　者

2022年8月

目录

第一篇　市场营销概论

第1章　导　　论 …… 2
1.1　市场的演变及含义 …… 2
1.2　市场营销的内涵与核心概念 …… 5
1.3　市场营销管理的任务 …… 8
1.4　市场营销组合理论的扩充与演变 …… 10
1.5　市场营销的重要性 …… 15
小结 …… 17
复习题 …… 17
案例 …… 17
第2章　市场营销观念演变 …… 20
2.1　生产观念 …… 20
2.2　产品观念 …… 21
2.3　推销观念 …… 22
2.4　营销观念 …… 23
2.5　社会营销观念 …… 27
2.6　价值营销观念 …… 28
小结 …… 30
复习题 …… 31
案例 …… 31

第二篇　市场营销环境

第3章　市场营销环境分析 …… 36
3.1　市场营销环境分析的目的 …… 36
3.2　市场营销环境分析要素 …… 37
3.3　企业如何有效利用市场环境 …… 40

小结 …… 41
复习题 …… 42
案例 …… 42
第4章　市场营销宏观环境 …… 45
4.1　政治环境 …… 45
4.2　法律环境 …… 46
4.3　人口环境 …… 46
4.4　经济环境 …… 48
4.5　自然环境 …… 50
4.6　文化环境 …… 51
4.7　技术环境 …… 53
小结 …… 54
复习题 …… 54
案例 …… 54
第5章　市场营销微观环境 …… 60
5.1　企业 …… 60
5.2　供应者 …… 61
5.3　营销中介 …… 63
5.4　目标市场 …… 63
5.5　竞争者 …… 64
5.6　公众 …… 64
小结 …… 65
复习题 …… 66
案例 …… 66

第三篇　市场营销主体

第6章　消费者市场分析 …… 70
6.1　消费者市场 …… 70
6.2　影响消费者购买行为的因素 …… 73
6.3　消费者购买行为与决策 …… 84
小结 …… 86
复习题 …… 87
案例 …… 87
第7章　组织市场分析 …… 90
7.1　组织市场的类型与特点 …… 90
7.2　生产者市场 …… 94
7.3　中间商市场 …… 98

7.4 非营利组织市场和政府采购 …… 99
小结 …… 101
复习题 …… 102
案例 …… 102

第四篇 市场营销战略

第 8 章 市场营销调研与预测 …… 106
8.1 市场营销调研概述 …… 106
8.2 市场营销调研的基本方法 …… 109
8.3 问卷调查的设计 …… 112
8.4 市场数据处理 …… 115
8.5 市场预测 …… 118
小结 …… 129
复习题 …… 129
案例 …… 129
第 9 章 市场细分 …… 134
9.1 市场细分概念 …… 135
9.2 市场细分的依据 …… 136
9.3 市场细分程序 …… 140
9.4 有效细分的条件 …… 140
小结 …… 141
复习题 …… 141
案例 …… 141
第 10 章 目标市场选择 …… 143
10.1 目标市场概念 …… 143
10.2 目标市场模式选择 …… 144
10.3 目标市场营销策略 …… 144
10.4 影响目标市场营销策略选择的因素 …… 146
小结 …… 146
复习题 …… 147
案例 …… 147
第 11 章 市场定位 …… 150
11.1 市场定位的含义及意义 …… 150
11.2 市场定位的步骤 …… 151
11.3 市场定位方式 …… 152
11.4 市场定位策略 …… 153
小结 …… 154

复习题…………………………………………………………………………………… 154
案例……………………………………………………………………………………… 154

第五篇 市场营销策略

第12章 产品策略 ……………………………………………………………………… 160
12.1 产品的整体概念与分类……………………………………………………… 160
12.2 产品组合策略………………………………………………………………… 163
12.3 产品生命周期………………………………………………………………… 169
12.4 产品的包装管理……………………………………………………………… 173
小结……………………………………………………………………………………… 175
复习题…………………………………………………………………………………… 175
案例……………………………………………………………………………………… 175
第13章 定价策略 ……………………………………………………………………… 178
13.1 影响定价的因素……………………………………………………………… 178
13.2 定价方法……………………………………………………………………… 181
13.3 定价策略……………………………………………………………………… 184
13.4 价格变动与企业对策………………………………………………………… 188
13.5 制定价格策略的程序………………………………………………………… 194
小结……………………………………………………………………………………… 194
复习题…………………………………………………………………………………… 195
案例……………………………………………………………………………………… 195
第14章 分销策略 ……………………………………………………………………… 197
14.1 分销渠道的职能与类型……………………………………………………… 197
14.2 分销渠道策略………………………………………………………………… 201
14.3 批发商与零售商……………………………………………………………… 207
14.4 物流策略……………………………………………………………………… 212
小结……………………………………………………………………………………… 219
复习题…………………………………………………………………………………… 220
案例……………………………………………………………………………………… 220
第15章 促销策略 ……………………………………………………………………… 223
15.1 促销组合……………………………………………………………………… 223
15.2 广告策略……………………………………………………………………… 230
15.3 推销策略……………………………………………………………………… 234
15.4 销售促进策略………………………………………………………………… 242
15.5 公共关系策略………………………………………………………………… 245
小结……………………………………………………………………………………… 248
复习题…………………………………………………………………………………… 248

案例………………………………………………………………………………………… 249
第 16 章　服务营销策略 ………………………………………………………………… 252
16.1　服务营销概述……………………………………………………………………… 252
16.2　服务营销组合……………………………………………………………………… 257
16.3　服务营销管理……………………………………………………………………… 262
小结………………………………………………………………………………………… 266
复习题……………………………………………………………………………………… 267
案例………………………………………………………………………………………… 267

第六篇　市场营销管理

第 17 章　品牌管理 ……………………………………………………………………… 274
17.1　品牌的内涵与作用………………………………………………………………… 274
17.2　品牌定位与品牌识别……………………………………………………………… 276
17.3　品牌资产…………………………………………………………………………… 279
17.4　品牌延伸…………………………………………………………………………… 285
小结………………………………………………………………………………………… 288
复习题……………………………………………………………………………………… 289
案例………………………………………………………………………………………… 289
参考文献 ………………………………………………………………………………… 291

第一篇

市场营销概论

第1章　导　　论

本章要点

■市场的演变及含义。

■市场营销的内涵。

■市场营销的核心概念。

■市场营销管理的任务。

■市场营销组合理论扩充与演变。

■市场营销的重要性。

1.1　市场的演变及含义

市场是社会分工和商品经济的产物。哪里有商品生产和商品交换，哪里就有市场。市场是联系生产和消费的纽带。自从人类出现了交换活动，市场就逐渐形成。因此，最早的市场概念是指买方和卖方聚集以交换各自货物的场所，如农贸市场、手工业品市场等。这时，市场被理解为商品交换这种特殊现象在空间上的表现形式。

随着社会生产力的发展，社会分工越来越细，商品交换日益丰富，交换形式越来越复杂。尽管原有的市场形式——商品交换的场所——仍然存在，但市场概念已不再局限于原有时间与空间的限制，而演变为一种范围更广、含义更深的全新市场概念。

首先，从宏观角度来认识，市场包含了全社会各个领域的所有交换关系，表现为一种总供给与总需求的关系，其交换内容可以是有形的，如商品市场、技术市场等，也可以是无形的，如服务市场。这些由交换过程联结而形成的复杂市场在国民经济中形成了一个国家整体市场。在国家整体市场中，生产商到资源市场(原材料市场、劳动力市场、货币市场、燃料及动力市场、信息市场、技术市场等)购买所需资源，转换为商品和服务之后卖给中间商，再由中间商零售给消费者，消费者则出售其劳动力以取得货币来购买商品及服务。

其次，从微观角度来认识，市场与企业的市场营销活动密切相关，是上述国家整体市场体系中的一部分，是某种商品或服务的微观市场，它已经摆脱了“交易场所”的限制，交易场所仅成为微观市场中的一个环节。一般来说，一个企业所面临的市场主要有两个方面：

(1)购买市场。在购买市场上，企业是需求者。现代企业为制造商品不仅需要购进大量的原材料、燃料和设备，而且需要大量的劳动力、资金、技术和信息。因此，在购买市场上，企业必须面对原材料市场、劳动力市场、资本市场、技术市场和信息市场等生产要素市场。

(2)销售市场。销售市场对企业的生存和发展起直接的影响作用。企业如果不能把生产出来的商品和服务及时销售出去，就无法收回投资，无法组织再生产或扩大再生产，就可能被迫停产，严重的甚至破产或倒闭。因此，企业从自身的利益出发，最注重的就是购买市场和销售市场，时刻注意这两个市场的供求变化，并千方百计采取措施使市场的供求变化给企业带来的不利影响降到最低限度。

最后，现代市场概念的演变不仅在如上所涉及的范围方面有了更大的拓展，而且在含义上有了更为深刻的变化。现代市场概念已改变了以往视市场为“某一特定地点或场所”的认识，开始视市场为“流动着的消费者群体”。当代著名市场营销学家菲利普·科特勒指出：“市场是由一切具有特定需求或欲望并且愿意和可能从事交换来使需求和欲望得到满足的潜在顾客所组成。”应该说，这一认识的改变，极大地拓展了营销人员的视野，为企业开辟了更为广阔的营销活动空间。在原有的把市场视为“固定场所”的认识指导下，企业营销活动注重的是企业商品生产出来以后在“固定场所”的交易活动，这种活动非常被动而且效果不佳。新的市场概念的建立，使市场营销人员把关注的目光从“固定的交易场所”转到了“流动着的消费者群体”，因而在商品生产之前就开始研究消费者群体的消费需求，确定适销对路的商品，使生产出来的商品能够符合消费者的需求，扩大了商品的销售，取得了营销活动的主动权。实践证明，现代市场概念对企业营销活动起到了有效的指导作用，体现出市场的真正内涵。因此，站在市场营销学的角度认识市场，可以把市场定义为：市场是指为了满足某些特定需求和欲望而购买或准备购买特定商品或服务的消费者群体。

由此可见，市场的概念随着商品经济的不断发展，其内容也不断丰富和充实。在不同的环境下，在不同的市场营销学家眼中，它有多种含义，可概述如下：

(1)市场是商品交换的场所。它是指买卖双方购买和出售商品、进行交易活动的地点或地区。它可以按不同的角度进行区分，如表 1.1 所示。

表 1.1　从不同角度区分市场

按商品交换的地理区域分	地区：国际市场——西欧、北美、中东、东南亚…… 　　　国内市场——东北、华东、华南、西北…… 城乡：城市市场、农村市场
按不同商品的交换场所分	粮食市场、煤炭市场、蔬菜市场、纺织品市场……
按不同商品购销方式的场所分	批发市场、零售市场、批零兼营市场(如百货公司、购物中心)……

作为商品交换场所的市场，对每家企业来说都很重要。每家企业必须要了解自己的商品销往哪里，哪里是本企业商品的市场。

但是，如果有人说“中国的汽车市场很大”，这显然不是指中国交换汽车的场所很大，而是指中国汽车的市场需求很大，是指买主很多，需求量很大。

(2)市场是对某种商品或劳务具有需求、支付能力和希望进行某种交易的人或组织。这是菲利普·科特勒的理解。这里所说的市场是指有购买欲望、购买力和通过交易达到商品交换,使商品或劳务发生转移的人或组织,而不是场所。这里所指的人不是单个的人,而是消费者群及组织购买者。

从市场营销学的观点来看,这样的市场对卖主来说非常重要,它是一个有现实需求的有效市场,它具备了人口、购买力和购买欲望三个要素。作为现实有效的市场,这三个要素缺一不可。所以有市场营销学家把市场用简单的公式概括如下:

市场=人口+购买力+购买欲望

①人口是构成市场的基本因素,哪里有人,有消费者群,哪里就有市场。一个国家和地区的人口数量是决定市场大小的基本前提。

②购买力是指人们支付货币购买商品或劳务的能力。购买力的高低由购买者收入多少决定。一般地说,人们收入多,购买力高,市场和市场需求也大;反之,市场也小。

③购买欲望是指消费者购买商品的动机、愿望和要求。它是消费者把潜在的购买愿望变为现实购买行为的重要条件,因而也是构成市场的基本要素。

如果有人口,有购买力,而无购买欲望,或是有人口和购买欲望,而无购买力,对卖主来说都形成不了现实的有效市场,只能成为潜在的市场。

(3)市场是某项商品或劳务的所有现实和潜在的购买者。这是指市场除了有购买力和购买欲望的现实购买者外,还包括暂时没有购买力,或是暂时没有购买欲望的潜在购买者。这些潜在购买者,一旦其条件有了变化,或收入提高有购买力了,或是受宣传介绍的影响,由无购买欲望转变为有购买欲望时,其潜在需求就会转变成现实需求。故有潜在需求的购买者是卖主的潜在市场。对卖主来说,明确本单位商品的现实和潜在市场,其需求量多少,对正确制定生产和市场营销决策具有重要意义。

(4)市场是商品交换关系的总和,这个含义有利于关系营销学的建立。交换关系主要是指买卖双方、卖方与卖方、买方与买方、买卖双方各自与中间商、中间商与中间商之间,商品在流通领域中进行交换时发生的关系。它还包括商品在流通过程中促进或发挥辅助作用的一切机构、部门(如银行、保险公司、运输部门、海关等)与商品的买卖双方之间的关系。这个概念是从商品交换过程中人与人之间经济关系的角度定义的。

从市场营销学的观点来看,以上市场的概念是从各个不同的角度阐述的,只是各自强调的角度不同,相互之间并不矛盾。例如,当企业将商品销到国际市场,并不仅仅是到国际市场这一商品交换的场所去进行销售,企业还要了解该国际市场中现实的与潜在的购买者,包括以下几方面:

①他们是谁(who)?是青年人或老年人?是哪个行业的用户?

②他们购买或喜爱什么商品(what)?

③他们为什么要购买这些商品,其购买目的是什么(why)?

④他们在什么时间购买这些商品(when)?

⑤他们在什么场所购买这些商品(where)?

⑥他们怎样购买商品,其购买行为如何(how)?等等。

所以,企业要全面理解市场的含义和概念,这对企业的生产、经营、营销具有重要的意义。也就是说,企业面向市场,是指企业要面向某一国家、某一地区的顾客,面向目标顾客的需求,研究其购买行为和购买心理,以顾客需求为导向,结合企业实际情况,研究商品销售地区的供求状况，以及商品交换中的买卖、协作、竞争等关系，确定企业的经营方向和经营服务对象，制定生产、经营决策和市场营销策略，以达到企业的经营目标，提高经济效益。

1.2 市场营销的内涵与核心概念

1.2.1 市场营销的内涵

市场营销是指以满足人类各种需要和欲望为目的，通过市场变潜在交换为现实交换的一系列活动和过程。对市场营销所作的一个最简明的定义就是“满足他人的需求且自己也能盈利”(meeting needs profitably)。当Ebay注意到人们不能够在当地买到他们想要的物品时，发明了网上竞拍业务；宜家(IKEA)注意到人们想以低价购买好的家具，从而创造了可拆卸家具的业务。所有这些都证明了营销的智慧，并把社会或私人的需要变为有利可图的商机。

市场营销的含义不是固定不变的，它随着企业市场营销实践的发展而发展。美国市场营销协会(AMA)于1985年将其定义为：市场营销是关于构思、货物和服务的设计、定价、促销和分销的规划与实施过程，目的是创造能实现个人和组织目标的交换。在交换双方中，如果一方比另一方更主动、更积极地寻求交换，则前者称为市场营销者，后者称为潜在顾客。

1990年，日本市场营销协会(JMA)根据变化了的市场营销环境和不断发展的市场营销实践，对市场营销的含义进行了进一步阐释和发展，指出：“市场营销是包括教育机构、医疗机构、行政管理机构等在内的各种组织，基于与顾客、委托人、业务伙伴、个人、当地居民、雇员及有关各方达成的相互理解，通过对社会、文化、自然环境等领域的细致观察，而对组织内外部的调研、产品、价格、促销、分销、顾客关系、环境适应等进行整合、集成和协调的各种活动。”这一阐释得到了国际营销学界的普遍认同。

菲利普·科特勒对市场营销的定义是：市场营销是个人和集体通过创造，提供出售，并同别人自由交换产品和价值，以获得其所需所欲之物的一种社会过程。

2004年8月，AMA又公布了市场营销的定义：市场营销既是一种组织职能，也是为了组织自身及利益相关者的利益而创造、沟通、传递客户价值，管理客户关系的一系列过程。

1.2.2 市场营销的核心概念

1. 需要、欲望和需求

市场营销思考问题的出发点是消费者的需求和欲望。人们需要食物、空气、水和住所，还有更高一层的对娱乐、教育和其他服务的需要。人们对满足基本需要的商品和服务的品牌和形式有着强烈的偏好。

将需要、欲望和需求这三者加以区分十分必要。

需要是基于生存的人类基本要求。人为了生存需要食物、衣服、房屋、安全感、尊重和其他一些东西。这些需要是源于人本身的生理需要和自身状态，市场营销者无法凭空创造。

欲望是指人希望得到更深层次的需要的满足。例如，喝酒要喝茅台，穿衣要穿名牌，休闲要打高尔夫球……这便是欲望了。在不同的社会里，这些需要满足的方式是不同的。尽管人们的需要有限，但欲望却很多。人类欲望的不断形成和再形成与社会经济条件息息相关。

需求是指针对特定产品的欲望，这种欲望必须有两个条件：有支付能力且愿意购买。也就是说,当有购买能力支持时,欲望变成需求。许多人都想要劳斯莱斯车,但只有少数人才能支付得起。因此,公司不仅要预测有多少人喜欢自己的产品,更重要的是了解到底有多少人愿意并能够购买。市场营销人员并不创造需要,需要先于市场营销人员而存在。市场营销人员和其他社会上的影响者一样,只是影响消费者的欲望。市场营销人员使产品对目标顾客来说显得更加合适、富有吸引力、价格合适且可便利购买,并以此来影响需求。

2. 产品

人们用产品和服务来满足自己的需要和欲望。我们用“产品”这个词泛指商品和劳务。我们把任何可以满足需要和欲望的东西都称为产品。

占有产品是获得服务的前提。服务也可通过其他载体来提供,如人员、地点、活动、组织和观念。如果我们心情烦躁时,我们可以听一场音乐会,听歌手演唱(人员);可以到海滨旅行(地点);可通过卡拉OK唱出心声(活动);参加一个健身俱乐部(组织);接受一种不同的人生观(观念)。因而,我们用“产品”一词来涵盖那些可满足需要和欲望的有形产品、服务产品和其他载体。

制造商往往太过重视有形产品,而忽视这些产品所提供的服务,这是一个错误。他们以为自己只是出售一件产品,而不是提供对某项需要的满足。然而,一个女生并不是在购买口红,她是在购买美的“愿望”;一个木匠不是在购买电钻,他是在购买电钻能够打出的“孔”。

有形产品只是提供服务的手段。市场营销人员的工作不仅仅需要向顾客描述其产品的物理特征,更重要的是推销其产品深层的利益和所能提供的服务。销售者如果太重视有形产品,就会产生“营销近视症”——重产品而轻顾客需求。

3. 效用、费用和满足

消费者在满足其需要的诸多产品中如何选择呢?假设某人每天上班的路程是5千米,有许多产品可以满足这一需要:溜冰鞋、自行车、摩托车、私家车和出租车。这些可供选择的东西构成了“产品选择组合”。假设还需满足另外几个需要,即速度、安全、舒适和节约,我们把这些称为他的“需要组合”。每一产品在满足不同需要的时候具有不同的能力。因此,他必须决定哪一种产品能够提供最大的满足。

效用是消费者对产品满足其需要的整体能力的评价。

假如消费者主要对速度和舒适感兴趣,并且可以不花钱得到任何一种产品,我们可以预测他会选择私家车。然而每一个产品都有费用问题,因此他不一定会购买汽车,私家车产生的费用要比自行车高出许多。由于受支付能力的限制,为了得到一辆私家车就必须放弃许多其他的东西。因此,在作出选择之前,他将考虑到产品费用和效用。他将会选择可以给每一元钱都带来最大效用的产品。

4. 交换、交易和关系

当人们决定通过交换来满足需要和欲望时,才出现了市场营销。

交换是以提供某物作为回报而与他人换取所需要的产品的行为。交换是先于市场营销的前提性概念。交换的发生需满足五个条件:

(1)至少有两方。

(2)每方都有可能提供对另一方来说有价值的东西。

(3)每一方都有沟通与送货的能力。

(4)每一方都可以自由地接受或拒绝。

(5)每一方都认为与另一方打交道是适宜或称心的。

若这些条件存在，就有交换的可能。交换是否会发生取决于双方是否可以达成协议，此协议使双方比交换前更有利(至少不会更差)。这就是“交换”被描述为“价值创造过程”的意义所在。

交换必须被看成是一种过程，而非一个事件。如果双方正在协商并逐步达成一项协议，则称双方将要进行交换。如果达成了一项协议，称发生了交易。交易是交换的基本组成单位，交易是双方之间的价值交换，若要发生交易，我们必须能够说“A 把 X 给 B 同时获取了 Y”。陈给了李 2 800 元而得到一台电视机，这是典型的货币交易。但是，交换并不一定要以货币作为交换价值。陈给了李一台电冰箱而得到一台电视机，则是易货交易。易货交易也可由交换服务构成，比如陈律师给李医生写了一份遗嘱而换来一次体检机会。

一项交易涉及几个方面：至少两件有价值的物品；双方同意的交易条件、时间、地点。通常有法律制度来维护和迫使交易双方执行承诺。如果没有合同法，交易双方彼此就不能完全信任，这样每个人都受损。

企业都保存交易记录，并将其按项目、价格、顾客、地点和其他变量来分类。销售分析就是按产品、顾客、地区以及其他来分析公司的销售从何而来的活动。

交易不同于转让。转让中，A 把 X 给 B 而不要任何有形的回报。如 A 给了 B 一件礼物、一笔津贴或一项慈善捐助。市场营销只应局限于交易中，而不在转让中。但我们仍然可用交换的观念来理解转让行为。典型事例为，当转让人送出一件礼物时，他是有一定期望的，如得到接受人的感激之情或看到他的良好反应。专业的基金募集者深刻地理解捐赠行为深处的互惠动机，并力图向捐赠人提供好处，如一封感谢信、捐赠者杂志和举行活动时的特别邀请。

市场营销是引发目标公众对既定目标作出所期望的反应的行为。商业企业希望得到购买反应，社会活动团体想要的反应是接受观念。

为了成功地达成交易，市场营销者必须研究每一个成员的所供与所需。明智的市场营销者会与顾客、分销商、零售商和供应商建立长期的、彼此信任的、互利的关系。良好的关系靠长时间地对后者承诺和提供优质的产品、优秀的服务和公平的价格来实现，靠双方强大的经济、技术和社会联系来实现。关系营销可以降低交易的时间和成本，最佳状态是，交易不需每次都进行磋商，而成为一种惯例。

关系营销的最终结果是建立公司的独特工具——市场营销网络。市场营销网络由公司、分销商和顾客组成，在他们之间是坚固的、彼此依赖的业务关系。

市场营销的宗旨是从追求每一笔交易利润的最大化转向追求各方利益关系的最大化。

运营的原则是先建立良好的关系，有利的交易自会接踵而来。

5. 市场营销与市场营销者

市场营销泛指与市场有关的一切人类活动。也就是说，市场营销就是为了满足人类的需求和欲望而实现潜在交换的活动。

我们把寻求交易时表现积极的一方称为市场营销者，不积极的一方称为目标公众。市场营销者就是从他人处寻求资源并愿意以有价物品进行交换的人。换言之，市场营销者可以是卖方，也可以是买方。例如，有几个人同时想购买一幢刚竣工的漂亮房子，他们都会向卖方展示自己，以期获得垂青。这些购买者的所作所为正是市场营销。当买卖双方都表现积极时，可称双方均为市场营销者，这种情况被称作相互市场营销。

通常情况下,市场营销者是服务于最终用户市场、同时又面临竞争者的公司。公司和竞争者都把各自产品的信息直接或通过营销中介组织传递给最终用户。它们各自的比较效果由各自的供应商和各种环境因素决定(如地理、经济、健康、技术、政治—法律、社会—文化等因素)。图1.1表示了现代市场营销系统的主要元素。

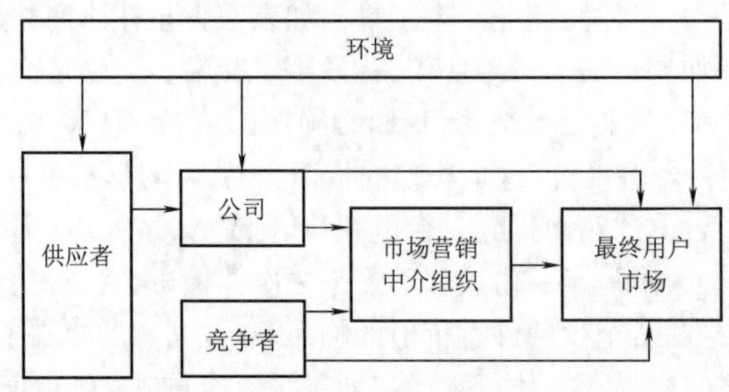

图1.1　现代市场营销系统的主要元素

1.3　市场营销管理的任务

市场营销管理的主要任务是刺激消费者对产品的需求,但不能局限于此,它还要帮助企业在实现其营销目标的过程中影响需求水平、需求时间和需求构成。因此,市场营销管理的任务是刺激、创造、满足及影响消费者的需求。从这一意义来说,市场营销管理的本质是需求管理。

任何市场均可能存在不同的需求状况,根据需求水平、时间和性质的不同,可归纳出八种不同的需求状态。在不同的需求状态下,市场营销管理的任务有所不同,要求通过不同的市场营销策略来解决(见表1.2)。

表1.2　企业营销的基本任务

需求状态	营销管理任务	营销方式
负需求	解释需求	转换性营销
无需求	产生需求	刺激性营销
潜在需求	开发需求	开发性营销
下降需求	再生需求	再营销
不规则需求	配合需求	同步性营销
充分需求	保持需求	维持性营销
过度需求	减少需求	减缓性营销
不健康需求	消减需求	反营销

1. 负需求

负需求是指市场上众多顾客不喜欢某种产品或服务,即指绝大多数人对某个产品感到厌恶,甚至愿意出钱回避它的一种需求状况。如近年来许多老年人为预防各种老年疾病不敢吃甜点和肥肉,又如有些顾客害怕冒险而不敢乘飞机,或害怕化纤纺织品有毒物质损害身体而不敢购买化纤服装。市场营销管理的任务是分析人们为什么不喜欢这些产品，并针对目标顾客的需求重新设计产品、定价，做更积极的促销，或改变顾客对某些产品或服务的信念，诸如宣传老年人适当吃甜食可促进脑血液循环，乘坐飞机出事的概率比较小等。把负需求变为正需求，称为转换性营销。

2. 无需求

无需求是指目标市场顾客对某种产品从来不感兴趣或漠不关心的一种需求状况。市场对下列产品无需求：

(1)人们一般认为无价值的废旧物资。

(2)人们一般认为有价值，但在特定市场无价值的东西。

(3)新产品或消费者平常不熟悉的物品等。

在无需求情况下，市场营销管理的任务是刺激性营销，即通过大力促销及其他市场营销措施，努力将产品所能提供的利益与人的自然需要和兴趣联系起来。

3. 潜在需求

这是指现有的产品或服务不能满足许多消费者的强烈需求。例如，老年人需要高植物蛋白、低胆固醇的保健食品，美观大方的服饰，安全、舒适、服务周到的交通工具等，但许多企业尚未重视老年市场的需求。在潜在需求情况下，市场营销管理的任务是开发市场营销，准确地衡量潜在市场需求，开发有效的产品和服务，即开发性营销，将潜在需求变为现实需求。

4. 下降需求

这是指目标市场顾客对某些产品或服务的需求出现了下降趋势的一种需求状况，如近年来城市居民对电风扇的需求已饱和，需求相对减少。在下降需求情况下，市场营销者要了解顾客需求下降的原因，或通过改变产品的特色，采用更有效的沟通方法再刺激需求，即创造性的再营销，或通过寻求新的目标市场，以扭转需求下降的格局。

5. 不规则需求

许多企业常面临因季节、月份、周、日、时对产品或服务需求的变化，而造成生产能力和商品的闲置或过度使用。如在公用交通工具方面，在运输高峰时不够用，在非高峰时则闲置不用。又如在旅游旺季时旅馆紧张和短缺，在旅游淡季时，旅馆空闲。再如节假日或周末时，商店拥挤，在平时商店顾客稀少。在不规则需求情况下，市场营销的任务是通过灵活的定价、促销及其他激励因素来改变需求时间模式，使物品或服务的市场供给与需求在时间上协调一致，这称为同步性营销。

6. 充分需求

这是指某种产品或服务目前的需求水平和时间等于期望的需求，这是企业最理想的一种需求状况。但是，在动态市场上，消费者需求会不断变化，竞争日益加剧。因此，在充分需求情况下，企业营销的任务是改进产品质量及不断估计消费者的满足程度，通过降低成本来保持合理价格，并激励推销人员和经销商大力推销，千方百计维持目前需求水平，维持现时需求，这称为维持性营销。

7. 过度需求

这是指市场上顾客对某些产品的需求超过了企业供应能力，产品供不应求的一种需求状况。比如，由于人口过多或物资短缺，引起交通、能源及住房等产品供不应求。在过量需求情况下，企业营销管理的任务是减缓营销，可以通过提高价格、减少促销和服务等方式暂时或永久地降低市场需求水平,或者设法降低来自盈利较少或服务需要不大的市场的需求水平。企业最好选择那些利润较少、要求提供服务不多的目标顾客作为减缓营销的对象。减缓营销的目的不是破坏需求,而只是暂缓需求水平。

8. 不健康需求

不健康需求是指市场对某些有害物品或服务的需求。对于不健康需求,市场营销管理的任务是反市场营销,即劝说喜欢有害产品或服务的消费者放弃这种爱好和需求,大力宣传有害产品或服务的严重危害性,大幅度提高价格,以及停止生产供应等。降低市场营销与反市场营销的区别在于:前者是采取措施减少需求,后者是采取措施消灭需求。

1.4 市场营销组合理论的扩充与演变

市场营销组合是现代市场营销理论的一个重要概念,1953年,尼尔·波顿率先提出了"市场营销组合"(marketing mix)这一术语,意思是说市场需求在某种程度上会受到"营销变量(营销要素)"的影响,为了达到既定的市场营销目标,企业需要对这些要素进行有效的组合。此后,许多学者都围绕"市场营销组合"展开了深入的研究,纷纷从各自的角度提出了对"市场营销组合"的不同理解,形成了市场营销哲学发展史上市场营销组合的扩充与演变。

1.4.1 市场营销组合理论的扩充

市场营销组合中所包含的可控变量很多,而迄今为止影响最大的关于市场营销组合要素的概括是由麦卡锡于1960年在《基础营销》(*Basic Marketing*)一书所提出的4P组合。此后,菲利普·科特勒将其扩充成大市场营销的6P组合和战略营销计划过程中的10P组合。此外,布姆斯与比特纳还提出过服务营销的7P组合。

1. 市场营销组合的基本框架:4P

(1)市场营销组合的构成。在麦卡锡提出的4P组合中,将市场营销要素概括为四类:产品(product)、价格(price)、渠道(place)和促销(promotion)。由于这四个名词的英文字头都是P,所以称为4P组合。

①"产品"代表企业提供给目标市场的物品和服务的组合,包括产品质量、性能、设计、买卖权(即在合同规定期间内按照规定的价格买卖某种物品和服务的权利)、式样、品牌名称、包装、尺码或型号、安装服务、品质保证、售后服务等。

②"价格"代表顾客购买商品时的价格,包括价目表所列的价格、折扣、折让、支付期限、信用条件等。

③"渠道"代表企业为将其产品送达目标市场(或目标顾客)所进行的各种活动,包括中间商选择、渠道管理、仓储、运输以及物流配送等。

④"促销"代表企业为宣传介绍其产品的优点和为说服目标顾客购买其产品所进行的各种活动,包括广告、销售促进、宣传、人员推销等。

(2)市场营销组合的特点:

①市场营销组合因素对企业来说都是"可控因素"。企业根据目标市场的需要,可以决定自己的产品结构,制定产品价格,选择分销渠道(地点)和促销方法等。对这些市场营销手段的运用和搭配,企业有自主权。但这种自主权是相对的,不能随心所欲,因为企业市场营销过程

不但要受本身资源和目标的制约，而且要受各种微观和宏观环境因素的影响和制约，这些是企业不可控制的变量，即“不可控因素”。因此，市场营销管理人员的任务就是适当安排市场营销组合，使之与不可控的环境因素相适应，这是企业市场营销能否成功的关键。

②市场营销组合是一个复合结构。四个“P”之下又各自包含若干小的因素，形成各个“P”的亚组合，因此，市场营销组合是至少包括两个层次的复合结构。企业在确定市场营销组合时，不仅要求四个“P”之间的最佳搭配，而且要注意安排好每个“P”内部的搭配，使所有因素达到灵活运用和有效组合。

③市场营销组合又是一个动态组合。每一个组合因素都是不断变化的，是一个变量；同时又是互相影响的，每个因素都是另一因素的潜在替代者。在四个大的变量中，又各自包含着若干小的变量，每一个变量的变动，都会引起整个市场营销组合的变化，形成一个新的组合。

④市场营销组合要受企业市场定位战略的制约，即根据市场定位战略设计、安排相应的市场营销组合。

2. 大市场营销：6P

(1)大市场营销的含义。把企业的市场营销因素分为可控因素与不可控因素，以及把可控因素概括为4P这些传统理论，在西方已经有40多年的历史。但是，随着国际市场竞争的日趋激烈，许多国家政府干预加强。在这种新形势下，市场营销理论又有了新的发展。菲利普·科特勒自1984年以来提出了一个颇具创新性的理论，他认为企业能够影响自己所处的市场营销环境，而不应单纯地顺从和适应环境。因此，在市场营销组合的4P之外，还应该再加上两个P，即政治权力(political power)与公共关系(public relations)，成为6P。这就是说，要运用政治权力和公共关系，打破国际或国内市场上的贸易壁垒，为企业的市场营销开辟道路。他把这种新的战略思想称为“大市场营销”(mega marketing)。

(2)大市场营销的特点。与一般的市场营销相比，大市场营销具有以下特点：

①大市场营销的目的是打开市场之门，进入市场。在一般市场营销活动中，对于某一产品来说，市场已经存在，面临的首要问题是了解市场对这种产品需要的特点，以便根据市场需求特点开展有针对性的营销活动，满足市场需要，实现企业经营目标。在大市场营销条件下，企业面临的首要问题是如何进入市场，影响和改变社会公众、顾客、中间商等企业营销活动对象的态度和习惯，使企业营销活动能顺利开展。

②大市场营销的涉及面比较广泛。在一般市场营销活动中，企业营销主要与顾客、经销商、广告代理商、资源供应者、市场研究机构发生联系。在大市场营销条件下，企业营销活动除了与上述方面发生联系外，还涉及更为广泛的社会集团和个人，如立法机构、政府部门、社会团体、工会等，企业必须争取各方面的支持与合作。

③大市场营销的手段较为复杂。在一般市场营销活动中，企业市场营销的基本手段是4P及其组合；在大市场营销条件下，企业的营销组合是6P因素的组合。就权力而言，在开展大市场营销时，为了进入特定市场，必须找到有权打开市场之门的人，并通过各种公共关系活动，逐渐在公众中树立起良好的企业形象和产品形象，往往能收到更广泛、更持久的效果。

④大市场营销既采用积极的引导方式，也采用消极的引导方式。在一般市场营销活动中，交易各方遵循自愿、互利的原则，通常以积极的引导方式促成交易。在大市场营销条件下，对方可能提出超出合理范围的要求，或者根本不接受积极的引导方式。因此，有时要采用消极的

引导方式,“软硬兼施”,促成交易。

⑤大市场营销投入的资本、人力、时间较多。在大市场营销条件下,由于要与多方面打交道,逐步消除或减少各种壁垒,企业必须投入较多的人力和时间,花费较大的资本。

(3)大市场营销的应用。自从菲利普·科特勒提出“大市场营销”观念之后,中国学者很快将之引入国内,并且写进了教科书。但是,这一战略思想及其新发展在中国市场营销的实践应用却不甚理想。不过,自20世纪90年代以来,已经有越来越多的企业对大市场营销战略日渐重视并表现出浓厚的兴趣,尝试将其运用于企业的营销实践之中。

3. 市场营销战略分析框架:10P

随着对营销战略计划过程的重视,科特勒又出了战略营销计划过程必须优先于战术营销组合(即4P组合)的制定,战略营销计划过程也可以用4P来表示,分别是:探查(probing)、分割(partitioning)、优先(prioritizing)和定位(positioning)。

(1)“探查”指的是市场营销调研,是在市场营销观念的指导下,以满足消费者需求为中心,用科学的方法,系统地收集、记录、整理与分析有关市场营销的情报资料,从而提出解决问题的建议,确保营销活动顺利进行。市场营销调研是市场营销的出发点。

(2)“分割”是指市场细分,即根据消费者需求的差异性,运用系统的方法,把整体市场划分为若干个消费者群的过程。

(3)“优先”是指对目标市场的选择,即在市场细分的基础上,企业选择所要进入的那部分市场,或要优先最大限度地满足的那部分消费者。

(4)“定位”,即是指市场定位,其含义是根据竞争者在市场上所处的位置,针对消费者对产品的重视程度,强有力地塑造出本企业产品与众不同的、给人印象鲜明的个性或形象,从而使产品在市场上、企业在行业中确定适当的位置。

科特勒认为,只有在搞好战略营销计划过程的基础上,战术性营销组合的制定才能顺利进行。因此,企业必须做好探查、分割、优先和定位四项营销战略计划,并精通于产品(product)、地点(place)、价格(price)和促销(promotion)四种营销战术,此外,企业还要善于运用公共关系和政治权力两种营销技巧。这样一个包含10P要素的全面的市场营销战略分析框架就清晰可见了。

4. 服务市场营销组合:7P

随着20世纪70年代以来服务业的迅速发展,越来越多的证据显示,产品营销组合要素构成并不完全适用于服务营销。因此,有必要重新调整营销组合以适应服务市场营销的新情况。于是,布姆斯和比特纳将服务业市场营销组合修改、扩充为七个因素,即产品(product)、价格(price)、渠道(place)、促销(promotion)、人员(people)、有形展示(physical evidence)和过程(process)。

(1)产品。服务产品考虑的是提供服务的范围、服务质量、服务水平、品牌、保证以及售后服务等。服务产品的这些因素组合的差异相当大,例如,一家供应数样菜肴的小餐馆和一家供应各色大餐的五星级大饭店的因素组合就存在着明显差异。

(2)价格。价格方面要考虑的因素包括:价格水平、折让和佣金、付款方式和信用。在区别一项服务和另一项服务时,价格是一种识别方式,顾客可从一项服务的价格感受到其价值的高低。而价格与质量间的相互关系也是服务定价的重要考虑因素。

(3)渠道。服务提供者的所在地以及其地域的便利性都是影响服务营销效益的重要因素。

地缘的便利性不仅是指实体意义上的便利，还包括传导和接触的其他方式。所以分销渠道的类型及其涵盖的地区范围都与服务便利性密切相关。

(4)促销。促销包括广告、推销、销售促进、公共关系等各种市场营销沟通方式。

(5)人员。在服务企业担任生产或操作性角色的人员，在顾客看来其实就是服务产品的一部分，其贡献也和其他销售人员相同。大多数服务企业的特点是操作人员可能承担服务表现和服务销售的双重任务。因此，市场营销管理者必须和作业管理者协调合作。企业工作人员的任务极为重要，尤其是那些经营“高接触度”服务业务的企业，所以，营销管理者还必须重视雇员的挑选、培训、激励和控制。此外，对某些服务而言，顾客与顾客间的关系也应引起重视。因为某顾客对一项服务产品质量的认知，很可能要受到其他顾客的影响。

(6)有形展示。有形展示会影响消费者和顾客对于一家服务企业的评价。有形展示包含的因素有：实体环境(装潢、颜色、陈设、声音)，服务提供时所需用的装备实体(如汽车租赁公司所需要的汽车)，以及其他实体性信息标志(如航空公司所使用的标识；干洗店将洗好衣物加上的“包装”等)。

(7)过程。在服务企业，人员的行为很重要，而过程，即服务的传递过程也同样重要。表情愉悦、专注和关切的工作人员，可以减轻必须排队等待服务的顾客的不耐烦感，还可以平息技术上出问题时的怨言或不满。整个系统的运作政策和程序方法的采用、服务供应中器械化程度、员工决断权的适用范围、顾客参与服务操作过程的程度、咨询与服务的流动等，都是市场营销管理者需特别关注的问题。

1.4.2 市场营销组合理论的演变

在一些学者将4P的理论框架不断进行扩充和完善的同时，也有一些学者认为，随着世界经济的发展，市场营销环境发生了很大的变化，消费个性化、人文化、多样化特征日益突出，传统的4P组合已经越来越不能够适应新的情况。为此，他们分别提出新的市场营销组合来变革4P组合。

1. 4C组合

20世纪90年代，美国营销专家罗伯特·劳特朋提出用新的4C组合取代4P组合。其主要内容包括：

(1)顾客(customer)。4C组合认为，消费者是企业一切经营活动的核心，企业重视顾客要甚于重视产品，这体现在两个方面：①创造顾客比开发产品更重要；②消费者需求和欲望的满足比产品功能更重要。

(2)成本(cost)。4C组合将营销价格因素延伸为生产经营全过程的成本，包括：①企业生产成本，即企业生产适合消费者需要的产品成本。价格是企业营销中值得重视的，但价格归根结底由生产成本决定，再低的价格也不可能低于成本。②消费者购物成本。它不单是指购物的货币支出，还包括购物的时间耗费、体力和精力耗费以及风险承担(指消费者可能承担的因购买到质价不符或假冒伪劣产品而带来的损失)。值得注意的是，近年来出现了一种定价的新思维，以往企业对于产品价格的思维模式是“成本＋适当利润＝适当价格”，新的模式则是“消费者接受的价格－适当的利润＝成本上限”。也就是说，企业界对于产品的价格定义，已从过去由厂商的“指示”价格，转换成了消费者的“接受”价格，我们可以把这看作一场定价思维的革命。新的定价模式将消费者接受价格列为决定性因素，企业要想不断追求更高利润，就不得不想方设法降低成本,从而推动生产技术、营销手段进入一个新的水平。

(3)便利(convenience)。4C组合强调企业提供给消费者的便利比营销渠道更重要。便利,就是方便顾客,维护顾客利益,为顾客提供全方位的服务。便利原则应贯穿于营销的全过程:在产品销售前,企业应及时向消费者提供充分的关于产品性能、质量、使用方法及使用效果的准确信息;顾客前来购买商品,企业应给顾客以最大的购物方便,如自由挑选、方便停车、免费送货等;产品售完以后,企业更应重视信息反馈,及时答复、处理顾客意见,对有问题的商品要主动包退包换,对产品使用故障要积极提供维修方便,对大件商品甚至要终身保修。目前经营成功的企业,无不在服务上下大功夫,很多企业为方便顾客,还开办了热线电话服务、咨询导购、代购代送,遇到顾客投诉及时答复,并根据情况及时为顾客安排专人维修和排除故障。与传统的渠道战略相比,新的4C组合更重视服务环节,强调企业既出售产品,也出售服务;消费者既购买到商品也购买到便利。

(4)沟通(communication)。4C组合用沟通取代促销,强调企业应重视与顾客的双向沟通,以积极的方式适应顾客的情感,建立基于共同利益之上的新型的企业、顾客关系。如克里斯丁·格朗鲁斯认为,企业营销不仅仅是企业提出承诺,单向劝导顾客,更重要的是追求企业与顾客的共同利益,“互利的交换与承诺的实现是同等重要的”。同时,强调双向沟通,应有利于协调矛盾,融合感情,培养忠诚的顾客,而忠诚的顾客既是企业稳固的消费者,也是企业最理想的推销者。

4C组合是站在消费者的立场上重新反思营销活动的诸要素,是对传统4P理论的发展和深化。显然,4C组合有助于营销者更加主动、积极地适应市场变化,有助于营销者与顾客达成更有效的沟通。

然而,从企业的营销实践和市场发展的趋势看,4C仍然存在以下不足:

①4C是顾客导向,而市场经济要求的是竞争导向。顾客导向与市场竞争导向的本质区别是:前者看到的是顾客需求并以此作为营销工作的核心;而后者不仅看到了需求,更注意到了竞争对手,客观分析自身在竞争中的优劣势并采取相应的策略,在竞争中求发展。

②随着4C组合融入营销策略和行为中,虽然推动了营销实践的发展和进步,但企业营销又会在新的层次上同一化,不能形成个性化的营销优势,以保证企业市场份额的稳定性、积累性和发展性。

③4C以顾客需求为导向,但顾客需求有个合理性问题。顾客总是希望质量好、价格低,特别是在价格上要求是无界限的。只看到满足顾客需求的一面,企业必然付出更大的成本,久而久之,会影响企业的发展。所以从长远看,企业经营要遵循双赢的原则,这是4C组合需要进一步解决的问题。

④4C仍然没有体现既赢得顾客,又长期地拥有顾客的关系营销思想,没有解决满足顾客需求的操作性问题,如提供集成解决方案、快速作出反应等。

⑤4C总体上虽是4P的转化和发展,但被动适应顾客需求的色彩较浓。根据市场营销实践的发展,需要从更高层次以更有效的方式在企业与顾客之间建立起有别于传统的、新型的主动性关系,如互动关系、双赢关系、关联关系等。

2. 4R组合

近年来,美国学者唐·舒尔茨教授提出了基于关系营销的4R组合,受到了广泛的关注。4R阐述了一个全新的市场营销四要素,即关联(relevance)、反应(response)、关系(relationships)和回报(returns)。

(1)与顾客建立关联。在竞争性市场中,顾客具有动态性。顾客忠诚度是变化的,他们会转向其他企业。要提高顾客的忠诚度,赢得长期而稳定的市场,重要的营销策略是通过某些有效的方式在业务、需求等方面与顾客建立关联,形成一种互助、互求、互需的关系。

(2)提高市场反应速度。在今天相互影响的市场中,对经营者来说最现实的问题不在于如何控制、制订和实施计划,而在于如何站在顾客的角度及时地倾听顾客的希望、渴望和需求,并及时答复和迅速作出反应,满足顾客的需求。

(3)关系营销越来越重要了。在企业与客户的关系发生了根本性变化的市场环境中,抢占市场的关键已转变为与顾客建立长期而稳固的关系,从交易变成责任,从顾客变成朋友,从管理营销组合变成管理和顾客的互动关系。

(4)回报是营销的源泉。对企业来说,市场营销的真正价值在于其为企业带来短期或长期收入和利润的能力。

总之,4R 理论以竞争为导向,在新的层次上概括了营销的新框架,体现并落实了关系营销的思想。即通过关联、反应和关系,提出了如何建立关系、长期拥有客户、保证长期利益的具体操作方式,这是一个具有里程碑意义的进步。反应机制为互动与双赢、建立关联提供了基础和保证,同时也延伸和升华了便利性。而回报则兼容了成本和双赢两方面的内容。这样,企业为顾客提供价值和追求回报相辅相成、相互促进,客观上达到了一种双赢的效果。

这里需要说明的是,从 4P、4C 到 4R,反映了营销观念在融合和碰撞中不断深入、不断整合的趋势。因此,这三者不是简单的取代关系,而是发展和完善的关系。由于企业情况千差万别,企业环境和营销还处于发展之中,所以至少在一个时期内,4P 还是营销的一个基础要素框架,4C 也是很有价值的理论和思路。4R 不是取代 4P 和 4C,而是在 4P、4C 基础上的创新与发展,所以不可把三者割裂开来甚至对立起来。根据企业的实际,把三者结合起来指导营销实践,有助于取得更好的效果。

1.5 市场营销的重要性

1.5.1 市场营销在不同行业的扩散

德鲁克曾精辟地指出,现代企业最重要的职能只有两个:一个是创新,再一个就是营销。从世界范围的企业管理实践看,市场营销在不同的时期内,引起了不同行业的重视。一些国际著名公司,如通用电气公司、通用汽车公司、西尔斯公司、宝洁公司等就较早地认识到了市场营销的重要性。在美国,最先认识到市场营销重要性的是日用消费品公司,其次是耐用消费品公司,之后是工业设备公司。世界各国的钢铁业、化工业、造纸业等都对市场营销认识得较晚,至今与其他行业相比仍有一段距离。20 世纪 80 年代以来,服务行业尤其是航空业、银行业等逐渐接受了市场营销思想。航空公司开始研究顾客对它们所提供的各项服务的态度,包括时刻表的安排、行李的处理、飞行过程中的服务、态度是否友好、坐席是否舒适等。它们很快就抛弃了自己“隶属于航空业”的观念,而代之以“隶属于整个旅游业”的经营思想。那些起初极力拒绝市场营销的银行家们,到头来还得满腔热情地接受它。

近20年来,市场营销理念已渗入世界各国的非营利组织,如学校、医院、博物馆、交响乐团等。市场营销在这些行业中已引起了不同程度的兴趣,得到了不同程度的采纳。为生源减少而苦恼的美国大专院校,也试图将市场营销思想运用于招生程序。

1.5.2 推动企业重视市场营销的主要因素

促使国内外企业认识到市场营销重要性的主要因素有:

(1)销售额下降。销售额的下降往往迫使企业反思自己的经营方法,以积极的心态来接受市场营销理论。例如,当更多的人将注意力转向电视新闻时,报社便马上觉察到报纸发行量的减少。一些发行人员意识到:过去他们对读者为什么读报以及他们想从报纸上得到什么简直了解得太少了。于是,这些发行人员开始进行市场调查,并基于调查研究的结果,重新设计一种时效性强、内容新颖、能引起读者兴趣的报纸。

(2)增长缓慢。许多公司达到了其所在行业中的增长极限后,就必须开始考虑转向新市场。它们感到,要想成功地识别、评价和选择新机会,必须具备更多的市场营销知识。

(3)购买行为的改变。许多公司意识到,消费者欲望的急速改变引起了市场的不稳定。为了保证从购买者身上获得足够的利润,这些公司就不得不采取市场营销导向。

(4)竞争的加剧。经营管理一帆风顺的企业可能会突然遭到市场营销能力强的竞争对手的打击。

(5)营销成本的提高。一个公司的广告、销售促进、市场营销研究、顾客服务等项成本费用可能会在短时间内增幅很大。一旦管理部门觉察到这种现象,都会立即感到,必须改进企业市场营销工作,以及相关的组织和管理工作,严格控制各项市场营销职能。

1.5.3 市场营销职能在企业中地位的变迁

上述种种原因,迫使企业努力提高市场营销能力。然而,市场营销却很少受到由衷的欢迎。即使在市场经济发达的国家,也时常出现这种现象,一些财务部、生产部的经理往往将市场营销当作一种小贩叫卖的伎俩,看成是对自己权力、地位的威胁。之所以造成这种现象,是由于有些市场营销人员过分积极,并且总是强调一切成果都应归功于市场营销。

市场营销对其他部门的威胁的本质特征如下过程所示。最初,市场营销职能与其他部门同等重要,处于平等的地位。在需求不足的情况下,企业高层管理人员意识到市场营销职能要比其他部门的职能重要。更有甚者,那些高度重视市场营销的企业高层管理人员提出,没有顾客也就意味着企业的消亡,所以市场营销应是企业的主要职能。他们将市场营销置于中心位置,而将其他职能当作市场营销的辅助职能。这种创新激起了其他职能部门经理的不满,他们不甘心当市场营销部门的配角。一些热心于顾客服务的企业高层管理人员则主张,公司的中心应当是顾客,而不是市场营销。因此他们认为,必须采取顾客导向,而且所有职能性业务部门都必须协同配合,以便更好地为顾客服务,使顾客需要得到满足。最后,随着营销实践的发展和市场竞争的加剧,越来越多的企业高层管理人员终于达成共识:市场营销部门与其他部门不同,它是连接市场需求与企业反应的桥梁、纽带,要想有效地满足顾客需要,就必须将市场营销置于企业的中心地位。

小 结

市场是一个商品经济的范畴，是一种历史的范畴，是社会分工与商品经济的产物，它随社会生产力和商品经济的发展而发展。

市场营销是个人和集体通过创造并同别人进行交换产品和价值，以获得其所求所欲之物的一种社会过程。在交换双方中，如果一方比另一方更主动、更积极地寻求交换，我们把前者称为营销者，另一方称为潜在顾客。

市场营销是指以满足人类各种需要和欲望为目的，通过市场变潜在交换为现实交换的一系列活动和过程。交换是人类获取所需产品的一种形式，交易是交换活动的基本单元，与交易相关的营销活动构成了交易营销。关系营销与交易营销存在明显差异。

市场营销在企业中的地位是不断变化的，现在普遍接受的认知是，市场营销部门与其他部门不同，它是连接市场需求与企业反应的桥梁、纽带，要想有效地满足顾客需要，就必须将市场营销置于企业的中心地位。

复习题

(1)什么是市场？市场是如何形成与发展的？

(2)什么是市场营销？什么是营销者？

(3)交易营销与关系营销之间的联系与区别分别是什么？

(4)市场营销在企业中的地位有了怎样的变化？这些变化带来了什么启示？

案 例

驶向蓝海，华运机械的印度之旅

1. 商海泛舟，华“运”亨通

今天的华运机械已成长为国内涂料成套设备制造的高新技术企业，落户于国家级经济开发区，拥有2万多平方米的现代化厂房，几十台精密数控机床和焊接机器人，一流的试验检测设备，生产现场全面实行6S管理。2018年，公司销售额达到8 000多万元人民币，产品行销全球。公司持有“华运机械”注册商标，并多次荣获“合肥市著名商标”和“守合同重信用单位”等荣誉称号。公司内外贸营销体系完整，先后与国内多所高校建立了产学研合作关系，与近3 000多家国内外相关企业有合作关系，现已成为“专精特新”企业，产品远销欧美、澳大利亚、东南亚和中东地区，在国内外拥有良好的信誉和品牌知名度。

2. 出海远航，“钦”定印度

1)内销放缓，海外市场映入眼帘

经过十几年的快速发展，国内同行业企业数量逐年增加，产品严重同质化，竞争愈发激烈，华运机械产品也进入了生命周期的成熟期，国内业务增速步入慢车道。虽然华运机械已脱离低端制造，进入并逐渐站稳中高端市场，但就整体而言，涂料设备整机市场技术壁垒不高，来自行业内部以及潜在竞争者的压力较大。因此,公司必须从研发、生产、销售、管理和服务各方面提升国际化水平,占领国际市场。

2)多国考察,寻找“存放鸡蛋的篮子”

基于华运机械目前已有的产品、人力、无形资产、资金等资源,可以集中力量选择一个海外市场建立生产基地进行试水。2018年初,公司管理层开始了对海外市场调研,随后华运机械派出一行人,分别选择了全球主要的市场进行走访,分别调查了南美的巴西、北美的美国、南亚的印度、中东的迪拜等地。

随着印度经济的增长,年轻人收入不断增加,对住房的刚需势必会带动建筑涂料、家装涂料的需求;对购买汽车的需求也必然会拉动汽车用漆的需求。同时,将来印度的基础设施需要大量建设,房屋需要翻新改善,还有汽车产业的发展等都会为涂料行业的发展带来机遇。另外,印度本土涂料企业的快速成长和跨国巨头的不断追加投资足以说明印度涂料市场具有良好的发展前景。涂料市场的广阔前景必然带动涂料设备需求的增加。因此在印度设立涂料成套设备组装工厂有利于公司的全球业务拓展战略。

3. 策略应对,收获印度市场

1)亡羊补牢,规避风险

步入正轨的华运印度公司正式开始运营。由于新公司刚投入运营,所以紧急在当地招聘了几位员工。但是,这几位员工工作态度懒散、频繁请假旷工,影响公司正常运行。本以为遵守当地法律,与员工正常解除合同即可。由于印度劳动法也与国内劳动法不同,致使华运印度公司始终无法与该员工解除合同,双方一直在劳动机构僵持着。

为了在印度做大做强,准备在印度注册“HUAYUN”品牌,却发现“HUAYUN”品牌已被他人抢注了。调查发现印度有很多机构通过提前注册外资公司品牌的行为来谋取利益,但这类行为并未触犯印度法律,如果华运公司不花钱购回“HUAYUN”品牌的话,只能更换品牌名称。经过艰难的协商,最终以折合人民币8万元的价格从对方手中买回了“HUAYUN”品牌所有权。

以上事件立刻引起公司管理层的警觉。经过充分的调查研究,华运印度公司紧急制定了招聘制度和相关管理制度,招聘了有经验的全职财务人员替换掉兼职财务人员,以规避印度复杂的财务风险。接着又聘请了一位熟悉当地相关法律的法律顾问,以确保自己的合法利益,应对公司未知的经营风险。另外,华运总部还安排了相关人员及时监控汇率的变化情况,及时采取应对措施,以避免汇率波动可能带来的汇兑损失。同时,公司建立了相关应急机制,每年从印度公司的利润中拿出10%资金,作为风险应急储备金,以便在遇到黑天鹅事件时能够应付自如。

2)分析市场,灵活营销

目标市场成形了,下一步就是制定营销策略。基于华运机械现有的产品、无形资产,以及有限的人力和财力,华运机械海外投资暂时聚焦印度市场,集中资源将其经营好。为了实现资源共享,决定将印度分公司的业务与华运机械总部的业务重叠。考虑到印度的整体经济还落后于国内,在分析了印度市场的特殊性后,华运机械决定将不考虑在印度组装销售高端产品——软管泵,而是主打市场需求量大、技术成熟稳定的化工和涂料设备,实现规模效益。

华运产品初入印度市场,产品定价也极其重要,甚至关乎印度公司经营成败。由于产品关键零配件都在中国工厂生产,技术和质量相对印度本地工厂优势明显。定价方面,考虑到市场需求对于产品价格较为敏感。在保证公司合理利润下，华运用低价来刺激市场需求，价格与印度本地供应商看齐或略高，比同质类产品低35%左右，将产品价格定在市场中下游水平，相较于高质量的产品，定价水平对于其竞争对手具备降维打击优势。虽然较低的定价可能给顾客造成低价低质的印象，但目前打开市场才是最重要的，华运的品牌损失未来通过其他途径弥补。因为对于目前的印度公司来说，快速打开市场才是最紧要的。

考虑到华运印度公司的较低定价可能会给客户带来低价低质的印象，同时为了提高客户对华运产品质量的信任度，经过管理层内部充分沟通，公司决定在原本不大的厂房内单独划出一块产品演示区域，作为客户产品测试和体验用房。要求销售人员要主动邀请潜在的客户来厂参观并观看产品演示。同时，还对有特殊需求的客户提供定制服务，让客户切身体验到华运产品的高质量、操作流畅等优点。另外，通过体验式营销服务，让客户打消了对华运机械产品质量的疑虑，极大地挽回了因渗透定价法所导致的品牌价值损失。

（资料来源：中国管理案例共享中心）

讨论：

(1)华运机械海外市场拓展的动因是什么？企业国际化动因与国际化发展战略有何关系？

(2)在制定海外市场拓展策略时，应该做哪些分析？

(3)为快速打开印度市场，华运机械采用了什么营销策略应对？

(4)企业拓展海外市场存在哪些风险？应该如何应对？

第 2 章　市场营销观念演变

■市场营销观念的概念与特点。

■市场营销观念的演进。

市场营销观念，又称市场营销管理哲学，是指企业在开展市场营销管理的过程中，在处理企业、顾客、社会及其他利益相关者之间关系的过程中所持的态度、思想和观念。了解市场营销观念的演变，对于企业更新观念、加强市场营销管理具有十分重要的意义。现代企业的市场营销观念可归纳为六种，即生产观念、产品观念、推销观念、营销观念、社会营销观念和价值营销观念。这些观念对企业的经营成败具有决定性意义。

2.1　生产观念

生产观念是一种最古老的指导企业市场营销活动的观念。这种观念认为，消费者喜爱那些到处可以买到并且价格低廉的产品，因而生产导向型企业的管理层总是致力于获得高生产率和广泛的销售覆盖面。

生产观念是在卖方市场下产生的。20 世纪 20 年代之前，生产的发展不能满足需求的增长，多数商品都处于供不应求的地位，在这种卖方市场下，只要有商品，质量过关，价格便宜，就不愁在市场上找不到销路，有许多商品都是顾客上门求购。于是，生产观念就应运而生。在这种观念的指导下，企业以产定销，关注于集中一切力量来扩大生产、降低成本，生产出尽可能多的产品来获取更多利润。这种生产导向型企业提出的口号是“我们会生产什么就卖什么”，不讲究市场营销。

显然，企业奉行生产观念是有一定前提的。

(1)以产品供不应求的卖方市场为存在条件，这样消费者最关心的是能否得到产品，而不去注意产品的细小特征，于是企业不愁其产品卖不出去，集中力量想方设法扩大生产。

(2)产品成本很高的企业，为了提高生产率、降低成本来扩大市场，也奉行生产观念。例如，在20世纪初，美国福特汽车公司曾倾全力于汽车的大规模生产，以降低成本，扩大福特汽车的市场，使大多数美国人能买得起汽车；同时因其生产的T型车十分畅销，根本无须推销兜售，以致亨利·福特这位汽车大王曾傲慢地宣称："不管顾客需要什么颜色的汽车，我只有一种黑色的。"这是当时生产观念的典型表现。

生产观念并没有在20世纪20年代以后销声匿迹。在一些特定的形势下，如日本1945年战败后数年之内，因商品短缺、供不应求，生产观念在工商企业经营管理中也曾一度流行。我国在过去较长时间内，因物资短缺、供不应求，许多企业经营管理也奉行生产观念，以产定销，工业生产什么就收购什么，生产多少就收购多少，根本不重视市场营销工作。可见，生产观念在一定条件下是合理的，有指导作用。然而，一旦市场形势发生了变化，比如说不再是卖方市场，而处于买方市场，生产观念就显得不合时宜，会成为企业经营的严重障碍。因此，企业在新形势下必须用新的观念来指导。

烟台张裕集团有限公司已经有一百多年的经营历史，它是中国第一个工业化生产葡萄酒的厂家，也是目前中国乃至亚洲最大的葡萄酒生产经营企业。张裕产品凭借其卓越品质，多次在国内外获得大奖，成为家喻户晓的名牌产品。但金字招牌不等于市场认可，在改革开放初期，张裕由于市场观念差，依旧采取盲目生产和等客上门等老一套经营策略，结果造成大量产品的积压。

反思失败，公司最终树立了"市场第一"的经营观念和"营销兴企"的发展战略，实现了从"销售我生产的产品"到"生产我销售的产品"以及从"做买卖"到"做市场"这两个根本性的转变。在正确营销观念的指导下，百年老厂终于以前所未有的姿态崛起，创造了骄人的业绩。

2.2　产品观念

产品观念也是一种古老的指导企业市场营销的思想。这种观念认为，消费者最喜欢那些高质量、多功能和有特色的产品，因而在产品导向型企业中，管理层总致力于生产高端产品，并不断地加以改进，使之日臻完美。

许多经理认为，顾客欣赏精心制造的产品，他们能够鉴别产品的质量和功能，并愿花较多的钱买质量上乘的产品。然而，由于经理们往往会深深地迷恋上自己的产品，对该产品在市场上是否迎合时尚，是否朝着不同的方向发展等关键问题缺乏敏感与关心，所以产品观念容易导致"营销近视症"，即不适当地把注意力放在产品上，而不是放在消费者的需求上。有这样一个故事：一位办公室文具柜制造商认为他的文具柜一定好销，因为它们是世界上最好的柜子。他自豪地说："这些柜子即便从四层楼扔下去也能完好无损。"他的销售经理对此表示赞同，但补充了一句："不过我们的顾客并不打算把它们从四层楼往下扔。"

产品观念的奉行，曾使许多企业患上"营销近视症"。这些企业将自己的注意力集中在现有产品上，集中主要的技术、资源进行产品的研究和大规模生产，他们看不到消费者需求的不断发展变化，以及对产品提出的新要求；看不到新的需求带来了产品的更新换代，看不到在新的市场形势下，营销策略应随市场情况的变化而变化，以为只要有好的产品就不怕顾客不上门,以产品之不变去应市场之万变,因而不能随顾客需求变化以及市场形势的发展去及早地预测和顺应这种变化,树立新的市场营销观念和策略,最终导致企业经营的挫折和失败。

需要特别指出的是,当企业研发制造了一种新产品时,产品观念最容易滋生出来。即使有些企业形式上已放弃了产品观念,但由于管理层过分迷恋产品本身而往往丧失了正确观察事物相互关系的能力。

1972年,杜邦公司发明了凯佛拉,它具有钢一般的硬度,重量只有钢的1/5,被认为是继尼龙之后又一最重要的新型纤维。杜邦公司的经理们设想出大量的应用领域和10亿美元的大市场,然而尽管凯佛拉是制造防弹背心的理想纤维,是可以用于造船帆、绳索和轮船的大有前途的纤维,但五十多年过去了,杜邦公司仍在等待着致富奇迹的出现。也许凯佛拉最终会被证明是一种神奇的纤维,然而这一时刻的来临肯定比杜邦公司所预料的要迟得多。

某品牌曾经是中国保健饮品行业的一面旗帜。但在残酷的市场竞争中,其保健品口服液的市场占有率从1990年的63%跌至1998年的不到10%,销售额从1993年10亿元的最高峰跌至1997年的2亿多元。

在走过创业初的快速增长期后,其主业保健品产值和销售额年年下降。是什么令该集团在走过了短暂的辉煌后便迅速跌入低谷?这在很大程度上应归咎于企业在神话般的快速成长中不自觉地染上了“营销近视症”。

从创业开始,该集团在保健品领域内的主导产品就是××生物保健口服液和××口服液。该集团就是靠着这两个产品打天下,这两个产品在红火了五六年之后,不可避免地进入衰退期,销售量下降。

一个优秀的企业,十年之中竟然推不出更多的优良产品,这说明企业经营观念十分陈旧,还停留在产品观念阶段,迷恋自己曾经获得成功的产品,不重视消费者的需求和市场的变化。

该集团实行职工效益与推销业绩挂钩的政策,这导致企业内部和外部都只愿意去做利润丰厚的当红产品,从而导致需较长推广期、利润低的新产品死于襁褓之中。等到老产品卖不动了的时候再去想新产品的开发,这时由于科技人员严重脱离市场,不了解市场的需求,耗费巨资开发出来的20多个产品都无法在市场上站稳脚跟。就在集团的新老产品出现断层的时候,异军突起的其他口服液乘虚而入,公司很快便尝到了苦涩的果实。

2.3 推销观念

推销观念(又称销售观念)也是许多企业所奉行的一种市场观念。这种观念认为,如果听其自然,消费者通常不会足量购买某一企业的产品,因而企业必须积极推销和进行大量促销活动。企业如果能针对消费者的心理,采取一系列有效的推销和促销手段,使消费者对企业的产品发生兴趣,刺激消费者大量购买是完全可能的。

在西方国家,推销观念是卖方市场向买方市场转换期间产生的。第一次世界大战结束以后,由于科技进步、科学管理和大规模生产的推广,商品产量迅速增加,逐渐出现市场商品供过于求的状况,企业间竞争日益激烈。尤其是1929年的世界性经济大危机,更使许多企业家认识到产品销路成了企业生命攸关的问题。企业不能只集中力量发展生产，价廉物美的产品也未必能卖得出去。企业要在日益激烈的竞争中求得生存和发展，必须重视和加强推销工作，因而他们提出的口号是："我们卖什么就要尽快卖掉。"由于推销导向型企业只是努力将自己生产的产品推销出去，而不考虑这些产品是否满足消费者的需要以及销售以后顾客的意见，所以，推销观念仍属于以产定销的企业经营哲学。

通常，推销观念被大量应用于推销那些购买者不太想到要去购买的非渴求商品，例如保险、百科全书等。这些行业中的企业善于使用各种推销技巧来寻找潜在客户，并用高压式的推销术说服客户接受其产品。对于刚上市的新产品，企业必须通过加强推销工作来使消费者对企业的产品和服务从了解到感兴趣直至实施购买。

此外，大多数公司在产品过剩时，也常常奉行推销观念。这些公司的近期目标是销售其能够生产的商品，而不是生产能够售出的新产品。在现代工业经济中，大多数市场都是买方市场，卖方不得不拼命争夺顾客，推销大战热火朝天，令顾客感到似乎到处受到"围攻"，在每一回合中，总有企业尽力想推销掉一批东西。

曾有公司在20世纪90年代的销售额达到几十亿元，支撑这个销售奇迹的是其惊人的推销手段，它在全国所有大城市、省会城市等注册了几百家子公司，吸纳了15万名推销人员，公司的传单、招贴、标语和横幅满天飞，成为家喻户晓的名牌。

但伴随着公司急剧的膨胀，问题也日渐明显。一是管理体制跟不上发展的需要，二是一直抱着的狭隘推销观念，只注重花大量人力物力把生产出来的产品推销出去，不重视市场的调查研究工作，致使产品功能与消费者日益变化的需求脱节。由此公司的销售业绩开始逐年滑坡，企业无力还贷。一个曾经盛极一时的品牌就这样逐渐被人们淡忘。

2.4 营销观念

2.4.1 营销观念的内涵

营销观念的形成是市场观念的一次"革命"，它是作为对上述诸观念的挑战而出现的一种崭新的企业经营哲学。尽管这种思想由来已久，但是它的核心原则直到20世纪50年代中期才基本定型。营销观念认为，实现企业诸目标的关键在于正确确定目标市场的需求和欲望，并且比竞争对手更有效、更有利地传送目标市场所期望满足的东西。

20世纪50年代以来，西方发达国家的市场已经变成了名副其实的买方市场，卖主间竞争十分激烈，而买方处于优势地位；科学技术和生产的迅速发展使人们的文化生活水平迅速提高，消费者的需求向多样化发展并且变化频繁，营销观念正是在这种市场形势下应运而生，成为新形势下指导企业营销活动的指导思想。营销观念的形成，不仅从形式上，更从本质上改变了企业营销活动的指导原则，使企业经营哲学从以产定销转变为以销定产，第一次摆正了企业与顾客的位置，所以是市场营销观念的一次重大革命。在这种观念下，企业一切活动都以顾客需求为中心，企业把满足消费者的需求和欲望作为自己的责任，喊出了"顾客需要什么，我们就生产什么""顾客是上帝"的口号。

从表2.1中，可以进一步认识营销观念和推销观念的深刻区别。

表2.1 营销观念与推销观念的比较

营销观	出发点	方法手段	经营目标
推销观念	企业现有产品	推销与促销 (着眼于每次交易)	通过销售来获得利润
营销观念	企业的目标顾客及他们的需求、欲望	整体营销市场 (着眼于总体市场)	通过顾客的满意来获得利润

可见,推销观念注重卖方需求,以公司现有产品为出发点,要求大力推销与促销,以实现有利的销售。而营销观念则注重买方需求,以目标顾客及他们的需求、欲望为出发点,通过融合和协调那些影响消费者满意程度的营销活动,来赢得和保持顾客的满意,从而获得利润。从本质上说,营销观念是一种对顾客的需求和欲望的导向,这种导向以旨在使顾客产生满意感而实施的企业综合营销努力为基础。营销观念表明了对消费者主权论的信奉,即究竟应该生产什么的决定权不在企业手中,也不在政府手里,而是在消费者手中,企业应该生产消费者所需要的东西,这样才能使消费者利益最大化,从而使企业也赚到利润。

当然,在一家企业中确实树立和奉行营销观念是一项相当艰巨的任务。企业以前信奉的经营哲学、原有的组织结构和管理人员都会对营销观念的推行起到或多或少的阻碍作用,即使企业通过改革组织结构、建立新的经营程序和方法建立起强有力的营销部门,管理层仍必须同遗忘营销原则的倾向做斗争。

2.4.2 营销观念的支柱

市场营销有四个主要支柱,分别是目标市场、顾客需求、协调营销和盈利能力。它从选定的市场出发,以顾客需求为中心,协调各种可能影响顾客的活动,通过满足消费者需求来获取利润。

1. 目标市场

没有任何一个公司能完全占领每一个市场,满足每一项需求,甚至在一个较大的市场上也没有哪一个公司可以做得十全十美。因而公司只有选定自己的目标市场并相应地制定恰当的营销计划才能取得上佳的经营成绩。

2. 顾客需求

一家公司可以轻松定义其目标市场,但做到真正理解顾客需求却很难。虽然市场营销就是"有利润地满足需求",但实际上理解消费者需求并不容易。消费者有时说的话是需要加以"翻译"的。当消费者说想要一辆"昂贵"的汽车,一件"吸引人"的浴衣,或一处"可以落脚"的旅馆时,他们真正的意思是什么?

现在来看一下想要一辆"昂贵"汽车的顾客。我们并不知道他会怎样判断一辆汽车是否真的昂贵,营销人员必须做进一步调查。因为消费者并没有说出他的全部需要。我们可以以下列状况来区别五种类型的需要:

(1)说出来的需要(顾客想要一辆昂贵的车)。

(2)真正的需要(顾客想要的这辆车,开起来很省钱,而其最初的价格却不低)。

(3)没有说出来的需要(顾客想获得优质服务)。

(4)满足令人高兴的需要(顾客买车时,附赠一份道路图)。

(5)秘密需要(顾客想被他的朋友看成是识货的人)。

看一下西方的除臭剂制造商进入东南亚市场的例子。假设一个炎热的赤道地区可以为这种产品提供一个理想的销路,但制造商却失望地发现销路并不好。直到当地的一个零售商向他们解释说:顾客不愿意购买这种除臭剂是因为这样就等于承认他们有体臭。他们不喜欢除臭剂这个名字,购买者喜欢诸如"体用香波"之类的名字。

"以顾客为中心"要求公司从顾客的角度出发来定义顾客的需要。每一个购买决策中都包含得失的选择。若营销部门不对顾客进行研究就不可能清楚这些选择。比如说,汽车购买者想买安全、美观、可靠、高效能且价格低于30元的汽车,但是这些特性不可能集于一种汽车。因而设计者应该先知道顾客的选择,然后再设计产品。通常情况下,公司可以提供给顾客他们所需的东西,从而满足顾客需要。虽然,这看起来有些麻烦,但却可以换取顾客的感激之情。专业化市场营销的核心就在于能比竞争者更好地满足顾客的需求。

为什么说使顾客满意是生死攸关的呢?因为公司的产品主要销售给两类顾客:新顾客和老顾客。吸引新的顾客要比维系老的顾客花费更多的成本。因而,保持顾客比吸引顾客更见成效。保持顾客的关键在于使其满意。若一个顾客真的满意,他会这样做:

(1)购买更多该公司的商品并且更长时间地对该公司的商品保持忠诚。

(2)购买公司推荐的其他产品并且提高购买产品的等级。

(3)对他人说公司和产品的好话,较少注意竞争品牌的广告,并且对价格也不敏感。

(4)给公司提供有关产品和服务的好主意。

(5)交易惯例化,比新顾客节省交易成本。

日本丰田公司的一位行政人员在描述某款汽车成功的原因时说:"我们公司的目标要高于满足顾客需求。我们的目标是使顾客身心愉悦。"这是一种较高的要求,可能也是成功的市场营销者的秘密所在。愉快的顾客所起到的广告作用要远远超过在各类媒体上所做的天花乱坠的宣传。

对于公司来说,经常测试顾客的满意程度是十分明智的。公司可以打电话给一批近期购买自己商品的顾客,回访有多少人十分满意,多少人比较满意,多少人无所谓,多少人比较不满,多少人十分不满。公司还能从中发现导致顾客满意或不满意的主要因素。公司可以应用这些信息。

仅仅倾听是不够的,公司必须对这些投诉做出建设性的反应。如果顾客的投诉得到妥善处理,有54%~70%的顾客会继续购买公司的产品。如果对投诉的处理十分迅速的话,这一数字将大得惊人,可达95%。如果投诉的顾客感到满意的话,他们会向五个以上的人宣传自己所受的待遇。

如果公司能认识到,一个忠诚的顾客意味着长期的数额巨大的收入,那么忽略顾客的不满或因为小事与顾客发生争吵就显得非常愚蠢了。

顾客导向型的公司将会找出每个时期顾客满意的水平,并设立改进的目标。公司健康的根本标志是顾客满意水平很高且持续上升。

3. 协调营销

在现实中,并不是所有的公司雇员都受到"为顾客而工作"的培训和激励。一个工程师抱怨说:"销售人员总是保护顾客,并不为公司的利益着想。"他接着批评顾客"所求太多"。以下例子说明了协调的重要。一家大型航空公司的市场营销部经理想提高本公司的市场份额,办法是提供更好的食物、更干净的客舱和更为训练有素的服务人员,以提高顾客的满意程度。但她并没有权力决定这些事情。该公司食品部选择能降低成本的食物;后勤部选择能降低成本的清洁服务;人力资源部在选择雇员时也并不考虑其是否友善并有为他人服务的意愿。由于以上这些部门都从产品观点或成本观点出发来考虑问题,就使得该营销经理提高顾客满意度的计划成为泡影。

协调营销的意义有两个方面:

首先,销售、广告、产品管理和市场调研这些不同的职能部门必须互相协作。事实上,销售部门经常对产品管理部门制定"过高的价格"或"过大的销量目标"而感到极为恼火;或因为广告主管不同意一个更好的广告活动而心怀不满。这些职能部门必须从顾客的观点出发,相互协调。

其次,营销部门还必须和公司的其他部门充分协作。如果营销活动只有一个部门参与,那是行不通的;只有公司的全体员工都认识到自己对使顾客满意所应发挥的作用,市场营销活动才最有效果。IBM要求每个员工都要描述出自己的工作如何影响消费者。IBM公司的经理们充分认识到,当顾客参观工厂时如果能看到一幅整洁而高效的景象,他们就很容易成为公司的顾客。IBM的会计师们知道,他们账目的精确性和回答顾客电话的及时性会影响到顾客对IBM的态度。

由于这个原因,公司应该具有内部营销和外部营销两种观念。内部营销的任务是成功地雇用、培训、鼓励那些愿意为顾客服务的有能力的员工。实际上,内部营销应在外部营销之先。若公司的员工并没有提供优质服务的打算,却向顾客许诺优质的服务,那只能是空中楼阁。

优秀的公司会关注顾客的需求,有效地组织、正确地反应以满足顾客的需求。它们不但有精干的营销部门,而且制造部门、财务部门、研究与开发部门、人力资源部门、采购部等都接受"顾客至上"的观点,市场营销的文化观念深深植根于各部门之中。

大多数公司的市场营销工作还并不成熟。它们把市场营销仅仅理解为营销经理、产品经理、销售人员和广告预算等。其实,这些远远不够。空有市场营销部门是无法保证整个公司都具有市场营销导向的。有的公司虽然有市场营销行为,但它们并没有做到"以市场为中心"和"以顾客为导向"。事情的关键是要看它们究竟是否充分满足了顾客的需要,是否采用了具有竞争性的策略。此外,大多数公司都是由于环境所迫才最终接受市场营销观念的。

4. 盈利能力

营销观念的最终目的是帮助组织达到目标。私营厂商的主要目的是利润;非营利机构和公共机构需要生存和吸收足够多的基金以完成工作。但要知道,对私营厂商来说,关键之处不是追求利润本身,而是把创造极好的顾客价值作为结果。公司应依靠比竞争者更好地满足顾客需要的能力来赚取利润。

而事实上,长期坚持并真正做到这些十分困难,尤其是那些行业巨头,它们往往会不由自主地依靠自己形成的话语权和市场地位赚取金钱。这也是众多曾经优秀的企业被市场抛弃的终极原因。

公司在转变成以市场为导向模式的过程中会面临三个障碍——组织的抵制、缓慢的学习和快速的遗忘。

(1)组织的抵制。其他非营销部门,如生产、财务、研究与开发部门,会因为不愿看到营销部门的权力扩大威胁它们的权力而抵制营销活动。它们强烈反对下列最基本、最重要的观点:

①如果离开了顾客,厂商便失去存在价值。

②厂商的主要任务是吸引和保持顾客。

③顾客由于优质的产品和需求的满足而被吸引。

④市场营销的任务就是提供更优的产品以满足顾客的需求。

⑤顾客的满意水平受到其他部门的影响。

⑥营销部门应影响其他部门并与之合作,共同使顾客满意。

(2)缓慢的学习。尽管有许多人反对,很多公司还是引入了一些营销职能。公司经理建立了营销部门;从外面雇用优秀的营销人才;主要的部门经理参加研讨班的学习;营销预算大幅度增长;引进营销计划与控制系统。即使采取了以上的方式,但对市场营销实质的学习依然进展缓慢。

(3)快速的遗忘。即使在组织中树立了营销观念,管理部门仍须下大力气,防止对营销原理的遗忘。市场营销活动成功之后,管理部门似乎更易忘记营销原理。

2.5 社会营销观念

社会营销观念是用来修正、取代营销观念的。这种观念认为,企业的任务是确定目标市场的需求、欲望和利益,并以保证或者提高消费者和社会福利的方式,比竞争者更有效、更有利地向目标市场提供消费者所期待的满足。

社会营销观念是在20世纪70年代开始提出的。当时,为了保护消费者的利益,美国等国家陆续成立了消费者联盟,保护消费者权益主义蓬勃兴起。针对这种情况,美国管理学权威彼得·德鲁克指出:“市场营销的漂亮话讲了20年之后,保护消费者权益主义居然变成了一个强大的、流行的运动,这就证明没有多少公司真正奉行营销观念。”还有不少人认为,营销观念回避了消费者需求、消费者利益和长远社会利益之间隐含的冲突,在环境恶化、资源短缺、人口爆炸、世界性通货膨胀、社会服务被忽视的年代里,一个企业仅仅追求营销观念是不适当的,它往往会导致资源浪费、环境污染等诸多弊病。

英国威尔斯大学肯·毕提教授在其所著的《绿色营销——化危机为商机的经营趋势》一书中指出:“绿色营销是一种能辨识、预期及符合消费的社会需求,并且可带来利润及永续经营的管理过程。”绿色营销观念认为,企业在营销活动中,要顺应时代可持续发展战略的要求,注重地球生态环境保护,促进经济与生态环境协调发展,以实现社会利益、生态环境利益、企业利益及消费者利益的协调统一。从这些界定中可知,绿色营销是以满足消费者和经营者的共同利益为目的的社会绿色需求管理,以保护生态环境为宗旨的绿色市场营销模式。

绿色营销是指企业在生产经营过程中,将环境保护利益、消费者利益和企业自身利益三者统一起来,以此为中心,对产品和服务进行构思、设计、销售和制造。

绿色营销只是适应21世纪的消费需求而产生的一种新型营销理念,也就是说,绿色营销还不可能脱离原有的营销理论基础。因此,绿色营销模式的制定和方案的选择及相关资源的整合还无法也不能脱离原有的营销理论基础,可以说绿色营销是在人们追求健康(health)、安全(safe)、环保(environment)的意识形态下所发展起来的新的营销方式和方法。

绿色营销观要求企业家要有全局、长远的发展意识。企业在制定企业发展规划和进行生产、营销的决策和管理时,必须时刻注意绿色意识的渗透,从“末端治理”这种被动的、高代价的对付环境问题的途径转向积极的、主动的、精细的环境治理。在可持续发展目标下,调整自身行为,从单纯追求短期最优化目标转向追求长期持续最优化目标,将可持续性目标作为企业的基本目标。

因此,一些西方学者提出了一些新观念来修正或取代营销观念,如"人性观念"、"明智的消费者观念",以及"绿色营销观念"等,所有这些观念都是从不同的角度来探讨一个问题的,菲利普·科特勒将之综合起来,提出了上述的"社会营销观念"。

社会营销观念要求企业在制定营销决策时权衡三方面的利益,即社会利益、消费者需要的满足和企业利润。这与以往的企业营销活动的指导思想是不一样的。通过前面的介绍,我们了解到:最初,企业进行营销决策主要考虑自己的当前盈利,后来,企业开始意识到满足顾客需求和欲望有着深远意义,于是产生了营销观念。20世纪70年代以来,社会利益开始成为企业经营决策的一个重要因素。社会营销观念希望摆正企业、顾客和社会三者之间的利益关系,企业决策要兼顾三方面的利益。这样,企业既能发挥特长,在满足消费者需求的基础上获取经济效益,又能符合整个社会的利益,因而具有强大的生命力。不少公司通过采用和实践社会营销观念,获得了可观的销售量和利润。

青岛澳柯玛集团是国家大型一级企业,山东省重点工业企业集团,也是我国最早被认定为"中国驰名商标"的四家家用电器企业之一。致力于可持续性发展是澳柯玛集团企业的战略目标,澳柯玛集团在同行业内率先开始无CFC(氟利昂)替代项目改造工作,并已成为全球最大的无CFC电冰柜生产基地,同时在电冰柜、洗碗机生产行业内最先通过了ISO 14001环境管理体系认证。目前,澳柯玛正向节能、环保、高科技家电产品领域开辟新的发展空间,进行产品结构、组织结构的调整,实施产品的"纵向拉长,横向拓宽"。规划在未来三年及更长的时期内,集团能够在国内占领环保、节能家电行业的领头地位。

2.6 价值营销观念

价值营销其实是从"营销"的定义发展和延伸出来的,它并不是对营销定义的颠覆和重构,而是从价值管理的视角出发而形成的。还没有一个普适的关于"价值营销"的定义。从所掌握的文献看,最早可能是英国著名营销学教授多伊尔在2000年所著的*Value-Based Marketing*一书中给出的定义,实际上准确的概念是"基于价值的营销",翻译为"价值营销"。美国经济学教授科特勒也认为,交换和价值是营销的核心概念。所以,我们认为,价值营销本质上就是"营销",营销实质上也就是对价值的"营销",价值交换是营销和营销管理的逻辑起点,也是终点。

国内最早提出"价值营销"这一词的学者是沈胜白教授(《价值营销——企业集团经营战略的探讨》),他的论文取材于美国价值工程师协会1990年论文集。沈胜白加入了自己的看法和分析,从价值工程和价值分析的技巧出发,提出了集团公司要在市场竞争中取胜,就需要向用户提供最大价值,同时也相应得到生产者最大价值的观点。

综上,价值营销观念强调的是产品和服务的顾客价值、社会价值、组织价值、自然价值和道德价值。组织在市场营销战略制定上强调顾客、社会、组织、自然和道德价值的实现,不再单纯强调需求的满足。为了能够实现价值均衡与实现,组织通过市场营销实践活动,有效调动价值再创造资源,寻求价值市场均衡点,实现产品或服务价值和再创造价值最大化。

价值营销观念的核心是价值均衡，即通过组织的市场营销活动来实现新创造价值的再分配。这种新创造价值的再分配摒弃了传统的单纯满足组织意愿、社会意愿、政府意愿、环保意愿、消费意愿等传统思想，充分评估组织新创造价值的能力和数量，重视社会可持续健康和谐发展的需要，有效开发价值需求个体的市场参与度，将市场营销活动充分社会化，体现市场营销活动多元价值取向，实现经济社会和谐发展。

价值营销观念是企业对抗价格战的最终出路，它通过向顾客提供最有价值的产品与服务，创造出新的竞争优势取胜，也是企业真正成功的关键所在。价值营销实践主要有四个步骤：价值发现、价值重估、价值匹配和价值点睛，这四个步骤各有侧重，又相辅相成。

1. 价值发现

价值营销的第一步就是对品牌价值做一个全面梳理，明确了解品牌的价值基础。首先，这需要对公司能力、品牌背景等都有透彻的了解，而且不能仅仅停留在表面的价值层面，还应该深入发掘，发现核心价值。

俗话说巧妇难为无米之炊，没有价值基础支撑的品牌，仅仅靠高明的营销手段是无法发展壮大的。所以树立品牌的价值体系，明确品牌的核心价值，是价值营销的第一步。也只有夯实品牌的价值基础，品牌的创建才能有据可依，势如破竹。

2. 价值重估

企业的价值从来都不是一成不变的，时代在变，环境在变，企业品牌价值发现的过程必然也伴随着一个价值重估的过程。在不同的时代和不同的环境中，对企业品牌价值的侧重也不相同，有时甚至有天壤之别。这就需要企业结合现实环境，甄别企业当前的核心价值，如实衡量品牌的价值存量。

价值重估的过程也是一个对企业自身观念和价值体系重估的过程。抛开企业旧有观念，一切以企业未来的发展出发，只有具有前瞻性的眼光才能真正的实现价值重估。

3. 价值匹配

企业的价值都是相对于顾客而言的，产品或品牌的价值就在于它能满足目标消费者的需求，所以企业在对自身价值有了全面的了解和掌握后，下一步就是去了解并明确自己的目标消费者，有针对性地将品牌价值与目标消费者的真实需求相匹配。

价值匹配首要的就是建立以目标消费者为中心的观念，一切以满足目标顾客出发，寻找顾客最需要的“突出价值”，将品牌价值与顾客需求相匹配，才能顺利连通品牌价值链。

4. 价值点睛

将品牌价值与顾客的真实需求相匹配后，接着就要将价值表达出来，成为顾客可感知的价值。价值自己不会说话，价值点睛的作用就是用一句最简短的话点出品牌价值，并且能让消费者感知到。价值营销是系统性的工程，最后的点睛之笔事关整个工程能否实现惊险一跃，实现营销效果的最大化。价值点睛不是单纯的神来之笔，更多地是基于对品牌自身价值的熟稔和对目标消费者需求的洞察。

价值营销观念一直坚持认为：所有的顾客都是聪明的，价值营销就是倡导尽可能抛开一切包装炒作，以实实在在的价值赢取消费者。价值是品牌永恒的魅力，也是品牌发展的终极动力。企业“价值营销”，应在有形竞争和无形竞争上下功夫。有形竞争即实物(产品)含量竞争；无形竞争即环境、品牌和服务等竞争。企业要在产品质量、产品功能、开发能力、品牌形象等方面进行创新和提高，优化价值竞争的群体组合，实现创造价值经营，拉开与竞争对手的差异，不断创出新的竞争活力。围绕顾客价值的最大化,“价值营销”提出了以下营销组合:产品价值、服务价值、品牌价值和终端价值、形象价值。

(1)产品价值,通过产品创新,重整产品价值,摆脱产品同质化引起的价格竞争。价格战的起因之一是因为产品同质化太过严重,因此重整产品对顾客的价值,对产品进行差异化创新,是应对价格战的有效利器之一。其主要方法有:采用新技术,改进产品的质量、性能、包装和外观式样等。

(2)服务价值,通过服务增加产品的附加价值,在同类产品竞争中取得优势。在企业行为上作出严格要求,无论在什么地方,产品一到,服务就到了。

(3)品牌价值,从以产品为中心的营销转变为以品牌为中心的营销,有效避免以产品为中心的价格战。品牌不仅是企业的品牌,同时也是消费者的品牌,消费者往往从品牌的体验中感受到产品的附加价值,从而从感性上淡化产品的价格。

(4)终端价值,强调的是差异化的终端建设,通过超值的购买体验强化客户终端价值,从而淡化价格对客户购买的影响。

(5)形象价值,相对于商品的使用价值,其符号价值即形象价值变得越来越突出。一个商品的形象价值常常与它的实际使用价值并不成正比。从使用价值和交换价值的角度看,一个商品的价值中所包含的劳动价值可能很少,但当它作为某种符号、某种形象被消费时,最终体现为价格的价值就可能远远超过其使用价值和劳动交换价值,也就是说商品的符号价值、形象价值常常不受使用价值和劳动价值的约束。一种质地、款式都很相近的衣服,有的几十元钱,有的数百元,有的则上千元的现象在服装市场常常可见。因而在消费社会,商品的形象价值的生产、创造和被认可、接受乃至流行,对于消费生产与消费活动来说都是至关重要的。

小 结

随着经济发展和形势变化,市场营销观念主要经历了六个阶段的演变。

(1)生产观念是一种最古老的指导企业市场营销活动的观念。这种观念认为,消费者喜爱那些到处可以买到并且价格低廉的产品,因而生产导向型企业的管理部门总是致力于获得高生产率和广泛的销售覆盖面。

(2)产品观念认为,消费者最喜欢那些高质量、多功能和有特色的产品,因而在产品导向型企业中,管理部门总致力于生产高价值产品,并不断地改进产品,使之日臻完美,但此种观念容易患“营销近视症”。

(3)推销观念认为,如果听其自然,消费者通常不会足量购买某一企业的产品,因而企业必须积极推销和进行大量促销活动。

(4)营销观念认为,实现企业诸目标的关键在于正确确定目标市场的需求和欲望,并且比竞争对手更有效、更有利地传送目标市场所期望满足的东西,它与推销观念有着本质的区别。

(5)社会营销观念是用来修正、取代营销观念的。这种观念认为,企业的任务是确定目标市场的需求、欲望和利益,并以保证或者提高消费者和社会福利的方式,比竞争者更有效、更有利地向目标市场提供消费者所期待的满足。

(6)价值营销观念强调产品和服务的顾客价值、社会价值、组织价值、自然价值和道德价值。组织在市场营销战略制定上强调顾客、社会、组织、自然和道德价值的实现，不再单纯强调需求的满足。为了能够实现价值均衡与实现，组织通过市场营销实践活动，有效调动价值再创造资源，寻求价值市场均衡点，实现产品或服务价值和再创造价值最大化。

复习题

(1)什么是产品和生产观念？你所知的企业中有没有奉行这两种市场营销观念的？

(2)什么叫"营销近视症"？这种观念对企业的营销会带来什么负面影响？

(3)什么叫营销观念？为什么说它的形成是市场营销观念的一次革命？

(4)营销与推销有何区别？

(5)树立社会营销观念会对企业营销带来什么重大变化？

(6)价值营销观念实践的步骤有哪些？

案　例

白象方便面一夜爆火的秘密

继鸿星尔克之后，白象方便面成为炙手可热的"野性消费"国货品牌。

此前一度岌岌无名的白象，从2022年3月开始，突然"开挂"。先是以北京冬季残奥会赞助商的身份受到大众瞩目，随后陆续被报出为河南水灾捐款、坚持聘用大量残疾人员工等事迹，然后又成功避开"315酸菜事件"引发的行业地震。

白象一次次试图将品牌推上行业之巅，却几度于半途滚落。这一次，白象能否完成"大象起舞"？

一

1997年，白象刚被姚忠良接手时，只是郑州一个濒临倒闭的国有小厂，占地仅4亩，资产1 000多万元，负债也1 000多万元。相比康师傅、统一这类"大户人家"，白象就是一穷二白的"穷小子"。

康师傅、统一，这两个来自我国台湾地区的企业，一个创立于1958年，一个创立于1967年。来大陆之前，康师傅就已经在饮品和糕点产品上成绩斐然，并于1996年在我国香港联交所上市；另一边，统一的饮料和方便面产品也早已名声在外，20世纪80年代就已经是我国台湾地区方便面市场的知名品牌。二者于1992年进入大陆市场，分别在天津和新疆落地，开启大陆方便面市场的竞争。

面对劲敌的不只白象，还有1994年范现国创立的华龙面业，也就是今麦郎的前身。实力拼不过，进入市场也比别人晚，白象和华龙都选择了避其锋芒，走与康师傅和统一不同的路。康师傅和统一锁定城市销售；今麦郎和白象则聚焦农村市场，避开与它们在城市市场的竞争。

20世纪90年代初期，方便面市场一片蓝海，虽然大家同抢一块蛋糕，可由于蛋糕够大，大家各自发展。

康师傅凭借红烧牛肉面"一包面饼几包调料"的创新和渠道深耕，迅速发展。统一推出的鲜虾面,原本在台湾市场很受欢迎,却在大陆遭到严重的水土不服,市场份额被康师傅压制,但因市场无其他竞品,位居第二。华龙和白象借助低价优势,迅速在农村市场打开知名度——到2001年,华龙年销售额超过15亿元,而白象,结束了时长5年的"白象改制",年销售额突破10亿元。

经过一段时间的竞争后,方便面市场由康师傅、统一、华龙、白象占据主要市场,蓝海逐渐成为红海。追求增量,只有靠抢夺对手市场。

康师傅和统一看到了下沉市场的潜力,华龙与白象也开始觊觎城市市场的广阔。

二

所谓不破不立。

2002年,华龙创立全新品牌"今麦郎",开发的新品今麦郎弹面在北京、上海上市,一年之后开始席卷华北市场。

白象也没闲着。2003年,白象推出国内首款骨汤方便面,定价1元,上市仅仅8个月就卖了6 000万包。骨汤方便面让白象在方便面品牌里从此摘掉了"低端"标签。

回头来看,白象当年推出骨汤面之所以能大获成功,原因有二:

一是在这个阶段,增量市场转化为存量市场,市场竞争激烈,产品同质化严重,那么这个时候,谁能率先进行产品创新,谁就有机会脱颖而出。就好比康师傅一早用"美味"为品牌树立消费共识,今麦郎以"劲道"为出发点获得发展机会,白象便以"骨汤"为突破口,用新品类分化打开消费者认知。

二是白象因骨汤方便面在中国乃至全球率先提出"营养型方便面"概念,并开发出新型的骨汤工业化恢复专利技术,为产品建立了牢固的壁垒。

2004年,白象年产量达50亿包、销售额达23亿元,市场占有率上升至全国第三,仅次于康师傅和统一。

眼看被白象弯道超车,今麦郎也急于谋求突破,选择了接住资本递来的橄榄枝:"方便面鼻祖"日本日清株式会社出资15亿元,占股1/3,与华龙合资成立"华龙日清"。

彼时,国内资本市场尚未成熟,中国如今的顶级资本大多成立于2005年之后,比如,红杉中国和高瓴资本于2005年成立,经纬中国于2008年成立。在当时的环境之下,最大的资本机会,就是选择产业资本,方便面市场当时最大的产业资本在日本。同时,2001年中国正式加入WTO,也为中外合资创造了更多便利条件。

一心想打破农村市场局限的今麦郎,在2005年6月,上演了一出"华龙入城"——将总部迁到了北京。落地北京之后的第二年,今麦郎又联手统一食品,共同出资18亿元,生产今麦郎系列饮品,借此打造食品业国际品牌与多元化发展。同一年,"今麦郎面馆"实体店在河北邢台、石家庄开业。

这一系列动作都证明了今麦郎彻底把视线从下沉市场转移到了城市,曾打下的江山,已被奋力向前的脚步抛在了身后。

那一时期,由于原材料涨价,今麦郎放弃了零售1元价格带,加大克数做1.3元的大今野。白象也入局了1.3元价格带,但因无法突围,转而降低克数,又回归1元价格带,这一举动为白象之后反超今麦郎埋下了伏笔。

其实早在"华龙入城"之时,白象骨汤方便面这一单品的年销量就高达5.7亿元,因为产品创新和价格定位顺应了"天时",到2007年,白象重洗了方便面排位战,在行业中仅次于康师傅,排名第二。

而今麦郎却走入了新市场困难重重、大后方丢失的困境。

三

白象的高光时期一直持续到2014年。

这期间，白象有了许多动作。先是在2008年启动资产分析和评估，接触了摩根、高盛、荷兰银行等财团，为上市做铺路。2009年，姚忠良斥巨资买下了位于北京朝阳门附近的联合大厦，把这里作为白象食品北京中心，将总部从郑州搬至北京。2010年下半年，推出1.5元精炖大骨面，1元价格待定产品限制发货。2011年，白象销量达40亿元，占全国方便面市场份额近18%。

2011年3月，姚忠良请来曾在健力宝、立白立下战功的蒋兴洲担任白象的执行总裁，并与蒋兴洲等人成立"北京阳光金穗投资有限公司"，推出线下门店"福喜面食工坊"。

一开始，姚忠良对做主食专卖连锁并没有十足把握。在福喜面食工坊正式成立之前，他请著名战略咨询公司罗兰贝格做了一个面食行业的市场调查，结果显示，鲜面食有将近3 000亿元的市场。

姚忠良大喜，于是打定主意走专卖连锁之路。按照他当时的计划，要在"3年内开满5 000家福喜面食工坊"。这个副业，起初的进展还不错，先后在郑州、焦作、安阳、新乡等地，开出了150多家连锁店。

鲜面食的确是一片蓝海市场，但实际开店过程中平衡收支尤为重要。据了解，这150多家福喜面食工坊的产品，全部来自同一家中央主食厨房，尽管这能保证不同门店的产品质量相同，但企业的运营成本却负荷太重。鲜面食本就属于微利行业，运营成本叠加上门店租金、人力成本等，这么多家门店开下来，基本全部亏损。

一位福喜面食工坊的高管回忆，"每家店日销售额达到400元才是盈利平衡点。但是当时大部分店的销售额不足100元。"

不过，白象并没有因为亏损而影响决心，而是坚持召开招商加盟会，大家忙得热火朝天。那段时间，公司传真单上全是来自各个地市的白象方便面负责人打过来的款项，每一个都是好几百万元，这些款项，都是用来弥补福喜店面的亏损。一直到加盟店开到200家的时候，福喜面食工坊依然几乎没有盈利的店面。

2012年10月，蒋兴洲离职。一个月之后，白象正式对外宣布其接受光大证券上市辅导，拟在A股市场IPO。而福喜面食工坊，自2013年开始，门店数量开始减少，最初5 000家的计划化成泡沫，更甚至于连河南都没能走出。

线下门店失败，巨额投资几乎被烧光，一定程度上阻碍了白象IPO进程。曾经，今麦郎实体店也并未获得成功，但是因为背后有资本兜底，再亏损也不会过多影响主营业务，但白象不同，它花的每一分钱都是自己的，一旦失败，必然元气大伤。

四

一直备战IPO的白象，在2014年以失败告终，总部又搬回郑州。

有报道称，在筹备上市这几年期间，白象业绩几乎停滞不前，经营压力巨大。一组数据显示，2007年末，"白象"固定资产16亿元，实现综合销售收入40亿元，到2013年，白象食品的销售收入为50亿元。6年时间过去，仅增长了25%。拿这样的成绩上市，即便是上市成功也基本不会获得资本青睐。

另一方面,从2014年6月到年底,计划发行上市新股100家左右,并按月大体均衡发行上市。此外,根据各地证监局公布的辅导企业情况不完全统计,还有近600家正在辅导期或已经完成辅导尚未申报的拟上市企业在排队等待。这也意味着,彼时在证监会排队的近600家企业,要用三年的时间才能消化完毕。

白象相关负责人称,"我们很无奈,已经排队等待3年了,再等下去不知道要到什么时候。"

在外界看来,白象方便面主业绩的停止增长更符合其终止IPO的解释,但该负责人认为,白象上市失败的主要原因是排队时间太长,企业领导人不想再继续等待而主动放弃了。

回到郑州以后,姚忠良为了拯救颓局,请了特劳特中国的邓隆德,强推升级版2.5元的"大骨面专家"。

要知道,当时市场霸主康师傅的价盘封堵在2元左右,白象的这一价格定位受到了几乎全体渠道商的反对,但姚忠良坚定不移,砸入公司全部资源,"笼罩式"推动。三年时间,白象对"大骨面专家"的投入超过5个亿,一边抽血一边输血。结果是,白象市场份额急剧缩减。

另一边的今麦郎在同一年同样请了外援——里斯中国的张云,他选择走与白象完全相反的路子——大力推大众化低端方便面"大今野",定价1.5元,面饼加大到100克,主打量大实惠。"大今野"一推出便开始爆量,成为今麦郎当时最有竞争力的一款产品。

2015年8月,今麦郎又推出"一桶半"和"一袋半",抓住消费者"一份吃不够,两份吃不完"的心理,先是在东北市场打开了局面,随后南下,因为定位准确,今麦郎不仅自己打开了市场,还抢占了康师傅一部分份额,挽救了曾经溃败的下沉市场。

资本方面,2015年11月,日清控股与今麦郎终止合作;次年,统一"清盘"今麦郎股权,转让给骏麒资本。2016年,在中国方便面市场总量消退时,今麦郎实现了销量6.4%的逆势增长,超越白象。

一组数据是:2019年,统一总营收220亿元,今麦郎总营收达218.488亿元,二者相差甚小;2020年,今麦郎"一桶半"和"一袋半"累计销量超过50亿份,意味着平均每秒就有32份方便面售出。据2020年方便食品大会数据显示,康师傅、统一、今麦郎销售额占据前三,其中康师傅在国内的销售份额达到了46%,统一15%,今麦郎11%,白象的份额仅为7%。

一连串的失利之后,白象在市场上的声音逐渐变小,开始休养生息。但是,白象的野心并未终止。东山再起的故事在商业故事里并不少见,冠名残奥会,吹响了白象再一次冲锋的号角。

2020年3月,白象迎来翻身。

作为残奥会食品供应商,白象旗下有1/3员工皆为残疾人,意外登上热搜后,白象方便面被网友疯狂追捧。另一方面,"315"晚会之后,康师傅和统一因为酸菜事件纷纷跌落神坛,白象的"独善其身"更是赢得了尊重和信服。

一夜爆红背后,对于市场而言,只是一场野性消费情绪的宣泄,对于白象来说却是一个民企奋斗25年获得的市场馈赠。这一次,白象期待的,不只是一场欢呼呐喊,白象的目标是将品牌之名推向行业顶端,因为创立25年以来,"大象起舞"的最佳时刻已经到来。

(资料来源:O2O商学院)

讨论:

(1)白象方便面的营销观念经历了怎样的变化?

(2)从福喜面食工坊的经营看其营销观念属于哪一种?

第二篇

市场营销环境

第 3 章　市场营销环境分析

本章要点

■企业环境分析的目标。
■企业环境分析的要素。
■机会与威胁分析矩阵。
■企业应对市场营销环境策略。

营销环境是关乎企业发展的一种动态性极强的外部因素，对企业制定营销决策和开展营销活动来说至关重要，环境的变化不断为企业提供新的发展机会和更加严峻的挑战，企业的各种经济行为都必然要受到营销环境的影响和制约。现代市场营销学认为，企业营销成败的关键就在于能否较好地适应复杂多变的市场营销环境。因此，营销管理者的重要任务之一就是对营销环境进行分析和适应。

3.1　市场营销环境分析的目的

企业研究市场营销环境的目的在于分清机会和威胁因素，积极主动地“趋利避害”，以保证企业各项目标的顺利实现。

营销环境是由这样一些因素组成的：这些因素对营销管理职能来说是外部因素，但对于营销管理的能力，对于促进和保持企业与目标顾客之间成功的交易，却有着重大的影响。现代营销学认为，企业营销活动成败的关键，就在于企业能否适应不断变化着的市场营销环境。因为，现代企业是社会的经济细胞，是个开放的系统，它在营销活动过程中必然与社会的其他系统、与它所处的市场环境的各个方面，发生千丝万缕的联系，环境因素必然对营销活动有重大影响。这些营销环境对企业的营销管理来说都是不可控制的因素，营销管理者的任务就在于适当安排营销组合（可控因素），使之与不断变化着的营销环境（不可控因素）相适应。市场营销的实践证明：适者生存。许多公司的发展壮大，就是因为善于适应环境；而另有许多公司，则往往对环境变动的预测不及时，结果造成极大的被动，甚至破产倒闭。

例如，在20世纪70年代以前美国没有一家石油公司曾料想到油价会猛涨，也没有多少有关公司的管理人员预见到婴儿出生率会大幅度下降，而恰恰是这些变化对企业的经营活动产生了巨大影响和冲击。当年，美国的汽车公司正是由于对环境预测不及时、应变不力，致使日本小型轿车大量打入美国市场，占有了将近一半的市场份额。因此，企业必须时时注意对营销环境进行调查、预测和分析，然后据以确定营销战略和策略，并相应地调整企业的组织结构和管理体制，使之与变化了的环境相适应。

营销管理者应密切注意市场环境的变化和策略的配合。企业策略与某一特定市场环境相配合的时间往往是短暂的，因为市场环境复杂多变，策略要随环境的变化而相应改变，不能故步自封。例如，以生产缝纫机驰名全世界的具有130多年历史的美国胜家公司，由于市场环境的变化，1986年也终于转向航天产业，现在它的销售额有80%来自航天产业的高技术产品。

分析营销环境的目的在于寻求营销机会和避免环境威胁。所谓环境威胁，就是营销环境中对企业营销不利的趋势，对此如无适当应变措施，则可能导致某个品牌、某种产品甚至整个企业的衰退或被淘汰；而营销机会则是企业能取得竞争优势和差别利益的市场机会。在现实生活中，机会和威胁往往同时存在。营销管理者的任务就在于，善于抓住机会，克服威胁，以有力措施迎接市场上的挑战。营销环境的变化不断造成新的机会和新的威胁，这种变化有些是缓慢的，可预测的，有些则是急剧的，难以预测的。各行业所处环境变化也不尽相同，按其变化的速度可分为三类：稳定的环境、缓慢变化的环境和急剧变化的环境。例如：某些食品的营销环境就是稳定的，基本上与人口变化成正比；机械手表被石英手表取代的过程是缓慢的，可以预测的，多数企业能有条不紊地适应这种环境变化；而上述石油价格的变动则是急剧的，使许多有关的企业措手不及，损失惨重。此外，同一环境变化对不同行业的影响也不相同，它可能对某些行业或企业造成威胁，同时却给另一些行业或企业提供机会。

3.2　市场营销环境分析要素

3.2.1　市场环境分析要素和SWOT分析

研究市场营销环境需要把握两个要素：环境威胁与市场机会。市场营销环境通过对企业构成威胁或提供机会而影响营销活动。

所谓环境威胁，是指环境中不利于企业营销的因素的发展趋势，对企业形成挑战，对企业的市场地位构成威胁。

所谓市场机会，是指对企业营销活动富有吸引力的领域，在这些领域，企业拥有竞争优势。

因此，对环境威胁与市场机会的分析和评价，也就成为企业营销人员必备的基本素质。一般企业营销人员可采用“威胁分析矩阵图”和“机会分析矩阵图”来分析、评价营销环境。

1. 威胁分析

对环境威胁的分析，一般着眼于两个方面：一是分析威胁的潜在严重性，即影响程度；二是分析威胁出现的可能性，即出现概率（见图3.1）。

从图3.1可见，企业要特别重视第Ⅰ种情况，第Ⅳ种情况则可以不考虑，密切监控第Ⅱ、第Ⅲ种情况。

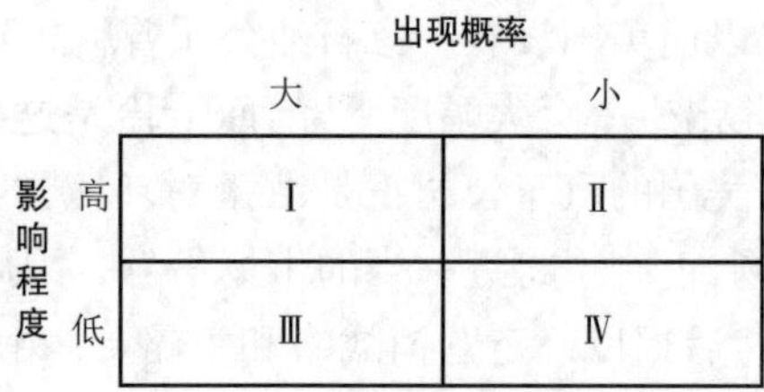

图 3.1　环境威胁分析

2. 机会分析

机会分析主要考虑其潜在的吸引力(盈利性)和成功的可能性(企业优势)大小。其分析矩阵见图 3.2。

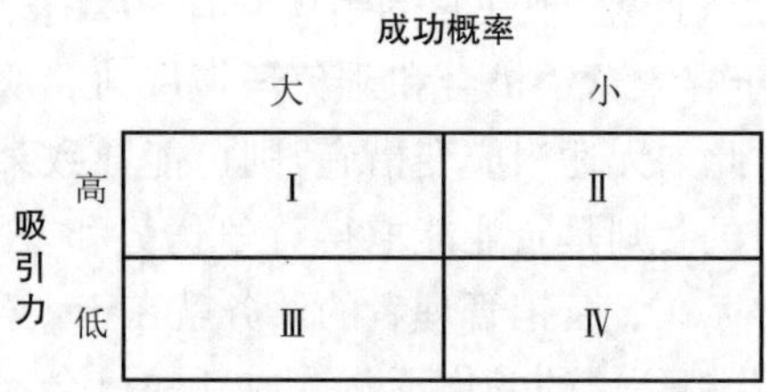

图 3.2　环境机会分析

从图 3.2 可见,企业最佳的机会出现在第Ⅰ种情况下,第Ⅳ种情况机会最小,第Ⅱ、第Ⅲ种情况介于二者之间。

综合分析环境的威胁和机会,我们可以根据威胁水平和机会水平程度的不同,将不同业务的环境分为不同的等级水平,如图 3.3 所示。企业可以根据自身不同的风险偏好选择不同的业务种类,如风险业务是风险高、机会大,成熟业务是风险低、机会小等。

机会水平 \ 威胁水平	高	低
高	Ⅰ	Ⅱ
低	Ⅲ	Ⅳ

图 3.3　威胁与机会对应下的业务分析

3.2.2　SWOT 分析

S(strengths)是优势、W(weaknesses)是劣势、O(opportunities)是机会、T(threats)是威胁。按照企业竞争战略的完整概念,战略应是一个企业"能够做的"(即组织的强项和弱项)和"可能做的"(即环境的机会和威胁)之间的有机组合。

SWOT 是基于内外部竞争环境和竞争条件下的态势分析,就是将与研究对象密切相关的各种主要内部优势、劣势和外部的机会和威胁等,通过调查列举出来,并依照矩阵形式排列(见图 3.4),然后用系统分析的思想,把各种因素相互匹配起来加以分析,从中得出一系列相应的结论,而结论通常带有一定的决策性。运用这种方法,可以对研究对象所处的情景进行全面、系统、准确的研究,从而根据研究结果制定相应的发展战略、计划以及对策等。

优势	机会
劣势	威胁

图 3.4 SWOT 分析模型

优势,是组织机构的内部因素,具体包括:有利的竞争态势,充足的财政来源,良好的企业形象,坚实的技术力量,形成规模经济,产品质量符合标准,市场份额稳定,成本优势,广告优势,等等。

劣势,也是组织机构的内部因素,具体包括:设备老化,管理混乱,缺少关键技术,研究开发落后,资金短缺,经营不善,产品积压,竞争力差等。

机会,是组织机构的外部因素,具体包括:新产品,新市场,新需求,外国市场壁垒解除,竞争对手失误等。

威胁,也是组织机构的外部因素,具体包括:新的竞争对手,替代产品增多,市场紧缩,行业政策变化,经济衰退,客户偏好改变,突发事件等。

SWOT 方法的优点在于考虑问题全面,是一种系统思维,可以分析出企业所处的各种环境因素,即外部环境因素和内部能力因素。外部环境因素包括机会因素和威胁因素,它们是外部环境对公司的发展直接有影响的有利和不利因素,属于客观因素,内部环境因素包括优势因素和弱点因素,它们是公司在其发展中自身存在的积极因素和消极因素,属主观因素。在调查分析这些因素时,不仅要考虑到历史与现状,而且更要考虑未来发展问题。

1. 优势与劣势分析(SW)

由于企业是一个整体,并且由于竞争优势来源的广泛性,所以,在做优劣势分析时必须从整个价值链的每个环节上,将企业与竞争对手做详细的对比。如产品是否新颖,制造工艺是否复杂,销售渠道是否畅通,以及价格是否具有竞争性等。如果一个企业在某一方面或几个方面的优势正是该行业企业应具备的关键成功要素,那么,该企业的综合竞争优势也许就强一些。需要指出的是,衡量一个企业及其产品是否具有竞争优势,只能站在现有潜在用户角度上,而不是站在企业的角度上。

2. 机会与威胁分析(OT)

以"山寨产品"为例,模仿替代品限定了公司产品的最高价,替代品对公司不仅有威胁,可能也带来机会。企业必须分析:替代品给公司的产品或服务带来的是"灭顶之灾"呢,还是提供了更高的利润或价值;购买者转而购买替代品的转移成本;公司可以采取什么措施来降低成本或增加附加值来降低消费者购买盗版替代品的风险。

3. 整体分析

从整体上看,SWOT 可以分为两部分:第一部分为 SW,主要用来分析内部条件;第二部分为 OT,主要用来分析外部条件。利用这种方法可以从中找出对自己有利的、值得发扬的因素,以及对自己不利的、要避开的东西,发现存在的问题,找出解决办法,并明确以后的发展方向。根据这个分析,可以将问题按轻重缓急分类,明确哪些是急需解决的问题,哪些是可以稍微拖后一点儿的事情,哪些属于战略目标上的障碍,哪些属于战术上的问题,并将这些研究对象列举出来,依照矩阵形式排列,然后用系统分析的思想,把各种因素相互匹配起来加以分析,从中得出一系列相应的结论。而结论通常带有一定的决策性,有利于领导者和管理者做出较正确的决策和规划。

3.3 企业如何有效利用市场环境

市场每一个环境因素的变化,都可能为某些企业创造机会,也可能为另一些企业造成威胁。而且,鉴于营销环境的动态性,市场营销机会和环境威胁在一定的条件下还会互相转化。

例如,德国政府对环境保护苛刻的要求使许多企业感到压力和威胁,但也为新材料、新能源产业和环保产业带来巨大商机;而若干年后,绿色产品和绿色营销成为德国企业在国际市场明显的竞争优势。

3.3.1 企业对营销环境的适应

企业对营销环境的适应既是营销环境客观性的要求,也是企业营销观念的要求。现代营销观念以消费者需求为出发点和中心,它要求企业必须清楚地认识环境及其变化,发现需求并比竞争对手更好地满足需求。否则,就会被无情的市场竞争所淘汰。而且,因为环境的复杂性和动态性,企业对环境的适应必须是永不松懈的。消费者的需求不断变化,市场上就不存在永远正确的营销决策和永远受欢迎的产品,对企业来说,唯有通过满足消费需求实现盈利目标的任务是永恒的。而成功地完成这一任务,适应环境是关键。

几十年前,美日企业对石油危机不同的反映造成它们的市场地位戏剧性变化是一个典型的例子。美国被称为"车轮上的国家",其发达的汽车工业是美国人引以为傲的资本。但因为美国几大汽车巨头们对能源危机反映迟钝,在能源趋紧的环境条件下,依然生产着大型、耗能高的传统汽车,而日本企业却适时地研制出小型节能汽车,成功地占领了大片美国市场。美国人曾以为高枕无忧的国内市场,在日本人的进攻下痛失"半壁江山"。

这个例子说明了,在客观环境面前,强与弱的划分标准是对环境的适应能力,善于适应环境就能创造竞争优势。市场营销学认为,企业营销活动的成败,营销目标能否实现,就在于企业能否适应环境的变化,并以创新的对策去驾驭变化的营销环境,做到"以变应变"。在风云变幻的市场竞争中,"适者生存"同样是颠扑不破的真理。企业的大小决策,各种活动都应是有理有据的,这便有赖于对市场营销环境的分析。而企业的营销活动从本质上说,就是企业利用自身可控的资源不断适应外界环境不可控因素的过程。

需要注意的是,企业对环境的适应并不仅仅是被动的接受,而应该是能动的适应,既有对环境的依赖,又有对环境的改造,即采取积极主动的行为影响营销环境因素。在企业和环境这对矛盾之中,我们要承认客观环境的制约作用,但也不可忽视企业营销活动对环境的反作用。在企业与环境的对立统一中,企业是居于主动地位的,成功的营销者通常是那些主动地认识、适应和改变环境的个体。

3.3.2 企业对营销环境的影响

企业对营销环境的影响主要表现在两方面:

(1)营销环境虽然有不可控性,企业仍可借助科学的营销研究手段认识并预测环境的变化趋势,及时地调整营销计划。例如,目前许多企业意识到消费者对自身健康和社会环境的关注将对市场需求发生深远影响,纷纷开发绿色产品,力争在市场竞争中获得先机。据预测,环保、休闲、健康是21世纪最时尚、最持久的时装主题,天然纤维的棉、麻、丝或高新技术合成的特殊保健纤维面料将成为消费者偏好。

(2)企业可以通过各种宣传手段,如广告、公共关系等来创造需求、引导需求,促使某些环境因素向有利的方向发展变化。在现实生活中,绝大多数的消费流行或时尚潮流都是由企业所创造出来的。牛仔服刚进入我国市场时,被人们视为"异物",与游手好闲、不三不四的形象联系在一起。随着我国经济快速发展,逐渐融入世界发展的潮流,加上服装企业一系列的营销努力,使牛仔服成为广大消费者喜爱的一大服饰种类。而一句"温饱以后要健身"的广告揭开了健身器材热销的序幕,企业正是通过引导生活水平有了提高的人们追求健康美丽,来创造对自己产品的需求。

从企业的营销实践来看,企业对环境的反作用既受企业实力影响,也与环境因素本身有关。一般说来,企业对直接环境的影响比对间接环境的影响更容易做到。这显然是因为企业与其直接环境因素联系得更紧密,互相作用更直接。比如,供应商是企业的直接环境因素之一,但同时企业又是供应商的客户,企业可利用商务谈判、长期订单等方法影响或改善与供应商的关系,获得一定的优惠条件。又如,企业无法控制人口规模,但可以通过营销宣传影响特定顾客群的态度,刺激他们的购买欲望;企业无法控制人均收入,但可以通过分期付款等方式加快潜在需求向现实需求的转化。

3.3.3 营销环境对企业的影响

营销环境对企业的影响主要是对企业产生的机会与威胁,两者分析合并后,可得到"威胁/机会组合矩阵",如图3.5所示,这是环境分析中比较重要的一种分析方法。

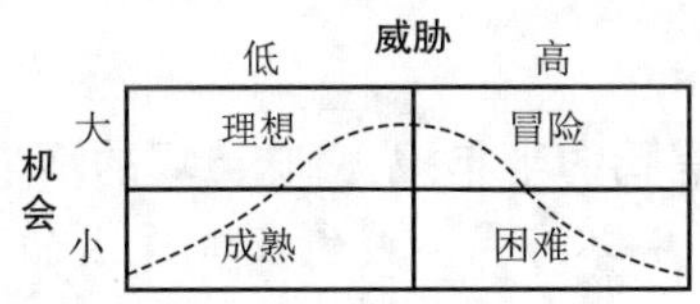

图3.5 威胁/机会矩阵

对理想业务,应看到机会难得,必须抓住机遇,迅速行动。

对冒险业务,面对高利润与高风险,既不盲目冒进,也不应迟疑不决,坐失良机,应全面分析自身的优势与劣势,扬长避短,创造条件,争取突破式进展。

对成熟业务,机会与威胁处于较低水平,可作为企业的常规业务,用以维持企业的正常运转,并为开展理想业务与冒险业务准备必要的条件。

对困难业务,要么是努力改变环境,走出困境或减轻威胁,要么是立即转移,摆脱无法扭转的困境。

小 结

分析营销环境的目的在于,寻求营销机会和避免环境威胁。所谓环境威胁,就是营销环境中对企业营销不利的趋势,对此如无适当应变措施,则可能导致某个品牌、某种产品甚至整个企业的衰退或被淘汰;而营销机会则是企业能取得竞争优势和差别利益的市场机会。在现实生活中,机会和威胁往往同时并存。营销管理者的任务就在于,善于抓住机会,克服威胁,以有力措施迎接市场上的挑战。

研究市场营销环境需要把握两个要素:环境威胁与市场机会。市场营销环境通过对企业构成威胁或提供机会而影响营销活动。所谓环境威胁,是指环境中不利于企业营销的因素的发展趋势,对企业形成挑战,对企业的市场地位构成威胁。所谓市场机会,是指对企业营销活动富有吸引力的领域,在这些领域,企业拥有竞争优势。

SWOT是基于内外部竞争环境和竞争条件下的态势分析,就是将与研究对象密切相关的各种主要内部优势、劣势和外部的机会和威胁等,通过调查列举出来,并依照矩阵形式排列(见图3.4),然后用系统分析的思想,把各种因素相互匹配起来加以分析,从中得出一系列相应的结论,而结论通常带有一定的决策性。

复习题

(1)企业分析市场营销环境的要素内容有哪些?

(2)何谓环境威胁和市场机会?

(3)企业对营销环境的影响主要表现是什么?

案　例

周黑鸭的半年报,卤味市场的下半场

卤味市场的2022年上半年,并不容易。疫情反复造成的消费场景破坏、消费情绪持续低迷、原材料成本持续上涨等因素,使企业生产经营面临较大压力。

然而,即使是在外部严峻的承压环境下,依旧有行业亮点。卤味行业头部品牌周黑鸭日前发布半年报,除特许业务大幅增长,贡献收入占比超28%之外,虾球大单品同样在2022年上半年实现了高速增长,单月最高销量突破100万盒。

1. 承压的市场,需要解围

上半年疫情的反复,直接影响居民外出活动及消费半径。部分工厂与门店不定时暂停生产与营业、原材料价格大幅上涨等诸多不利因素,都给企业的生产经营带来一定冲击。

在严峻的外部环境考验下,市场对企业提出了更高的要求。一方面,年轻人成为消费主力,追求新潮、便利、高性价比,消费需求更加多元。企业需要面对消费偏好、消费结构以及消费场景转移等外部变化作出积极改变。

另一方面,线上线下渠道的场景变化,摆在企业面前的,是需要重新思考人、货、场之间关系,灵活调整资源配置,寻找到品牌增长的新链路。

互联网红利结束,线上直播生态的洗牌、社区消费场景的快速崛起,对快速消费品行业参与者提出了重新布局渠道的要求。后疫情时代,如何适应多变的市场环境,找到新的增长点,将是企业长期面临的挑战。

在上半年严峻的环境里,周黑鸭通过优化线下门店结构,升级"小而美"的门店模型,积极布局社区及下沉市场，产品创新聚焦大单品等多项举措，成为周黑鸭的经营韧性组成。

2. 稳健的周黑鸭，找到答案

周黑鸭的答卷，可以从三方面归纳。

首先，是门店类型与布局的嬗变。

即使市场承压，周黑鸭的门店数量依旧在增长，财报显示上半年新开门店660家。

面对带来的严重影响，周黑鸭充分运用“直营+特许”双轮驱动的模式，使业务均衡健康发展。截至2022年6月30日，周黑鸭被特许商总人数近500位，特许门店数量1 818家，人均开店数亦有所增长。针对特许经营，周黑鸭推出了单店特许2.0模型，通过入门特许费分期、保证金返还和费用优化补贴等方式，显著降低开店成本，与被特许商共渡难关。

除此之外，优化线下门店的类型结构，社区及下沉市场的布局战略，成为周黑鸭这段时间来的主要思路，其社区店的模式，开始逐渐在全国推广。门店选址也不再仅限于一二线城市，而是更下沉的渗透。

据其官方数据显示，截至2022年6月30日，周黑鸭全国社区店总数达561家，下沉市场门店数量超过1 000家。在半年报期内，周黑鸭门店已覆盖全国297个城市，线下门店总数达3 160家。

下沉市场的消费潜力早已被认可。拥有全国70%人口的广袤市场，存在着约19万个城市社区场景，成为周黑鸭向全国拓展的万店空间载体。

其次，是渠道的数智化升级。

疫情常态化环境中，大众消费和生活的触达与决策路径都在不断变化，线上与线下交融的数字消费已经是不可逆的大趋势。

向线上去、向数字化去，成为一种近乎“行业正确”的商业判断。周黑鸭在拓展门店基本盘之余，也同样在完善线上线下全渠道融合布局，以此在新时代中站住身位。

为门店带来新增长点的外卖业务。周黑鸭通过精细化运营的方式，将到店的公域客流转化为门店的私域人群，锁定门店所能覆盖的周边人群，并且通过产品、场景、流量投放等的差异化策略，完成品牌增长。单月销量破百万盒的爆品虾球，即是成长于这一精细化、差异化运营策略。

与此同时，周黑鸭也在拓展新兴渠道。

生鲜电商，周黑鸭的社区生鲜渠道已覆盖170个城市，4 000个前置仓；社媒电商，周黑鸭亦在抖音、快手、小红书等不同内容渠道布局，以直播、短视频等方式触达更多消费者。

最后，是在消费新趋势中完成爆品的塑形。

周黑鸭的产品策略始终没变，还是坚持超级大单品战略，而针对年轻人口味的变化，在鸭类产品之外成功打造出虾球爆品。

据2022的半年报显示，虾球产品上半年单月最高销量超过100万盒，已经是其年度第二大单品。值得注意的是，周黑鸭围绕新品打爆的一系列打法。虾球系列产品本身具备网红属性，围绕产品开创“单手吃虾”全新细分赛道，引领行业发展趋势；率先启用品牌代言人，针对虾球推出系列活动，实现品牌与年轻群体的有效对话，真正从产品到品牌，都走向年轻化。

周黑鸭将品牌经营的多种需求，通过六大战略的指引，汇总成产品、门店、渠道三方面的集中叙事，力出一孔，穿透市场周期带来的雾霭，找到未来的答案。

3. 穿越周期,需要韧性

面对环境风险和市场竞争的双重考验,周黑鸭在推进六大战略的过程中,在逆境下所显现的稳健发展,背后是一套极具韧性的成长逻辑。

从长期视野来看,市场的不确定性其实建立在企业无法立足当下、看向未来的基础上。每一次风险都是机遇。国内市场环境中消费场景、消费习惯的偏移,即是对企业的考验,也是一次市场份额空间的二次分配与再度扩容。

回归到企业的本质,是根据消费者需求来创造高感知价值的产品、服务。从市场出发,开发消费者有体感的产品,另一方面是抓住消费者口味、便捷等不同食用需求,打造符合新需求的新产品,另一方面是重塑渠道与流量结构,从愈发漫长的消费者旅程中,尽可能多地完成品牌与消费者的深度触达。

这是企业的市场"外力",而企业自身的经营"内力",同样需要一种长期主义去灌溉。周黑鸭所展示出的品牌营销、产品多样性、供应链效力提升、组织力优化升级等经营管理方面的战略驱动,才是更长市场周期中,企业持久竞争力的体现。后续在六大战略方向的持续发力,也是其近乎必然的确定性路径。

这一过程中,周黑鸭作为卤味头部品牌,显然为市场演练了一堂关于经营韧性的必修课。在中期业绩对外发布后,多家投行对周黑鸭的未来发展表示看好,如安信证券认为小而美的门店策略,与虾球等新品探索,帮助周黑鸭找到了第二乃至第三增长曲线。

存量时代的激烈竞争,决定了品牌需要不断改革升级。在消费情绪逐渐恢复、市场环境逐渐稳定的当下,新的增长契机与空间并不丰裕,只有真正随时与时代脉络一起呼吸的品牌,才能真正穿越周期,实现韧性发展。

(资料来源:新消费智库)

讨论:

(1)周黑鸭面对的市场营销环境有哪些变化?

(2)周黑鸭采取哪些措施以面对市场营销环境的变化?

第 4 章 市场营销宏观环境

本章要点

■市场营销宏观环境构成。

■经济环境的分析。

宏观环境包涵的内容很多，主要包括人口环境、经济环境、自然环境、文化环境、技术环境、政治和法律环境等方面。这些因素不仅作为社会环境在影响着企业的营销活动，还影响着企业微观环境中的各个因素，并通过微观环境的作用，对企业的营销活动实现相应的限制和制约。

菲利普·科特勒指出，宏观环境是影响企业微观环境中所有行为者的大型社会力量。构成这种大型社会力量的各因素既相互独立又相互作用，对企业的市场营销活动既是威胁又是机会。同时，宏观营销环境对微观营销环境有着制约作用。科技环境除了直接对企业的营销活动有一定的威胁和提供一定的市场机会以外，也大量地通过用户、竞争企业等对企业的营销活动发生作用；社会的规范、价值观、信念等影响着消费者的消费偏好、兴趣爱好、对产品的态度、增加或减少消费者对商品的选择概率。

4.1 政治环境

企业的经营活动，是社会经济生活的组成部分，而社会经济生活总要受到政治生活和制度的影响。因此，政治环境是企业经营活动中的重要环境要素，企业的营销人员，要对政治环境有明确的了解，并且要知道它们对企业营销活动的影响，否则将招致不可逆转的损失。

政治环境是指企业市场营销活动的外部政治形势、国家方针政策及其变化。安定团结的政治局面不仅有利于经济的发展和人们收入的增加，而且影响到人们的心理状况，导致市场需求发生变化。党和政府的方针、政策，规定了国民经济的发展方向和速度，也直接关系到社会购买力的提高和市场消费需求的增长变化。

政治环境是各种不同因素的综合反映，诸如国内危机，针对商业的恐怖主义行动，以及国家之间在特殊地区的冲突，这些问题可能偶尔发生，也可能经常发生。因此，政治环境可以说是政治体系存在和从事政治活动、进行政治决策的背景条件的总和。具体到对国内政治环境的分析就是要了解党和政府的各项方针、路线、政策的制定和调整对企业市场营销的影响。对国际政治环境的分析要了解“政治权力”与“政治冲突”对企业营销的影响。

政治权力指一国政府通过正式手段对外来企业权利予以约束，包括进口限制、外汇管制、国有化、劳工限制等方面。进口限制指在法律和行政上限制进口的各项措施：一类是限制进口数量的各项措施；另一类是限制外国产品在本国市场上销售的措施。外汇管制指一个国家政府对外汇的供需及利用加以限制。国有化指国家将所有外国人投资的企业收归国有，有的给予补偿，有的不给予任何补偿。劳工限制指所在国对劳工来源及使用方面的特殊规定。这些“政治权力”对市场营销活动的影响往往有一个发展过程，有些方面的变化，企业可以通过认真地研究分析预测得到。

政治冲突指国际上重大事件和突发性事件对企业营销活动的影响，包括直接冲突与间接冲突两种。直接冲突有战争、暴力事件、绑架、恐怖活动、罢工、动乱等给企业营销活动带来的损失和影响；间接冲突主要指由于政治冲突、国际上重大政治事件带来的经济政策的变化，国与国、地区与地区观点的对立或缓和常常影响其经济政策的变化，进而使企业的营销活动或受威胁，或得到机会。

4.2 法律环境

法律环境是指国家或地方政府颁布的各项法规、法令、条例等。法律环境对企业的营销活动具有一定的调节作用，同时对市场消费需求的形成和实现也具有一定的调节作用。企业研究并熟悉法律环境，不仅可以保证自身严格依法经营和运用法律手段保障自身权益，还可通过法律条文的变化对市场需求及其走势进行预测。

法律环境主要包含内外有别的两个层次：一个是外显的表层结构，即法律规范、法律制度、法律组织机构及法律设施；另一个是内化的里层结构，即法律意识形态。对于经营出口商品和跨国业务的企业来说，认真研究进口国家和地区的法律因素对于产品销售的影响，尤其具有重大意义。

具体到对国内市场营销法律环境的分析，主要指国家主管部门及省、市、自治区颁布的各项法规、法令、条例等。企业了解法律，熟悉法律环境，既保证企业自身严格按法律办事，不违反各项法律，有自己的行动规范，同时又能够用法律手段保障企业自身权益。企业营销人员应熟悉和了解有关经济法规、条例。对法律环境的研究，除了要研究各项与国际、国内市场营销有关的法律、规定，研究有关竞争的法律及环境保护、资源管理方面的条例规定外，还要了解与法律的制定与执行有关的监督、管理服务于企业市场营销活动的政府部门的职能与任务。这样才能使企业营销人员全面了解、熟悉企业所处的外部环境，避免威胁，寻找机会。

4.3 人口环境

人口环境在市场营销学中指影响营销过程及其效率的外部因素之一。市场是由人组成的，企业或组织在营销过程中首先应当注意的外部影响因素就是人口环境。一个特定市场的人口规模及其增长率、年龄分布和种族组合、人口密度、教育水平、家庭类型、地区特征和迁移活动等都会影响市场的规模与结构、特征与变动趋势。

现代营销学认为,企业的营销人员必须密切关注企业"人口环境"方面的动向。因为市场是由那些想购买商品并且有购买能力的消费者(即潜在购买者)构成的,而且这种人越多,市场规模就越大。因此,人口的多少直接决定市场的潜在容量。而人口的年龄结构、地理分布、婚姻状况、人口密度、出生率、死亡率、文化教育以及流动性等人口特性,又会对市场需求格局产生深刻影响。老年人会有不同于年轻人的需求。同样,男性与女性、南方人与北方人,以及不同文化、不同种族、不同职业的人,在需求结构、消费习惯与方式上,都会具呈现出明显的区别。企业营销部门应当密切注视上述人口特性及其发展动向,不失时机地利用市场机会,而在出现威胁时,及时、果断地调整市场营销策略,以适应人口环境的变化。

人口环境的分析重点在于人口结构的分析。人口结构包括人口的年龄结构、教育结构、家庭结构、收入结构、职业结构、性别结构、阶层结构和民族结构等多种因素。其中,人口的年龄结构最主要,直接关系到各类商品的市场需求量,以及企业目标市场的选择。各国人口的年龄结构各不相同。我国早些年份的人口年龄结构为金字塔形,意味着比较年轻的人口结构。20世纪90年代以后,人口金字塔的底座已经缩小,顶尖变宽,人口金字塔形状趋向于倒金字塔形。但是在完成这个转化之前,中国现阶段人口金字塔图形接近于一个橄榄形——劳动年龄人口比重较大。具体来说,人口年龄结构的变化将表现出接受基础教育年龄人口比重将会缩小、劳动年龄人口比重略有增大、人口老龄化进程迅速,老年人口比重不断上升等特征。

从年龄段分布看,人口可以划分成六个年龄段:学龄前儿童、学龄儿童、青少年、25岁至40岁的年轻人、40岁至65岁的中年人和65岁以上的老年人。在一个市场上,每个年龄段的人数不同,需要的商品也不相同,市场营销人员要确定年龄段中可能成为目标市场的人群。例如:有收入和购买能力的学生;单身贵族;双职工没有孩子的家庭;双职工有孩子的家庭;低收入的城市职员;富裕的老年人,等等。这些人群都有对固定类型的产品与服务以及媒体与零售店的偏好,这就使得市场营销人员能够进一步改进自己的产品。

人口受教育程度不同,对市场也会产生一定的影响。如:对于受教育程度低的人口,广告就得突出公司形象而不是产品;对于受教育程度高的人口,接触广告媒体更多的会是文字、互联网。

家庭是构成社会的最基本单位,也是构成市场的最基本的消费单位。从生活必需品、日常用品到耐用消费品,绝大多数商品都是以家庭为单位而购买和消费的。

中国家庭近年来呈现出许多新的变化趋势。三口之家大幅度增加,家庭规模趋于小型化,这就给经营家庭用品的行业提供了新的市场机会。非家庭住户也在迅速增加,企业应注意和考虑这些住户的特殊需要和购买习惯。这种非家庭住户主要有三种:

(1)单身成年人住户。包括未婚、分居、丧偶、离婚。这种住户需要较小的公寓房间、较小的食品包装和较便宜的家具、日用品、陈设品等。

(2)两人同居者住户。这种住户是暂时同居,需要较便宜的租赁家具和陈设品。

(3)集体住户。即若干大学生、职员等住在一起共同生活。

4.4 经济环境

经济环境指企业营销活动所面临的外部社会经济条件,其运行状况和发展趋势会直接或间接地对企业营销活动产生影响。经济环境的一般研究包括经济发展阶段、消费者收入水平、消费者支出模式和消费结构、消费者储蓄和信贷水平等。

4.4.1 经济发展阶段

经济发展阶段的划分,比较流行的是美国学者罗斯顿的"经济成长阶段理论",他将世界各国的经济发展归纳为以下五种类型:①传统经济社会;②经济起飞前的准备阶段;③经济起飞阶段;④迈向经济成熟阶段;⑤大量消费阶段。凡属前三个阶段的国家称为发展中国家,而处于后两个阶段的国家则称为发达国家。

不同发展阶段的国家在市场营销上采取的策略也有所不同。以分销渠道为例,学者对经济发展阶段与分销渠道之间的关系作过研究,得出以下结论:①经济发展阶段越高的国家,它的分销途径越复杂而且广泛;②进口代理商的地位随经济发展而下降;③制造商、批发商与零售商的职能逐渐减少,不再由某一分销路线的成员单独承担;④批发商的其他职能增加,只有财务职能下降;⑤小型商店的数目下降,商店的平均规模在增加;⑥零售商的加成上升。随着经济发展阶段的上升,分销路线的控制权逐渐由传统权势人物移至中间商,再至制造商,最后大零售商崛起,控制分销路线。

4.4.2 消费者收入水平

消费者的购买力来自消费者收入,但是并不是全部收入都用来购买商品和劳务,购买力只是收入的一部分。因此,在研究消费收入时,要注意以下五点:

(1)国民收入。国民收入是指一个国家物质生产部门的劳动者在一定时期内(通常为一年)新创造的价值的总和。

(2)人均国民收入。即用国民收入总量除以总人口。这个指标大体上反映一个国家的经济发展水平。根据人均国民收入,可以推测不同的人均国民收入相应地消费哪一类耐用消费品或服务;在什么样的经济水平上形成怎样的消费水平和结构,会呈现出的一般规律性。

(3)个人收入。指所有个人从多种来源中所得到的收入。对其可分为不同方面的研究。一个地区个人收入的总和除以总人口,就是每人平均收入。该指标可以用作衡量当地消费者市场的容量和购买力水平的高低。

(4)个人可支配收入。即在个人收入中扣除税款和非税性负担后所得余额。它是个人收入中可以用于消费支出或储蓄的部分。

(5)个人可任意支配收入。即在个人可支配收入中减去用于维持个人与家庭生存不可缺少的费用(如房租、水电、食物、燃料、衣着等项开支)后剩余的部分。这部分收入是消费需求变化中最活跃的因素,也是企业研究营销活动时所要考虑的主要对象。因为从个人可以支配的收入中开支的维持生存所必需的基本生活资料部分,一般变动较小,相对稳定,即需求弹性小;而满足人们基本生活需要之外的这部分收入所形成的需求弹性大,它一般用于购买高档、耐用消费品,如旅游等,所以是影响商品销售的主要因素。

4.4.3 消费者支出模式和消费结构

德国统计学家恩斯特·恩格尔1857年根据他对美国、法国、比利时许多家庭的收支预算所作的调查研究，发现了关于家庭收入变化与各方面支出变化之间比例关系的规律性，得出了恩格尔定律。

恩格尔系数＝食物支出变动百分比/收入变动百分比

这个公式通常又称为食物支出的收入弹性。它反映了人们收入增加时支出变化趋势的一般规律性。在分析恩格尔系数时，要注意恩格尔系数下降的比例对于经济发展水平不高的国家和地区，表现出的"缓慢性"，与经济增长不是等比例。当某些比较贫困的家庭收入略有增加时，可能用于食物方面的支出不仅没有减少，而且可能增多，表现为系数的上升；只有食物的消费达到一定水平时，收入的进一步增加才会导致恩格尔系数的下降。

恩格尔定律表明，在一定的条件下，当家庭个人收入增加时，收入中用于食物开支部分的增长速度要小于用于教育、医疗、享受等方面的开支增长速度。食物开支占总消费数量的比重越大，恩格尔系数越高，生活水平越低；反之，食物开支所占比重越小，恩格尔系数越小，生活水平越高。整个社会经济水平越高，用于食品消费部分占总支出的比重越小。这种消费者支出模式不仅与消费者收入有关，而且还受到下面两个因素的影响：

(1)家庭生命周期的阶段影响。据调查，没有孩子的年轻人家庭，往往把更多的收入用于购买冰箱、家具，陈设品等耐用消费品上，而有孩子的家庭，随着孩子的长大，家庭预算会发生变化，孩子娱乐、教育等方面支出较多，故家庭用于购买消费品的支出会减少，孩子独立生活后，家庭收支预算又会发生变化，用于保健、旅游、储蓄部分就会增加。

(2)家庭所在地点。如住在农村的消费者和住在中心城市的消费者相比，前者用于交通方面支出较少，用于住宅建设方面支出较多，后者用于食物支出较多。恩格尔定律表明，恩格尔系数已成为衡量家庭、阶层及国家富裕程度的重要参数。

另外，一些经济学家指出，在分析恩格尔系数时，还应考虑以下三种因素：

(1)城市化因素。特别是当家庭由农村迁入城市时，食物支出往往快于家庭收入增长，甚至可能在收入不增加的情况下，食物支出也有明显增长。

(2)商品化因素。随着商品化程度的提高，人们(尤其是农村消费者)越来越多地从市场上购买食品，使得食物支出在总支出中所占比重有所上升。

(3)劳务社会化因素。从市场上买进的食品中，未加工的食品所占比重越来越小，加工过的食品比重越来越大，使得食品支出发生变化。

与恩格尔系数相联系的，是消费结构。消费结构指消费过程中人们所消耗的各种消费资料(包括劳务)的构成。即各种消费支出与总支出的比例关系。优化的消费结构是优化的产业结构和产品结构的客观依据，也是企业开展市场营销的基本立足点。

4.4.4 消费者储蓄和信贷水平

消费者储蓄一般有两种形式：一是银行存款，增加现有银行存款额；二是购买有价证券。

储蓄的增加会使消费者现实的需求量减少，购买力下降，但储蓄作为个人收入则增加潜在需求量，使企业产品在未来的实现容易一些。影响储蓄的因素有：

(1)收入水平。一个人、一个家庭只有当收入超过一定的支出水平时，才有能力进行储蓄。

(2)通货膨胀的因素。当物价上涨接近或超过储蓄存款利率的增长,则货币的贬值将会刺激消费、抑制储蓄。

(3)市场商品供给状况。当市场上商品短缺或产品质量不能满足消费者需要时,则储蓄上升。

(4)对未来消费和当前消费的偏好程度。如果消费者较注重未来消费,则他们宁愿现在较为节俭而增加储蓄,如果消费者重视当前消费,则储蓄倾向较弱,储蓄水平降低。

消费者不仅以货币收入购买他们需要的商品,而且可以通过借款来购买商品,所以消费者信贷也是影响消费者购买力和支出的一个重要因素。所谓消费者信贷,就是消费者凭信用先取得商品使用权,然后按期归还贷款,以购买商品。第二次世界大战后,西方各国盛行消费者信贷,其主要种类有以下三种:

(1)短期赊销。例如,消费者在某零售商店购买商品,这家商店规定无须立即付清货款,有一定的赊销期限,如果顾客在期限内付清货款,则不付利息,如果超过期限,要付利息。

(2)住房按揭以及分期付款。消费者在购买住宅时,必须先个人支付一部分房款,再以购买的住宅作为抵押,向银行借款支付剩余的房款,以后按照借款合同的规定在若干年内分期偿还银行贷款和利息。买主用这种方式购买的房屋,有装修改造及出售权,而且房屋的价值不受货币贬值的影响。另外,消费者在购买汽车、昂贵家具等耐用消费品时可以采取分期付款的方式。通常也是先签订一个分期付款合同,先支付一部分货款,其他货款按计划逐月加利息偿还,如果顾客连续几个月不按合同付款,商店有权将原售物收回。

(3)信用卡信贷。顾客可以凭卡到与发卡银行(公司)签订合同的任何商店、饭店,医院、航空公司等企业、单位去购买商品,钱由发卡银行(公司)先垫付给这些企业、单位,然后再向赊欠人收回。发卡银行(公司)在这些企业、单位与顾客中间起着担保人作用,所以这些企业会比那些只收现金的企业、单位能做更多的生意。因而发卡银行(公司)不仅向客户收取一定费用,而且还要向企业、单位收取一定佣金。

消费者信贷的施行与国家的经济发展水平有关,也与社会经济政策密切联系。消费者信贷是一种经济杠杆,可以调节积累与消费、供给与需求之间的矛盾。当生活资料供大于求时,可以发放消费信贷,刺激需求;当生活资料供不应求时,必须收缩消费信贷,适当抑制、减少需求。消费信贷把资金投向需要发展的产业,刺激这些产业的生产,带动相关行业和产品的发展。

4.5 自然环境

自然环境是指营销者所需要或受营销活动所影响的自然资源。营销学上的自然环境,主要是指自然物质环境,即自然界提供给人类各种形式的物质财富,如矿产资源、森林资源、土地资源、水力资源等。

自然环境也处于发展变化之中。企业所处的自然环境也会对企业的营销活动产生影响,有时这种影响对企业的生存和发展起决定性作用。企业要避免由自然环境带来的威胁,最大限度利用环境变化可能带来的市场营销机会,就应不断地分析和认识自然环境变化的趋势。

自然环境对企业的影响巨大。20世纪90年代以来企业和公众面临的主要问题之一是日益恶化的自然环境。自然环境的发展变化对企业的发展越来越产生强烈的影响。所以,企业的最高管理层必须分析研究自然环境的发展动向。

当代自然环境最主要的动向是:自然资源日益短缺,能源成本趋于提高,环境污染日益严重，政府对自然资源的管理和干预不断加强。所有这些，都会直接或间接地给企业带来威胁或机会。因此，企业必须积极从事研究开发，尽量寻求新的资源或代用品。同时，企业在经营中要有高度的环保责任感，善于抓住环保中出现的机会，推出“绿色产品”“绿色营销”，以适应世界环保潮流。

当代自然环境的主要表现特征有以下三个方面：

第一，某些自然资源短缺或即将短缺。地球上的资源包括无限资源、可再生有限资源和不可再生资源。目前，这些资源不同程度上都出现了危机。

(1)无限资源，如空气和水等。从总体上讲是取之不尽、用之不竭的，但污染问题严重，亟待解决。此外，近几十年来，世界各国尤其是城市用水量增加很快(估计世界用水量每20年增加一倍)，与此同时，世界各地水资源分布不均，而且每年和各个季节的情况也各不相同，所以目前世界上许多国家和城市面临缺水问题。

(2)可再生有限资源，如森林、粮食等。

(3)不可再生资源，如石油、煤和金属等矿物。由于这类资源供不应求或在一段时期内供不应求，必须寻找代用品。在这种情况下，就需要研究与开发新的资源和原料，这就给某些企业开来了新的市场机会。如，在我国西北部建设太阳能发电基地，开辟一条“电力丝绸之路”；在内蒙古推广风力发电，充分利用了草原上丰富的风力资源。

第二，环境污染日益严重。在许多国家，随着工业化和城市化的发展，环境污染程度日益增加，公众对这个问题越来越关心，纷纷指责环境污染的危害性。这种动向对那些造成污染的行业和企业就是一种环境威胁，它们在社会舆论的压力和政府的干预下，不得不采取措施控制污染；另一方面，这种动向给控制污染、研究和开发不致污染环境的行业和企业带来了新的市场机会。如，我国火力发电站排放的二氧化硫导致了酸雨的形成。这些发电站需要安装脱硫装置，从排放的浓烟中除去硫磺成份。目前国内拥有大约2 000个火力发电站，脱硫装置市场大有潜力可挖。

第三，政府对自然资源管理的干预日益加强。随着经济发展和科学进步，许多国家的政府对自然资源管理加强了干预。但是，政府为了社会的根本利益和长远利益而对自然资源加强干预，往往与企业的经营战略和经济效益相矛盾。例如，为了控制污染，企业必须购置昂贵的控制污染设备，这样就可能影响企业的经济效益。

4.6　文化环境

市场营销学中所说的文化环境，一般指在一种社会形态下已经形成的信息、价值、观念、道德规范、审美观念以及世代相传的风俗习惯等被社会所公认的各种行为规范。文化作为人们一种适合本民族、本地区、本阶层的是非观念，强烈影响着消费者的购买行为，使生活在同一文化范围内的各成员的个性具有相同的方面，它使购买行为具有习惯性和相对稳定性的重要特点。企业的市场营销人员应分析、研究和了解文化环境，以针对不同的文化环境制定不同的营销策略。

4.6.1　教育状况

教育是按照一定目的要求，对受教育者施以影响的一种有计划的活动，是传授生产经验和生活经验的必要手段,反映并影响着一定的社会生产力、生产关系和经济状况,是影响企业市场营销的重要因素。教育状况对营销活动的影响,可以从以下几个方面考虑:

(1)对选择目标市场的影响。处于不同教育水平的国家或地区,对商品的需求不同。

(2)对营销商品的影响。文化不同的国家和地区的消费者,对商品的包装、装潢、附加功能和服务的要求有差异。通常,文化素质高的地区或消费者要求商品包装典雅华贵,对附加功能也有一定要求。

(3)对营销调研的影响。企业的营销调研在受教育程度高的国家和地区,可在当地雇佣调研人员或委托当地的调研公司或机构完成具体项目,而在受教育程度低的国家和地区,企业开展调研要有充分的人员准备和适当的方法。

(4)对经销方式的影响。企业的产品目录、产品说明书的设计要考虑目标市场的受教育状况。如果经营商品的目标市场在文盲率很高的地区,就不仅需要文字说明,更重要的是要配以简明图形,并要派人进行使用、保养的现场演示,以避免消费者和企业的不必要损失。

4.6.2 价值观念

价值观念就是人们对社会生活中各种事物的态度和看法,不同的文化背景下,人们的价值观念相差很大,消费者对商品的需求和购买行为深受价值观念的影响。对于不同的价值观念,企业的市场营销人员就应该采取不同的策略。一种新产品的消费,会引起社会观念的变革。对喜欢变革、喜欢猎奇、富有冒险精神、比较激进的消费者,应重点强调产品的新颖和奇特;而对于一些注重传统、喜欢沿袭传统消费方式的消费者,企业在制定促销策略时应把产品与目标市场的文化传统联系起来。例如,我国出口的黄杨木刻一向用料考究,精雕细刻,以传统的福禄寿星或古装仕女行销亚洲一些国家和地区,后来出口至欧美一些国家,发现他们对中国传统的制作原料、制作方法和图案不感兴趣,因为与亚洲人相比,他们的价值观念,审美观大不一样。因此,出口公司一改过去的传统做法,用一般杂木作简单的艺术雕刻,涂上欧美人喜爱的色彩,并加上了适用于复活节、圣诞节、狂欢节的装饰品,我国木刻工艺品随之也在西方市场打开了广泛的销路。

4.6.3 消费习俗

所谓习俗,就是指风俗习惯。一般来说,风俗是指世代相袭固化而成的一种风尚。习惯是指由于重复或练习而巩固下来的并变成需要的行动方式。消费习俗是人类各种习俗中的重要习俗之一,是人们历代传递下来的一种消费方式,也可以说是人们在长期经济与社会活动中所形成的一种消费风俗习惯。它在饮食、服饰、居住、婚丧、信仰、节日、人际关系等方面,都表现出独特的心理特征、道德伦理、行为方式和生活习惯。不同的消费习俗,具有不同的商品需要,研究消费习俗,不但有利于组织好消费用品的生产与销售,而且有利于正确、主动地引导健康的消费。由于人们所处时代的政治、经济发展水平不同,人们的文明程度、人们的信仰、道德及地域与民族的影响不同,其消费习俗也千差万别。了解目标市场消费者的禁忌和避讳、习俗、信仰、伦理等,是企业进行市场营销的重要前提。

4.6.4 审美观念

审美观念通常指人们对商品的好坏、美丑、善恶的评价,不同的国家、民族、宗教、阶层和个人,往往有不同的审美标准。人们的消费行为归根结底不外乎维护每个社会成员的身心健康和不断追求生活的日趋完善。人们在市场上挑选、购买商品的过程,实际上也就是一次审美活动。这个审美活动的全过程完全由消费者的审美观念来支配。消费者个人的审美活动,表面看纯属个人行为,实质上它却反映了一个时代、一个社会人们共同的审美观念和审美趋势。

(1)追求健康的美。体育用品和运动服装的需求量呈上升趋势。各种滋补药品相继问世,品种齐全的护发、护肤化妆品趋于系列化、高档化,儿童保健食品花样繁多,保健饮料供不应求等。

(2)追求形式的美。服装市场的异军突起,不仅美化了人们的生活,更重要的是迎合了消费者的求美心愿。在服装样式上,青年人一扫过去那种多层次、多线条、重叠反复的造型艺术,追求强烈的时代感和不断更新的美感、由对称转为不对称,由灰暗色调转为鲜艳、明快、富有活力的色调。

(3)追求环境美。消费者对环境的美感体验,在购买活动中表现得最为明显。新型商业街、现代化的橱窗设计、富于协调美的柜台摆设及优质的服务态度等,都给顾客以环境美的享受,引导顾客的潜在需求以促成其购买行为。国际市场营销文化环境是指对企业国际营销产生影响和制约作用的各种文化因素的总和,是企业从事国际市场营销的重要的外部条件。

4.7 技术环境

科学技术是社会生产力的新的和最活跃的因素,作为营销环境的一部分,科技环境不仅直接影响企业内部的生产和经营,还同时与其他环境因素互相依赖、相互作用,特别与经济环境、文化环境的关系更紧密,尤其是新技术革命,给企业市场营销既造就了机会,又带来了威胁。企业的机会在于寻找或利用新的技术,满足新的需求,而它面临的威胁则可能有两个方面:一是新技术的突然出现,使企业现有产品变得陈旧;二是新技术改革了企业人员原有的价值观。

所以,如果企业不及时跟上,就有可能被淘汰。正因为如此,西方经济学“创新理论”的代表人物熊彼特认为“技术是一种创造性的毁灭”。

4.7.1 新技术引起企业市场营销策略的变化

新技术引起的企业市场营销策略的变化给企业带来巨大的压力,同时也改变了企业生产经营的内部因素和外部环境,而引起以下企业市场营销策略的变化:

(1)产品策略。由于科学技术的迅速发展,新技术应用于新产品开发的周期大大缩短,产品更新换代加快,开发新产品成了企业开拓新市场和赖以生存发展的根本条件。因此,要求企业营销人员不断寻找新市场,预测新技术,时刻注意新技术在产品开发中的应用,从而开发出给消费者带来更多便利的新产品。

(2)分销策略。由于新技术的不断应用,技术环境的不断变化,使人们的工作及生活方式发生了重大变化。广大消费者的兴趣、思想等差异性扩大,自我意识的观念增强,从而引起分销机构的不断变化,大量的特色商店和自我服务的商店不断出现。例如,20世纪30年代出现的超级市场,40年代出现的廉价商店,60、70年代出现的快餐服务、自助餐厅、特级商店、左撇子商店等。同时,也引起分销实体的变化,运输实体的多样化,增加了运输容量及货物储存量,使现代企业的实体分配出发点由工厂变成了市场。

(3)价格策略。科学技术的发展及应用,降低了产品成本,使价格下降,另一方面,使企业能够通过信息技术,加强信息反馈,正确应用价值规律、供求规律和竞争规律来制订和修改价格策略。

(4)促销策略。科学技术的应用引起促销手段的多样化,尤其是广告媒体的多样化、广告宣传方式的复杂化。如人造卫星成为全球范围内的信息沟通手段。信息沟通的效率、促销组合的效果、促销成本的降低、新的广告手段及方式将是促销研究的主要内容。

4.7.2 新技术引起的企业经营管理的变化

技术革命是管理改革或管理革命的动力,它向管理提出了新课题、新要求,又为企业改善经营管理、提高管理效率提供了物质基础。现在,一场以微电子为中心的新技术革命正在兴起,特别是计算机的出现,标志着技术发展进入了一个新的历史阶段。许多企业在经营管理中都使用计算机、传真机等设备,这对于改善企业经营管理、提高企业经营效益起了很大作用。

小结

宏观环境主要包括人口环境、经济环境、自然环境、文化环境、技术环境、政治和法律环境等方面。这些因素不仅作为社会环境在影响着企业的营销活动,还影响着企业微观环境中的各个因素,并通过微观环境的作用,对企业的营销活动实现相应的限制和制约。

政治法律环境是企业经营活动中的重要环境因素,企业的营销人员,要对政治法律环境有明确的了解,并且要知道它们对企业营销活动的影响,否则将招致不可逆转的损失。

企业的营销人员必须密切关注企业"人口环境"方面的动向,人口的多少直接决定市场的潜在容量。而人口的年龄结构、地理分布、婚姻状况、人口密度、出生率、死亡率、文化教育以及流动性等人口特性,又会对市场需求格局产生深刻影响。

经济环境指企业营销活动所面临的外部社会经济条件,其运行状况和发展趋势会直接或间接地对企业营销活动产生影响。经济环境的一般研究包括经济发展阶段、消费者收入水平、消费者支出和消费结构、消费者储蓄和信贷水平等。

复习题

(1)影响市场营销环境的宏观因素有哪些?

(2)宏观经济分析中的经济环境有哪些指标考量?

(3)技术环境的变化对企业有哪些影响?

案例

31省2021年人口大数据:16省常住人口负增长

在国家统计局发布2021年人口数据后,各地也陆续发布了当地数据。

记者梳理发现，截至目前，31个省份已全部发布了2021年常住人口数据，31个省份中，有16个省份常住人口出现下降，15个省份常住人口增长，其中，浙江、广东和湖北增量位居前三。同时，截至目前，有27个省份公布了2021年出生人口数据，广东自2018年开始已连续多年出生人口最多。此外，还有11个省份人口出现自然负增长。

16个省份常住人口负增长

数据显示，31个省份中，共有15个省份2021年常住人口实现增长，这其中，位居前5的是浙江、广东、湖北、江苏和福建，包括了东南沿海四个经济发达省份和疫情后全面复苏的中部省份湖北。

这其中，浙江以72万人的增量位居第一。人口增长包括自然增长和机械增长(即人口净流入)。按照自然增长率计算，2021年浙江的自然增长人口仅有6.5万，也就是说2021年浙江新增净流入人口达65.5万人。

杭州规划委员会专家委员会副主任委员对第一财经分析，人口增加跟区域的产业发展紧密相关，产业发展需要更多的劳动力。像杭州、宁波这些大城市的创新动力强，在产业转型方面做得比较好，所以吸引更多的人群进入。

浙江之后，广东以60万的增量位居第二。不过，与浙江不同的是，广东2021年的增量高主要是因为出生率较高。数据显示，广东的出生率达到了9.35‰，人口自然增长率达到4.52‰，2021年广东自然增长人口部分达到了57.19万人，而新增的省外净流入人口只有2.81万人。从城市来看，过去曾多年位居城市人口增量榜前三的深圳和广州，2021年常住人口增量只有4.78万和7.03万人，两城都未进入到城市人口增量前20。

广东之后，湖北以54.7万人的增量位居前三。其主要原因在于，2020年由于疫情影响，有一些人口在外边，没有纳入统计，疫情过后，随着湖北经济全面恢复，很多人回到湖北。

江苏和福建增量都超过了20万，分列第四、五位。广西增量为18万人，位列第六。海南、安徽、山东和宁夏增量分列第七至十位，不过这几个省份的增量都不多。总体来说，常住人口增长的省份主要来自人口流入较多的东南沿海地区，以及部分出生率较高的省份和中部的湖北。

相比之下，有16个省份常住人口出现下降，占比超过一半。其中有10个省份减少的数量超过10万人，河南、黑龙江和云南减少数量位居前三，辽宁、吉林、湖南减少数量也都超过了20万人。总体来说，人口下降的省份主要来自东北、华北、西北和中部地区。

中国社科院城市发展与环境研究中心研究员对第一财经分析，未来常住人口负增长的省份可能还会继续增加。目前我国人口的空间优化布局仍在继续，城乡人口布局、区域性的人口布局仍在变化，一些经济发达、经济高地会集聚更多的人口，这些地方占全国人口的比重会越来越高。一方面，人口仍在向东南沿海地区集聚；另一方面，一些省份虽总人口在下降，但省会城市人口仍在增加。

以河南为例，2021年该省常住人口减少了58万人，省会郑州增加了12.2万人；湖南常住人口减少了23.39万人，但省会长沙增加了17.13万人；山西常住人口减少了10.02万人，但省会太原增加了7.25万人。

表4.1所示为31省份2021年常住人口及变化(数据来源：第一财经记者根据各地统计公报及公开数据整理)

表4.1　31省份2021年常住人口及变化

省份	2021年常住人口(万人)	净增(万人)
浙江	6 540	72
广东	12 684	60
湖北	5 830	54.7
江苏	8 505.4	28.1
福建	4 187	26
广西	5 037	18
海南	1 020.46	8.12
安徽	6 113	8
山东	10 169.99	4.99
宁夏	725	4
重庆	3 212.43	3.5
西藏	366	1.19
上海	2 489.43	1.07
青海	594	1
四川	8 372	1
北京	2 188.6	−0.4
陕西	3 954	−1
新疆	2 589	−1
江西	4 517.4	−1.46
内蒙古	2 400	−2.83
贵州	3 852	−6
山西	3 480.48	−10.02
甘肃	2 490.02	−11
天津	1 373	−13.6
河北	7 448	−16
湖南	6 622	−23.39
吉林	2 375.37	−24.07
辽宁	4 229.4	−25.6
云南	4 690	−32
黑龙江	3 125	−46
河南	9 883	−58

27省出生人口数据:广东出生人口第一,多省创新低。

相比常住人口数据,目前只有27个省份发布了2021年的出生人口相关数据,其中广东自2018年以来已连续多年坐稳第一生育大省位置。与此同时,有11个省份人口出现自然负增长。

这其中,广东、河南和山东出生人口数量位居第三。数据显示,2021年,广东出生人口为

118.31万人，连续两年成为唯一一个超过百万大关的省份。自2018年超越山东成为第一生育大省后，广东已连续多年出生人口位居第一。

出生人口多，一方面跟广东流入人口中以年轻人口为主有关，由于处于育龄阶段的人口多，出生率也较高。另一方面也跟潮汕、湛江等地的生育文化较浓、生育意愿较高有关。这其中，2021年汕头人口出生率13.2‰，人口自然增长率8.0‰。湛江2021年出生率达到12‰，自然增长率为8.12‰。珠三角的东莞，户籍人口出生率为12.03‰，人口自然增长率为7.95‰。

值得注意的是，2022年5月1日起，《广东省卫生健康委生育登记管理办法》正式实施。该《办法》明确了生育子女无须再审批，实行全口径生育登记制度，并在登记流程、办理材料和办理时限等方面更加优化、更加便民。

人口专家、广东省人口发展研究院院长对第一财经分析，明确"生育子女无须再审批"，简化生育登记手续，释放了最重要的信号，就是鼓励生育、积极生育、适龄生育、优生优育。

广东之后，另外两个亿级人口大省河南和山东2021年出生人口分别为79.3万人和75.04万人，分列二、三位。这其中，河南2021年出生人口创下了1978年以来的新低，继2020年首度跌破100万大关后，2021年再度跌破了80万大关。

包括河南在内，多个省份2021年出生人口创下了数十年来的新低。江西省统计局的分析指出，2021年全省出生人口较快下降，2021年全省出生人口比2020年减少5.04万人，出生人口自20世纪50年代以来首次低于40万人。出生人口下降主要受婚育年龄推迟、"二孩政策"效应减弱等因素影响。

在江苏，2021年江苏出生人口数约为47.98万人。第一财经结合《江苏统计年鉴2021》数据梳理发现，这也是1978年以来(该年鉴公布自1978年以来的数据)首次跌破50万大关。在湖南，2021年出生人口为近60年来首次低于50万。我国11省份人口出现自然负增长，5省首次转负。

在出生率方面，已公布数据的27个省份中，共有4个省份超过了1%即千分之十，分别是西藏、贵州、宁夏和青海，均来自西部地区。另外，广西、甘肃、广东和云南超过了千分之九。江西、福建、河南出生率达到或超过了千分之八。

通常来说，人口出生率较高的地方，往往是城镇化率较低的地方。比如西部地区和中部的江西、河南。不过，有两个省是例外，即来自东南沿海的广东和福建，整体出生率也较高，这其中主要原因是广东的潮汕、福建的闽南等地区受传统的宗族文化因素影响，生育文化意识较浓，生育意愿较高。

相比之下，出生率较低的地方，主要来自东北、华北、长三角以及城镇化率较高的重庆等地。其中，上海、江苏和东北的吉林、辽宁、黑龙江出生率均已低于千分之六。

从人口自然增长率来看，26个省份中，共有11个省份人口出现自然负增长，分别是黑龙江、吉林、辽宁、重庆、内蒙古、湖南、江苏、上海、湖北、河北和山西。其中，江苏、湖北、湖南、内蒙古和山西均是近几十年来人口自然增长率首次转负。

这其中，东北的黑龙江人口自然增长率为－5.11‰，同期辽宁为－4.18‰，吉林为－3.38‰。其中，吉林自2018年开始连续多年人口出现自然负增长，黑龙江则已经连续7年人口出现自然负增长。

表4.2所示为27个省份2021年出生人口、出生率、自然增长率及常住人口变化数据(数

据来源:第一财经记者根据各地统计公报和公开数据整理)。

表4.2　27个省份2021年出生人口、出生率、自然增长率及常住人口变化数据

省份	2021年常住人口(万人)	净增(万人)	出生人口(万人)	出生率	人口自然增长率
广东	12 684	60	118.31	9.35‰	4.52‰
河南	9 883	−58	79.3	8.00‰	0.64‰
山东	10 169.99	4.99	75.04	7.38‰	0.02‰
河北	7 448	−16	53.3	7.15‰	−0.43‰
广西	5 037	18	48.7	9.68‰	2.88‰
江苏	8 505.4	28.1	47.98	5.7‰	−1.1‰
湖南	6 622	−23.39	47.3	7.13‰	−1.15‰
贵州	3 852	−6	46.9	12.17‰	4.98‰
浙江	6 540	72	44.9	6.90‰	1.00‰
云南	4 690	−32	44	9.35‰	1.23‰
湖北	5 830	54.7	40.4	6.98‰	−0.88‰
江西	4 517.4	−1.46	37.7	8.34‰	1.63‰
福建	4 187	26	34.5	8.26‰	1.98‰
陕西	3 954	−1	31.2	7.89‰	0.51‰
山西	3 480.48	−10.02	24.64	7.06‰	−0.26‰
甘肃	2 490.02	−11	24.16	9.68‰	1.42‰
重庆	3 212.43	3.5	20.84	6.49‰	−1.55‰
辽宁	4 229.4	−25.6	20	4.71‰	−4.18‰
新疆	2 589	−1	16	6.16‰	0.56‰
内蒙古	2 400	−2.83	15.03	6.26‰	−1.28‰
北京	2 188.6	−0.4	13.9	6.35‰	0.96‰
上海	2 489.43	1.07	11.6	4.67‰	−0.92‰
黑龙江	3 125	−46	11.3	3.59‰	−5.11‰
吉林	2 375.37	−24.07	11.22	4.70‰	−3.38‰
宁夏	725	4	8.4	11.62‰	5.53‰
青海	594	1	6.7	11.22‰	4.31‰
西藏	366	1.19	5.18	14.17‰	8.70‰

吉林大学东北亚研究院教授对第一财经分析,东北的出生率低,有两方面因素。一方面是产业结构因素。由于老工业基地衰退,产业比较老旧,加之产业结构以重资本型的重化工业为主,对劳动力的吸纳能力较差,所以导致年轻人口外流。年轻人外流后,出生率也会下降。另一方面,也与历史惯性、人口结构有关。东北工业化和城镇化早,计划生育执行严格,独生子女占比大,这批独生子女现在是东北生育的主体,因此出生率也会较低。

该教授说,要提升东北的出生率,核心还是产业发展,关键还是要加快产业结构调整。发展民营经济,增加吸纳就业的机会。比如东北的高教资源实力雄厚,但这些高教资源优势并没

有充分转化为科创优势，未来要通过科技创新才能形成内生动力，形成新的增长点。

2021年4月，国务院发布《关于同意长春、长春净月高新技术产业开发区建设国家自主创新示范区的批复》。长春高新技术产业开发区、长春净月高新技术产业开发区获批建设的国家自主创新示范区是我国第22个国家自主创新示范区。

近日，国务院正式批复同意哈尔滨、大庆、齐齐哈尔高新技术产业开发区建设国家自主创新示范区，要求要努力把哈尔滨、大庆、齐齐哈尔高新技术产业开发区建设成为体制机制改革创新试验区、老工业基地和创新型城市转型示范区、创新创业生态标杆区、对俄及东北亚协同开放先导区。

（资料来源：第一财经）

讨论：

(1)请结合以上案例分析我国的人口环境有哪些变化。

(2)人口环境的变化会影响到哪些营销领域?

第 5 章　市场营销微观环境

本章要点

■市场营销微观环境构成。

■供应商和中间商的作用。

微观环境因素包括:企业、供应者、营销中介、顾客、竞争者和公众。这些因素与企业市场营销活动有着密切的联系。

企业的生产能力、财务能力、职工的素质以及企业在公众中的形象,构成了企业营销内部环境的主要内容,影响着企业为消费者提供商品和服务的能力。而生活资料或生产资料的购买者,即顾客,是企业营销活动的服务对象。因此,认清消费者和购买者的数量,特定消费者的收入、分布、位置和特点,以及特定行为方式等,对企业营销活动有重要意义。企业要想通过市场营销活动在满足目标市场消费者或购买者需求的同时达到自身盈利的目的,不可能单独行动,必须与一系列相关企业联合行动,这是客观环境的要求。从供应企业到最后销售,形成了一个链式系统:

供应者→生产企业→中间商、销售部门→消费者或购买者

这个"链条"上的每一个环节都是影响企业营销活动重要的、直接的因素。即使在某个市场上只有一个企业在提供产品和服务,没有明显的竞争对手,也不能说这个市场上就没有潜在的竞争企业。一个企业的竞争对手的状况将直接影响企业的营销活动,无论是在产品销路、资源,还是在技术力量方面的对峙,常常是此消彼长。因此,企业必须认真分析竞争对手的情况,包括竞争企业的数目、竞争企业的规模和能力、竞争企业对竞争产品的依赖程度、竞争企业的营销策略等。

5.1　企业

微观环境中的第一种力量是企业内部的环境力量。一个企业的市场营销部门不是孤立的,它面对着许多其他职能部门,如高层管理(董事会、总裁等)、财务、研究与发展、采购、制造

和会计等部门，而这些部门、各管理层次之间的分工是否科学，协作是否和谐，能否精神振奋、目标一致、配合默契，都会影响企业的营销管理决策和营销方案的实施。

例如：在营销计划的执行过程中资金的有效运用、资金在制造和营销之间的合理分配、可能实现的资金回收率，都与财务部门有关；新产品的设计和生产方法是研究与发展部门集中考虑的问题；生产所需原材料能否得到充分供应，是由采购部门负责的；制造部门负责生产指标的完成；会计部门则通过对收入和支出的计算，协助营销部门了解它的目标达到何种程度。所有这些部门都同营销部门的计划和活动发生着密切的关系。

现代经济学理论认为，企业本质上是"一种资源配置的机制"，其能够实现整个社会经济资源的优化配置，降低整个社会的"交易成本"。

5.2　供应者

微观环境中的第二、三种力量是各类资源的供应者和各类营销中介人，他们与企业达成协作关系。

供应者是指向企业及其竞争者提供生产上所需要的资源的企业和个人，包括提供原材料、设备、能源、劳务、资金等。这一种力量对企业营销的影响是很大的，所提供资源的价格和供应量，直接影响着企业产品的价格、销量和利润，供应短缺、工人罢工或其他事故，都可能影响企业按期完成交货任务。这从短期来看，损失销售额；从长期来看，则损害企业在顾客中的信誉。因此，企业应从多方面获得供应，而不可依赖于任何单一的供应者，以免受其控制。

供应者的评估与选择作为供应链正常运行的基础和前提条件，正成为企业运营的核心内容之一。选择供应者的标准有许多，根据时间的长短进行划分，可分为短期标准和长期标准。在确定选择供应者的标准时，一定要考虑短期标准和长期标准，把两者结合起来，才能使所选择的标准更全面，进而利用标准对供应者进行评价，最终寻找到理想的供应者。

5.2.1　短期标准

选择供应者的短期标准主要有：商品质量合适、较低的成本、交货及时和整体服务水平好。

1. 商品质量合适

采购商品的质量合乎采购单位的要求是采购单位进行商品采购时首先要考虑的条件。对于质量差、价格偏低的商品，虽然采购成本低，但会导致企业的总成本增加。因为质量不合格的产品在企业投入使用的过程中，往往会影响生产的连续性和产成品的质量，这些最终都会反映到总成本中去。

相反，质量过高并不意味着采购物品适合企业生产所用，如果质量过高，远远超过生产要求的质量，对于企业而言也是一种浪费。因此，采购中对于质量的要求是符合企业生产所需，要求过高或过低都是错误的。

2. 较低的成本

成本不仅仅包括采购价格，而且包括原料或零部件使用过程中所发生的一切支出。采购价格低是选择供应者的一个重要条件。但是价格最低的供应者不一定就是最合适的，因为如果在产品质量、交货时间上达不到要求，或者由于地理位置过远而使运输费用增加，都会使总成本增加，因此总成本最低才是选择供应者时考虑的重要因素。

3. 交货及时

供应者能否按约定的交货期限和交货条件组织供货，直接影响企业生产的连续性，因此交货时间也是选择供应者时要考虑的因素之一。

企业在考虑交货时间时需要注意两个方面的问题：一是要降低生产所用的原材料或零部件的库存数量，进而降低库存占压资金，以及与库存相关的其他各项费用；二是要降低断料停工的风险，保证生产的连续性。结合这两个方面内容，对交货及时性的要求应该是这样：用户什么时候需要，就什么时候送货，不晚送，也不早送，非常准时。

4. 整体服务水平好

供应者的整体服务水平是指供应者内部各作业环节能够配合购买者的能力与态度。评价供应者整体服务水平的主要指标有以下几个方面：

• 培训：如果采购者对如何使用所采购的物品不甚了解，供应者就有责任向采购者培训所卖产品的使用知识。供应者对产品卖前和卖后的培训工作况，也会大大影响采购方对供应者的选择。

• 安装服务：通过安装服务，采购商可以缩短设备的投产时间或投入运行所需要的时间。

• 维修服务。免费维修是对买方利益的保护，同时也对供应者提供的产品提出了更高的质量要求。这样，供应者就会想方设法提高产品质量，避免或减少免费维修情况的出现。

• 技术支持服务：如果供应者向采购者提供相应的技术支持，就可以在替采购者解决难题的同时销售自己的产品。比如，信息时代的产品更新换代非常快，供应者提供免费或者有偿的升级服务等技术支持，对采购者有很大的吸引力，也是供应者竞争力的体现。

5.2.2 长期标准

选择供应者的长期标准主要在于评估供应者是否能保证长期而稳定的供应，其生产能力是否能配合公司的成长而相对扩展，其产品未来的发展方向能否符合公司的需求，以及是否具有长期合作的意愿等。选择供应者的长期标准主要考虑下列4个方面：

1. 供应者内部组织是否完善

供应者内部组织与管理关系到日后供应者供货效率和服务质量。如果供应者组织机构设置混乱，采购的效率与质量就会因此下降，甚至会由于供应者部门之间的互相扯皮而导致供应活动不能及时地、高质量地完成。

2. 供应者质量管理体系是否健全

采购者在评价供应者是否符合要求时，其中重要的一个环节是看供应者是否采用相应的质量体系，质量与管理是否通过ISO 9000质量体系认证，内部的工作人员是否按照该质量体系不折不扣地完成各项工作，等等。

3. 供应者内部机器设备是否先进以及保养情况如何

从供应者机器设备的新旧程度和保养情况就可以看出管理者对生产机器、产品质量的重视程度，以及内部管理的好坏。如果车间机器设备陈旧，机器上面灰尘油污很多，很难想象该企业能生产出合格的产品。

4. 供应者的财务状况

供应者的财务状况直接影响到其交货和履约的绩效，如果供应者的财务出现问题，周转不灵，就会影响供货进而影响企业生产，甚至出现停工的严重危机。

5.2.3 选择评价

对供应者的评价共包含两个程序：一是对供应者作出初步筛选；二是对供应者实地考察。

在对供应者进行初步筛选时，首要的任务是：要使用统一标准的供应者情况登记表，来管理供应者提供的信息。这些信息应包括：供应者的注册地、注册资金、主要股东结构、生产场地、设备、人员、主要产品、主要客户、生产能力等。通过分析这些信息，可以评估其工艺能力、供应的稳定性、资源的可靠性及其综合竞争能力。

在这些供应者中，剔除明显不适合进一步合作的供应者后，就能得出一个供应者考察名录。接着，要安排对供应者的实地考察，这一步骤至关重要。必要时在审核团队方面，可以邀请质量部门和工艺工程师一起参与，他们不仅会带来专业的知识与经验，共同审核的经历也会有助于公司内部的沟通和协调。

在综合考虑多方面的重要因素之后，就可以给每个供应者打出综合评分，选择出合格的供应者。

5.2.4 二八法则

作为一条普适的法则，商业采购中也存在这种现象。数量20%的采购物占总采购价值的80%，其余80%的采购物占总采购价值的20%。据此，可以将供应者划分为重点供应者和普通供应者，前者数量20%，供应品价值80%，后者同理。

重点供应者提供的物品一般是企业的战略物品或需集中采购的物品，比如汽车厂需要的发动机和变速器，电视厂家需要的彩色显像管等。采购企业应该用80%的精力与其合作，以保证自身产品的生产。普通供应者提供的物品对企业的生产运作影响较小，如办公用品、维修备件。企业只需要用20%的精力跟进其交货就可以了。

5.3 营销中介

营销中介是指在促销、销售以及把产品送到最终购买者方面给企业以帮助的那些机构，包括：中间商、实体分配机构、营销服务机构（调研公司、广告公司、咨询公司等）、金融中介（银行、信托公司、保险公司等）。这些都是市场营销中不可缺少的中间环节，大多数企业的营销活动，都需要有它们的协助才能顺利进行。比如生产集中和消费者分散的问题，必须通过中间商的分销来解决；资金周转不灵，则须求助于银行或信托公司等。随着商品经济的发展，社会分工愈细，这些中介机构作用就愈大。因而要求企业在营销过程中必须处理好同这些中介机构的合作关系。

5.4 目标市场

微观环境的第四种力量就是目标市场，即顾客。这是企业服务的对象，企业需要仔细了解它的顾客市场。顾客是指具有支付能力的实际和潜在的购买者，企业的顾客组成了企业的目标市场，是企业存在的生命动力，顾客是影响企业营销活动成败的重要因素，是企业的最终目标市场。市场营销学通常是按顾客及其购买目的的不同来划分市场的，这样可以具体深入地了解不同市场的特点,更好地贯彻以顾客为中心的经营思想。

按照顾客的购买目的和类别分类,可以把顾客市场分为:

(1)消费者市场,指个人或家庭为了生活消费而购买或租用商品或劳务的市场。

(2)生产者市场,它是指生产者为了进行再生产而购买产品(主要是设备和材料)的市场。

(3)转卖者市场,它是指批发商、零售商等转卖者为了把货物转卖或出租给他人以取得利润而购买商品的市场。

(4)社会集团市场,它是指政府机关、社会团体、部队、企业、事业及各种集体组织,用国家拨付的经费或集体资金,购买公用消费品的市场。

(5)国际市场,它是指由国外的消费者、生产者、转卖者、政府机构等所组成的市场。

这些市场上顾客不同的变化需求,必定要求企业以不同的服务方式提供不同的产品(包括劳务),从而制约着企业营销决策的制订和服务能力的形成。企业要认真研究为之服务的不同顾客群体,研究其类别、需求特点和购买动机等,明确其产品市场的主要类型,以便针对目标市场顾客的特点,制定适宜的营销策略,扩大销售,提高市场占有率。

5.5 竞争者

企业微观环境中的第五种力量是企业面对着的一系列竞争者。从消费需求的角度划分,企业的竞争者包括愿望竞争者、平行竞争者、产品形式竞争者和品牌竞争者。

(1)愿望竞争者指提供不同产品以满足不同需求的竞争者。假如你是电视机制造商,那么生产冰箱、洗衣机、地毯等不同产品的厂家就是愿望竞争者。如何促使消费者更多地首先购买电视机,而不是首先购买其他产品,这就是一种竞争关系。

(2)平行竞争者指提供能够满足同一种需求的不同产品的竞争者。例如,自行车、摩托车、小轿车都可以作为家庭交通工具,这三种产品的生产经营者之间必定存在着一种竞争关系,它们也就相互成为各自的平行竞争者。

(3)产品形式竞争者指生产同种产品,但提供不同规格、型号、款式的竞争者。

(4)品牌竞争者指产品相同,规格、型号等也相同,但品牌不同的竞争者。

在同行业竞争中,卖方密度、产品差异、进入难度的变化是三个特别需要重视的方面,卖方密度是指同一行业或同一类商品经营中卖主的数目。这种数目的多少,在市场需求量相对稳定时,直接影响到企业市场份额的大小和竞争激烈的程度。产品差异是指同一行业中不同企业生产同类产品的差异程度。由于差异,使得产品各有特色而相互区别,这实际上就存在着一种竞争关系。进入难度是指某个新企业在试图加入某行业时所遇到的困难程度。

5.6 公众

企业微观环境中的第六种力量,是指所有实际上或潜在地关注、影响着一个企业达到其目标能力的公众。企业所面临的公众包括以下七类:

1. 金融公众

金融公众指关心并可能影响企业获得资金能力的团体,如银行、投资公司、证券交易所和保险公司等。

2. 媒介公司

媒介公司指报社、杂志社、广播电台和电视台、网络平台等大众传播媒介。这些团体对企业的声誉有着举足轻重的作用。

3. 政府公众

政府公众指有关政府部门。营销管理者在制订营销计划时必须充分考虑政府的发展政策。企业必须向律师咨询有关产品安全卫生、广告真实性、商人权利等方面可能出现的问题，以便同有关政府部门搞好关系。

4. 群众团体

群众团体指消费者组织、环境保护组织及其他群众团体。如自行车公司可能遇到关心子女安全的家长对产品安全性的咨询，而消费者协会更是企业应予以重视的力量，应有专人负责。

5. 当地公众

当地公众指企业所在地附近的居民和社区组织。企业在它的营销活动中，要避免与周围公众利益发生冲突，应指派专人负责处理这方面的问题，并对公益事业作出贡献。

6. 一般公众

一个企业需要了解一般公众对它的产品和活动的态度。企业的"公众形象"，即在一般公众心目中的形象，对企业的经营和发展是很重要的。要争取在一般公众心目中建立良好的企业形象。

7. 内部公众

内部公众指企业内部的公众，包括董事会、经理、白领工人、蓝领工人等。一般大型企业通常发行内部通信，以对员工起到沟通和激励作用。内部公众的态度也会影响到外部社会上的公众。

所有以上这些公众，都与企业的营销活动有直接或间接的关系。现代企业是一个开放的系统，它在经营活动中必然与各方面发生联系，必须处理好与各方面公众的关系。

上述六种力量既构成了企业营销的微观环境，也是一个企业的市场营销系统。疏通、理顺这个系统，是企业极为重要的一项经常性任务。

小　结

微观环境因素包括：企业、供应商、营销中介、顾客、竞争者和公众。这些因素与企业市场营销活动有着密切的联系。

微观环境中的第一种力量是企业内部的环境力量。一个企业的市场营销部门不是孤立的，它面对着许多其他职能部门，如高层管理（董事会、总裁等）、财务、研究与发展、采购、制造和会计等部门。

供应者是指向企业及其竞争者提供生产上所需要的资源的企业和个人，包括提供原材料、设备、能源、劳务、资金等，这一对企业营销的影响很大的力量。

营销中介是指在促销、销售以及把产品送到最终购买者方面给企业以帮助的那些机构，包括：中间商、实体分配机构、营销服务机构（调研公司、广告公司、咨询公司等）、金融中介（银行、信托公司、保险公司等)。

复习题

(1)影响市场营销环境的微观因素有哪些?

(2)供应者在微观环境中的重点作用有哪些?

(3)微观环境中的公众有哪些分类?

案例

“芯荒慌”!福特8家工厂被迫减产,芯片供应依旧紧张

芯片短缺对跨国车企生产线的影响仍在持续。

2022年2月5日,美国福特汽车相关负责人对路透社表示:由于芯片短缺,福特汽车计划在下周对美国、墨西哥和加拿大的8家工厂采取临时停产或减产措施,减少一定数量的汽车生产。

在此前一天,福特汽车已经对外表示,芯片短缺或将导致其本季度汽车销量下降。

据了解,美国密歇根州、芝加哥以及墨西哥库奥蒂特兰工厂将临时停止生产,停产时长尚未确定。堪萨斯州工厂,F-150皮卡车的生产将被暂停,而Transit车型将实行单班生产。

此外,迪尔伯恩工厂、肯塔基州工厂以及路易斯维尔工厂下周开始将实行单班生产或者减少班次,加拿大奥克维尔工厂取消加班。

福特本次生产调整计划于2月7日开始执行,不知道是不是受此影响,福特的股价在周五暴跌。

2021年,福特在美国总计销量190万辆,同期相比下降6.8%,在美国汽车市场竞争中排在丰田和通用的后面。2021年,丰田在美国市场新车销量为233.2万辆,同比增长10%,通用汽车2021年的新车销量成绩则为221.8万辆。

福特是受芯片影响最严重的美国汽车厂商,但是这并没有妨碍它盈利,根据财报显示,福特2021财年营业收入为1 363.41亿美元,同比增长7.23%,其中归属于母公司普通股股东净利润为179.37亿美元,同比激增1 502.42%,原因是福特汽车早前投资了另一新能源造车企业Rivian终于获得了非常理想的收益,仅此一项就为福特盈利106亿美元。

因为特斯拉的表现太过亮眼,也连带影响了其他在美国上市的新能源车上市企业。Rivian在2021年11月IPO中融资137亿美元,一举成为2014年以来美股最大规模IPO,不到一周Rivian股价便累计上涨逾100%,总市值一度达到1 467亿美元,超越大众汽车。福特这一传统汽车巨头则是一边尴尬一边盈利,而美国投资者也因此跟着一起纠结,年初因为它在对外投资以及电动车上的成绩,小涨了一波行情。

在2022年1月底的时候,福特野马Mustang传出芯片不足而停产,Mustang 2021年共售出52 414辆,是Mustang历史上销量最差的一年。而这一情况一直没有好传,投资者最终给了它闷头一棍,最近一个交易日跌9.7%收场。

实际上，在全球汽车行业集体遭遇“芯片荒”的大背景下，福特汽车的窘境并非个例，大众、丰田、本田、日产等车企均有过减产或停产的计划。

丰田汽车方面表示，受芯片供应短缺影响，2022 年 2 月，其在全球范围内的产量预计将减少 15 万辆，达到 70 万辆左右。这也导致在截至 2022 年 3 月 31 日的财年中，丰田的全球产量将低于此前 900 万辆的预期。

受 2022 年 1 月份临时停产影响，丰田汽车对其 2 月份的生产计划进行了重新调整。由此前 8 家工厂的 11 条生产线有停产计划，调整至 6 家工厂的 7 条生产线。其中，受影响最严重的丰田 GRYARIS 车型，2 月份将停产 12 天。

需要注意的是，随着市场调节机制逐步发挥作用，以及在各级政府、汽车企业、芯片企业的共同努力下，汽车领域的“缺芯”问题正在逐步缓解。但是，全球集成电路供应链稳定性依然面临着严峻的挑战，未来较长一段时期内，这种芯片供应将依然处于紧张状态。

华安证券研报认为，短期来看，汽车行业缺芯程度逐步缓解，行业进入复苏阶段，且随着逐步好转行业将进入加库存阶段，行业相关公司有望受益。

（资料来源：搜狐新闻）

讨论：

(1)芯片短缺对汽车行业造成了哪些影响？

(2)如何看待供应商在微观环境中的作用和影响？

第三篇

市场营销主体

第 6 章　消费者市场分析

本章要点

■消费者市场的含义与特点。

■消费者购买行为模式分析。

■影响消费者购买行为的因素。

■消费者购买个人因素和心理因素。

■消费者购买决策过程。

我们经常说商场如战场，这种说法其实并不严谨。在战场上，只有两种结果，要么你死我活，要么两败俱伤；而商场则不同，结果大多是双赢，即企业满意，消费者也满意。要想达到商场双赢，还是要套用《孙子兵法》常说的“知己知彼，百战不殆”，企业营销者要想将产品和价格营销出去，必须首先知道消费者是怎么想的。只有分析了消费者市场，才能从根源上解释西方经济学说的三大命题，即：生产什么？为谁生产？怎样生产？

6.1　消费者市场

消费者市场是每个顾客都熟悉的市场，在这个市场里几乎每一个消费者都会参与其中。但是，正是由于为数众多的参与者，从营销学的角度将其归类总结似乎不太可能完成。但我们可以把握其基础形态，从基础中探寻规律，因为规律是无所不在的。

6.1.1　消费者市场的概念

消费者市场是指为满足生活消费需要而购买货物和劳务的一切个人和家庭的总和。现代市场营销是“消费者至上”，“消费者是上帝”是根本宗旨。因此，任何企业，不管是生产型企业还是商业、服务型企业，也无论是否直接为消费者提供服务，都必须认真研究消费者市场，因为只有消费者市场才是商品的最后归宿，也就是最终市场。其他市场，诸如中间商市场、生产者市场等，虽然购买涉及的数量庞大，而且经常超过消费者市场的购买规模，但这些市场的最终服务对象仍然还是消费者，仍然要以最终消费者的需求和消费偏好为根本出发点。由此可见，即使从来不与消费者直接进行购买交易的企业，例如制造厂商、批发商等，也都有必要研究消费者市场。从这个角度上看，可以说消费者市场是所有市场的基础，是最终起决定性作用的市场。例如，制革厂的产品，一般不直接卖给市场消费者，而是卖给皮革加工厂制成皮大衣、皮靴等商品出售，但制革厂也必须认真研究最终消费者的消费需求，以消费者的消费需求为根本点来制订相应的营销方案。

消费者的需要具体又可以分为生理需要和社会需要两大部分。生理需要即是指吃饭、喝水、穿衣等人类最基本的、最原始的物质需要，是维持和延续生命所不可或缺的物质需要。在心理学上这种需要被称作"一次欲求"。社会需要即是指人们为了维持社会生产和生活，进行社会交往活动过程中所形成的需要。社会需要又可分为高级的物质需要(如生产工具、交通工具、家用电器等)和精神需要(如文化、事业、艺术、求知等精神和心理上的需要)两大类，在心理学上这称作"二次欲求"。

人类的物质需要和精神需要是既相区别又密切联系的。在商品经济的条件下，不论是生理需要还是社会需要，也不论是物质需要还是精神需要，绝大部分都需要通过市场来实现。所以，营销者必须对消费者市场需求的特点和消费者的行为模式进行深入研究，从而才能很好地满足消费者需求，在激烈的市场竞争中脱颖而出。

6.1.2　消费者市场的特点

消费者市场需求，是指城乡居民、社会团体等在市场上获得必要生活资料的、有支付能力的愿望和要求。消费者市场需求在市场购买行为研究中，具有非常重要的地位。消费者市场需求，基本上有以下六方面的特点：

1. 需求的弹性

需求的弹性是指需求的价格弹性，即价格变动对需求量的影响程度。消费者购买商品，在数量和质量等方面都会随着购买水平的变化而变化，随商品价格的高低而出现相应的变化和转移。这其中，基本的日常消费品需求的伸缩性相对比较小，而中高档商品、耐用消费品、奢侈品、穿着用品和装饰品等选择性强的商品，消费需求的伸缩性就相对比较大。

2. 需求的差异性

由于消费者的年龄、性别、职业、收入水平、文化程度、民族和生活习惯的不同，就必然会表现出不同的兴趣和爱好，对消费品的需求也就相应地表现出千差万别的特征。这种不拘一格的消费需求，即是消费需求的差异性。

3. 需求的可诱导性

在很大程度上，消费者的购买行为具有可诱导性。这主要是因为消费者在决定自己的购买行为时，一是和生产者市场的购买者进行决策时常常受到生产特征的限制及国家政策和计划的影响有所不同，消费者的购买行为往往具有自主性和情感的冲动性特点；二是大多数消费者市场的购买者都缺乏相应的商品知识和市场知识，其购买行为属于非专业性的购买，消费者市场的购买者对产品的选择受广告、宣传和社会流行因素的影响相对较大。由于消费者行为具有可诱导性的特点，这就说明任何一个企业通过营销活动的努力，他们所面对的市场消费需求是可以发生变化和转移的。潜在的消费欲望可以转变为明显的购买行动，未来的市场需求可以转变成现实的市场消费。

4. 需求的季节性

消费需求的季节性是指因季节不同消费者的需求也会有所不同。需求的季节性具体又可以分为如下三种情况:一是季节性气候变化所引起的季节性消费;二是季节性生产所引起的季节性消费;三是风俗习惯和传统节日所引起的季节性消费。

5. 需求的互补性和替代性

很多消费品的需求都具有互补性的特点,即是指消费者在消费某一种商品的时候,往往需要同时消费其他一系列相关产品。例如,当厂家出售皮鞋时,可能会附带的销售出鞋带、鞋油、鞋刷等相关产品。因此,经营相互有关联的商品,给消费者带来方便的同时,也能扩大商品销售额的目的。当然,也有不少消费品的购买具有替代性的特点,即是指商品之间的功能很相似,可以实现互相之间的代替消费,也就是当某种商品销售量增加的时候,其替代商品的销售量会出现相应的减少。例如:食品中的鱼、肉、蛋、鸡、鸭等,其中任何一类商品的销售量增加,其他商品的销量就可能减少;又如洗衣粉销售量上升,肥皂销售量下降;等等。

6. 需求的无限扩展性

随着生产力的不断发展和消费者个人可支配收入的大幅度提高,人们对商品和劳务的需求也在不断地发展变化。以往不曾消费过的高档商品进入了消费领域;以往高档耐用品消费得少而现在销量大增;以往消费讲求物美价廉,现在讲究美观舒适。

消费需求呈现出由少到多、由粗到精、由低级到高级的发展趋势。一种消费需求满足了,又会产生新的消费需求。

6.1.3 消费者市场的购买对象

按照不同的角度进行分类,消费者的购买对象可以分为不同的类型。

1. 按消费者的购买习惯划分

(1)日用品,又称便利品,是指消费者日常生活所必需的,需要进行重复性购买的一类商品。

(2)选购品,是指价格上比日用品贵一些,通常来讲,消费者在购买时愿意花较多时间对多家商店进行比较之后才决定是否购买、在哪里购买的一类商品。

(3)特殊品,是指消费者对其有特殊的消费偏好并且愿意花费较多的时间和精力去购买的一类商品,例如电冰箱、电视机、洗衣机、化妆品、首饰等。消费者在购买之前对这些商品有了一定的了解,对特定的品牌有所偏爱,一般来讲不愿意购买替代商品和品牌。因此,企业应该注意自己商品的品牌营销,加大广告宣传的力度,不断提升本企业产品的社会知名度,同时,要做好售后服务和维修工作,从而在激烈的市场竞争中赢得消费者的青睐。

(4)非寻觅品,是指消费者不知道的,或虽然知道但通常情况下还没有购买意向的一类商品。这类产品的特点决定了营销者要在广告宣传和人员推广方面花费大量的精力。

2. 按商品的有形性、耐用程度和使用频率划分

(1)耐用品,是指可以多次使用、寿命比较长的一类商品。生产这类商品的企业,要注重技术升级与创新,提高产品质量,同时要做好售后服务,满足消费者售后的维修和保养等需求。

(2)非耐用品,是指使用次数较多、消费者需要经常购买的一类商品,如食品、文化娱乐品等。

(3)劳务,是指提供出售的活动、利益或享受,如美容、理发、维修等服务行业的一类产品。劳务属于一种无形的非耐用品。劳务就地销售和就地消费的特点决定了提供劳务的企业要特别强调质量方面的管理,并且尤其要注重企业的信誉。

6.2 影响消费者购买行为的因素

经济收入是影响消费者购买行为模式的最基本因素。不同收入水平的人,其购买行为会呈现出很大的差异性。高收入者大多会购买大量的奢侈品,不仅满足其生活需求,更重要的是满足其精神方面的需求,而低收入者的消费则只能是以满足基本的生活需求为标准;不同收入水平的消费者甚至在购买商品所选择的地点和商家方面都会有所差异。所以,有人认为消费者可视为是一种"经济人",其购买行为在很大程度上受其经济收入水平的影响。

可是,在现实生活中,我们不难看到,即使同一收入水平的消费者,他们的消费行为也可能存在着很大的差异。例如在互联网企业工作的白领和经营服装生意的个体经营者收入水平都相对较高,但两者的消费行为却有非常大的区别。因此,营销学者普遍认为,经济因素对于消费者的最终购买行为的影响固然非常重要,但是消费者也并非是纯粹的"经济人",一些非经济因素对消费者的购买行为的影响同样重要,而且其影响的方式较经济因素更为复杂。

大量研究表明,影响消费者的购买行为的非经济因素主要包括内、外两个方面。从外部来看,影响的因素主要包括:消费者所在的文化氛围、消费者所接触到的各种社会团体(包括家庭),以及消费者在这些社会团体中的角色和地位等;内部影响因素则是指消费者的个人因素以及心理因素。个人因素包括消费者的性别、年龄、个性、教育、职业、经历与生活方式等,心理因素包括购买动机、对外界刺激的反应方式、学习方式以及态度与信念等等。这些因素从不同的角度分别影响着消费者最终的购买行为模式。图6.1所示为影响消费者购买行为的因素。

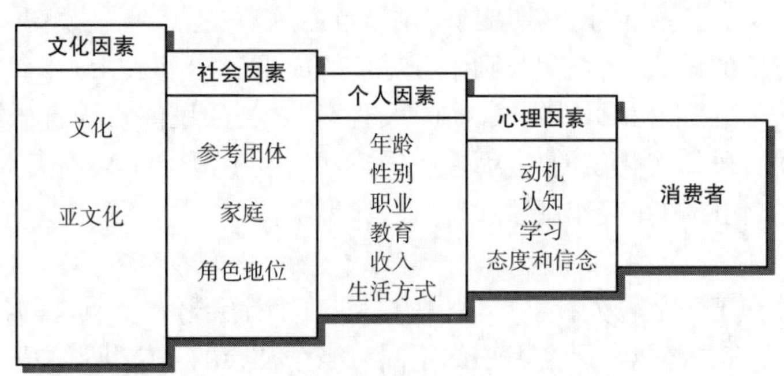

图6.1 影响消费者购买行为的因素

6.2.1 文化因素

文化是一个相对广泛的概念。从广义上讲,文化是指人类在社会历史实践中创造的物质财富和精神财富的总和;从狭义上讲,是指社会的意识形态,以及与之相适应的制度和结构。广义的文化与文明基本同义,它将社会的经济、政治、科技、法律都包含在内;狭义的文化也不是仅仅指人们的文字运用能力和对基本知识的掌握,而是包括了语言、文学、信仰、艺术、态度、风俗习惯、教育方式以及社会组织等各个方面的内容。

1. 文化影响

文化作为一种意识形态和社会氛围,每时每刻都在影响着人们的思想和行为,当然也必然对人们在商品的选择与购买方面有所影响。文化对于人们行为的影响具有以下特征:

(1)具有明显的区域属性。人们生活在不同的地理区域,他们的文化特征通常会有较大的差异,这是由于文化本身也表现为一定的生产方式和生活方式的产物。同一区域的人们具有基本相同的生产方式和生活方式,一般来讲要进行颇为频繁的相互交流,所以能够形成基本相似或者相同的文化特征。而不同区域的人们由于其生产与生活方式上的差异,交流的机会也相对比较少一些,文化特征的差异就显得比较大。这种文化意识往往通过正规的教育和社会环境的潜移默化,自一开始就在人们的心目中形成。当然,随着区域之间人们交流频率的提高和交流范围的不断扩大,区域之间的文化也会相互影响和相互交融,并对区域文化逐步地加以改变。

(2)具有很强的遗传属性。文化的遗传属性是不可忽略的。由于文化对诸如教育、道德观念甚至法律等对人们的思想和行为发生深层次影响的社会因素都会产生深远的影响,所以一定的文化特征通常都能够在一定的区域范围内得到长期的延续。在对某一市场的文化背景进行分析时,一定要重视对这一区域传统文化特征的分析和研究。此外,必须注意到的是,文化的传统性会引发两种不同的社会效应。一是怀旧复古效应,利用人们对传统文化的依恋,可以创造出很多市场机会;二是追新求异效应,即大多数年轻人所追求的“代沟”效应。这将提醒我们在研究文化特征时必须注意多元文化的影响,同时又可利用这一效应创造出新的市场机会。

(3)具有影响作用的间接属性。文化对人们的影响在大多数情况下都是间接的,即我们通常所说的“潜移默化”。文化往往是首先影响人们的生活和工作环境,进而再影响人们的行为。例如一个长期在农村生活的农民,在家乡时可以大声说话,到城市来找某外资企业谈事情,就会立即变得斯斯文文。一些企业也注意到文化影响的这一特点,通过改变人们的生活环境来影响人们的消费习惯的做法,往往会收到十分见效的成果。20 世纪 80 年代中期,一些外国家电企业首先在中国举办“卡拉 OK”“家庭演唱大奖赛”之类的民间自娱自乐活动,从而形成了单位或者家庭自娱自乐的文化氛围,进而在中国成功引进了组合音响、家庭影院、DVD 等家电产品,这就是利用文化影响间接作用这一特点的典型案例。

2. 亚文化

亚文化是指存在于一个较大社会群体中的一些较小社会群体所具有的特色文化。所谓的特色表现为信念、语言、价值观、风俗习惯的不同。当今社会的亚文化群主要分为三大类型:

(1)国籍亚文化群。国籍亚文化群是指来源于某个国家的社会群体。在一些由很多移民组成的国家中,国籍亚文化现象表现得特别的明显。例如,在美国等西方国家的大城市里都有“唐人街”,在那里集中呈现了中国的国籍文化。但是,由于“唐人街”是在美国等西方国家,总体上受着所在国地域文化的影响,所以只能体现为是一种亚文化。

(2)种族亚文化群。是指由于民族信仰或者生活方式的不同而形成的特定文化群体。例如,中国是一个统一的多民族国家,除了占总人口 90%以上的汉族以外,还有 50 多个少数民族。由于自然环境和社会环境的差异,不同的少数民族形成为不同的亚文化群。这些亚文化群在服饰、饮食、建筑等诸多方面都表现出明显的区别。

(3)地域亚文化群。即使是同一个民族,由于居住在不同的地区,由于各方面的环境背景不同,也会形成不同的地域亚文化群。我国的汉族人口众多,居住在祖国辽阔的土地上,汉族人都讲汉语,但各地方也都有各自的方言。在我国,北方的汉语相对而言比较统一,但在南方,地方话种类就非常繁多。例如,江南人讲吴语,广东人讲粤语,闽南人讲闽南话。各地人在一起,如果不讲普通话而讲地方话,就是无法沟通的。我国各地的饮食文化也有着明显的区别。居住在西南区域和北方区域的人喜欢吃辣,而居住在江南的人则偏爱甜食,广东人对食品要求尤其要讲究新鲜。北方人主食以面食为主,南方人则以米饭为主。这些都体现出地域亚文化群的不同特征。

对于亚文化现象的重视和研究能够使一个企业对市场有更为深入的认知,对于进一步细分市场,目标明确地组织开展营销活动,意义重大。

6.2.2　社会因素

1. 参考团体

人们是生活在一定的社会群体之中的,他们的思想和行为不可避免地要受到周围其他人的影响。从主动的角度来讲,人们会经常向周围的人征求决策的参考意见;从被动的角度来讲,人们所处的特定社会群体的行为方式会不知不觉地对其产生导向并同化的作用。市场营销学中把对人们的行为经常发生影响的社会群体称作“参考团体”。

参考团体通常可以分为以下三种类型:

第一种类型,成员资格型参考团体。从事不同职业的人们,具有不同的信仰和兴趣爱好,因此他们也都分属于不同的社会团体。由于社会团体需要协同行为,作为团体的成员的行为就必需同团体的行为目标相一致。各种团体具有不同的属性特征,所以它们对其成员行为的影响程度也是有差异的。例如:军人必须穿着军装,严肃风纪,这时候带有强制性的纪律;文艺工作者穿着打扮比较浪漫,比一般人更加丰富多彩,这并不一定是文艺团体对其成员硬性规定的结果,而是一种职业特征的体现;各种球迷协会,其成员配戴共同的标志,经常去某一个酒吧聚会,甚至购买某一种共同品牌的商品,这种行为明显也是出于自愿。

第二种类型,接触型参考团体。人们能够参加的团体数目是有限制的,但是人们接触各种团体的机会却没有限制,人们都有父母、亲戚、朋友、同事、老师、同学、邻居,这些人分属于各种社会团体,人们可以通过他们对各种团体有所接触。接触型参考团体对消费者行为同样会产生一定的影响。父母从事文艺工作或教育工作,子女从小耳闻目睹爱好文艺,有一定的艺术鉴赏能力。某人的亲戚和朋友是医生,受他们的影响,此人的生活也会比较讲究卫生,对食物更注重其所提供的营养和相互之间的搭配方式;某人的邻居是一位体育工作者,他就有机会更多地了解国内体育市场的发展现状,观看各种体育比赛,甚至受邻居的影响而去参加各种体育活动。

第三种类型,向往型的参考团体。除了参与和接触之外,人们还可以通过各种大众媒介去了解各种社会团体。向往型团体是指那些与消费者没有任何联系,但对消费者又有很大吸引力的团体。人们通常会向往某一种业务,羡慕某一种生活方式,甚至崇拜某一方面团体的杰出人物。那些对未来充满理想憧憬的青年人,这种向往的心理就显得尤为明显。当这种向往不能成为现实的时候,人们往往会通过模仿来满足这种向往心理需求。女孩子会模仿歌星、影星;男孩子会模仿著名的运动员;即使成年人也会模仿某些有社会影响人物的发型和穿着风格。向往型团体对消费者的行为影响也是间接性的,但由于这种影响与消费者的内在渴望相一致,因此效果通常也是很明显的。

在产品生命周期的不同阶段,参考团体的影响作用是有所差别的。在产品刚刚进入市场的时候,参考团体主要会在产品本身的推荐上对消费者产生影响;而在产品已被市场普遍接受的情况下,消费者则会在品牌的选择方面更多地受到参考团体的影响,产品本身的参考意见需求会逐渐减弱;而在产品已进入成熟阶段时,激烈的竞争会使得品牌的参考需求达到最高的程度。因此,企业应当根据产品所处的不同的生命周期阶段,利用参考团体的影响来实现自己的营销目标。

2. 家庭

家庭是社会最基本的组织细胞,也是最典型的消费个体,家庭是研究影响购买行为的社会因素时不能不研究的消费个体。家庭对购买行为的影响主要取决于家庭的规模、家庭的性质(家庭生命周期),以及家庭的购买决策方式等几个方面。

(1)不同规模的家庭有着不同的消费特征与购买方式。三代或四代同堂的大家庭消费的量大,但家庭设备与耐用消费品的数量却不会增加很多;两口之家或三口之家人虽然不多,但"麻雀虽小,五脏俱全",对生活质量的要求更高;单身者的消费方式更是别具一格,对商品的要求有其独特之处。一段时期内某一特定市场上不同规模家庭的比例,直接影响到产品需求的类型与结构。如中国城镇家庭从20世纪90年代起随着住房条件的改善,家庭规模出现小型化的发展趋势,从而导致家用电器等耐用消费品的销售量明显上升,而家庭厨房炊具等却出现小型化、精致化的需求;孩子一大群的家庭教育费用并不太多,而独生子女家庭的教育费用却与日俱增。家庭规模的变化会对整个市场带来重要的影响。

(2)家庭也有其自身发展的生命周期,处于发展周期不同阶段的家庭,由于家庭性质的差异,其消费与购买行为也有很大的区别。通常来讲,家庭的生命周期可划分为八个主要阶段,如图6.2所示。

图6.2 家庭的生命周期

• 单身阶段:已参加工作,独立生活,处于恋爱、择偶时期。处于这一阶段的年轻人几乎没有经济负担,大量的收入主要花费在食品、时装、书籍、社交和娱乐等消费上。

• 备婚阶段:已确定未婚夫妻关系并积极筹备婚事,处于这一阶段的人们为构筑一个幸福的小家庭,购置成套家具、耐用消费品、高级时装、各种结婚用品以及装修新房等成了他们除了工作以外的基本生活内容,从而使此阶段成为家庭生命周期中一个消费相对集中的阶段。应当指出的是,备婚阶段在中国等东方国家比较明显,而在西方国家却不太突出。因为西方人的习惯是婚后才逐步添置家庭生活用品,所以此阶段的消费并不十分集中。在西方营销学的著作中一般不将此单独列为一个阶段。

• 新婚阶段:已经结婚,但孩子尚未出生。这一阶段家庭将继续添置一些应购未购的生活用品,如果经济条件允许,娱乐方面的花费可能增多。

• 育婴阶段(满巢1):有6岁以下孩子的家庭。有孩子的家庭称作"满巢"。孩子出生以后就成为整个家庭消费的重点。因此，此阶段家庭会在哺育婴儿的相关消费上作比较大的投资。

• 育儿阶段(满巢2)：有6至18岁孩子的家庭。孩子在逐步长大成人，家庭的主要消费仍在孩子方面。所不同的是，此阶段孩子的教育费用将成为家庭消费的重要组成部分。除学费之外，各种课外的学习与娱乐的开支也会大大增加。

• 未分阶段(满巢3)：有18岁以上尚未独立生活的子女的家庭。此时子女已经长大成人，但仍同父母住在一起。此阶段家庭消费的主要特点是家庭的消费中心发生了分化。父母不再将全部消费放在子女身上，也开始注重本身的消费；而子女随着年龄的增大，在消费方面的自主权开始增加；有些子女参加了工作，有了一定的经济来源，消费的独立性会显得更为明显。

• 空巢阶段：孩子相继成家，独立生活。这一时期的老年夫妇家庭，由于经济负担减轻，他们的消费数量将减少，消费质量将提高。保健、旅游将成为消费的重点，社交活动也会有所增加。在中国，一些老人经常会毫不吝啬地将钱花在第三代身上。

• 鳏寡阶段：夫妻一方先去世，家庭重新回到单人世界，此时最需要的消费是医疗保健、生活服务和老年社交活动。

对家庭生命周期的研究，主要涉及对一个地区或市场的家庭结构与性质的分析，其对于市场总体性质的研究具有十分重要的意义。

(3)家庭购买决策的方式对于购买行为的研究同样十分重要，其涉及对购买组织和营销对象的认识。因为各个家庭在进行购买决策时，决策方式会有较大差异。

首先是集中决策与分散决策的差异。一些家庭进行购买决策时集中度较高，购买大多数东西都要商量一番；另一些家庭则习惯分散决策，大多数购买决策由当事人自己来做。一般在收入水平较高的家庭，分散决策的倾向比较明显；而收入水平较低的家庭则倾向于集中决策。当然，家庭民主气氛的浓厚与否也会影响决策的集中与分散。

其次是独断决策与协商决策的差异。对一些重要的购买行为(如选购大件耐用消费品)，有的家庭是由家庭首要成员一人拍板决定的，有的则由全家进行协商后决定。独断决策还是协商决策一方面看家庭的民主气氛是否浓厚，另一方面也取决于家庭成员对所购买的商品的知识普及程度。

再次是女主型还是男主型的差异。有些家庭购买决策主要由女主人决定，而另一些家庭则主要由男主人决定。由谁决策除了受各种家庭的决策习惯影响之外，主要还要看购买哪一种类型的商品，通常情况下，家庭日用消费品的购买决策通常由主妇来做出，而耐用消费品的购买决策则通常是由男主人做出的。

6.2.3　个人因素

除了文化和社会的差异以外，消费者的个人因素在其购买决策中也发挥着同样重要的作用。我们可以看到，在同样的社会和文化背景下，消费者的购买行为也呈现出相当大的区别。生活在同一个家庭中的姐妹，有的喜欢跳舞，有的喜欢看书；在同一单位工作的同事，有的花钱慷慨，有的十分节省。这就说明除了文化与社会的因素以外，消费者的个人因素对于其购买行为也起着更为明显的作用。个人因素中包含年龄与性别、职业与教育、收入水平以及个性与生活方式等。

1. 年龄与性别

年龄与性别是消费者最为基本的个人因素,具有很大的共性特征。例如追求时髦的大都是年轻人,因为年轻人热情奔放,喜欢接受新事物;老年人一般比较稳健,不会轻易冲动,但相对也比较保守。男女之间在购买内容和购买方式上的差异特别明显。例如,购买大件耐用消费品及技术含量较高的商品往往由男士出面,而购买家庭日用消费品则多数是女士的专利。夫妇俩逛街时,女士爱看服装与化妆品,男士却关心音响、图书与设备。购买商品时,大多数男士不挑不选,拿了就走;而大多数女士则要反复挑选,甚至还要讨价还价。了解不同年龄层次和不同性别消费者的购买特征,才能对于不同的商品和顾客制定相应准确的营销方案。

2. 职业与教育

从事一定的职业以及受过不同程度教育的人会产生明显的消费行为差异,这主要是由于一种角色观念的作用。例如,一个大学生,在学校期间喜欢穿运动衫,穿运动鞋,背着登山背包,骑一辆山地自行车,显得青春焕发,朝气蓬勃;而毕业以后,进大公司当了白领,立刻就换上了西装革履,夹起了公文包,坐上了出租车,从衣着打扮到言谈举止都发生了很大的变化。这就是因为运动衫、登山包是大学生的身份象征,而西装革履和公文包则是公司白领的角色标志。这些在消费者的购买行为中会有突出的表现。

3. 个性与生活方式

个性是指对人们的行为方式稳定持久地发挥作用的个人素质特征。人的个性在不同场合通过自己的行为表现出来,所以个性是消费者行为研究的重要内容。对于人的个性,我们必须用辩证的观点指导分析。首先,个性是差异性和类似性的统一。每个消费者的个性都是由特定的心理条件和社会影响促成的,因此,可以说世界上不存在两个个性完全相同的消费者。但是,一个消费者不论其个性多么独特,他总是有一些地方与其他消费者相似。具有相似个性的人可能是一群,甚至一大群。正因为此,我们可以通过细分市场来开展营销,不必面对成千上万的个人;第二,个性是稳定性和发展性的统一。人的个性是在长期生活过程中逐渐形成的。个性一旦确定就会显示出其稳定性的特征。个性的稳定性正是我们区别不同消费者个性的依据。但个性又不是一成不变的,它随着人的生理变化和外部条件的变化而变化。例如妇女处于更年期,通常会暂时的失去以往的乐观和理智,一个人受到较大挫折时会变得谨小慎微。

消费者的个性可以从能力、气质、性格三方面分析。

• 能力。消费者在购买商品时需要注意、记忆、分析、比较、检验、鉴别和决策等各种能力。由于个人素质、社会实践和文化教育等方面的不同,使得各人的能力也有很大差别。这种能力方面的不同,使得有些消费者在购买活动中比较自信,能比较迅速地对商品作出评价,从而作出相应的决策。有些消费者则由于能力较差,缺乏主见,对购买犹豫不决,并往往需要助手和"参谋人员"。

• 气质。心理学认为人们的气质有多血质、胆汁质、粘液质和忧郁质四种。属于多血质的人好动,灵敏,对某一事物的注意和兴趣容易产生,但也容易消失,他们一般喜欢时新商品,且易受宣传影响;属于胆汁质的人直率、热情、精力充沛,购买商品时愿花时间选择比较;粘液质的消费者冷静,善于思考,自制力强,他们讲究实用,不易受宣传影响;忧郁质消费者多虑谨慎,对新兴商品反应迟钝,购买决策迟缓。

• 性格。性格与气质既有区别又有共同之处。两者相比较,性格带有更多的社会因素,气质则带有更多的生理色彩，性格更能反映一个消费者的心理特征。人们的性格大致可分为五种：

- 外向型：具有这类性格的消费者愿意表达自己的要求，喜欢与售货员交谈。
- 内向型：内向型消费者少言语，感情不外露，丰富的思想集中于内心。
- 理智型：这类消费者善思考，做决策时要反复权衡。
- 意志型：这类消费者的特点是比较主观，购买目的明确，决策比较果断。
- 情绪型：情绪型的消费者容易冲动，购买商品往往带有浓厚的感情色彩。

人的个性对于人们的生活方式和消费方式会有很大影响，或者说，人的个性往往是通过其生活方式和消费方式而表现出来的。所以，企业往往可以通过对消费者生活方式的调查来了解目标市场消费者的主要个性特征。日本东京的R&D调查公司根据他们所作的调查，将人们的个性分为四种不同的类型，并以此来分析人们的生活欲望与生活方式，具有很强的借鉴意义，见表6.1。

表6.1　个性与生活方式的关系

个性特征	欲望特征	生活方式
活跃好动	改变现状 获得信息 积极创意	不断追求新的生活方式 渴望了解更多的知识和信息 总想做些事情来充实自己
喜欢分享	和睦相处 有归属感 广泛社交	愿与亲朋好友共度好时光 想同其他人一样生活 不放弃任何与他人交往的机会
追求自由	自我中心 追求个性 甘于寂寞	按自己的意愿生活而不顾及他人 努力与他人有所区别 拥有自己的世界而不愿他人涉足
稳健保守	休闲消遣 注意安全 重视健康	喜欢轻松自在，不求刺激 重视既得利益的保护 注重健康投资

6.2.4　心理因素

心理是人的大脑对于外界刺激的反应方式与反应过程。正如我们一开始就指出的，消费者的购买行为模式在很大程度上就是建立在其对外界刺激的心理反应基础之上的。但我们可以发现，人们之间的心理状况是很不相同的。这是因为除了天生就有的无条件反射之外，人的绝大多数心理特征都是在其生活经历中逐步形成的。而由于人们生活经历的千差万别，所以人们的心理状况也就千变万化，各不相同了。这是使得消费者购买行为变得十分复杂的重要原因。影响购买行为的心理因素主要包括动机、认知、学习、态度和信念等各个方面。

1. 动机

动机是一种无法直接看到的内在力量，它是人们因为某种需要而产生的具有明确目标指向和即时实现愿望的欲求。动机是购买行为的最原始动力。需要是产生动机的基本因素，但是需要并不完全等同于动机,动机有其自身固有的表现形态。

亚伯拉罕·马斯洛著名的"需要层次论"阐明了需要和动机在不同的环境条件下侧重点是有区别的,如图6.3所示。从基本的生理需要出发,人们首先会产生寻求食物充饥和获得衣物御寒等最基本的动机;而当饥寒问题解决了以后,安全又会成为人们所关心的问题,人们不再会不顾一切地去寻求食物等基本生活资料,即使敢冒风险,也绝不是出于生理的需要,而可能是为了更高层次需要的满足(如为了爱情或事业);生活有了充分保障的人们又会把社交作为重要的追求,以满足其社会归属感;而有了一定社交圈的人又十分重视他人对其的尊重,重视在社会上的身份和地位;追求自我价值的实现是最高层次的需要和动机,人们会在各种需要已基本满足的前提下,努力按自己的意愿去做一些能体现自我价值的事情,并从中寻求一种满足感。马斯洛认为,低层次需要尚未得到满足的人一般不会产生高层次的动机,然而,这一结论似乎有些机械。事实上,人世间为理想而甘冒风险,为朋友而忍饥挨饿的例子并不在少数。但是,马斯洛的理论对于企业分析和研究市场却不失为重要的理论依据。例如,当我们分析顾客购买某种商品的动机时首先就应当分析并且明确,他是在为了满足自己的某种需要,还是在为了送给同事以满足社交的需要而在进行购买决策。因为对于不同的需要,应当采取的营销的策略和方法也是不同的。

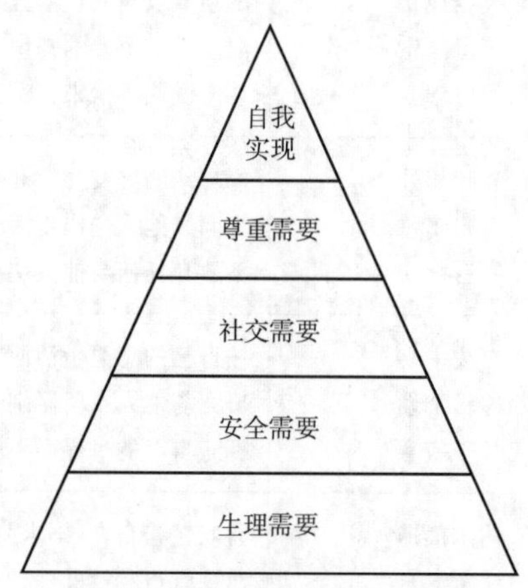

图6.3　马斯洛的需要层次论

赫茨伯格的"双因素理论"对于需要动机的研究同样是很重要的。"双因素理论"认为人们"不满意"的对立面不是"满意",而是"没有不满意";同样,"满意"的对立面也不是"不满意",而是"没有满意"。即"没有不满意"只是人们的对所获得的商品和服务的基本要求,但并非其购买的原因和动机,如人们选择到某地旅游是由于该地的宜人景色令人满意,而服务是否周到并非人们选择旅游点的主要原因。人们不会因为在服务上没有不满意,而选择去到一个不能满足其旅游欲望的地方去旅游。

从商业的角度思考,人们的购买动机又可分为两大类型:

(1)本能动机。本能动机又是原始动机,它直接产生于本能需要,如"饥思食,渴思衣,困思眠,孤单思伴侣"等。本能动机是基本的,也是低层次的。

(2)心理动机。心理动机是人们通过复杂的心理过程形成的动机。

心理动机又可分成三类:

• 情感类心理动机。人们有高兴、愉快、好胜、好奇等情感和情绪，表现在购买动机上常有以下特征：

➢求新：注重新颖，追求时尚。

➢求美：注重造型，讲究格调，追求商品的艺术欣赏价值。

➢求奇：追求出奇入胜，与众不同。

• 理智类心理动机。经过客观分析形成的心理动机，称为理智类心理动机。这种购买动机在购买行为上表现为以下几个特点：

➢求实：注重质量，讲究效用入。

➢求廉：注重商品的价格。

➢求安全：希望商品使用顺利，有可靠的服务保障。

• 惠顾类动机。消费者基于经验和情感。对特定的商品、品牌、商店产生特殊的信任和偏爱，从而引起重复购买的动机，便称为惠顾类动机。

2. 认知

认知是人们的一种基本心理现象，是人们对外界刺激产生反应的首要过程。人们不会去注意其没有认知的事物，不可能去购买没有认知的商品。只有觉察和注意到某一商品存在，并与自身需要相联系，购买决策才有可能产生。

认知是一种人的内外因素共同作用的过程，取决于两个方面：一是外界的刺激，没有刺激，认知就没有对象；二是人们的反应，没有反应，刺激就不能发挥作用。然而在实际生活中，真正能使两者完全结合的并不多，原因是人们认知能力的局限，对外界刺激的接受只能是有选择的。具体而言，反映在三个方面，即选择性注意、选择性理解和选择性记忆。

(1)选择性注意。人们对外界的刺激源不会全都注意，有许多可能是视而不见，听而不闻。引发人们注意的因素主要是两个：一是人们的需要和兴趣，这是引发注意的内在因素；另一个是刺激的力度，这是引发注意的外在因素。表6.2反映了外在刺激物的特征与引发感知的关系，说明除了了解消费者的需要和兴趣，有的放矢地进行刺激之外，调整刺激的方式和力度也是很重要的。

表6.2　刺激与认知的关系

刺激物的特征	容易引起认知	不易引起认知
规模	大	小
位置	显著	偏僻
色彩	鲜艳	暗淡
动静	运动	静止
反差(对比)	明显	模糊
强度	强烈	微弱

(2)选择性理解。人们对所接受的刺激和信息的理解会有一定的差异，这是由于人们在接受外在刺激和信息前，已经形成了自己的意识和观念。他会以自己已有的意识和观念去理解外来的刺激和信息，从而产生不同的认识。如对于“红豆”这样一种标志物，大多数中国人可能都会联想到“相思”这样一种情感，因为他们熟知“红豆生南国，春来发几枝，愿君多采撷，此物

最相思”的诗句。但对于大多数外国人来讲,“红豆”可能最多只意味着是一种好看的植物,而不可能产生爱情之类的联想。

(3)选择性记忆。记忆在商业活动中是很重要的,消费者能否对企业的广告和品牌记忆深刻,关系到企业的产品销路和市场竞争力。而人们在记忆方面同样是有选择的。强化记忆的因素有三个方面,除了人们的兴趣、刺激的强度这两个引发注意的因素对于强化记忆同样能发挥作用以外,“记忆坐标”的因素是很重要的。所谓“记忆坐标”,是指当人们接受某一信息时同时接受的另一信息,它可成为人们记住某一信息的“坐标”。如利用某种谐音可使人们记住难记的电话号码,利用某种有特征的环境因素能让人们记住在此环境下发生的事情。积极创立各种记忆坐标是促使消费者记住企业和产品特征的重要方法。

从消费者行为角度来看,唤起认知的主要是销售刺激。销售刺激分为两种:第一种商品刺激,刺激源是商品本身,它包括商品的功能、用途、款式和包装等;第二种信息刺激,即除商品外各种引发消费者注意和产生兴趣的信息,包括通过广告、宣传、服务及购物环境等表现出来的语言、文字、画面、音乐和形象设计等。

3. 学习

消费者的大多数行为都是学习得来的,通过学习,消费者获得了商品知识和购买经验,并用于未来的购买行为。

消费者的学习方式大致有四种类型:

(1)行为学习。人们在日常生活中,不断学得许多有用的行为,包括干活、读书、与人交往等。作为一个消费者,他要不断学习各种消费行为。行为学习的方式就是模仿。通过模仿,人们学会吃饭、喝水、喝咖啡、听音乐、看电视、用洗衣机洗衣服、唱卡拉OK、跳舞等。模仿的对象是众多的。孩子模仿父母,学生模仿老师,观众模仿影视人物,还有人们之间的相互模仿等。

(2)符号学习。借助外界的宣传教育,人们了解各种符号,如语言、文字、造型、色彩、音乐的含义,从而通过广告、商标、装潢、标语、招牌与生产商和制造商进行沟通。

(3)解决问题的学习。人们通过思考和见解的不断深化来完成对解决问题方式的学习。思考就是对各种消费行为和各种体现现实世界的符号进行分析,从而形成各种意义的结合。思考的结果便是见解,见解是对问题中各种关系的理解。消费者经常思考如何满足自身的需要,思考的结果常被用于指导消费者行为。

(4)情感的学习。消费者的购买行为带有明显的情感色彩,如偏爱某个公司、某家商店、某种商品或劳务、某种品牌等。这些来源于消费者的感受包括消费者自身的实践体会和外界的鼓励、支持、劝阻、制裁等因素。消费者这种感受的积累和定型便是情感学习的过程。

消费者的基本学习模型由内驱力(动机)、提示(线索)、反应(行为)和强化四个部分组成(见图6.4)。内驱力指人们的心理紧张状态。内驱力分原始驱力和衍生驱力。原始驱力是由生理需求造成,如饥饿、口渴。衍生驱力是后天学来的,如寻找面包因为能够充饥,购买饮料因为能够解渴。提示又称为线索,是引导人们寻求满足方式的一种启示,例如人们饥饿的时候常会被饭店的招牌、食物的香味所吸引,因为以往学习的知识和经验告诉他们那里是解决饥饿的去处。而且一些著名饭店的招牌或广告更能给人们以美味佳肴的提示。反应就是对提示采取的行动,反应有不同的层次,如婴儿饥饿是反应是啼哭或作吸奶的动作,成年人饥饿会买各种喜欢的食品。强化就是使某种反应强化并稳定下来。强化的结果是对某种行为加以肯定,并能不断重复这一行为。如人们对某一品牌的商品产生“品牌忠实度”，就是刺激不断强化的结果。

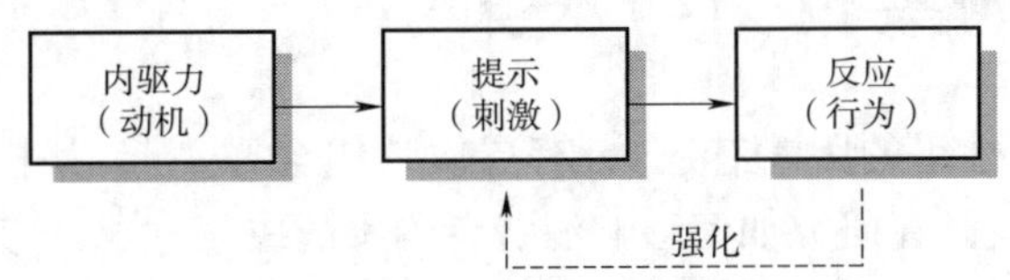

图6.4　消费者学习模型(刺激反应模式)

4. 态度和信念

消费者的态度是消费者对有关事物的概括性评估，是以持续的赞成或不赞成的方法表现出来的对客观事物的倾向。态度带有浓厚的感情色彩，它往往是思考和判断的结果。信念是在态度得到不断强化的基础上所产生的对客观事物的稳定认识和倾向性评价。在信念指导下的行为往往不再进行认真的思考，而成为一种惯性。

态度具有三个明显特征：

(1)态度具有方向和程度。态度具有正反两种方向：正向即消费者对某一客体感到喜欢，表示赞成；反向即消费者对某一客体感到不喜欢，表示不赞成。程度就是指消费者对某一客体表示赞成或不赞成的程度。

(2)态度具有一定的结构。消费者的态度是一个系统，其核心是个人的价值观念。各种具体的态度分布在价值观念这一中心周围，它们相对独立，但不是孤立存在，而是具有一定程度的一致性，都受价值观念的影响；它们处于不同的位置，离中心较近的态度具有较高的向心性，离中心较远的态度则向心性程度低。形成时间较长的态度比较稳定，新形成的态度则比较容易改变。

(3)态度是学来的。态度是经验的升华，是学习的结果，包括自身的学习和向他人的学习。消费者自身的经历和体会，如得到过的好处和教训都会建立和改变他们的态度；家人、朋友以及推销人员所提供意见和看法也是一种间接的经验，同样会对人们的态度产生正面或反面的影响。

相对态度而言，信念更为稳定。使消费者建立对自身产品的积极信念应当是企业营销活动的主要目标。而消费者如果对竞争者的产品建立了信念，则会对企业构成很大威胁。从某种程度上讲，建立和改变消费者的信念就是对市场的直接争夺。

可采用两种策略来建立或改变消费者的态度和信念。

(1)适应策略。适应策略是通过适应消费者的需要来建立消费者的态度和信念，这种策略具体有四种做法：一是通过不断提高产品质量，改进款式，完善售后服务，不间断地做广告，以不断增强现有消费者的积极态度；二是为现有消费者提供新产品、新品牌，以满足他们的要求，以增加现有消费者对企业的好感；三是强调现有产品的特点，吸引新顾客；四是及时了解市场新动向，为新的消费者提供新的产品。

(2)改变策略。改变消费者的态度和信念远比适应消费者的态度和信念困难得多，这种策略的做法主要有：突出强调企业产品的优点；尽量冲淡产品较弱属性的影响，例如可以告诉消费者产品的某些不足并不像他们想象得那么严重，而且无伤大局；采取一些必要的补偿措施，如降低价格，实行“三包”等，使消费者心理得到平衡。

6.3 消费者购买行为与决策

将诸多影响消费者购买的因素有逻辑、有层次地组合在一起,就构成了消费者购买的行为。研究购买行为,也就是在研究如何影响消费者购买的决策。

6.3.1 购买行为

消费者购买行为是指个人、家庭为满足自己生活需要购买商品的行为。对消费者购买行为来说,非经济因素显得更重要。消费者的购买决策表面是一个买或不买的问题,其实背后所隐藏的是一个复杂的心理活动过程,需要认真研究。

"刺激—反应"模式是一种标准程式的行为过程。消费者的购买行为从心理活动过程来看,是一种对市场营销刺激的反应。这个反应过程是暗中进行的,外人不能察觉,我们称之为"暗箱"过程(见图6.5)。

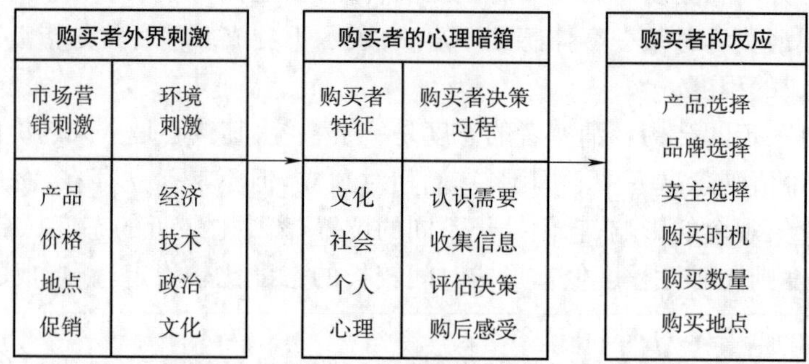

图6.5 市场营销刺激与购买者反应的关系

企业通过市场营销活动所发出的"市场营销刺激"和其"环境刺激"被消费者接受后,进入不可见的购买者"心理暗箱",经过某种心理活动过程,再表现为可见的购买者反应。市场营销人员的任务,就是要尽量弄清这个"暗箱"中所发生的事情。然后,采取相应的对策,发出合适的市场营销信息,去刺激影响消费者的心理过程和购买行为。

在分析消费者购买行为的众多理论中,有一种"后天经验"理论。它认为消费者的购买行为和动机不是天生的,而是受后天经验的影响形成的。"刺激—反应"模式(或"S-R"模式)是后天经验理论中一种比较普遍的模式(见图6.6)。

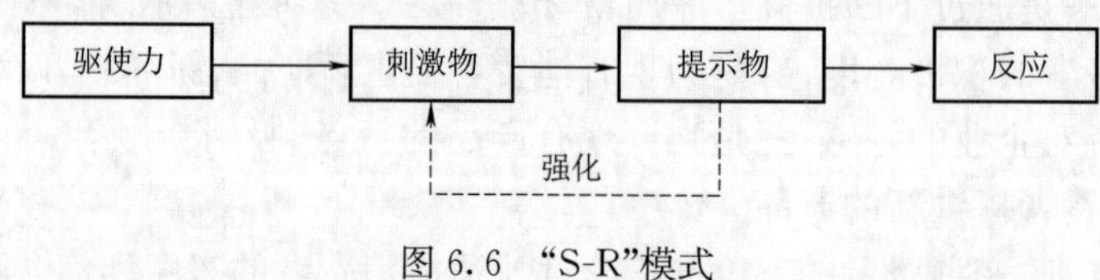

图6.6 "S-R"模式

6.3.2 购买过程与决策

1. 消费者购买过程的参与者

- 发起者:指首先提出或想到去购买某一产品或服务的人。

• 影响者:指其看法或建议对最终决策具有一定影响的人。

• 决策者:指在是否买、为何买、如何买、哪里买等方面做出最后决定的人。

• 购买者:指实际执行购买的人。

• 使用者:指实际消费或使用产品或服务的人。

2. 消费者购买行为的类型

根据购买过程的介入程度和品牌间的差异程度,消费者的购买行为可分为四种类型:复杂的购买行为、减少失调感的购买行为、习惯性的购买行为和寻求多样化的购买行为。

(1)复杂的购买行为。当消费者非常细心,介入程度很高,并且所购产品的各品牌之间具有较大的差异时,就形成了复杂的购买行为。复杂的购买行为包括以下步骤:收集大量的信息,评估产品或品牌,形成相应的信念和态度,然后作出慎重的购买决策,购后会进行评价。营销人员可以制定一些策略来协助消费者学习有关产品的知识,利用一些主要的印刷媒体或网络媒体的软文来描述产品的优点,也可谋求商店销售人员和买者的参照群体的支持,以影响消费者最后的品牌选择。

(2)减少失调感的购买行为。当消费者购买一种介入度较高,而各品牌之间差异度不大的产品后,往往会产生一种减少失调感的购买行为。消费者为了减少这种失调感,会开始学习更多的东西,试图证明自己的决策没有错误。营销人员要注意增强产品的信念,使消费者对自己选择的品牌在购买之后有一种满意的感觉。

(3)习惯性的购买行为。当消费者在低度介入,购买品牌之间差异不大的产品时,往往是一种习惯性的购买行为。营销人员可以通过运用价格、销售促进及广告等策略达到效果。

(4)寻求多样化的购买行为。消费者在购买一些介入度较低,但同时各品牌之间又存在较大差异的产品时,容易产生一种寻求多样化的购买行为,表现出较大的随意性和一定的品牌更换频率。市场领先者一般会通过货架策略、避免脱销或做提醒广告来鼓励习惯性的购买行为;市场挑战者会以较低的价格,提供各种优惠、赠券、免费赠送样品以及宣传试用新品牌的广告活动来刺激顾客的选择。

3. 消费者购买决策过程中的各个阶段

消费者的购买决策过程经历了五个阶段:需求确认、信息收集、评价选择、购买决策和购买后行为。

(1)需求确认。需求是购买活动的起点。它可由内在刺激和外部刺激引起。营销人员在这个阶段,就要注意了解与本企业产品相关的需求,并能设计诱因,增强刺激,唤起消费者的需求。

(2)信息收集。一旦确认了需求,消费者为满足需求会去寻找相应的信息。收集信息的多少和状态,有赖于消费者的驱使力的大小和消费者从最初掌握的信息中得到满足的程度。营销人员必须了解消费者的信息来源以及不同信息来源对消费者的影响程度,从而制定有效的信息传播策略。消费者的信息来源可分为个人来源、商业来源、公共来源、经验来源四种。商业来源是消费者最多的信息来源,即营销企业所控制的来源。但从消费者对信息的信任程度看,经验来源和个人来源最高。并且,商业来源的信息在影响消费者购买决策时会起到通知的作用,个人信息来源起着对做出购买决定是否合理的评价作用。

(3)评价选择。消费者评价选择最流行的模式是认识导向模式,即消费者对产品的判断大都是建立在知觉的和理性的基础之上的。消费者在评价选择中会努力地满足其某些需要,从产品答案中寻找某些利益,把每个产品看成是各种不同的、能释放其寻找的利益和满足其需要的一组属性。这一组属性在消费者的评价标准中还具有不同重要程度,如在某些场合,价格是最重要的,也有可能质量是最重要的。那么某一类产品中的各品牌之间必然在消费者的感知中形成不同的品牌信念和品牌形象。最后,消费者会通过一定的评价程序来形成具体的选择。

(4)购买决策。消费者经过对品牌的评价后会形成购买意向,但不一定导致实际购买。因为购买意向转化成实际购买行动还受到两个因素的影响:一是他人的态度;二是消费者对旁人愿望的动机。第二个因素是意外情况。消费者改变、推迟或取消某个购买决定,往往是受可觉察风险的影响。可觉察风险的大小随支付金额、不确定属性的比例以及消费者的自信程度而变化。为此,营销人员必须了解引起消费者风险感觉的因素,为他们提供信息及帮助,以减少可觉察的风险。

(5)购买后行为。消费者在购买决策后,营销者的工作并没有结束。因为有些产品被购买后,消费者的反应对企业的发展仍非常关键。主要表现在三方面:购买后是否满意、购买后的行动以及购买后的使用和处置。

①购后满意。消费者购买产品后的满意程度取决于购前预期得到实现的程度。如果感受到的产品效用达到或超过购前期望,就会感到满意,超过越多,满意感越大;如果感受到的产品效用未达到购前期望,就会感到不满意,差距越大,不满意感越大。可用函数式表示为

$$S=f(E,P)$$

式中,S 表示消费者满意程度,E 表示消费者对产品的期望,P 表示产品可觉察性能。如果 $P=E$,则消费者感到满意。如果 $P>E$,则消费者会很满意。如果 $P<E$,则消费者会不满意,差距越大就越不满意。

②购买后行动。消费者对产品是否满意会影响以后的购买行为,并且不仅影响自己,还影响其他人。如果消费者对产品满意,可能成为企业的忠诚顾客,还有可能向其他人推荐该产品。如果不满意,他们可能会退货,或者抱怨、申诉,或告诫其他朋友。营销人员应该采取有效措施尽可能减少消费者购买后不满意的程度。比如定期与顾客联系,增加交流,指导顾客正确使用产品,征询顾客意见,等等。

③购买后的使用和处置。如果消费者使用频率很高,这说明该产品有较大的价值,会增强消费者对购买决策的自信心。如果消费者将产品闲置在一旁几乎不使用,那就表明这是一个不令消费者满意的商品,消费者可能会对自己的购买决策比较后悔或存在疑虑。如果消费者将产品售出或者进行交换,这就会在一定程度上阻碍公司新产品的销售。如果消费者对一个产品发现了新的用途,营销者应该及时用广告等媒体来宣传这种用途,使更多的消费者了解该产品被市场认可的新用途。如果消费者要丢掉产品,营销人员应了解他们是出于何种原因和怎样丢弃它的,为产品创新和升级提供思路和依据。

小 结

消费者市场是指个人或家庭为生活消费而购买、租赁产品或服务的市场。它是市场营销学研究的主要对象,是所有商品的最终市场。

消费者购买行为是指消费者在寻找、购买、使用、评估和处理满足其需要的产品或服务过程中所表现出来的反应或行动。研究消费者需求及其购买行为是企业制定市场营销战略的出发点。影响消费者购买行为的因素主要有文化因素、社会因素、个人因素和心理因素。

消费者在购买活动中常常扮演发起者、影响者、决定者、购买者、使用者的参与角色。根据消费者参与程度和产品品牌差异程度,将消费者购买行为分为习惯性购买行为、多样性购买行为、协调性购买行为和复杂性购买行为四种类型。消费者购买决策过程分引起需要、收集信息、产品评估、购买决策和购后行为五个阶段。

消费者市场涉及的内容千头万绪,从哪里入手进行分析?研究消费者购买行为,弄清楚影响消费者行为的主要因素,分析行为与各因素之间的关系,就能为市场营销找出有效的策略和方法。

复习题

(1)消费者市场的特点有哪些?

(2)影响消费者购买行为的个人因素构成包括哪些?

(3)影响消费者购买行为的心理因素构成包括哪些?

(4)分析家庭生命周期对消费者购买的影响。

(5)解析马斯洛的需要层次论。

(6)消费者购买后行为主要有哪些?

案 例

"Z世代"人群画像及消费特征

人们通常用"三大件"来概况描述一个时代的消费特色。如"建国一代"(1949—1964年间出生人群)是手表、缝纫机和自行车;"X世代"(1965年—1979年出生人群)是冰箱、洗衣机和彩电;"Y世代"(1980—1994年间出生人群)则是私人住宅、私家车和个人电脑。近日,有媒体认为"Z世代"(1995—2009年出生人群)的"三大件"将会是洗碗机、智能马桶和电竞椅,这种预测反映了当代年轻人的消费新动向。

1."Z世代"人群画像

对不同时代人群的描述,广泛大众通常用80后、90后、00后等来表达,而营销人士则常用X、Y、Z世代进行区分,以此来表达代际群体的消费差异。作为1995年到2009年出生的一带,"Z世代"也通常被称为"网生代""互联网世代""二次元世代""数媒土著"等,表明他们一出生就与网络信息时代无缝对接,消费行为受数字信息技术、即时通信设备、智能手机产品等影响较大。

另外,与同样有着互联网原住民之称的"Y世代"群体不同,"Z世代"群体是伴随移动互联网、智能手机以及社交平台等各种智能科技产物成长起来的,而"Y世代"群体则更多是游戏机、台式机、互联网站等,因此,相较于"Y世代","Z世代"的行为决策更多是在移动状态下做出的。

国家统计局的数据显示,“Z世代”人群数量约占我国总人口的19%,约为2.6亿,其中,95后约为9 945万人,00后约为8 312万人,05后约为7 995万人。而联合国经济和社会事务部2020年的统计也显示,全球“Z世代”人群在2019年已达24亿人,占世界总人口的32%,成为数量最多的一代人。“Z世代”人群主要特征表现在:

(1)有相对较高的生活费用。“Z世代”人群出生于中国经济高速发展的时代,具有更加优越的教育生活环境。“Z世代”人群平均每月可支配收入达3 501元,远高于中国人均2 561元的可支配收入,且在19到23岁年龄段的在校Z世代群体,35%的人群拥有多种收入来源,如校外兼职、勤工俭学、奖学金、卖二手物品等。

(2)是移动互联网的重度用户。“Z世代”人群是移动互联网的重度用户,无论是使用深度还是使用时间上均高于全网平均水平。数据显示,“Z世代”用户的月人均使用互联网时长为174.9小时,高于全网用户的140.1小时;“Z世代”用户的月人均使用App个数为30.2,高于全网用户的25.0。

(3)融入血液的“二次元”个性。“二次元文化”,是以ACGN为核心(animation、comic、game、novel)的各种周边产物所构成的文化圈,是一种新生代的文化发展形式。“二次元文化”对“Z世代”人群的日常习惯和价值观具有深远影响,除个性鲜明、注重体验、愿意尝试新鲜事物等特征之外,“Z世代”人群还普遍具有五大性格特点,即:崇尚高颜值、“脑洞大开”是常态、寻求理想“人设”、社交需求旺盛等。

2.“Z世代”消费特征

具有鲜明个性的“Z世代”人群,即将迎来事业的起步与快速上升期,他们崇尚的文化和价值观也日渐被大众所接受,其消费影响力正与日俱增。根据研究机构DeepFocus的《卡桑德拉报告》及IBM的调查,在美国市场,Z世代拥有2 000亿美元的直接购买力及1万亿美元的非直接购买力。也正因为如此,了解“Z世代”人群的消费特征也成为当下企业界极为关心的话题之一。普遍的结论主要表现在:

(1)愿意为“知识”付费。“Z世代”人群更加青睐有思想有质量的内容,这属于一种“粉丝经济”,由于Z世代们相互之间对作品存在高度认同,其衍生的种种模式也会深受该群体内用户的热捧,如此便激发出相关的付费行为。

(2)更加注重消费体验。“Z世代”人群在追求高品质高性价比的同时,也更为注重消费体验,喜欢一切“有感觉”的东西。数据显示,75.5%的Z世代用户消费关注品质,72.7%的用户关注价格,70.7%的用户关注品牌,54.4%的用户关注时尚,38.6%的用户关注健康,33.9%的用户关注体验。

(3)偏爱颜值与萌宠。“Z世代”人群热衷于追求与高颜值相关的一切事物,使得“颜值经济”盛行,美妆、护肤、唇彩等相关商品都因此得到追捧。与其他人群相比,“Z世代”更加偏爱萌宠,喜欢“吸猫”和“撸狗”等与萌宠相关的各种消费。

(4)内容创作=自我实现+社交方式。对于“Z世代”人群来说,依托互联网提供的公共空间进行创作,成为了其实现自我价值和拓展社交范围的重要途径,这便是为什么B站、小红书等以UGC(用户原创内容)为支撑的平台得以迅速占领市场,同时带动了相关消费的原因。

(5)追随偶像/KOL的脚步。因为热衷于追求理想“人设”,“Z世代”人群格外喜欢追随偶像步伐,哪怕虚拟偶像也没关系。QuestMobile数据显示,2018年,“Z世代”因偶像推动的消费规模超过400亿元。另外,Z世代人群还偏爱跟着KOL直播种草,有数据表明,30%的Z世代群体在购物前会受到明星KOL流量及口碑的影响。

(6)"懒经济"与"宅文化"倾向。"懒经济"指代的是消费者不用出门也可以用手机指挥商家上门服务,以外卖和到家服务为主要表现形式;"Z世代"是"懒经济"的主要群体,在"懒"人群中占比超过一半。Z世代也热衷追求"宅文化",即乐于宅在家里玩手机游戏、看动漫、逛视频网站、刷弹幕等,而不是到户外活动,讲究物质追求与精神追求两不误。

(7)爱国是国货潮兴起的重要力量。"Z世代"人群在充分享受经济增长红利的同时,表现出强大的爱国热情、文化自信以及对主流意识形态的认可。从李宁、大白兔、六神、云南白药的备受欢迎,再到百雀羚、回力鞋等经典品牌的翻红,无不反映出新一轮"国货潮"的降临。根据阿里研究院的报告,在购买新锐国货品牌的消费者中,超过半数是"95后"。

(资料来源:基于《21世纪经济报道》、《北京商报》、知乎等网络资料整理)

讨论:

(1)影响"Z世代"群体消费行为的因素有哪些?

(2)传统品牌如何赢得"Z世代"群体的认同?

第 7 章　组织市场分析

本章要点

■组织市场的类型和特点。
■生产者市场的特点。
■影响生产者市场的因素。
■中间商市场的特征。
■非盈利组织的内涵。
■政府采购的方式和过程。

生产者市场是同消费者市场相对应的概念，也称为产业市场或工业市场，原指除商业以外的一切生产性行业。近年来，以菲利普·科特勒为代表的市场营销学者认为，一切商业转售者市场及其购买行为和生产者市场及其购买行为具有相同的特点，所以在分析时，应该把它们视为同一种类型。另外还包括一些非营利性组织和政府市场。本书把这些市场的集合总称为组织市场。

7.1　组织市场的类型与特点

组织市场不同于消费者市场，主要是购买者形成的集合体，他们有着自身独特的类型和特点。

7.1.1　组织市场的类型

众多的不同购买者集合在一起被统称为组织市场，因此有必要对组织市场的参与者整体进行分类（见图 7.1），以作进一步的分析与比较。

1. 生产者市场

一般而言，生产者市场也称为产业市场或工业市场，它主要由一些具备共同特征的个体和组织构成，这些共同特征是指它们采购商品和劳务的目的是为了加工生产出其他产品以供出售、出租,以从中谋利,而不是为了个人消费。这部分市场是本书中所称的"组织市场"的主要组成部分。

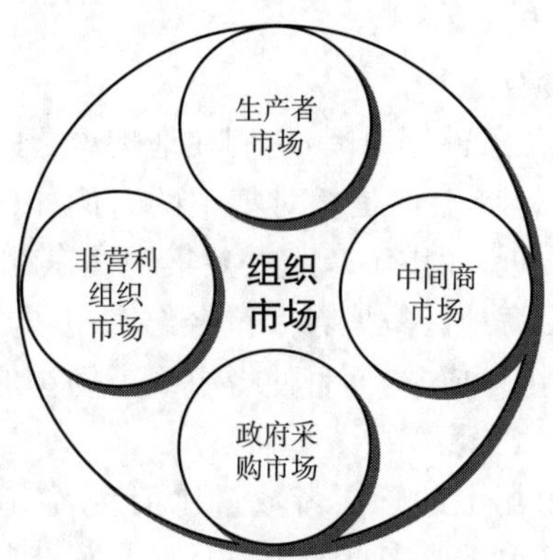

图 7.1 组织市场的主要构成

组织市场主要由以下产业构成:农林牧渔业、采矿业、制造业、保险业、建筑业、公用事业、银行金融业、运输业、通信业、服务业。所以,以生产者市场为服务目标的企业,必须深入研究这个市场的特点,进一步分析其购买行为,从而才能取得营销成功。

2. 中间商市场

中间商市场一般也称为转卖者市场。它是指由所有以营利为目的而从事转卖或租赁业务的个体和组织构成,主要包括批发和零售两大部分。

3. 非营利性组织市场

非营利性组织市场,也称为机构市场,主要是指一些由学校、医院、疗养院和其他为公众提供商品和服务的部门所组成的市场,它们大都具有预算较低、受一定控制且一般都是非营利性的特征。因此,这部分市场也有其独特的特点,但为了研究全面起见,仍把它们也放入组织市场这个大概念中去。

4. 政府采购市场

在市场购买群体中,政府一般也被看作是产品和劳务的主要购买者。由于政府的采购决策要受到公众和社会的监督,因此它们经常会要求供应商准备大量而详细的书面材料,此外,政府市场还有一些如以竞价投标为主、倾向于向国内供应商采购等特点。但是这些特点都不会影响到把政府也纳入组织市场这个大概念里来分析,因为从严格意义上讲,把政府纳入之后将会使市场组织的分析研究更有意义。

综上所列,就是我们在平常可能会接触到的一些构成组织市场的不同类型的各种成员,在大多数场合里,这些成员往往被分开阐述,各自说明特点或进行购买行为分析。但实际上显而易见的是在各自不同类型的市场特征背后,却有着很多的共性特征。

7.1.2 组织市场的特点

组织市场因其含义和范围的特殊性,决定了在与消费者市场相比时,往往具有一些更鲜明的特点。

1. 进行直接销售

消费品的销售一般都经过中间商,但组织市场的购买者大部分是直接向生产者购买。这主要是因为购买者数量相对有限,而且大多属于大规模购买,直接购买的成本比间接购买显然低得多。其次,组织市场的购买活动在售前售后都需要由生产者直接提供技术服务。因此,直接销售是组织市场常见的销售方式。

2. 购买者在地域上相对集中

由于各种产业的资源和区位条件等原因,它们在地理位置的分布上都具有相对的集聚性,所以组织市场的购买者一般在地域上也是相对集中的。例如中国的石油化工企业云集在东北、华北以及西北的一些油田附近,而重工产业大多集中在东北地区,金融保险业则在上海相对集中,而广东、江苏、浙江等沿海地区集聚着大量轻纺和电子产品的加工业等。这种地理区域集中不仅有助于降低产品的销售成本,而且使得组织市场在地域上也形成了相对的集中。

3. 购买者少,购买规模大

从个体数量上对比,组织市场上的购买者数量比消费者市场上的购买者数量要少得多。例如,美国固特异轮胎公司的订单主要来自通用、福特、克莱斯勒三大汽车制造商,但当固特异公司出售更新的轮胎给消费者时,它就要面对全美1.71亿汽车用户组成的巨大市场了。

组织市场不仅购买者人数少,而且其购买次数也相对较少。一家生产企业的主要设备要若干年才会购买一次,原材料与零配件也大都会倾向签订长期合同,即使纸张文具等办公用品也常常是好几个月集中购买一次。购买次数少的直接结果就决定了购买者每次采购量将十分巨大,特别在生产比较集中的产业或行业里更为明显,通常少数几家大企业的直接采购量就占该产品市场总销售量的绝大部分。

4. 人员销售为主

由于仅是少数大批量购买的客户购买,因此对于企业营销部门往往更倾向于通过人员销售,有针对性地宣传其优惠政策,而不是通过广告告知整个市场。一般而言,一个优秀的销售人员可以演示并说明不同产品的特性、用途以吸引购买方的注意力,并根据现场得到的反馈,迅速调整原有的政策,因此这种快速反馈对销售人员有较高的信息收集整理能力要求,这些是不可能通过广告获得的。

5. 实行专业购买

一般而言,组织机构通常比个人消费者更加专业、系统地购买所需要的商品,对产品有较深的认识和把握,其采购过程往往是由具有专门知识的专业人士负责。例如采购代理商,优秀的采购代理商不但要善于采购,还要善于不断学习和思考,他们甚至将其一生的工作时间都花在学习如何更好地进行专业采购上。他们的专业技能和技术信息评估水平有助于他们的购买建立在对比商品价格质量、售后服务及交货期等多方因素的逻辑分析基础之上。这些都意味着组织市场营销者必须具有完备的技术知识,并能提供大量的有关自身以及竞争者的相关数据。

6. 存在衍生需求,需求波动大

从市场需求链分析,组织市场上的购买需求最终来源于对消费品的需求,企业之所以需要购买生产资料,归根到底是为了用来作为劳动对象和劳动资料以生产出符合市场需求的消费资料。例如,由于消费者购买皮衣、皮鞋、皮包,才导致生产企业需要购买皮革、切割刀具、缝纫机、缝制线等生产资料。因此,消费者市场需求的变化将直接影响到组织市场的需求方向。从数量上讲,不同消费品需求变化引起生产资料量的变化并不是完全的正比或正向关联,有时消费品需求仅上升20%,就可导致生产这些消费品的企业对有关生产资料的需求增长200%。

而有时如果需求下降20%，则可导致有关生产资料需求的全面暴跌。这种现象在经济学上被称为加速数原理，这一规律导致组织市场营销人员不得不将其产品线和市场多样化，以便在商业波动周期中实现某种平衡。

7. 需求缺乏弹性

组织市场的需求受价格变化的影响不如消费品市场大。棉纺制造商在棉花价格下降时，不会打算采购大量棉花，同样道理，棉花价格上升时，他们也不会因此而大量减少对棉花的采购，当然，除非他们发现了某些稳定的棉花替代品，这时对棉花的需求才会发生较大波动。组织市场需求在短期内一般特别无弹性，因为厂商不能对其生产方式作太多变动。一般而言，对占项目总成本比例很小的业务用品来说，其需求也是无弹性的。例如，皮包上的金属环孔的价格上涨，几乎不会影响皮包的需求水平。

8. 互惠购买原则

互惠现象是WTO的基本原则之一，在消费营销过程中不会发生，但在组织营销过程中常见。通俗的讲也就是"你买我的产品，那么我也就买你的产品"。可以理解为市场机会的相互给予。由于生产资料的购买者本身也是某种产品的出售者，因此，当企业在采购时就会考虑其自身产品的销售，并为之创造条件。

一般来讲，组织市场的互惠购买适用范围是比较狭窄的，一旦出现甲企业需要乙企业的产品，而乙企业并不想购买甲企业的产品时，就无法实现互惠购买了。随着市场的演进，双方互惠购买会演进为三角互惠或多角互惠。例如，甲企业向乙企业提出，如果乙企业购买丙企业的产品，则甲企业就购买乙企业的产品，因为丙企业以甲企业推销其产品作为购买甲企业的产品的条件，这就是典型的三角互惠。虽然这类现象极为常见，但在具体市场运作中，大多数经营者和代理商却反对互惠原则，并视其为不良习俗，这涉及信誉制度的完善和商业制度的规范。

9. 谈判和投标

组织机构在市场购买或出售商品时，往往会在价格和技术性能指标上斤斤计较，如果销售人员能预先获知买方正在研究之中的新产品的有关信息，他们就可在谈判开始之前修改某些技术参数。一旦卖方得知买方愿意接受耐用性较差和服务一般的商品时，就会提出一个较低的价格。当双方在价格上都有较大的回旋余地且此次交易对双方都是至关重要的时候，谈判就成为双方交涉中最重要的部分。谈判的风格或对抗或合作，但绝大多数买方倾向于后者。

有远见的买方通常在诸多投标卖方间进行精挑细选，也就是所谓的招投标的运用。美国联邦政府将它所有买卖的40%建立在投标的基础上。在公开投标的基础上，供方可以参阅其他投标商的标书；在保密投标的情况下，标书的条款是保密不公开的，所以供方会尽量提供好的设备和较低的价格。政府购买设备通常用保密投标的方式。

10. 租售现象

一些组织购买者并不愿意全盘购买新品，而是倾向于租借大型设备。租借对于承租方和出租方都有诸多好处。对于出租方，当客户不能支付购买其产品的费用时，他们的优惠出租制度为其产品找到了用武之地；对承租方，租借能为他们省下大量资金，又获得了最新型的设备。租期满后可以购买折价的设备。这种方式目前在工业发达的国家有日益扩大的趋势。特别适用于重型工程机械、电子计算机、运货卡车、包装设备、机械工具等价格昂贵或不经常使用的设备。

在研究组织市场购买行为一般特征的基础上，在具体的营销活动中还应当注意对特定时点上特定购买者行为特点的研究和分析。这是由于相对数量众多的个人消费者而言,数量有限的组织购买者行为特征的个性更为明显。

7.2 生产者市场

生产者市场是组织市场中最具有代表性的市场,又叫产业市场或企业市场,一般是指一切购买产品和服务并将之用于生产其他产品或劳务,以销售、出租或供应给他人而获取利润的单位和个人组成的市场。

7.2.1 生产者市场特点

组成生产者市场的主要产业有工业、农业、林业、渔业、采矿业、建筑业、运输业、通信业、公共事业、金融业和服务业等。与消费者市场相比,生产者市场有其更为独特的特征,主要表现在以下三个方面:

(1)从产品角度看,生产者市场的产品和服务均是用于制造其他产品或提供服务,属中间投入品,是非最终消费产品。

(2)从市场需求的角度看,生产者市场的需求有两个明显的特征。一是需求的派生性,即生产资料的需求源于消费资料的需求,消费资料的需求情况决定生产资料的需求状况。例如,因为消费者对住房的需求,才导致建筑商购买钢材、水泥、沙土等生产资料。二是需求的弹性小,即在一定的时期内,需求的品种和数量不会因价格变动而发生很大变化。造成这种现象的主要原因是生产者市场的需求取决于生产工艺过程和生产特点,企业在短期内不可能很快变更其生产方式和产品种类。同时,生产资料有专门用途,需求量较固定,生产资料价格的高低对用户生产成本的影响不大。

(3)从购买的角度看,主要有以下特点。一是产品专业技术性强,购买者必须具备相关的商品知识和市场知识。无论是采购员,还是销售员,都必须是在产品专业技术知识和采购、推销方面训练有素的专业人员。如果卖方缺乏商品知识和市场知识,就不可能很好地介绍产品的性能,从而影响销售;如果买方缺乏相应的专业知识,就无法鉴定产品质量的好坏,造成采购的失误。二是直接采购,生产资料的采购一般很少经过中间商(标准品除外),而是直接从生产厂商那里购买。三是购买批量大、购买者少,由于企业的主要设备若干年才购买一次,原材料、零配件则是根据供货合同定期供应,为了保证生产的顺利进行,企业总是要保证合理的储备,因此每次购买的量比较大。而且,在生产者市场上不仅购买产品总是少数几个购买者,或者主要是少数购买者,购买者的地区分布也有明显的相对集中性。如在我国,工业客户主要集中在东北、华北、东南沿海一带。此外,从决策影响因素上对比,影响生产购买决策的人往往比影响消费者购买决策的人要更多一些。

7.2.2 生产者市场的购买对象

在生产者市场上,生产者购买的产品一般可分为原材料、主要设备、附属设备、零配件、半成品和消耗品六种。

1. 原材料

原材料指生产某种产品的基本原料,它是用于生产过程最原始起点的产品。原材料又分为两大类:一类是自然形态的森林产品、矿产品与海洋产品,如原油、铁矿石等;一类是农产品,如粮、棉、油、烟草等。对于原材料这种产品,供货方较多,且质量上没有什么差别。因此,在营销上要根据各类产品的特点采取适当的措施,如对矿产品、海洋产品等自然形态的产品宜采取直接销售的方式,分配路线应尽可能短,运输成本应尽可能低。而对农产品则应加强保管,尽可能减少分销环节,有些产品甚至还可以由商业收购网点集中供应给生产企业。

2. 主要设备

主要设备指保证企业进行某项生产的基本设备,主要设备直接影响企业的生产效率和生产出的产品质量。主要设备包括重型机床、厂房建筑、大中型电子计算机等。这类产品一般价格昂贵,体积较大,技术复杂。生产企业购买主要设备是一项重大决策,不仅要求产品性能先进、可靠,而且一般都要求有良好的售后服务。因此,产品供应者应注意产品性能的改进、宣传和售后服务工作,以使购买者对本企业产品建立良好的持续合作关系。

3. 附属设备

机械工具、办公设备等均属附属设备。相对主要设备而言,附属设备对生产的重要性略差一些,价格也较低,供应厂家较多,产品标准化突出。采购人员可以自主做出购买决定,并能自由地从几家供应商处选购,而且在购买时比较注重价格比较。对这类产品的经营,要充分发挥价格机制和广告促销的作用,多采用间接销售的形式。

4. 零配件

零配件指已经完工且构成用户产品的组成部分的产品,如集成电路块、精密仪表、精密仪器等。零配件虽不能独立发挥生产作用,但它的缺失将直接影响生产的正常进行。这类产品品种复杂,专用性强,及时和按标准准确供货是零配件购买者最基本的要求。零配件供应者可以通过订合同直接销售的方式,采取合理的定价策略,满足购买者的需求,提高市场知名度和市场份额。

5. 半成品

半成品指经过初步加工,以供生产者生产新产品的产品。例如由铁矿砂加工成生铁,又由生铁加工成钢材等。半成品可塑性强,其质量、规格有明确要求,产品来源较多,供应者除确保供货及时外,还应加强产品销售服务。一般认为,加强销售服务是半成品供应者最有效的市场竞争手段。

6. 消耗品

消耗品指为保证和维持企业生产正常进行所需消耗的诸如煤、润滑剂、办公用品等产品。这类产品寿命周期短、价格低、替代性强,多属重复购买,购买者较注重的是购买是否方便。供应者应注重通过广泛的分销渠道,以优惠的价格、交货及时为目标实现产品销售。

7.2.3　影响生产者购买行为的主要因素

同消费者购买行为一样,生产者的购买行为也同样会受到各种因素的影响。美国学者韦伯斯特和温德将影响生产者购买行为的各种因素概括为四类主要因素:环境因素、组织因素、人际因素和个人因素。

1. 环境因素

在影响生产者购买行为的诸多环境因素中,经济环境是最主要的。生产资料购买者受当前经济状况和预期经济状况的影响非常大,当经济不景气或前景不佳时,生产者就会缩减投资,减少采购,压缩原材料的库存。当经济状况相反时则恰恰相反。此外,生产资料购买者也受政治、科技进步和市场竞争的影响。优秀的营销者应密切注视营销环境因素的作用,力争将环境因素变成营销机遇。

2. 组织因素

每个企业的采购部门都会有自己的目标、制度、工作程序和组织结构。生产者市场上的营销人员应了解并掌握购买企业采购部门在企业里处于什么地位、隶属关系等。是一般的参谋部门,还是专业职能部门?它们的购买决策权是集中决定还是分散决定?在决定购买的过程中,哪些人会参与,哪些人最终有决策权?等等。只有对这些问题做到心中有数,才能使营销工作有的放矢,稳操胜券。

3. 人际因素

人是具有社会性特征的,人际因素在生产者市场中也是社会性的集中体现,尤其是指企业内部的人事关系。生产资料购买的决定,是由公司各个部门和各个不同层次的人员组成的"采购中心"做出的。"采购中心"的成员一般由采购申请者、质量管理者、财务主管者、工程技术人员等组成。这些成员的地位不同,权力有异,他们之间的关系亦有所不同,而且对生产资料的采购决定所起的作用也不同,因而在购买过程中呈现较纷繁复杂的人际关系。生产资料营销人员必须了解用户"采购中心"的主要人员,他们的决策方式和评价标准,"采购中心"成员间相互影响的程度等,以便采取有效的营销措施获得采购方的集体认可。

4. 个人因素

生产者市场的购买行为虽为集体理性活动,但参加并最终决策采购的仍然是一个个具体的人。因为每个人在做出决定和采取行动时,都不可避免地受其年龄、收入、所受教育、职位和个人特性以及对待风险的态度等因素的影响,所以,市场营销人员还应了解生产者市场采购人员的个人情况,以便采取因人而异的营销策略。

7.2.4 生产者购买类型

生产者购买的类型可分为三种:直接重购、修正重购和新购。

1. 直接重购

直接重购是一种在供应者、购买对象、购买方式都不变的情况下而购买以前曾经购买过的产品的购买。这种购买类型所购买的多是花费人力较少且低值易耗品,一般无须联合采购。面对这种采购类型,原有的供应者不必重复推销,而应努力确保使产品的质量和服务保持一定的水平,减少购买者的采购时间,争取稳定的客户关系。

2. 修正重购

修正重购指购买者想改变产品的规格、价格、交货条件等,这需要调整或修订采购方案,包括增加或调整决策人员、人数。对于这样的购买类型,原有的供应者要清醒认识面临的挑战,积极改进产品规格和服务质量,大力提高生产率,降低成本,以保持现有的客户。新的供应者也要抓住机遇,积极开拓,争取新业务的建立。

3. 新购

新购指生产者第一次购买某种产品或服务。由于是首次购买,买方对新购产品心中无数,因而在购买决策前要收集大量的信息,制定决策所花时间也比较长。首次购买的成本越高,风险就越大,参加购买决策的人员就越多。新购是营销人员的机会,因此要采取适当措施,影响决策的中心人物，还要通过实事求是的广告宣传，使购买者了解企业产品。为了达到目标，企业应将最优秀的推销人员组成一支庞大的营销队伍，以赢得采购者的信任，力促企业实施购买行动并与之保持长期合作关系。

7.2.5 购买决策的参与者

购买类型的复杂程度不同，购买决策的参与者也不同。比如在直接重购过程中，起决定作用的是采购部门的负责人，而在新购过程中，企业的高层领导和技术专家起决定作用，因此在新购情况下，供应商应把产品的信息传递给企业的高层领导和技术人员。生产资料的供应者不仅要了解影响生产者市场采购的因素及购买类型，而且还应预先知道谁会参与购买决策，他们在购买构成中担当什么角色，会起怎样的作用。

综上所述，对生产资料的购买，一般是由专职的采购员和非专职的采购员组成“采购中心”来进行，而企业的“采购中心”一般由下列五种类别的人构成：

1. 使用者

使用者指直接使用所采购的产品的人员。使用者一般会提出购买建议，协助确定产品规格、性能等。他们往往是某一生产资料购买的提议者，并在产品的规格确定上有较大的影响力。

2. 影响者

影响者指生产企业的内部或外部对采购决策产生直接或间接影响的人员，他们会影响对供应商的选择及对产品规格、性能、购买条件等的确定。在众多的影响者中，企业外部的咨询机构和企业内部的技术人员影响最大。

3. 采购者

采购者指企业中具体执行采购决定的人，是企业里有组织采购工作正式职权的人员，主要任务是交易谈判和选择供应者。在较复杂的采购工作中，采购者还包括企业的高层管理人员。采购者在采购行动中具有较大的灵活性，供应商应该把握好机会，处理好与采购者的关系。

4. 决定者

决定者指有权对买与不买，以及买的数量、规格、质量和供应商的选择做出决策的人员。这些人可以是企业内处在不同层次的人，供应商应该弄清这一对决策起关键作用的人。在通常的采购中，采购者就是决定者，而在复杂的采购中，决定者通常是公司的主管。

5. 信息控制者

信息控制者指生产者用户的内部或外部能够控制信息流向采购中心成员的人。例如技术人员或采购代理人、接待员、电话接线员、秘书、门卫等，他们可以拒绝或终止某些供应商、推销人员与决策者及使用者接触。

值得注意的事，并不是所有企业采购任何产品都必须由上述五种人员参加决策。一个企业采购中心的规模和参加的人员会因欲购产品种类的不同和企业自身规模的大小及组织结构不同而有所区别。对生产资料营销人员来说，营销关键是了解一个企业采购中心的组成人员，他们各自所具有的相对决定权，以及采购中心的决策方式，以便采取富有针对性的营销措施。比如对采购中心成员较多的企业，营销人员可以只针对几个主要成员做工作，如果企业实力较强，则可采取分层次、分轻重、层层推进、步步深入的营销方针。

7.2.6 生产者的购买决策过程

生产者购买决策过程一般可分为八个步骤：

(1)问题识别，指生产者认识自己的需要，明确所要解决的问题。问题识别是生产者购买决策的起点。

(2)需要说明，指通过价值分析确定所需项目的特征和数量。

(3)明确产品规格，指说明所购产品的品种、性能、特征、数量和服务，写出详细的技术说明书，作为采购人员的采购依据。

(4)物色供应商，指生产者的采购人员根据产品技术说明书的要求寻找最佳供应商。

(5)征求供应建议书，指邀请合格的供应商提交供应建议书。

(6)选择供应商，指生产者对供应建议书加以分析评价，确定供应商。

(7)签订合同，指生产者根据所购产品的技术说明书、需要量、交货时间、退货条件、担保书等内容与供应商签订最后的订单。

(8)绩效评价，指生产者对各个供应商的绩效加以评价。

7.3 中间商市场

中间商市场也称转卖者市场或再售者市场，是由所有以盈利为目的从事转卖或出租业务的个人和组织所组织的市场。中间商市场的主体，包括各种批发商和零售商。批发商是指以进一步转卖或加工生产为目的的整批买卖产品和劳务的个人和组织，它不将商品大量卖给最终消费者。零售商是指将产品和劳务直接卖给最终消费者。

7.3.1 中间商市场特点和购买类型

相对于消费者市场和生产者市场，中间商市场有其自身特点：衍生需求、货源配置要求高、需求弹性较大、批量购买、定期进货等。

购买类型主要有：

(1)新产品采购：是指中间商以前从未经营过这种产品，而现在考虑经营。

(2)修正采购：一是要求供应商在原有交易条件上再作些让步，比如加大折扣、增加服务、给予信贷优惠等，从而得到更多的利益；另一个是直接更换供应商，选择同类产品的其他品牌等。

(3)直接重购：是指中间商直接按照过去的订货目录和交易条件，继续向原来的供应商采购产品。

7.3.2 中间商的购买决策

根据中间商市场的特点及其经营方式，中间商的购买决策一般有如下几项：

1. 商品组合决策

中间商的商品组合，直接能体现出其经营特色和对顾客的吸引力，是中间商最重要的购买决策。一般而言，中间商有如下四种商品组合方式：

(1)独家产品，即中间商只销售某一家厂商的产品。

(2)深度产品组合,即中间商同时销售多家厂商的多种规格型号、花色款式的同类产品。

(3)广度产品组合,即中间商经营某一行业的多系列、多品种的产品。

(4)综合产品组合,即中间商跨行业经营多种互不相关的产品。

2. 供应商的选择

一般选择供应商考虑的主要因素有:有强烈的合作欲望和良好的合作态度;声誉良好;品牌合适;品种规格齐全;产品质量可靠;价格合理,折扣大,允许账期付款;供货能力强,能有效保证持续及时交货;给予广告支持或津贴;提供完善的售后服务;良好的退换货政策等。

3. 购买时间和数量的确定

中间商购买之所以要确定好购买时间和数量,主要是因为它能让中间商及时、适时、足量地满足市场需求,抓住商机,同时又能最大限度地减少库存,降低库存成本,加速资金周转,提高资金利用效率。

4. 购买条件的拟定

购买条件的拟定直接关系到中间商的经营效益,同时它也会影响到厂商关系的和谐发展。一般的购买条件包括:价格折扣、促销津贴、店堂内广告折让、运费折让、信用保证、付款方式、缺陷破损商品的调换、零配件供应、降价保证、投诉的协助处理和售后服务等。

7.4 非营利组织市场和政府采购

非营利组织市场和政府采购是组织购买者中比较特殊的市场,也是十分重要的两个市场,尤其是政府采购,在西方已有200年左右的历史,其采购的行为已经直接成就了众多国际知名企业和跨国公司。

7.4.1 非营利组织市场

1. 非营利组织市场的类型

按照不同的职能,非营利组织可分为三类。

(1)履行国家职能的非营利组织,指服务于国家和社会,以实现社会整体利益为目标的有关组织。

(2)促进群体交流的非营利组织,指促进某群体内成员之间的交流,沟通思想和情感,宣传普及某种知识和观念,推动某项事业的发展,维护群体利益的各种组织。

(3)提供社会服务的非营利组织,指为某些公众的特定需要提供服务的非营利组织。

2. 非营利组织的购买特点和方式

非营利组织的购买特点,一般要求限定总额、价格低廉、保证质量,同时受到较多控制且程序复杂。非营利组织的购买方式,主要有公开招标选购、议价合约选购和日常性采购等方式。

7.4.2 政府采购

1. 政府采购行为的特点

(1)较强的政策性。一个国家的经济政策对政府集团的消费影响较大,财政开支紧缩时,需求减少;反之,需求增加。

(2)较强的计划性。各国各级政府部门采购什么、采购多少都要受到财政预算的限制,且要制定相应的采购计划,并需经审批等过程。

(3)受到社会公众的监督。各级政府机构的开支来自财政拨款,财政拨款又来源于社会公众的税收,社会公众有权以各种形式对政府机构的采购活动加以监督。其中监督的形式主要有:国家权力机关和政治协商会议、通过行政管理和预算办公室进行监督、传播媒体、通过公民和社会团体来监督。

(4)采购参与者的复杂性。各级政府机构的采购经费主要由财政部门拨款,由各级政府机构的采购办公室具体经办。并且,对于有些项目的采购,还需从外部权威机构外聘资深专家参与采购过程。

(5)采购目标的多重性。政府在采购时除了考虑价格等经济性因素外,还要考虑政治性、军事性、社会性等目标。

2. 政府采购的主要方式

根据《中华人民共和国政府采购法》规定,政府采购基本上采用公开招标、邀请招标、竞争性谈判、单一来源采购、询价等方式,其中,公开招标是政府采购的主要方式。

(1)公开招标。公开招标采购就是不限定投标企业,按照一般的招标程序所进行的采购方式。这种采购方式对所有的投标者是一视同仁的,主要看其是否能更加符合招标项目的规定要求。但由于整个招标、评标过程会耗费大量的费用,所以公开招标一般要求采购项目的价值比较大。

(2)邀请招标。邀请招标采购是指将投标企业限定在一定的范围内(一般必须三家以上),主动邀请它们进行投标。邀请招标的原因一方面是由于所采购货物、工程或报务具有一定的特殊性,只能向有限范围内的供应商进行采购;另一方面是由于进行公开招标所需要费用占采购项目总价值的比例过大,即招标成本过高。所以对于采购规模较小的政府采购项目一般会采用邀请招标的方式。

(3)竞争性谈判。竞争性谈判是指采购单位采用同多家供应商同时进行谈判,并从中确定最优供应商的采购方式。一般适用于需求紧急情况之下,不可能有充裕的时间进行常规性的招标采购,或招标后没有合适的投标者,以及项目技术复杂、性质特殊、无法明确招标规格等情况,就可不采用招标方式而采用竞争性谈判的采购方式。

(4)单一来源采购。即定向采购,虽然所采购的项目金额已达到必须进行政府采购的标准,但由于供应来源因资源专利、合同追加或后续维修扩充等原因只能是唯一的,就适用于采取单一来源的采购方式。

(5)询价采购。主要是指采购单位向国内外的供应商(通常不少于三家)发出询价单,让其报价,然后进行比较选择,确定供应商的采购方式。询价采购一般适用于货物规格标准统一、现货货源充足且价格变化幅度较小的政府采购项目。对于某些急需采购项目,或招标谈判成本过高的项目也可采用询价采购的方式。

以上采购方式主要是指列入政府采购管理范围之内的采购项目的采购。所谓列入管理范围主要是指两方面:一是属于法定的"集中采购目录"之内的采购项目,二是达到所规定的采购金额标准以上的采购项目。规定的采购金额标准(通常也称作"门槛价")是由政府有关部门(一般必须由财政部门参与)根据实际情况所规定的。在采购金额标准以下的采购项目,一般不受政府采购有关程序的约束,但也要求采用比价择优的方式。

3. 政府采购的程序

政府采购的程序因采购方式的不同而不同。

(1)公开招标的采购程序。首先进行招标前的准备,如上报采购计划,确定招标机构,制作招标文件等;第二步是发布招标通告,让所有在投标人知道招标信息;第三步进行资格预审,即对于供应商的资格和能力进行事先的了解和审定;然后是发售招标文件,接受投标;在规定时间内接受了投标之后,进行公开统一开标、评标,确定供应商;最后同所确定的供应商签订采购合同。

(2)邀请招标的基本程序。同公开招标差不多,只是其对于投标的供应商有一定的限制,不是采用发布招标通告,而是采取发出招标邀请书的方式进行招标。

(3)竞争性谈判的程序。与一般商务采购程序差不多,通常包括四个基本环节:首先是询盘,即向供应方提出关于采购项目的价格及其他交易条件的询问;然后是发盘,即由接到询盘的供应方发出价格或交易条件的信息,也称"报价"(但有时也可由采购方首先发盘,供应方若无条件接受、交易合同就可成立);第三步是还盘,即采购方对供应方的发盘(报价)提出一些修改意见,供应方修改后再向采购方还盘。此过程可反复进行,直至达成交易或拒绝交易;最后是接受,即采购方或供应方对于对方提出的价格和交易条件表示同意,从而双方的交易合同即可成立。竞争性谈判的这一程序是同时对各供应商开展的,由供应商进行公平竞争,采购方在同各供应商的发盘和还盘中去选择最合适的供应商。

(4)询价采购程序。一般也分为四步。首先是选择供应商,一般应在三家以上;第二步是发出询价单,询价单除询问价格之外还应包括其他交易条件;第三步是评价和比较,由采购方对供应商报出的条件进行比较,然后作出选择;第四步是签订合同、履行采购。

(5)单一来源采购,由于没有竞争,所以不需要进行广泛的招标和竞价,但一般也要经过提出采购要求、进行交易谈判和签订、履行交易合同的过程。

实际上,各种政府采购方式的基本程序还是类似的,无非为五个基本步骤(见图7.2),即确定采购项目、发出采购信息、接受供应信息、评价选择供应者和签订履行合同。所不同的只是在发出信息和接收信息的方式和对象上有所不同。

图7.2　政府采购的一般程序

小　结

生产者市场又叫产业市场或企业市场,是指一切购买产品和服务并将之用于生产其他产品或劳务,以供销售、出租或供应给他人,获取利润的个人和组织。从市场需求的角度,从产品角度和从购买的角度,生产者市场表现出与消费者市场不同的特征。

生产者购买的产品,一般可分为原材料、主要设备、附属设备、零配件、半成品和消耗品。美国的韦伯斯特和温德将影响生产者购买行为的各种因素概括为四个主要因素:环境因素、组织因素、人际因素和个人因素。生产者购买的类型可分为三种:直接重购、修正重购和新购。

对生产资料的购买,企业一般都由专职的采购员和非专职的采购员组成“采购中心”,企业的“采购中心”一般由五种人组成:使用者、影响者、采购者、决定者和信息控制者。应该指出的是,并不是所有的企业采购任何产品都必需上述五种人员参加决策。对生产资料营销人员来说,关键是了解企业采购中心的组成人员,他们各自所具有的相对决定权,以及采购中心的决策方式,以便采取富有针对性的营销措施。生产者购买决策过程一般可分为以下八个步骤:问题识别、需要说明、明确产品规格、物色供应商、征求供应建议书、选择供应商、签订合同和绩效评价。

复习题

(1)组织市场的类型和特点是什么?

(2)生产者市场的特点有哪些?

(3)影响生产者市场的主要因素有哪些?

(4)中间商市场的特征是什么?

(5)比较批发商和零售商的异同。

(6)如何界定非营利组织?

(7)政府采购的方式和过程是怎样的?

案 例

华为的采购之道

华为技术有限公司(以下简称“华为”)创立于1987年,总部位于广东省深圳市龙岗区,是一家民营通信科技企业。公司成立以来,一直深耕通信技术领域,目前已成为全球领先的信息与通信技术解决方案供应商。2019年,中国民营企业500强发布,华为排名第一。2021年,华为在《财富》世界500强中排名第44位。

在高速数字化采购新时代背景下,为了保持国际竞争力,华为博采众长,从跨国公司IBM请来顾问帮助自己建立采购系统,以求更好的发展。华为从组织结构、选择流程、关系管理、电子化交易等五个方面入手,努力在技术、价格、质量、交货、响应、速度以及创新等方面获得竞争优势。下面将具体阐述其采购和管理经验。

1. 组建跨部门采购团队

华为采购部建立了物料专家团,每个物料专家团都是一个跨部门团队,确保能够汇集每个业务部门、地区市场的需求。在具体的采购过程中,各物料专家团只负责采购某一类或某一族物料商品,这样不仅可以有效集中管理采购合同,而且可以在全球范围内利用华为的采购杠杆提高采购效率和效益。另外,采购团队是公司内部唯一授权向供应商做出资金承诺,获得物品或服务的组织。除此以外的任何承诺都视为绕过行为,视为对公司政策的违背。

2. 规范供应商选择流程

华为致力于向所有潜在供应商提供合理、平等的机会,在此前提下,先由采购部门负责对所有潜在供应商的各种垂询进行回复，在业务关系开拓意愿确定的前提下，向对方发放调查问卷，并根据供应商回应的评估结果确定是否启动后续认证程序，如面对面沟通、现场考察、样品测试、小批量测试、最终确定认证结果等。只有通过认证的供应商，才能作为候选供应商进入供应商选择流程。供应商选择将由相关专家团主任组建团队来进行，其使命是能够按照华为要求提供所需产品或服务的现有合格供应商名单。

3. 强化供应前沟通

华为的物料专家团、技术和认证中心，在华为研发部门和供应商之间架起沟通桥梁，推动供应商在早期就参与到华为的产品设计中，这种早期介入有利于供应商更好地了解华为对采购产品的真实需求，确保供需双方的技术融合以及双方在成本、产品供应能力和功能方面的竞争优势。另外，工程采购部将和华为销售和营销一起积极地参与客户标书的制作。参与市场投标将使采购部了解到客户配套产品的需求，在订单履行过程的早期充分了解华为向客户做出的承诺，以确保解决方案满足客户需求并能够及时交付。

4. 重视供应过程管理

一方面，华为采购部制定了供应商评估流程，定期向供应商提供反馈。该流程包括相关专家团正式的绩效评估。供应商的绩效将从技术、质量、响应、交货、成本和合同条款履行这几个关键方面进行评估。另一方面，华为还设立供应商反馈办公室。如果供应商在与华为的交往中有任何不满意的地方，有专门的帮助中心负责收集供应商的反馈和投诉。此外，在供应商选择、供应商早期介入等环节，双方的沟通与协作都有利于拉近华为与供应商的关系，提升客户满意度。

5. 推行电子化交易

华为认为，电子化交易可以让企业得到更多的供应商资源，充分了解供应市场状况，更好地收集市场信息，使采购策略立足于事实基础上。为此，华为大力推行电子化采购方式，利用数字化技术和采购平台，实现从“采购请求”到“付款”全流程的自动化，并希望供应商能支持这一行动，参与电子采购的使用，将其作为主要的沟通和交易平台。此外，华为还搭建了供应商协同系统，以使供应商参与到电子化、数字化的交易过程中，提升合作效率，降低交易运作成本。

（资料来源：根据网络相关资料整理）

讨论：

(1)华为采购模式的独特之处有哪些？

(2)华为的供应商应该采取怎样怎样的营销策略？

第四篇

市场营销战略

第 8 章　市场营销调研与预测

本章要点

■市场调研的类型、内容及程序。

■市场调研的基本方法。

■调查问卷的设计。

■市场调研资料分析与整理。

■市场定性、定量预测法。

8.1　市场营销调研概述

8.1.1　市场营销调研的概念

市场营销调研，即市场营销调查研究，也称市场调研或市场调查(marketing research)。它是指个人或组织为某一个特定的市场营销问题的决策所需开发和提供信息而引发的收集、记录、整理、分析、判断、研究市场的各种基本状况及其影响因素，并得出结论的、系统的、有目的的活动与过程。市场调研的结论不能代替企业领导者的决策，但可以为企业正确决策提供参考依据。调研应遵循科学性与客观性，调研人员自始至终均应保持客观的态度去寻求反映事物真实状态的准确信息，去正视事实，接受调研的结果。任何带有个人主观的意愿或偏见的调研结论只能是对领导决策的误导，导致企业经营亏损乃至破产。调研人员的座右铭永远是："寻找事物的本来面目，说出事物的本来面目"。

8.1.2　市场营销调研的类型及选择

1. 市场营销调研的类型

市场调研既涉及市场营销的各个方面，又需运用许多经济学和统计学的方法，因而，可以根据其特性、所使用的方法以及适用的范围作不同的分类。根据调研的目的和功能，可以把市场调研分成以下三种基本类型：

1)探索性调研

探索性调研是通过对某个问题或情况的探索，发现新动态、新机遇或新问题，提出新的看法与见解或者排除不可能的想法。例如当出现严重的客户流失问题时，可能就需要通过探索性调研进行排查，初步了解客户流失的主要原因有哪些，然后围绕这些原因开展进一步的研究并采取相应的行动。

进行探索性研究一般有以下目的：

- 收集必要的背景材料。
- 熟悉和澄清所要研究的问题及其背景。
- 准确界定问题、提出假设或澄清有关概念。
- 寻找解决问题的初步方案和线索。
- 确定进一步研究的重点。

一般来说，对所研究的问题不熟悉或面临一个新问题时，需要进行探索性调研。探索性调研不需要事先严格确定研究方案与程序，采用的方法灵活多样。其很少采用结构化的问卷或随机抽取的大样本，主要采用定性的数据收集方法和相对较小的配额或主观判断样本。其常用的研究方法有：文献查询、专家调查、二手数据分析、定性研究和预调查。

2)描述性调研

描述性调研是市场调研的主要形式，它是基于对企业问题有初步了解，通过调查了解问题的详细情况，以便统计和分析一些问题的特征，为解决问题提供依据。其主要目的是对某些人群、现象、行为、过程、变化或者不同变量之间的关系进行描述，例如某一产品使用者的特征、新产品的扩散过程、促销力度与销量之间的关系等。描述性调研要求对调研对象的6W(who、what、when、where、why、way)作出明确的回答。

3)因果性调研

因果性调研是调查一个变量是否引起或决定另一个变量，目的是识别变量间的因果关系。通过描述性调研有时我们感到两个变量之间似乎有某种关系，如收入和销售额、广告花费与知名度，但不能提供合适的证据来证明消费者收入的增加引起了销售额的增加，广告投入的增加使知名度提高了，通过因果调研我们可以收集证据来证明它们之间是否真的相关，相关的程度有多大。

因果关系的确定一般要满足以下条件：

- 确定变量之间的相关关系，即作为原因的变量和作为结果的变量之间是相关的。
- 确定事件发生的时间顺序，要求作为原因的变量在先，结果在后。
- 排除其他变量的影响，即这种观察到的相关关系不是由于其他原因造成的。
- 可推论性，即实验条件下所观察到的因果关系在现实中也能成立。

因果性调研的一般步骤是：第一，建立适当的因果次序或事件次序；第二，测量推测原因与结果间的相关性；第三，确认表面上合理的其他解释或原因性因素是否存在。

2. 调研类型的选择

通过上面对探索性、描述性、因果性调研的阐述，可以看出调研问题的不确定性影响着调研类型的选择。在调研的早期阶段，当调研人员还不能肯定问题的性质时一般实施探索性调研；当调研人员意识到了问题但对有关情形缺乏完整的知识时，通常选择描述性调研；因果性调研(测试假设)则要求严格地定义问题。

当然,任何一项调研都可能有几种目的,但总有某种调研类型比其他调研类型更适合于某些目的。调研类型的选择来源于问题的性质,这是调研中决定性的一点,每种类型只适合于某些特定的问题类型。

三种调研类型也可以看作一个连续过程的不同阶段。探索性调研通常被看作调研的起始阶段。“某品牌的一次性尿布市场份额下降了,为什么?”这个问题太大,不能用来引导调研,为了缩小、提炼这个问题,自然会使用探索性调研。在探索性调研中,重点将放在对销售额下降的可能解释上。假如“有小孩的家庭有更多的实际收入以及在婴儿用品上愿意花更多的钱”是通过探索性调研获得的假设,这一假设将在婴儿用品行业趋势的描述性调研中得到检验。

如果描述性调研支持了假设,企业也许希望了解母亲们实际是否愿意为更高质量的尿布花更多的钱,如果是这样的话,尿布的什么特性(如更舒适或吸收力强)对她们来说更重要,这也许通过一次市场测试——一个因果性调研才能完成。

8.1.3 市场营销调研的主要内容

市场营销调研的内容是十分广泛的,但归纳一下,主要是以下五个方面:

1. 调查消费者需求

消费者的需求应该是企业一切活动的中心和出发点,因而调查消费者或用户的需求就成了市场调研的重点内容。这一方面主要包括:服务对象的人口总数或用户规模、人口结构或用户类型、购买力水平及购买规律、消费结构及变化趋势、购买动机及购买行为、购买习惯及潜在需求,对产品的改进意见及服务要求等。

2. 调查生产者供应方面的情况

这方面的调查应侧重于与本行业有关的社会商品资源及其构成情况,有关企业的生产规模和技术进步情况,产品的质量、数量、品种、规格的发展情况,原料、材料、零配件的供应变化趋势等情况,并且从中推测出对市场需求和企业经营的影响。

3. 调查销售渠道的情况

主要是了解:商品销售渠道的过去与现状,包括商品的价值运动和实体运动流经的各个环节以及推销机构和人员的基本情况;销售渠道的利用情况;促销手段的运用及其存在的问题等。

4. 调查新产品发展趋势情况

这主要是为企业开发新产品和开拓新市场搜集有关情报,内容包括社会上的新技术、新工艺、新材料的发展情况,新产品与新包装的发展动态或上市情况,某些产品所处的市场生命周期阶段情况,消费者对本企业新老产品的评价以及对其改进的意见等。

5. 调查市场竞争的有关情况

这方面主要是为了使企业在市场竞争中处于有利地位而搜集的有关情报,主要包括:同行业或相近行业各企业经济实力、技术和管理方面的进步情况;竞争性产品销售和市场占有情况;竞争性产品的品质、性能、用途、包装、价格、交货期限以及其他附加利益等,还可以对先进入市场的企业的一些经济技术指标、人员培训法、重要人才进出情况、新产品的开发计划等情报加以对比、借鉴或参考。

8.1.4 市场调研的程序

市场调研的程序包括准备阶段、正式调查、处理结果三个阶段,如图8.1所示。

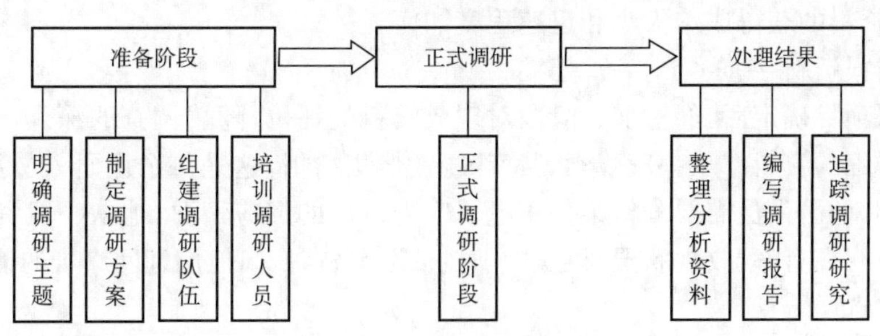

图 8.1　市场调查程序图

准备阶段的工作程序首先是要明确调查主题，然后制订出切实可行的调查方案，组建调查队伍并培训调查人员。

处理结果阶段的工作程序是整理分析调查资料，根据分析结果编写调查报告。当然，高质量的市场调研还应有追踪调查。

8.2　市场营销调研的基本方法

市场调研的方法有很多，按信息资料的来源可以分为案头调研和实地调研两种。当一个市场的资料有限而且已有可靠的文字资料时，案头调研往往是比较有效的调研方法。但是当需要更深入地了解一个市场的情况时，实地调研是必不可少的。因此，案头调研往往是实地调研的基础和前奏，可为实地调研提供背景材料。

8.2.1　案头调研

1. 案头调研的概念

案头调研是对已经存在并已为某种目的而搜集起来的信息进行的调研活动，也就是对二手资料进行搜集、筛选，并据以判断它们的问题是否已局部或全部地解决。开展案头调研最重要的是获取二手资料。所谓二手资料，就是指由他人搜集并整理的现成资料，按二手资料的来源，可分为企业内部资料和企业外部资料。企业内部资料是指企业内部的市场营销信息系统搜集的各种资料；企业外部资料主要是企业外部单位所持有的资料。

2. 案头调研的步骤

实施一项调研活动，面对如此多的材料如何将其充分利用，以达到解决问题和调查的目的是成功开展调研的重要标志，这就涉及进行案头调研的程序、步骤。

1)评价现成资料

现成资料是指从其他人或其他单位所取得的已经积累起来的第二手资料。在信息爆炸的时代，案头的资料越来越多，但不一定都与调研有关，关键是调研人员应根据自己的特定需要来对眼前的资料进行评价，选择与主旨相关的部分，评价可从以下几个方面进行考虑：

- 内容：现有的资料是否全面、精确地满足调研课题的要求。
- 水平：资料的专业程度和水平如何。
- 时间：资料所涉及的时期是否适当、时效性如何。
- 准确：资料的精确性如何，是否可信。

• 便捷:资料的获得成本大小和迅速程度如何。

2)搜集情报资料

具体调研项目确定后,经过前一阶段对现成资料的评价,随着调查的深入,仍需要从相关处搜集更加详细的资料。从一般线索到特殊线索搜集情报,这是每个调研人员搜集情报的必由之路。例如,调研人员需要分析某公司电视广告播出的反应情况,他从一般资料来源开始,调查该地区电视拥有率、收视状况,再从中随机抽取消费者,向他们询问广告的播出效果。

3)资料筛选

资料搜集后,调研人员应根据调研课题的需要和要求,剔除与课题无关的资料和不完整的情报。这就要求调研人员必须具有一定的技术水平,对资料取舍得当。例如,调研人员在分析进入哪些市场的报告中,他就可以从分析以下因素着手:产品的可接受性、分销渠道、价格、竞争情况、市场消费能力和潜力等。

4)撰写案头报告

报告是所有调研工作过程和调研成果赖以表达的工具,是对调研工作的总结。撰写报告时应注意下列各点:

• 针对性强,简单明了,抓住特点,用统计图表来反映问题,方便读者了解分析。
• 有说服力,报告的分析要有理有据,数据确凿,图表精确。
• 结论明确,是调研报告意义和价值的体现,非常重要。
• 时效性强,报告及时,在调研工作中起到画龙点睛作用,是进行决策的有效方法。

完成这些步骤,案头调研过程基本结束。在某些情况下,调研人员发现不离开办公桌,只能搜集到一些模糊的资料,其他详细资料无从知晓,这时案头调研就不能完成任务,因此有必要进行实地调研。

8.2.2 实地调研

1. 实地调研的概念

实地调研是相对于案头调研而言的,是对在实地进行市场调研活动的统称。在一些特殊情况下,案头调研无法满足调研目的,在搜集资料不够及时准确时,就需要适时地进行实地调研来解决问题。

2. 实地调研的方法

1)访问法

访问法是指将拟调查的事项,以当面、电话或书面形式向被调查者提出询问,以获得所需资料的调查方法。它是最常用的一种实地调研方法。访问法的特点在于整个访谈过程是调查者与被调查者相互影响、相互作用的过程,也是人际沟通的过程。它包括面谈访问、电话访问、会议调查和网上调查等。

(1)面谈访问。又称个人访问,是调查者在面对面的条件下,向被调查者询问有关问题,应答者所提供资料可当场予以记录而获取市场信息的方法。这是市场调研中最通用和最灵活的一种调查方法。通常多根据事先拟订的问题发问,也可围绕调查主题自由交谈。究竟采用何种方式较为适宜,应视调查目的与性质而定。面谈访问的交谈方式,可以采用个人面谈和小组面谈等多种形式。

(2)电话访问。一般由调查员按照规定的样本范围,用电话询问对方的意见,这是为解决需要的、带有普遍性的急需问题而采用的一种调查方法。

电话访问主要是在企业之间，如信息中心、调研咨询公司等借助电话向企业了解商品供求以及价格信息等，现在也越来越多通过电话向消费者家庭进行有关信息的咨询调查。采用电话调查时，提高电话访问效率最有效的办法是提前寄一封信或先打电话进行预约，告知应答者电话访问的目的和有关内容。在询问时，应尽可能采用两项选择的方式进行询问，方便资料的汇总。电话询问时，要求调查员必须言语简洁、清晰、缓和，使应答者能够较快领会调查内容并乐于接受访问。

(3)会议调查。会议调查是指在各种各样的会议上利用不同场所提供的机会进行相关的调查，是每个商家都不会忽视的。各种工业品或服装的订货会、物资交流会、展销会等，都是开展市场调研的有效场所。

(4)网上调查。它利用网络优势，具有不受时空限制、友好的交互界面、实时显示统计结果的优势。目前，网络调查主要用来做产品研究方面的市场调查，通过诸如产品市场占有率、产品推广渠道等内容的调查，获取第一手关于自身及竞争对手的信息，为企业生产和营销决策提供参考，在一定程度上还可以扩大广告效应，加快与客户的沟通，树立良好的企业形象。

小案例

网络问路

澳大利亚一家出版公司计划向亚洲推出一本畅销书，但是不能确定用哪一种语言，在哪一个国家推出。后来决定在一家著名的网站做一下市场调研。方法是请人将这本书的精彩章节和片断翻译成亚洲多种语言，然后刊载在网上，看一看究竟用哪一种语言翻译的摘要内容最受欢迎。过了一段时间，他们发现，网络用户访问最多的网页是用中国简化汉字和韩国文字翻译的内容。于是他们跟踪一些留有电子邮件地址的网上读者，请他们谈谈对这部书摘要的反馈意见，结果大受称赞。于是该出版公司决定在中国和韩国推出这本书。书出版后真的受到了广大读者的普遍欢迎，并获得了可观的经济效益。

2)观察法

观察法是指调查者在现场从侧面对被调查者的情况进行观察、记录，以搜集市场营销情况的一种方法。它与访问法的不同之处在于：访问法调查时让被询问人感觉到“我正在接受调查”，而观察法则不一定让被调查人感觉出来，它通过调查者对被调查者的行为、态度和表现的观察来推测问题的结果，如了解婴儿对某种奶粉口味的反应等。常用的观察法有直接观察调查法和实际痕迹测定法等。

(1)直接观察调查法。这种调查方法指调查人员到现场观察发生的情形以搜集信息，并记录在事先准备好的调查表上。观察法下，被调查者并不感到自己被调查，故其运用广泛，可进行以下内容的调查：

①顾客行为观察，了解顾客对商品的偏好、顾客行为特征、顾客构成、服务方式等重要市场信息。

②营业状况观察，了解营业现场商品陈列、橱窗布置、价格变动等情况，从中查找存在的问题，提出相应的改进建议。

③顾客流量观察，是指市场竞争情况和广告宣传情况等的观察。

(2)实际痕迹测定法。它是根据事件发生后所留下的实际痕迹进行观察、测量,以获取信息的调研方法。比如汽修厂为了了解在哪个电台作广告效果最好,就观察记录所修理汽车的收音机频率停在什么位置,然后通过分析就可知道客户最常听的是哪个电台和最爱听的是什么节目,从而确定做广告的最佳电台和最佳时间。

3)市场实验法

这是最正式的一种方法。它是指在控制的条件下,对所研究的对象从一个或多个因素进行控制,以测定这些因素间的关系。在因果性的调研中,实验法是一种非常重要的工具。如研究某产品更换包装会对产品销售量产生什么影响,就可以通过对比包装更换前后销售量的变化来测定,它主要有产品试销和市场实验等方法。

(1)产品试销。市场调查人员在既定选择地点,将需要调查项目以既定销售条件进行产品试销,并将结果做成结论,以供决策参考。

(2)市场实验。市场实验是实验法中的一种调查类型,它是调研人员选择某一特定市场,控制一个或数个营销自变量,研究其他营销因变量的因果关系。虽然市场上不能控制的因素很多,例如消费者的偏好、政府的政策等,但探索因素关系这个特点是访问法和观察法所不具备的,实验法的最大特点是把调查对象置于非自然的状态下开展市场调研。

8.2.3 调查方法的选择

以上所述的调查方法是市场调查中常用的,每种方法各有所长,具体调查过程中,究竟采用哪一种方法,应根据调查目的、要求和调查对象的特点做出相应选择。

一般应考虑如下一些因素:

(1)调查项目的伸缩性。调查内容只要求一般回答的,宜采用网上调查;需要灵活改变题目、深入探求的内容则以面谈访问或电话访问为好;如调查项目要求取得较为真实可靠的数据,则以直接观察调查和市场实验为好。

(2)需要调查资料的范围。资料范围广泛,可采用网上调查;调查项目资料简单的可用电话访问。

(3)调查表及问卷的复杂程度。较复杂和要求较高的,宜采用面谈、市场实验等调查方法;一般的和较简单的则可采用网上调查。

(4)掌握资料的时效性。需要调查的项目急需收集到一定的信息以利迅速决策时,宜采用电话访问或面谈访问;时效性要求不太高、不是很紧迫的,可采用其他几种方法。

(5)调查成本的大小。根据调查项目的规模、需要和目的,调查者的人力、物力、财力,在保证调查质量的前提下,精打细算,统筹安排调查方法,以求事半功倍。

在实际工作中,究竟选择一种还是多种调查方法,可大致考虑以上一些因素,但是经济现象千变万化,要灵活地进行选择。可选择一种方法为主,辅以其他方法,或是几种方法并用的形式,会取得更好的效果。

8.3 问卷调查的设计

问卷调查是市场营销实地调研中较常用、较为有效的方法,是用于收集第一手资料的最普遍的工具,是沟通调查人员与被调查对象之间信息交流的桥梁,通过问卷调查可以使企业根据调查结果了解市场需求、消费者倾向等，从而做出相应的决策，促进企业的发展。

8.3.1　调查问卷的设计原则

调查问卷的设计是市场调研的一项基础性工作，需要认真仔细地设计、测试和调整，其设计的是否科学直接影响到市场调研的成功与否。设计调查问卷应遵循以下原则：

(1)主题明确。根据调查目的，确定主题，问题目的明确，突出重点。

(2)结构合理。问题的排序应有一定的逻辑顺序，符合被调查者的思维程序。

(3)通俗易懂。调查问卷要使被调查者一目了然，避免歧义，愿意如实回答。调查问卷中语言要平实，语气诚恳，避免使用专业术语。对于敏感问题应采取一定技巧，使问卷具有较强的可答性和合理性。

(4)长度适宜。问卷中所提出的问题不宜过多、过细、过繁，言简意赅，回答问卷时间不应太长，一份问卷回答的时间一般不多于 30 分钟。

(5)适于统计。设计时要考虑问卷回收后的数据汇总处理，便于进行数据统计处理。

8.3.2　问卷的提问方法与技巧

一份调查问卷要想成功取得目标资料，除了做好前期大量的准备工作外，在具体操作设计问题时，一般有两种提问方式：封闭式提问和开放式提问。提问方式从一定程度上决定了调查问卷质量的高低。

1. 封闭式提问

封闭式问题指被调查人在包括所有可能的回答中选择某些答案。这种提问法便于统计，但答案伸缩性较小，较常用于描述性、因果性调研。下面列出调查问卷中最常用到的一些封闭式问题的形式：

(1)两项选择题：一个问题提出两个答案供选择。例如：

你购买电器商品最注重牌子吗?

是(　　)否(　　)

(2)多项选择题：一个问题提出三个或更多的答案供选择。例如：

你购买康佳彩电的最主要原因是：

①名牌产品　②广告吸引　③同事推荐　④价格适中　⑤售后服务好

(3)李克特量表：被调查者可以在同意与不同意之间选择。例如：

你如何看待“外国航空公司比中国航空公司的服务要好”的说法?

①很赞成　②同意　③不同意也不反对　④不同意　⑤坚决不同意

(4)重要性量表：对某些属性从“非常重要”到“根本不重要”进行分等。例如：

航空服务对于我是：

①非常重要　②很重要　③重要　④无所谓　⑤不重要　⑥根本不重要

(5)分等量表：对某些属性从“质劣”到“极好”进行分等。例如：

中国航空公司的餐饮服务是：

①极好　②很好　③好　④尚可　⑤差　⑥极差

(6)语意差别法：在两个意义相反的词之间列上一些标度，被调查人选择其愿意方向和程度的某一点。

以上这些形式都是问卷调查中经常用到的,可灵活使用。

2. 开放式问题

开放式问题允许被调查人用自己的话来回答问题。这种方式提问由于被调查者不受限制,因此可揭露出许多新的信息,供调查方参考。开放式问题运用于探测性调研阶段,了解人们的想法与需求。一般来说,开放式问题因其不易统计和分析,所以在一份调查问卷中只能占小部分,对于开放式问题的选择要谨慎,所提的问题要进行预试,再广泛采用。下面列出开放式问题的一些形式:

(1)自由式:被调查者可以用几乎不受限制的方法回答问题。例如:

您对本商店的服务有何意见和建议?

(2)词汇联想法:列出一些词汇,每项四个,由被调查者提出他头脑中涌现的第一个词。例如:

当您听到下列字眼时,您脑海中涌现的第一个词是什么?

恒源祥——纯羊毛、老字号、做工好……;海尔——质量好、信誉高、售后服务好……

(3)语句完成法:提出一些不完整的语句,每次一个,由被调查者完成该语句。例如:

当我运动后,我想喝________________。

(4)故事完成法:提出一个未完成的故事,由被调查者来完成它。例如:

在饭店吃饭时,端上来的菜与你点的菜有区别时,你会……请完成这个故事。

(5)主题联想测试:提出一幅图画或照片,要求被调查者根据自己的理解虚构一个故事。例如:

图上画着很多妇女的手推车中都放着同一种产品,她们还围在一起谈论着什么。要求被调查者编一段100字左右的故事。

以上是问卷调查中进行开放式提问的几种形式,在具体设计时根据实际情况灵活、适当地应用,可起到较好的作用。

营销实战

空调市场调查问卷

女士,先生:您好!

我是×××,××大学商学院学生,为了解空调市场情况,特利用课余时间从事空调市场调查,占用您20分钟时间,向您请教一些问题,谢谢您的合作。

1. 请您尽量指明您所知道的空调厂家名称。
2. 请问府上有没有装设空调?

   □有　　□没有(跳问第8题)
3. 家中空调是什么品牌?
4. 装在何处?
5. 请问当初购买时所考虑因素有哪些?

   □省电　□无声　□清凉　□口碑好　□赠品多　□价格合宜

   □其他

6. 当初购买空调时由谁决定？

□自己 □配偶 □父母 □其他

7. 当初根据什么选择品牌？

□家人共同决定 □亲友介绍 □经销商介绍 □广告

8. 您有没有计划再添装空调？

□是 □否(跳问基本资料)

9. 您想何时添置？装在何处？

10. 会不会再装原厂牌？

□会 为什么

□不会 为什么

11. 您最希望空调公司赠送何种赠品？

12. 空调公司售后服务，您感到重要吗？

□重要 □不很重要

基本资料

年龄 □21～30岁 □31～40岁 □41～50岁 □50岁以上

家人 □2人 □3人 □4人 □5人以上

房屋 □自有 □租赁

被调查人：________ 日期：________ 访问人：________ 督导员：________

8.4 市场数据处理

在进行案头调研和实地调研后，营销调研人员一般已经收集了大量资料。但是，所有这些原始材料不会向调研人员提供清晰的市场面貌，它们是比较分散、零星的，不会直接显示出所需要的现成答案。为了反映事物的本质，必须把这些原始资料进行整理分析和处理，使之系统化、合理化。市场资料整理分析就是把各种调查所得的数据资料归纳为反映总体特征的数据的过程。

8.4.1 市场数据整理过程

数据的整理分析一般包括以下五个程序：

1. 分类

分类是指把资料分开或合并在有意义的类目中，它是数据资料整理的基础，也是保证资料科学性的重要条件。分类的方法有两种：一种是事先分类，即在问卷设计时已将调查问题预先作了分类编号，资料收集后只要按预先的分类进行整理即可；另一种是事后分类，市场调查中有些问题事先无法分类，如购买动机、非结构性问题的询问等，只能在事后分类。资料分类编组一般有按照数量分组、按照时序分组、按照地区分组、按照质量分组四种类型。

2. 编校

资料的编校工作包括检查、改错，对资料进行鉴别与筛选。编校时要求按照易读性、一致性、准确性和完整性这四个标准来进行工作，特别是对完整性的要求尤其重要，即市场调查问卷的所有问题,都应有答案。如果发现没有答案的问题,可能是被调查者不能回答或不愿回答,也可能是调查人员遗忘所致,编校工作者应决定是否再向原来的被调查者询问,以填补空白问题,或者询问调查人员有无遗漏,能否追忆被调查者所做的答复,不然就应剔除这些遗漏了的资料,以免影响资料的完整性和准确性。

3. 整理

数据资料整理的方法有手工、机械和电子计算机三种,一般以自己动手组织力量为主。

(1)手工方法。优点是方法简单,不需要其他机器设备;工作人员只需要接受手工整理的训练;发现错误可随时纠正,成本较低。缺点是遇到大量复杂的数据,整理时间太长。

(2)机械方法。这是用机械在卡片上打孔的方法。调查表上每一类资料都要根据一定的标准,在规定的部位打孔,经过检查后,运用分类机自动将同一部位的卡片分组,并自动在记录器上计算出张数。这种方法的效率比手工方法高而且可以保证资料整理的准确性。

(3)计算机方法。电子计算机处理数据是计算机技术的新发展,由于其计算速度快、准确性高,对量大、复杂的数据处理工作特别有效。调查的数据,在计算机中进行处理就要将答案变换成代码,代码通常用数字来表示,也可用字母表示。

4. 制表

为了对资料进行分析和对比,必须将编校过的资料根据调查目的和重要程度进行统计分类,列成表格或图式。市场调查资料的列表方式可分为单栏表或多栏表两种。在单栏表里只有一项市场调查资料,如果研究人员只要了解某一种特性的调查结果,则可采用单栏方式。如果想在一张统计表中表示两种或两种以上的特性,则应采用多栏统计表。

5. 鉴定

从总体中抽取样本来推算总体的调查必然带有误差。除了抽样误差外,在实际工作中,由于技术或工作的错误也会造成偏差,这种误差称为系统误差,一般应尽量避免。为了对所抽取的样本证实其是否能代表总体,需要采取一些方法进行鉴定。一种是凭经验鉴定误差,例如把所得的样本数据与其他标准数据相比较,以验证其代表性。另一种是用适当的公式计算标准误差和置信度,如果计算结果在误差范围之内,则可认为数据是可靠的。

8.4.2 市场数据调整

在收集到的数据中,由于非正常因素的影响,往往会导致某些数据突然偏离正常规律忽高忽低。对这些由于偶然因素造成的,不能说明正常规律的数据,应当进行适当地调整和技术处理。

对市场数据进行调整的基本方法有以下几种:

1. 剔除法

剔除法就是将那些不能反映正常趋势的数据直接剔除。如某企业销售额的统计数据(见表8.1),经分析,历年销售额的上升是基本符合企业的发展趋势的,只有2003年的销售额出现了突然下降。经调查分析,突然下降的主要原因是2003年受“非典”这一非正常因素的影响。如果使用这个数据和其他数据一起输入预测模型,就会产生较大的偏差,去掉这个数据,有利于预测模型接近正常趋势。

表8.1　某企业销售额统计表　　单位:百万元

年度	1998	1999	2000	2001	2002	2003	2004	2005	2006	2007
销售额	10.0	11.0	12.0	13.5	14.0	11.0	14.5	15.0	16.0	17.5

2. 还原法

当采用剔除法减少数据点不利于分析时,还可采用还原法,把数据处理成排除非正常因素时应该表现出的数据。还原法可用算术平均法及几何平均法计算出两种还原值。如上例中:

算术平均法　$$y'_{2003}=\frac{y_{2002}+y_{2004}}{2}=\frac{14.0+14.5}{2}=14.25$$

几何平均法　$$y'_{2003}=\sqrt{y_{2002}\times y_{2004}}=\sqrt{14.0\times 14.5}=14.25$$

这两种方法的选择视整个所得的数据的趋势而定。如果数据的发展趋势呈线形的,用算术平均法较好;当发展趋势呈非线形的,用几何平均法合适。

3. 拉平法

拉平法主要用来处理商业企业调整或扩大经营范围、生产能力扩大或调整生产品种后的数列。如某厂塑料制品历年销售量见表8.2。

表8.2　某厂塑料制品销售量　　单位:万件

年度	2008	2009	2010	2011	2012	2013	2014	2015	2016
销售量	75	80	83	185	190	196	201	206	210

从上述数列中可以看出,从2010年到2011年间有一个跳跃,这个跳跃是因为企业根据市场需求的发展,经投资扩建,形成了新的100万件的生产能力。如按原数列输入预测模型,会造成偏上的误差,如剔除2010年以前的数据,那剩下的数据就过少。这时可采用拉平法,把2010年以前的数据加上新增能力100万件,就把2010年前后的生产能力“拉平”了。

在实际操作中,视所收集到的数据灵活综合地运用以上提到的数据调整方法,使调查能够取得一个比较准确可信的成果。

8.4.3　市场调研报告的撰写

市场调研的最后一个步骤就是撰写一份高质量的研究报告,也就是以报告形式表达市场调研所获得的资料和结果,供委托者或本企业管理层作为营销决策的参考。调研报告是研究工作的最终成果,也是制定市场营销决策的重要依据,市场营销调研报告的提出和报告的内容、质量,决定了它对企业领导据此决策行事的有效程度。一份写得拙劣的报告会把出色的调研活动弄得黯然失色。

1. 调研报告的种类

调研报告根据读者的不同需要可分为专题报告和一般性报告。这两种报告分别适合不同兴趣和不同背景的读者,前者是供专门人员作深入研究用的,后者是供企业的行政领导或公众参考的。

1)专题报告

专题报告又称技术性报告,在撰写时应该注意尽可能详细,凡在原始资料中所发现的事实都要列入,以便其他专业人员参考。这种详细的专业形式报告使得读者能够清晰地了解调研报告的适合程度以及准确程度。因此,一项专业形式的报告应该详述每一个研究步骤,以及使用"标准差"这样的专业词汇。

2)一般性报告

一般性报告又称通俗报告,广泛地适合那些只关心研究结果而无兴趣于研究技术的读者。因阅读者人数众多,水平参差不齐,故力求条理清晰,并避免过多引用术语。为了提高阅读人的兴趣,报告要注重吸引力。

2. 调研报告的结构

调研报告的结构一般包括标题封面、目录、摘要、前言、调查结果、结论和建议、附录七个部分。

1)标题封面

写明调研题目、承办部门及承办人和日期。这部分让读者知道诸如调研报告的题目、此项报告是为谁而写、此项报告由谁完成和此项报告的完成日期。

2)目录

目录应该列出报告的所有主要部分和细节部分,以及其所在页数,以便使读者能尽快阅读所需内容。但如果研究报告少于6页,目录则可省去,只要提供明确的标题则可。

3)摘要

以简明扼要的话陈述研究结果,以便企业的决策者或主管在繁忙的时间内迅速了解到调研的成果,以及应该采取什么样的措施或行动。因此,摘要是报告中最重要的部分。

4)前言

在这个部分里要述及调研背景、调研目的和所采用的调研方法。在调研方法里要说明样本设计和抽样方法等。

5)调查结果

这部分是调研报告的核心内容。将研究结果做有组织、有条理的整理和陈述。图文并茂尽可能地说明问题,便于读者阅读。

6)结论和建议

研究者的作用不仅在于向读者提供调查事实,而且应该在事实的基础上做出问题的结论并提供建议。

7)附录

附录是调研报告的结尾部分,它起到以数据图表来表述调研报告的作用。有些与报告主体"调查结果"相关的数据图表由于没有地方放置,通常也被放在"附录"这一部分。另外,问卷实地调查概况也包括在这里。

8.5 市场预测

市场预测是在市场调查的基础上,运用科学的方法对市场需求和企业需求以及影响市场需求变化的诸因素进行分析研究,对未来的发展趋势作出判断和推测,为企业制定正确的市场营销决策提供依据。

8.5.1　市场预测的含义和作用

1. 市场预测的含义

市场预测，是指在市场调研和市场分析的基础上，运用逻辑和数学方法，预先对市场未来的发展变化趋势做出的描述和量的估计。

2. 市场预测的作用

市场预测往往是市场调研的继续，市场预测对企业的作用主要表现在以下几个方面：

1)为企业战略性决策提供依据

企业通过准确的预测，就能够把握市场的总体动态和各种营销环境因素的变化趋势，从而为企业确定资金投向、经营方针、发展规模等战略性决策提供可靠依据。同时，只有通过对消费需求和消费者行为等变化趋势做出正确的分析和判断，企业才能确定自己的目标市场。

2)是企业制定营销策略的前提条件

企业营销的直接目的是获取利润。企业要实现自己的目标利润就需要在产品、分销、促销、原料采购、库存运输、销售服务等方面制定正确的营销策略。然而，正确策略的制定取决于相关方面的准确预测。

3)有利于提高企业的竞争能力和应变能力

市场竞争状况、企业与对手的优势和劣势、新材料与新技术等都是不断转化或发展的。通过及时、准确的预测，企业就能掌握这些发展和转化的规律，以便企业扬长避短，挖掘潜力，适应市场变化，提高自身的竞争能力和应变能力。

8.5.2　市场营销预测的类型

市场营销预测是指通过对市场营销信息的分析和研究，寻找市场营销的变化规律，并以此规律去推断未来的过程。

(1)根据预测范围划分，可分为宏观预测与微观预测两类。宏观预测是指对影响市场营销的总体市场状况的预测。微观预测是从一个局部、一个企业或某种商品的角度来预测供需发展前景。

(2)根据预测期的长短来划分，可分为长期预测、中期预测和短期预测。

(3)根据预测时所用方法的性质来划分，可分为定性预测和定量预测两种。定性预测是根据调查资料和主观经验，通过分析和推断，估计未来一定时期内市场营销的变化；定量预测是根据营销变化的数据资料，运用数字和统计方法进行推算，寻找营销变化的一般规律，对营销变化的前景做出量的估计。在预测中，往往是将定性预测与定量预测相结合，进行综合预测。

8.5.3　市场营销预测主要方法

1. 定性预测法

定性预测法可以分为专家意见法、推销人员估计法和用户调查法三大类。

1)专家意见法

专家意见法是指企业根据市场预测的目的和要求,向企业内部或外部的有关专家提供一定的背景材料,请他们就市场未来的发展变化进行判断。按其组织形式可分为专家会议法和德尔菲法(专家调查法)。

(1)专家会议法。专家会议法就是组织有关方面的专家,通过会议的形式,对产品的市场发展前景进行分析预测,然后在专家判断的基础上,综合专家意见,得出市场预测结论。这种方法又可分为以下三种形式:

①交锋式会议法:要求参加会议的专家围绕一个主题,通过各抒己见、互相争论来预测问题。

②非交锋式会议法(头脑风暴法):是指与会的每位专家可以独立地、任意地发表意见,但不相互争论,不批评他人意见,也不带发言稿,以便充分发挥灵感,鼓励创造性思维。

③混合式会议法(质疑式头脑风暴法):是指在第一阶段实施头脑风暴法,在第二阶段进行质疑、争论、批评,不断交换意见、互相启发,最后取得一致的结论。

(2)德尔菲法。德尔菲法是在专家个人判断法和专家会议法的基础上发展起来的一种专家调查法,它广泛应用在市场预测、技术预测、方案比选、社会评价等众多领域。德尔菲法尤其适用长期需求预测,特别是当预测时间跨度长达10～30年,其他定量预测方法无法做出较为准确的预测时,以及预测缺乏历史数据,应用其他方法存在较大困难时,采用德尔菲法能够取得较好的效果。

德尔菲法一般包括以下五个步骤:

①建立预测工作组。德尔菲法对于组织的要求很高。进行调查预测的第一步就是成立预测工作组,负责调查预测的组织工作。

②选择专家。要在明确预测的范围和种类后,依据预测问题的性质选择专家,这是德尔菲法进行预测的关键步骤。专家不仅要有熟悉本行业的学术权威,还应有来自生产一线从事具体工作的专家;一般而言,选择专家的数量为20人左右,可根据预测问题的规模和重要程度进行调整。

③设计调查表。调查表设计的质量直接影响着调查预测的结果。调查表没有统一的格式,但基本要求是:所提问题应明确,回答方式应简单,便于对调查结果的汇总和整理。

④组织调查实施。一般调查要经过2～3轮,第一轮将预测主体和相应预测时间表格发给专家,给专家较大的空间自由发挥。第二轮将经过统计和修正的第一轮调查结果表发给专家,让专家对较为集中的预测事件评价、判断,提出进一步的意见,经预测工作组整理统计后,形成初步预测意见。如有必要可再依据第二轮的预测结果制定调查表进行第三轮预测。

⑤汇总处理调查结果。将调查结果汇总,进行进一步的统计分析和数据处理。有关研究表明,专家应答意见的概率分布一般接近或符合正态分布,这是对专家意见进行数理统计处理的理论基础。一般计算专家估计值的平均值、中位数、众数以及平均主观概率等指标。

德尔菲预测法举例

商场电视销量专家的预测数字见表8.3。

表8.3　商场电视销量专家的预测数字　　单位:千台

专家	第一轮			第二轮			第三轮		
	最低值	中间值	最高值	最低值	中间值	最高值	最低值	中间值	最高值
1	5	6	10	7	8	12	7	8	12
2	10	15	18	12	15	18	11	15	18
3	4	9	12	6	10	13	8	10	13
4	7	10	15	10	14	16	8	11	15
5	8	12	16	8	11	16	10	14	16
6	15	18	30	12	15	30	10	12	25
7	2	4	7	4	8	10	6	10	12
8	6	10	15	6	10	15	6	12	15
9	5	6	8	5	8	10	8	10	12
10	8	10	19	10	11	20	6	8	12
平均值	7	10	15	8	11	16	8	11	15
全　距	13	14	23	8	7	20	5	7	13

对预测结果的统计处理:

①简单平均法。将10位专家第三轮意见的平均值作为预测值,则:

$$\text{预测销售量}=\frac{8+11+15}{3}=11.3(\text{千台})$$

②加权平均法。假如最低、中间、最高三种销售量的概率分别为0.2,0.5,0.3,则:

$$\text{预测销售量}=\frac{8\times0.2+11\times0.5+15\times0.3}{0.2+0.5+0.3}=11.6(\text{千台})$$

2)推销人员估计法

推销人员估计法就是依据企业推销人员丰富的实践经验以及他们对市场动态和顾客心理的把握,对未来市场需求作出估计。推销人员与市场直接接触,对市场情况很熟悉,对购买者意向很了解,所以他们比其他人有更丰富的知识和更敏锐的洞察力,推销人员估计法的步骤如下:

(1)根据预测要求,由推销人员分别作出估计,如表8.4所示。

表8.4　推销人员估测表

推销员	预测项目	销售量(件)	概率	期望值
甲	最高销售量(件)	2 000	0.3	600
	最可能销售量(件)	1 400	0.5	700
	最低销售量(件)	800	0.2	160
	总期望值	—	—	1 460
乙	最高销售量(件)	2 400	0.2	480
	最可能销售量(件)	1 800	0.6	1 080
	最低销售量(件)	1 200	0.2	240
	总期望值	—	—	1 800
丙	最高销售量(件)	1 800	0.2	360
	最可能销售量(件)	1 200	0.5	600
	最低销售量(件)	600	0.3	180
	总期望值	—	—	1 140

注:期望值=销售量×概率

(2)进行综合处理。用平均法求得预测结果:

$$\text{下一年度某产品的销售预测值}=\frac{1\ 460+1\ 800+1\ 140}{3}=1\ 467(\text{件})$$

(3)修正预测值:

$$\text{甲的修正值}=1\ 460\times(1+5\%)=1\ 533(\text{件})$$
$$\text{乙的修正值}=1\ 800\times(1-10\%)=1\ 620(\text{件})$$
$$\text{丙的修正值}=1\ 140\times(1+15\%)=1\ 311(\text{件})$$

$$\text{修正后下一年度的销售预测值}=\frac{1\ 533+1\ 620+1\ 311}{3}=1\ 488(\text{件})$$

3)用户调查法

用户调查法就是通过实际调查,在掌握第一手资料的情况下,对未来需求作出分析和判断的一种定性预测方法。可分为预购调查法和潜在用户调查法。

(1)预购调查法。预购调查法是根据需求者的预购订单和预购合同来预算需求量的一种方法。这种方法主要适合于制造商和中间商在进行微观的短期预测时采用,不宜用做长期的预测。

(2)潜在用户调查法。潜在用户调查法又称购买者意向调查法,是指预测者直接向潜在用户了解在下一个时期中需要购买本企业产品的品种及数量,以预测下一个时期的销售量。

潜在用户调查法用于工业品需求的预测,其准确性要比用在消费品方面高。用于耐用消费品方面的预测,其可靠性要比用于非耐用消费品方面高。

2. 定量预测法

1)定量预测法概述

定量预测法是使用历史数据或因素变量来预测需求的数学模型,是根据已掌握的比较完备的历史统计数据,运用一定的数学方法进行科学的加工整理,借以揭示有关变量之间的规律性联系,用于预测和推测未来发展变化情况的一类预测方法。

2)定量预测的主要方法

目前工商企业中常用的定量预测方法有时间序列预测法、回归分析预测法和马尔柯夫预测法,这里主要讨论前两种。

(1)时间序列预测法。是指将过去的历史资料及数据,按时间顺序加以排列构成一个数字系列,根据其动向预测未来趋势。这种方法的根据是过去的统计数字之间存在着一定的关系,这种关系利用统计方法可以揭示出来,而且过去的状况对未来的销售趋势有决定性影响。因此,可以用这种方法预测未来的趋势,它又称为外推法或历史延伸法。常用的有以下五种方法:

①简单算术平均法。是以观察期内时间序列数据的简单算术平均值作为下一期的预测值。公式为:

$$X = \frac{\sum X_i}{n} \quad (i = 1,2,3\cdots)$$

式中:X 为预测的平均值,X_i 为各个历史时期的实际值,n 为时期数。

营销实战

简单算术平均法示例

某自行车厂 2023 年 1～12 月自行车销售量见表 8.5,利用简单算术平均法预测 2024 年 1 月份自行车的销售量。

表 8.5　某自行车厂 2023 年 1～12 月自行车销售量表　　单位:万辆

月份	1	2	3	4	5	6	7	8	9	10	11	12
销量	60	50.4	55	49.6	75	76.9	72	68	54.5	44	43.8	47

以 12 个月、6 个月、3 个月资料推测如下:

X=(60+50.4+55+49.6+75+76.9+72+68+54.5+44+43.8+47)/12=58(万辆)

X=(72+68+54.5+44+43.8+47)/6=54.9(万辆)

X=(44+43.8+47)/3=44.9(万辆)

②加权算术平均法。为观察期内的每一个数据确定一个权数 f_i,并在此基础上,计算其加权平均数作为下一期的预测值。这里的权数体现了观察期内各数据对预测期的影响程度。公式为:

$$X = \frac{X_1 f_1 + X_2 f_2 + \cdots + X_n f_n}{f_1 + f_2 + \cdots + f_n} = \frac{\sum X_i f_i}{\sum f_i} \quad (i = 1,2,3\cdots)$$

以上例数列为例,从分布可看出,2023 年下半年各月数据变化不稳定,最大值与最小值差别较大,使用加权算术平均法(相应的权数分别为 1,2,3,4,5,6)可以体现出不同数据对平均数的影响。

$$X = \frac{\sum X_i f_i}{\sum f_i} = \frac{1 \times 72 + 2 \times 68 + 3 \times 54.5 + 4 \times 44 + 5 \times 43.8 + 6 \times 47}{1 + 2 + 3 + 4 + 5 + 6} = 49.9(\text{万辆})$$

③几何平均法。当预测对象逐期发展速度(环比速度)大致接近时,可采用几何平均法进行预测。预测步骤为:

首先,计算观察期内预测对象的逐期环比发展速度 v_i:

$$v_i=\frac{X_i}{X_{i-1}}$$

然后,利用逐期环比发展速度求几何平均值,作为预测期的发展速度:

简单几何平均值: $$M_{简}=\sqrt[n-1]{v_2 v_3 \cdots v_n}$$

加权几何平均值: $$M_{加}=\sqrt[\Sigma f_i]{v_2^{f_2} v_3^{f_3} \cdots v_n^{f_n}}$$

最后,以第 n 期的观察值 X_n 乘以预测期的发展速度 M 就可以得到第 $n+1$ 期的预测值:

$$X_{n+1}=X_n \cdot M$$

例如:某企业某种商品的销售额资料见表 8.6,试用几何平均法预测 2024 年的销售额。

表 8.6 某企业某种商品的销售额

序号	年份	销售额(万元)	环比发展速度 v_i	权数 f_i
1	2019	45.00	—	—
2	2020	51.75	1.15	1
3	2021	60.55	1.17	2
4	2022	70.24	1.16	3
5	2023	84.29	1.20	4

$$M_{简}=\sqrt[5-1]{1.15 \times 1.17 \times 1.16 \times 1.20}=1.17$$

$$M_{加}=\sqrt[10]{1.15^1 \times 1.17^2 \times 1.16^3 \times 1.20^4}=1.18$$

$$M_{2024}=X_{2023} \cdot M_{简}=84.29 \times 1.17=98.62(\text{万元})$$

$$M_{2024}=X_{2023} \cdot M_{加}=84.29 \times 1.18=99.46(\text{万元})$$

④移动平均法。移动平均法(moving average method)是指观察期内的数据由远而近按一定跨越期进行平均,取其平均值;然后,随着观察期的推移,根据一定跨越期的观察期数据也相应向前移动,每向前移动一步,去掉最早期的一个数据,增添原来观察之后的一个新数据,并依次求得移动平均值;最后将接近预测期的最后一个移动平均值作为确定预测值的依据。可分为简单移动平均法和加权移动平均法。简单移动平均法有一次和二次之分。

- 移动平均法
  - 简单移动平均法
    - 一次移动平均法
    - 二次移动平均法
  - 加权移动平均法

A. 简单一次移动平均法。此法用于水平不规则波动的时间序列数据的预测,是一种简易可行的预测方法。公式为:

$$y_{t+1}=M_t^{(1)}=\frac{\sum x_i}{n}=\frac{x_t+x_{t-1}+\cdots+x_{t-n+1}}{n}$$

式中:y_{t+1} 为下一期的预测值;$M_t^{(1)}$ 为第 t 期的一次移动平均值;x_i 为观察期的实际发生值;n 为移动跨期。

移动跨期 n 的取值原则:在资料期数较多时,n 值可适当取大些,而资料期数较少时,n 值只能取小些;在历史资料具有比较明显的季节性变化或循环周期性变化时,跨期 n 应等于季节周期或循环周期;如果希望反映历史资料的长期变化趋势时,则 n 应取大些,如果要求反映近期数据的变化趋势时,则 n 应取小些。

例如：已知某企业产品 1～12 月份销售额资料（见表 8.7），试利用一次移动平均法预测该企业明年 1 月份的销售额，n 分别取 3 和 5。

表 8.7　某企业产品 1～12 月份销售额

t	x_t	$M_t^{(1)}(n=3)$	$M_t^{(1)}(n=5)$
1	240	—	—
2	252	—	—
3	246	246.00	—
4	232	243.33	—
5	258	245.33	245.6
6	240	243.33	245.6
7	238	245.33	242.8
8	248	242.00	243.2
9	230	238.67	242.8
10	240	239.33	239.2
11	256	242.00	242.4
12	236	244.00	242.0

当 $n=3$ 时，明年 1 月份的预测值为 244 万元。

当 $n=5$ 时，明年 1 月份的预测值为 242 万元。

B. 简单二次移动平均法：二次移动平均法是在一次移动平均的基础上，通过建立预测模型进行预测。公式为：

$$M_t^{(2)} = \frac{1}{n}\sum M_t^{(1)} = \frac{M_t^{(1)} + M_{t-1}^{(1)} + \cdots + M_{t-n+1}^{(1)}}{n}$$

二次移动平均法的预测模型：

$$y_{t+T} = a_t + b_t \cdot T$$

$$a_t = 2M_t^{(1)} - M_t^{(2)}$$

$$b_t = \frac{2}{n-1}\left[M_t^{(1)} - M_t^{(2)}\right]$$

例：某企业 2016—2022 年甲产品的实际销售量见表 8.8，试用二次移动平均法（$n=3$）预测该企业 2023 年该产品的销售量。

表 8.8　某企业 2016—2022 年甲产品的实际销售量

年度	实际销售量	一次移动平均值	二次移动平均值
2016	1 100	—	—
2017	1 170	—	—
2018	1 238	1 169	—
2019	1 309	1 239	—
2020	1 382	1 310	1 239
2021	1 453	1 381	1 310
2022	1 527	1 454	1 382

$$a_t = 2M_t^{(1)} - M_t^{(2)} = 2\times1\ 454 - 1\ 382 = 1\ 562$$

$$b_t = \frac{2}{n-1}\left[M_t^{(1)} - M_t^{(2)}\right] = 1\ 454 - 1\ 382 = 72$$

$$y_{t+T} = a_t + b_t \cdot T = 1\ 526 + 72T$$

$$y_{2023} = y_{t+1} = y_{2022+1} = 1\ 526 + 72\times1 = 1\ 598$$

C. 加权移动平均法:为了重视近期数据的影响,可以对历史数据分别给予不同权数,进行加权平均,以末期的加权平均数去预测下期。公式为:

$$y_{t+1} = M_t = \frac{f_1 x_t + f_2 x_{t-1} + \cdots + f_n x_{t-n+1}}{f_1 + f_2 + \cdots + f_n}$$

上例中按照由近到远分别给予权数 3,2,1,则各期的加权移动平均值见表 8.9。

表 8.9 加权移动平均值计算表达

年度	实际销售量	一次移动平均值	二次移动平均值
2016	1 100	—	—
2017	1 170	—	—
2018	1 238	1 192	—
2019	1 309	1 262	—
2020	1 382	1 334	1 286
2021	1 453	1 405	1 358
2022	1 527	1 478	1 430

⑤指数平滑法。指数平滑预测法源于移动平均预测法,它是一种特殊的加权平均预测法,分为一次指数平滑法、二次指数平滑法和三次指数平滑法,这里仅以一次指数平滑法来说明。

一次指数平滑法是利用本期的实际值与紧前期的估计值,通过对它们的不同加权分配,求得一个指数平滑值,并作为下一期预测值的一种方法。公式为:

$$y_{t+1} = S_t^{(1)} = \alpha \cdot x_t + (1-\alpha) \cdot S_{t-1}^{(1)}$$

式中:y_{t+1}为下一期的预测值;$S_t^{(1)}$ 为第 t 期的一次指数平滑值;x_t 为观察期的实际发生值;α 为平滑系数。

应用指数平滑法重要的是正确选取 α 值,平滑系数 α 的取值原则:如果时间序列具有不规则的起伏变化,但长期趋势接近一个稳定常数,必须选择较小的 α 值(取 0.05～0.20 之间);如果时间序列具有迅速明显的变化倾向,则 α 应取较大值(取 0.3～0.6);如果时间序列变化缓慢,亦应选较小的值(一般在 0.1～0.4 之间)。总的说来,α 值越小,对原始数据的修匀程度越好。

初始值 $S_1^{(1)}$ 的确定:当实际数据多于 10 个时,$S_1^{(1)} = x_1$;当少于 10 个时,用最早几期实际值的平均值作为初始值。

例:某企业 2019—2023 年历年销售量见表 8.10,运用一次指数平滑法预测 2024 年的销售量。

表 8.10　一次指数平滑法实例

年份	实际销量	$S_t^{(1)}$ （α=0.6）
2019	194	194
2020	198	196.4
2021	205	201.6
2022	210	206.6
2023	218	213.4

根据一次指数平滑法预测：

$$\hat{Y}_{2024}=\alpha x_{2023}+(1-\alpha)S_{2022}^{(1)}=0.6\times218+0.4\times206.6=213.4$$

(2)回归分析预测。回归分析预测就是通过对观察数据的统计分析和处理来研究与确定事物间相互关系和联系形式的一种方法。是确定变量之间函数关系的一种有利的工具。

回归分析预测主要分为：

回归预测
- 线性回归
  - 一元线性回归
  - 二元线性回归
  - 三元线性回归
- 非线性回归

以下仅讨论一元线性回归分析法，一元线性回归预测的方程为：

$$y_i=a+bx_i$$

式中：x_i 为自变量；y_i 为因变量；α 为截距，表示不考虑自变量影响的因变量的值；b 为斜率，表示自变量与因变量的比例关系。

一元线性回归预测的一般程序是：

①确立相关因素。这是回归分析的基础，只有当各因素存在相关关系时，才可用回归分析进行预测。两变量是否相关及相关的程度，可用相关系数 r 来衡量，r 值愈接近于 1，两变量之间的关系愈密切。一般地，统计管理学认为：$0.8\leqslant|r|<1$ 为高度相关，$0.5\leqslant|r|<0.8$ 为显著相关，$0.3\leqslant|r|<0.5$ 为低度相关，$|r|>0.3$ 为无相关。相关系数 r 的计算公式为：

$$r=\frac{n\sum xy-\sum x\cdot\sum y}{\sqrt{n\sum x^2-\left(\sum x\right)^2}\cdot\sqrt{n\sum y^2-\left(\sum y\right)^2}}$$

②根据数据资料，用最小二乘法求出 a 和 b 值。

计算公式为：

$$a=\bar{y}-b\bar{x}$$

$$b=\frac{\sum xy-n\bar{x}\cdot\bar{y}}{\sum x^2-n\,(\bar{x})^2}$$

$$\bar{x}=\frac{\sum x}{n}$$

$$\bar{y}=\frac{\sum y}{n}$$

式中：n 为资料期数。

③根据求出的 a 和 b 值,建立一元回归分析数学预测模型。

$$y_i = a + bx_i$$

将已知的 x 值代入,即可求得相应的预测值。

例如:某公司的广告投入与公司销售收入情况见表 8.11,请根据广告投入变化预测公司的销售收入。

表 8.11　某公司的广告投入与公司销售收入情况

年份	序号	广告投入 x(万元)	销售收入 y(万元)	计算栏			
				xy	x^2	y^2	$\hat{y}_i$
2019	1	100	150	15 000	10 000	22 500	147.45
2020	2	120	160	19 200	14 400	25 600	161.27
2021	3	150	180	27 000	22 500	32 400	182
2022	4	180	200	36 000	32 400	40 000	202.73
2023	5	200	220	44 000	40 000	48 400	216.55
$\sum$	—	750	910	141 200	119 300	168 900	596.6

根据表中所得数据进行计算:

$$\bar{x} = \frac{\sum x}{n} = \frac{750}{5} = 150$$

$$\bar{y} = \frac{\sum y}{n} = \frac{910}{5} = 182$$

$$r = \frac{n\sum xy - \sum x \cdot \sum y}{\sqrt{n\sum x^2 (\sum x)^2} \cdot \sqrt{n\sum y^2 - (\sum y)^2}}$$

$$= \frac{5 \times 141\ 200 - 750 \times 910}{\sqrt{5 \times 119\ 300 - 750^2} \times \sqrt{5 \times 168\ 900 - 910^2}}$$

$$= 0.995$$

$|r| \geqslant 0.8$,说明 X 与 Y 为高度正相关关系,可以预测。

$$b = \frac{\sum xy - n\bar{x} \cdot \bar{y}}{\sum x^2 - n(\bar{x})^2} = \frac{141\ 200 - 5 \times 150 \times 182}{119\ 300 - 5 \times 150^2} = 0.691$$

$$a = \bar{y} - b\bar{x} = 78.35$$

于是得到回归预测模型:

$$\hat{y} = 78.35 + 0.691x_i$$

预测 2024 年当广告投入为 200 万元时,该公司的销售收入的预测值为:

$$\hat{y}_{2021} = 78.35 + 0.691 \times 200 \approx 216.55$$

即为 216.55 万元。

小　结

市场营销调研是市场营销的信息基础，是营销决策制定的主要来源。市场营销调研主要分为探索性调研、描述性调研、因果性调研。调研的主要有五项内容，市场调研的程序通常要经过三个阶段，八个步骤。

按信息资料的来源来分，市场调研的方法有案头调研和实地调研，案头调研是对二手资料的搜集和筛选，其资料来源于内部和外部。步骤一般为评价现成资料、搜集情报资料、资料筛选和撰写案头报告。实地调研包括面谈、电话访问、邮寄调查、会议调查、网上调查、直接观察调查和市场实验。

问卷调查是较常用的方法，是收集第一手资料的最普遍的工具。问卷的提问方法有两种：封闭式提问和开放式提问。

市场数据的处理过程包括分类、编校、整理、制表和鉴定。对市场数据进行调整的基本方法有剔除法、还原法和拉平法。调研报告分为专题报告和一般性报告。

市场调研所获得的信息资料是开展市场预测的基础，市场预测则是市场调研的继续，准确的预测是做出正确决策的前提。市场预测需要经过五个步骤，预测可以分为定性与定量预测两种方法。

复习题

(1)什么是市场调研？市场调研包括哪些内容？

(2)市场调研包括哪些步骤？

(3)市场调研的具体方法有哪些？

(4)如何组织实施德尔菲法？

(5)什么是市场预测？市场预测的基本程序有哪些？

案　例

高端酒店客房服务质量提升研究

1. 引言

三亚市的酒店行业发展迅速，竞争日益激烈，全球顶级奢华酒店纷纷在三亚落地，被称为“高端酒店博物馆”。客房部是酒店的核心部门，服务质量是其生命线。客房服务质量分为有形服务和无形服务两部分，有形服务质量主要包含客房设施设备、环境卫生质量、日用品质量等，无形服务质量主要包含员工在对客服务时所表现出的服务能力、服务效率、职业道德等。因此，采用IPA法分析客房服务质量，结合实际情况筛选出影响三亚Z度假酒店客房服务质量评估的6个维度和21个评价指标，设计并发放调查问卷。依据游客期望值与实际感知值进行IPA分析，确定三亚Z度假酒店客房服务质量的重点改进方面，并提出相应的改进策略。

2. 问卷调查与分析

(1)问卷设计与发放

2022年1～3月,针对三亚Z度假酒店住店顾客发放调查问卷,共发放115份,回收有效问卷104份。问卷内容包括调查者基本情况,以及顾客对客房服务质量期望值和实际感知值的打分。问卷中客房部服务质量部分包括有形服务与无形服务两大类,涵盖设施设备、客房区域环境质量、服务效率、服务态度、礼貌礼节、安全卫生6个维度21项评价指标。

(2)信度与效度检验

信度系数值为0.979,大于0.8,表明研究调查问卷数据信度较高,质量较好,可以采用。

在研究中使用KMO和Bartlett检验进行效度检验,结果表明,KMO值为0.918,大于0.8,说明调查问卷效度很好,研究数据适合提取信息。

(3)问卷调查基本信息统计

接受该酒店客房服务质量调查的女性顾客为77人,在104份样本中占比74.04%,男性顾客为27人,占比25.96%。年龄处于26～30岁的人数最多,在样本中占比43.27%,说明参与问卷填写的顾客以青年为主,这类人群相对乐意分享意见。从顾客受教育程度来看,选择入住三亚Z度假酒店的顾客受教育程度大学本科学历占比最高,为71人,占比68.27%,由此反映出参与问卷填写的顾客普遍学历较高。参与问卷填写的顾客出行目的主要为休闲度假,共有62人,占比59.62%;其次是商务出差,占比28.85%。另外,有37.5%被调查顾客,月收入12 000～20 000元,表明选择高端酒店入住的顾客收入普遍较高。企业商务人员的顾客占比28.55%,这类人消费能力普遍较高,并有相对充裕的休闲时间。从上述数据结果来看,入住三亚Z度假酒店并参与问卷填写的顾客,以女性顾客为主,而且青年居多,学历普遍较高,企业商务人员较多。

3. 三亚Z度假酒店客房服务质量IPA分析

(1)三亚Z度假酒店客房服务质量调查结果

对调查问卷中6个维度21个评价指标进行分析,被调查顾客实际感知值与期望值的平均值见表8.12。三亚Z度假酒店顾客对于入住前的客房服务质量期望值打分为7.97～8.97,表明顾客对该酒店客房服务质量期望较高,对21项评价指标整体上都比较重视。根据结果分析,排在前3位的是:E18员工与您相遇会微笑问好,D14尊重顾客隐私,C11客房区域路标指南、指引等有明显标记。由此得出结论:三亚Z度假酒店客房服务质量中顾客优先关注的要素是服务态度、礼貌礼节与安全卫生等,这些指标是影响酒店服务质量的关键要素。

如表8.12所示,三亚Z度假酒店顾客在实际入住后对客房服务质量实际感知值打分为7.55～8.09,与期望值相比,顾客对客房服务质量的实际感知差异不大,但总体上均低于期望值得分,表明顾客对三亚Z度假酒店客房总体满意度较高,但仍有改进和提高的空间。根据结果分析,排在前3位的是:D15信息能够被准确记录,E16员工待客礼貌周到,E18员工与您相遇时会微笑问好。这表明三亚Z度假酒店客房员工礼貌礼节和服务态度得到了客户认可。而排名后三位的是:F20关注您的入住习惯并提供服务调整;A2电源插座安装合理,使用方便;B7客房隔音效果好。这说明三亚Z度假酒店客房部在设施设备以及服务效率方面还达不到顾客的要求。

表8.12 期望值与实际感知值差值

类别	维度	评价指标	期望值	实际感知值	差值
有形服务	设施设备	A1 客房家具设备完好	7.97	7.83	0.14
		A2 电源插座安装合理,使用方便	7.98	7.57	0.41
		A3 卫生间设备功能齐全	8.09	7.81	0.28
		A4 防火防盗设备完善	8.18	7.81	0.37
	客房区域环境质量	B5 室内整洁卫生	8.35	7.96	0.39
		B6 室内空气清新没有异味	8.41	7.78	0.63
		B7 客房隔音效果好	8.3	7.66	0.64
		B8 室内遮光效果好	8.45	7.86	0.59
	安全卫生	C9 入住环境安全	8.45	7.93	0.52
		C10 客房日用品安全卫生	8.36	7.88	0.48
		C11 客房区域路标指南、指引等有明显标记	8.5	7.99	0.51
无形服务	服务态度	D12 员工主动热情服务	8.4	7.94	0.46
		D13 员工不会推脱服务	8.3	7.87	0.43
		D14 尊重顾客隐私	8.59	7.94	0.65
		D15 信息能够被准确记录	8.39	8.09	0.3
	礼貌礼节	E16 员工待客礼貌周到	8.46	8.08	0.38
		E17 员工着装整洁,仪容仪表规范	8.21	7.85	0.36
		E18 员工与您相遇会微笑问好	8.97	8.07	0.9
	服务效率	F19 服务响应迅速及时	8.49	7.84	0.65
		F20 关注您的入住习惯并提供服务调整	8.12	7.55	0.57
		F21 清扫整理客房的时间恰当	8.36	7.85	0.51

(2)酒店客房服务质量IPA分析

以三亚Z度假酒店客房服务质量调查问卷中的期望值与实际感知值的平均值(横坐标=7.86,纵坐标=8.35)为坐标原点进行象限图分析(见图1),21个指标分布在优势保持区、可能浪费区、缓慢改进区和加强改善区四个区域。

第一象限是期望值和实际感知值都是较高的优势保持区。由图8.2可知有D15信息能够被准确记录,E16员工待客礼貌周到,C11客房区域路标指南、指引等有明显标记,D14尊重客人隐私,C9入住环境安全卫生,D12员工主动热情服务,C10客房日用品安全卫生,E18员工与您相遇会微笑问好。这8个指标说明顾客对三亚Z度假酒店客房服务质量的安全卫生、服务态度、礼貌礼节这三个维度指标较为满意,这个区域的指标应当继续保持。

第二象限是期望值低,实际感知值高的可能浪费区。由图8.2可知有D13员工不会推脱服务,表明顾客该指标的期望值和满意度认知差异性较小。

第三象限是期望值与实际感知值较低的缓慢改进区。由图8.2可知有7个指标:A1客房家具设备完好,A2电源插座安装合理,使用方便,A3卫生间设备功能齐全,A4防火防盗设备完善,B7客房隔音效果好,E17员工着装整洁,仪容仪表规范,F20关注您的入住习惯并提供服务调整。这7个指标的实际感知值都低于期望值,与其他象限指标相比,顾客对此象限中的指标不是很重视,但是这些指标也没有达到顾客的预期。

第四象限是期望值高,实际感知值低的加强改善区。由图8.2可知有3个指标:B6室内空气清新没有异味,F19服务响应迅速及时,F21清扫整理客房的时间恰当。这说明顾客对这3个指标的实际感知值是低于期望值的,影响了顾客的体验。这3个指标主要集中在客房区域环境质量与服务效率两个维度,也是三亚Z度假酒店客房服务质量需要重点改善的部分。

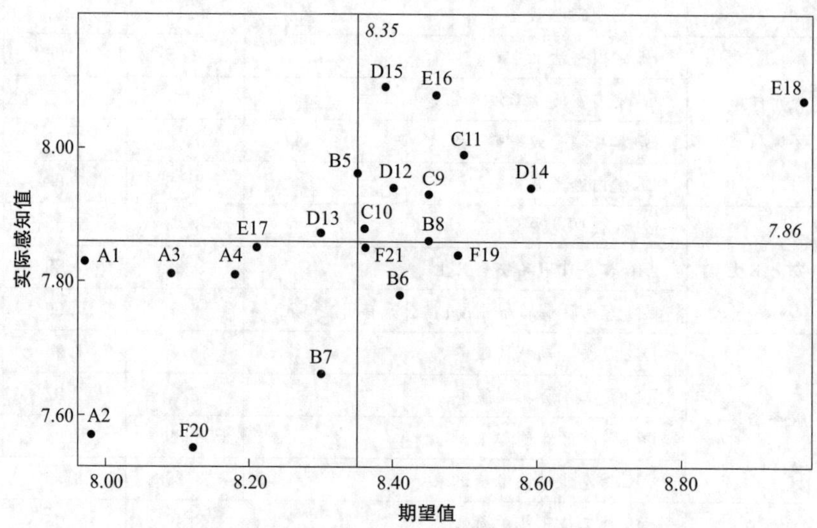

图8.2 客房服务质量期望值与实际感知值IPA分析象限图

通过对有形服务质量方面进行IPA分析(见图8.3)可知,有形服务质量需要重点改进的指标主要位于第三与第四象限,第三象限缓慢改进区有A1客房家具设备完好,A2电源插座安装合理,使用方便,A3卫生间设备功能齐全,A4防火防盗设备完善。第四象限加强改善区有B6室内空气清新没有异味,B7客房隔音效果好,根据这6个指标说明三亚Z度假酒店顾客在有形服务质量方面对客房的设施设备、客房环境质量不是很满意,拉低了顾客对于客房服务质量的满意度。

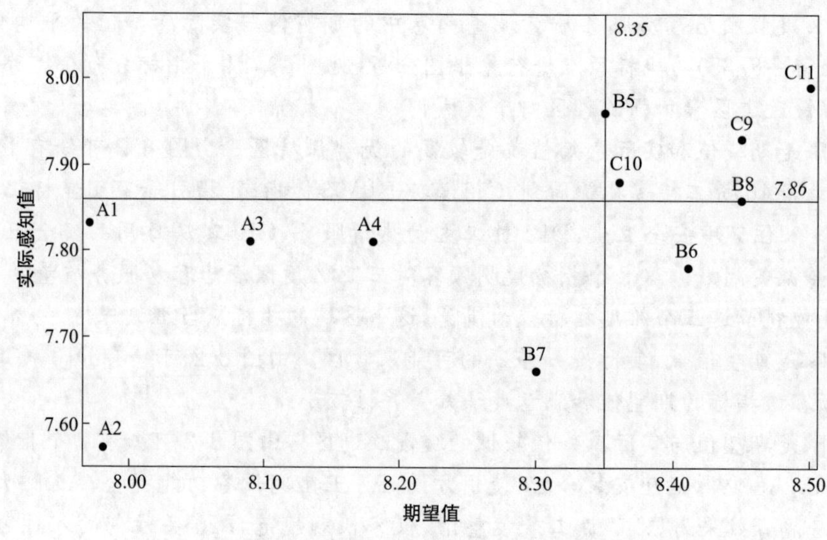

图8.3 客房有形服务质量期望值与实际感知值象限图

通过对无形服务质量方面进行IPA分析(见图8.4)可知,无形服务质量重点改进方面主要位于第三与第四象限。

第三象限缓慢改进区有E17员工着装整洁,仪容仪表规范,F20关注您的入住习惯并提供服务调整;第四象限加强改善区有F19服务响应迅速及时,F21清扫整理客房的时间恰当。IPA分析表明,顾客对三亚Z度假酒店客房无形服务质量的上述四个方面不是很满意,影响了顾客对于客房服务质量的整体满意度。

分析表明,三亚Z度假酒店客房服务质量在安全卫生、尊重隐私、微笑服务等方面得到了顾客的认可,该酒店应继续保持并加强,需要重点改善的主要有设施设备、客房区域环境质量、服务效率等方面。

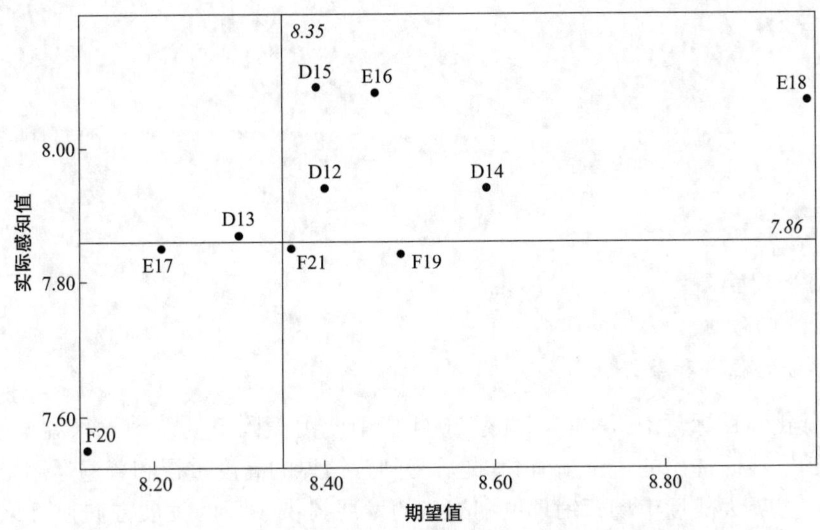

图8.4 客房无形服务质量期望值与实际感知值象限图

4. 结论

通过问卷调查和IPA分析法,分析了顾客对于三亚Z度假酒店客房服务质量的评价情况,结果表明,三亚Z度假酒店客房服务质量水平整体较高,但存在部分客房设施设备老化、员工服务效率较低等问题。为了提高三亚Z度假酒店客房服务质量,建议酒店定期进行设备设施维护维修,及时升级完善客房设施,引进高端智能的设施设备为酒店顾客提供高效率智能服务,保证客房卫生质量,注重个性化服务,定期对员工进行综合素质培训等,希望为高端酒店客房服务质量提升提供参考。

(资料来源:中国商论)

讨论:

1. 问卷设计与调查的注意事项有哪些?

2. 常用的市场预测方法有哪些?

第 9 章　市场细分

本章要点

■市场细分的层次。

■市场细分的依据。

■市场细分的程序和条件。

市场细分化和目标营销，是在 20 世纪 50 年代中期由美国市场营销学家温德尔·斯密根据企业的营销实践而提出的一个新概念，此后受到营销界的高度重视和普遍运用，这一概念的提出为第二次世界大战后市场营销理论和战略的发展提供了新的发展方向。可见，它的产生与发展，从一开始就具有很强的实践性，并非纯粹的理论概念。

任何一个企业，即使是大企业都不可能为市场中所有的消费者服务，至少不能用同一种方法为所有的消费者提供有效的服务。消费者为数众多、分布广泛，由于各种因素的影响，其需求和购买行为也存在很大的差异。而且，公司为不同细分市场提供服务的能力也存在差异。可见，在激烈的市场竞争中，企业需要确定自己能够提供有效服务并获取最大利润的市场，而不是力争在整个市场上进行竞争。在测量和预测市场需求的基础上，进行市场细分、目标化并定位，是企业市场营销战略的核心，也是决定营销战略成败的关键。

目前，大多数企业都已经从广泛营销转为细分市场和目标市场营销，即确定细分市场，从中选取一个或多个，开发相应的产品并设计与之对应的市场营销方案，把有限的营销力量集中在对其产品最有兴趣的顾客上(步枪法)，而不是分散地使用营销力量(猎枪法)。

因此，每个企业都应该采取三个步骤：第一步是市场细分，按照一定的标准如消费者的不同需求、特征和行为，将一个市场分为几个有明显区别的消费者群体，不同消费群体需要不同的产品和市场营销组合。企业由此确定不同细分市场的大体情况，并设计市场细分的不同方法；第二步是选择目标市场，评估选择对本企业最有吸引力的细分部分，选择一个或多个细分市场作为自己为之服务的目标市场，实行目标营销；第三步是市场定位，搞好产品的市场定位，使产品处于有竞争力的地位，并设计详细的市场营销组合，从而确定自己在市场上的竞争地位。对于每一个目标市场，要建立和传播公司在市场上的供应品的关键特征与利益。图 9.1

表明了目标市场营销的三个步骤。

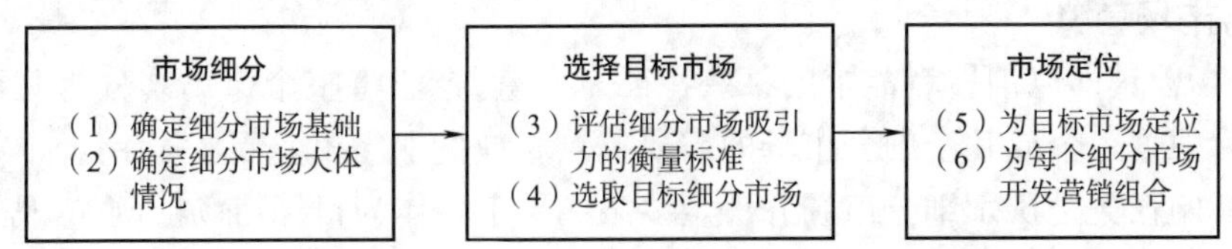

图9.1　市场细分、选择目标市场和市场定位的步骤

可见，选择目标市场并设计相应的营销组合是市场营销战略构成的基本内容。其中，市场细分是目标营销、市场定位的前提和基础，在选择目标市场的基础上，才能采取相应的市场营销组合，即制定出正确的产品策略、价格策略、渠道策略及促销策略，以满足消费者需求，实施市场营销战略。

9.1　市场细分概念

9.1.1　市场细分的含义

市场细分是指企业在市场调研的基础上，以消费者需求的某些特征或变量作为依据，把原有整体市场区分为两个或两个以上的消费者群体，用以确定目标市场的过程。结果是使同类产品市场上，同一细分市场的消费者需求具有更多的共同性，不同细分市场之间的需求具有更多的差异性，进而达到使企业明确有多少数目的细分市场以及各细分市场需求的主要特征。

9.1.2　市场细分的层次

由于每一个消费者都具有独一无二的需要和欲望，因此每一个消费者都可视为代表一个独立市场。最理想的状况是，企业为每一个消费者设计一套独立的营销计划。因此市场细分是增加公司营销目标精确性的一种努力，市场细分可分为4个层次：大众市场、细分市场、补缺市场和微市场（个别化市场），如图9.2所示。其中，大众市场营销属于无市场细分，微市场营销属于完全市场细分，细分市场营销或补缺市场营销介于两者之间。

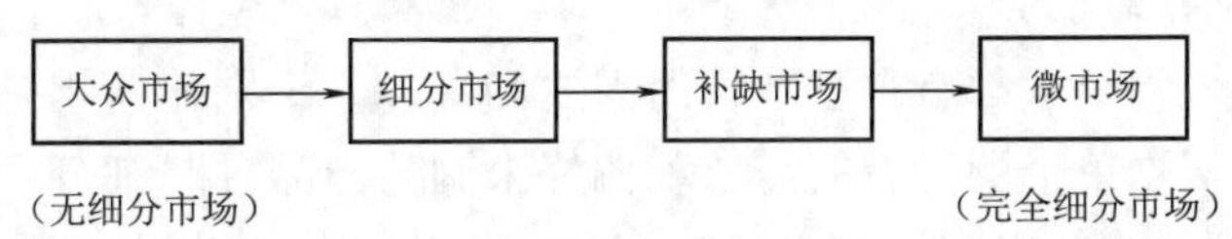

图9.2　市场细分层次

1. 大众化营销

19世纪末20世纪初比较盛行这种营销方式，在大众化营销中，卖方面对所有的购买者，大批量生产、分配和促销单一的商品。亨利·福特典型地贯彻了这种市场战略，他提供T型汽车给所有的用户，顾客可以得到他的汽车，“除了黑色之外没有其他颜色”。可口可乐公司开展大众化营销也有好多年，它曾经只卖一种6.5盎司一瓶的可乐。这种营销方式的优点是成本最低，能够转化为较低的售价和较高的毛利。但随着市场多元化和消费者需求多样性的发展趋势，尤其是广告媒体和分销渠道的多元化，市场正在日益分裂并形成小群体，这种“所有的

人都适用一种规格”的大众营销方式正在走向消亡。

2. 细分市场营销

细分市场营销即以消费者需求的某些特征为变量,企业将整个市场划分为几个较大的细分市场,然后根据一个或几个细分市场的需要提供相应的服务和产品。营销者不能创造细分市场;营销者的任务是辨别细分市场并决定以某些子市场作为目标市场。例如,马里奥特公司根据购买者对旅行包的不同需求,划分为商务出差者、家庭和其他等不同的细分市场。通用汽车为不同收入和年龄的群体设计特定的汽车。如通用汽车的“别克林荫大道”车型就是专为高收入的老年人设计的。这种营销方式的优点是企业针对那些能够更有效地提供服务并获取更大利润的消费者,确定公司的产品和服务,以及销售渠道和沟通方法,从而使营销更为有效。而且,企业选择关注的某个细分市场的竞争者越少,公司面临的竞争就可能越小。

3. 补缺营销

补缺营销是对市场细分进一步的延伸,它关注细分市场中的子群体。确定补缺的方法通常是市场细分确立了较大群体,营销者把细分市场再细分,将细分市场划分为亚细分市场,或者根据一系列特性进行划分,更窄地确定某些群体,从而寻求某些特定的利益组合。例如,实用汽车市场包括轻型载货车和跑车,跑车又可进一步划分为普通跑车与豪华跑车两个补缺市场。一般来讲,细分市场较大且吸引着不少竞争者,而补缺市场相当小并只吸引一两个竞争者。这种营销方式的优点是补缺营销是通过实行专门化而获得经济利益的,其客户一般都有明确的需要组合,他们愿意为最能满足其需求的企业支付溢价,同时也不会吸引企业其他竞争者的注意力,可见,补缺市场有足够的规模、利润和成长潜力。

4. 微市场营销

微市场营销根据特定个人和特定地区的偏好调整产品和营销策略。微市场营销包括本地化营销和个别化营销。

(1)本地化营销。不同地区之间生活方式、富裕和繁荣程度上存在差异,会出现在一个地区销售不好的商品在另一个地区却大受欢迎的情况。本地化营销方式把营销方案制定成符合本地顾客群体需要的计划(贸易地区、邻近区域,甚至个性化商店)。例如某连锁超市选择奶制品组合的货架位置,在低收入、中收入和高收入商店中配置奶制品,并满足各地不同的社区要求。这种营销方式由于减少了规模经济而相应地增加了制造成本和营销成本,而且,市场的后勤和服务体系也随之相应扩大。

(2)个别化营销。每个人都有自己独特的需要和兴趣。个别化营销是市场细分的最后一个层次,这种方式是根据单个消费者的需求和偏好来调整产品,即“细分到个人”、“定制营销”或“一对一营销”。例如茅台集团为集团顾客或个人专门定制、收藏一定数量的茅台酒,就是典型的个别化营销。

9.2 市场细分的依据

9.2.1 消费者市场细分的依据

在消费者市场上,影响消费需求呈现差异性的因素(变量),归纳起来主要有以下几个方面:不同的地理、人文、心理特征、消费行为因素等,详见表9.1。研究人员常常使用这些因素作为划分市场的根据，然后，再看相应的顾客群体是否对产品有不同的反应。这些因素有些是相对稳定的，多数则处于动态变化中。在营销实践中，市场营销人员一般不会把其市场细分研究局限于一个或者几个因素，而是越来越多地使用多种细分因素，以用来识别更小、更好定义的目标群体。

表9.1 消费者市场的主要细分变量及衡量标准举例

主要细分变量	衡量标准举例
	地 理 因 素
地区	太平洋岸，高山区，西北区，西南区，东北区，东南区，南大西洋岸，中大西洋岸，新英格兰
人口密度	都市，郊区，乡村
气候	北方的，南方的
	人 文 因 素
年龄	6岁以下，6～11岁，12～19岁，20～34岁，35～49岁，50～64岁，65岁以上
家庭规模	1～2人，3～4人，5人以上
家庭生命周期	青年，单身；青年，已婚，无子女；青年，已婚，最小子女不到6岁；青年，已婚，最小子女6岁或6岁以上；较年长，已婚，与子女同住；较年长，已婚，子女都超过18岁；较年长，单身；其他
年收入	少于10 000元；10 000～20 000元；20 000～50 000元；50 000～100 000元；100 000和100 000元以上
职业	专业技术人员；管理人员，推销员；工匠；领班；农民；退休人员；学生；家庭主妇；失业
教育	小学或以下；中学肄业；高中毕业；大专肄业；大专毕业
代沟	婴儿潮，X代
国籍	美国，英国，法国，德国，意大利，日本，中国，等等
	心 理 因 素
生活方式	简朴型，追求时髦型，嬉皮型
个性	被动，爱交际，喜欢发号施令，有野心
	行 为 因 素
使用时机	普通时机，特殊时机
追求利益	质量，服务，经济
使用者状况	从未用过，以前用过，有可能使用，第一次使用，经常使用
使用率	不常用，一般使用，常用
品牌忠诚情况	无，一般，强烈，绝对
准备程度	未知晓，知晓，已知道，有兴趣，想得到，企图购买
对产品的态度	热情，积极，不关心，否定，敌视

1. 地理环境细分

地理环境细分即按照消费者所处的地理位置、自然环境来细分市场，具体变量包括国家、地区、城市、乡村、城市规模、人口密度、不同的气候带、不同的地形地貌等。之所以将地理因素作为细分消费者市场的首要依据，主要是由于处于不同地理环境下的消费者，对于同一类产品往往会表现出差别较大的需求和偏好特征，以至于对企业营销刺激的反应也常常存在较大的差别。防暑降温、御寒保暖之类的消费品按照不同气候带细分市场是很有意义的。如中国茶叶市场,各地区就有不同的偏好,绿茶主要畅销江南各省,花茶畅销于华北、东北地区,砖茶则主要为某些少数民族地区所喜好。而对于某些基本生活资料市场则应该根据不同地区的人口密度来划分,因为基本生活资料的消费数量往往与人口数量成正比例关系。可见,地理环境因素具备易于辨别和分析的特征,是细分市场时应予考虑的基本因素。然而,地理环境因素同时又是一种相对静态的变数,处于同一地理位置的消费者对某一产品的需求仍会存在较大的差异。因此企业选择目标市场,还需要结合其他因素进行市场细分。

2. 人文细分

市场按人文变量细分,如以年龄、性别、家庭人数、家庭生命周期、收入、职业、国籍为基础,划分出不同的群体。显然,这些人文变量因素与需求差异性之间存在着密切的关系。年龄不同、受教育程度不同、收入不同的消费者在价值观念、生活情趣、审美观念和生活方式等方面会有很大的差异,从而对产品必定会产生不同的消费需求、偏好和使用率,等等。而且,人文变量比大部分其他类型的变量更容易衡量,某些非人文因素(如性格类型)也是间接通过人文因素来描述的。因此,人文变量是区分消费者群体最常用的基础,历来为人们所普遍重视。

3. 心理细分

所谓"心理细分",是根据生活方式或个性特点,将购买者分为不同的群体。在不同群体的人可能会有差异极大的心理模式。按照上述因素细分出来的同一群体消费者,有时对同类产品的喜好态度也可能出现不尽相同的情况。这就是不同心理特征在发挥作用。心理因素十分复杂,包括生活方式、个性、购买动机、生活格调、追求的利益价值取向以及对商品供求情况和销售方式的感应程度等变量。企业可以把具有相似个性、爱好、兴趣和价值取向的消费者集合成群,并结合他们的行为方式有针对性地制定营销策略。比如,在上述心理因素的作用下,可以划分为"传统型""新潮型""奢靡型""活泼型""社交型"等群体。

4. 行为细分

所谓"行为细分",是根据人们的知识、态度以及对产品的反应和使用情况进行划分,具体包括消费者进入市场的程度、购买时机、使用产品频率、偏好程度、忠诚程度、待购阶段和态度等变量,将购买者分为不同的群体,从而进行市场的细分。许多市场营销人员认为根据行为因素细分是进行市场细分的最佳起点。例如,按消费者进入市场程度,通常可以划分为常规消费者、初次消费者和潜在消费者,依此可划分若干不同的细分市场。资力雄厚、市场占有率较高的企业通常尤其关注吸引潜在的购买者,企业通过营销战略,特别是广告促销策略以及价格优惠手段,把潜在消费者变为企业产品的初次消费者,再进一步使其变为常规消费者。而一些中、小企业,特别是无力开展大规模促销活动的企业,主要注重吸引常规消费者。

9.2.2 生产者市场细分的依据

生产者市场细分可以使用很多与消费者市场同样的市场细分因素,生产者市场购买者可以按地理、客户特点(行业、公司规模),或者按寻求利益、使用者情况、使用率和忠诚度进行细分。但生产者市场受个人心理因素影响较小,用户追求的利益与消费者不同,从而需要补充一些其他因素,见表9.2。

表 9.2 生产者市场的主要细分因素

细分因素	实 例
客户情况	行业:我们应该关注哪些购买这类产品的行业
	公司规模:我们应该针对什么规模的公司
	地点:我们应该关注哪个地理区域
经营特点	技术:我们应该关注客户的哪些技术
	使用者和非使用者:我们应该关注大量使用者、一般使用者、较少使用者还是非使用者
	客户能力:我们应该关注需要大量服务的客户,还是不需要服务的客户
购买方式	购买职能组织:我们应该关注集中购买的公司,还是分散购买的公司
	权力结构:我们服务的公司由谁做主,设计人员、财务人员还是市场营销人员
	现存关系情况:我们应该关注关系已经十分密切的公司,还是去寻找那些最为合适的公司
	购买标准:我们应该关注看重质量的公司,还是看重服务或者价格的公司
形势因素	紧迫性:我们应该关注要求快速交货和服务的公司吗
	具体应用:我们应该关注产品的某些应用,还是所有的应用
	订货规模:我们应该关注大批量订货,还是小批量订货
个性特点	买卖双方相似性:我们是否应该集中关注人员和价值观与我们相似的公司
	风险态度:我们应该关注有风险偏好的客户,还是风险规避的客户
	忠诚度:我们是否应该集中关注对供应商忠诚度很高的客户

其中的主要因素包括:

1. 最终用户的要求

不同的最终用户对产品及其营销策略利益要求是不同的。例如,橡胶轮胎公司可根据用户的特殊要求将市场细分为一般工业市场、特殊工业市场和商用买主市场三类。一般工业市场如普通汽车、自行车、拖拉机等制造业买主,要求适中的价格、较高的产品质量和服务;特殊工业市场如飞机、高档豪华汽车制造业的购买者,要求绝对安全和更高的质量,而价格则不是主要因素;商用买主市场则更多要求价格合理以及及时交货。

2. 用户规模和购买力大小

许多企业经常根据客户的数量和大小来细分市场,从而采取不同的营销策略。因为大中小客户群对企业的重要性是有很大差别的,所以在营销手段上也要有所差别,大客户通常由主要的业务负责人接待洽谈,一般中小客户则由推销员接待。一般而言,企业应该为较大或者分布较广的客户建立独立的体系。例如,Steelcase 公司是办公家具的主要生产商,它首先把客户细分为 10 个行业,然后,公司的销售人员与独立的代理商合作,与每个细分市场内较小的、地区性的客户接触。

3. 地理位置

任何一个国家的不同地区,受自然资源、气候条件和历史传统等因素的影响,都会形成具有某些特点的区域,从而形成生产者市场往往比较集中的状况。根据地理位置细分生产者市场有利于企业选择用户最集中地区作为其目标市场,可以压低推销人员往返于不同地区客户之间的时间和费用成本,从而能够更有效地规划运输路线,合理安排运输工具。

9.3 市场细分程序

市场细分的一般程序是:选择和确定营销目标→确定正确的细分标准→选择具体细分因素进行初步细分→进行筛选→初步为目标市场命名→复查各子市场的有用性→确定目标市场。不同的营销专家提出了不同的市场细分程序。例如,罗杰·贝斯特为市场细分程序设计了7个步骤(见表9.3)。

表9.3 细分过程中的步骤

序号	名称	内容
1	以需要为基础的细分	群体顾客细分成以相似需要和利益为基础的小组,这些顾客都希望能解决特定的消费问题
2	细分识别	为每个以需要为基础的细分小组,根据人文、生活方式和使用行为,找出他们之间的独特性和可识别性(可行性)
3	细分吸引	使用预先确定的细分吸引力标准(如市场增长、竞争密度和市场通路),确定每个细分市场的总吸引力
4	细分概况	确定细分市场概况
5	定位	以细分市场的独特需要和特征为基础,为每个细分小组制定"价值陈述"和产品价格定位战略
6	细分"酸性测试"	创造"细分故事板",测试每个细分定位战略的吸引力
7	营销组合战略	把细分定位战略扩展到营销组合的各个内容:产品,价格,促销和地点

市场细分必须定期反复进行。例如,在一段时间内,个人电脑市场划为两个产品属性:速度与功率。后来,个人电脑开始出现"小型办公室和家庭办公室"(Soho)市场。

9.4 有效细分的条件

显然,市场细分有很多种方法,但并不是所有的细分都是有效的。例如,可以根据食盐消费者头发颜色的不同,将他们分为金发和黑发的顾客,但是购买食盐的消费者肯定和头发的颜色无关。又如,如果所有的食盐消费者每个月份都购买食盐的数量是相同的,而且消费者认为所有的食盐都是一样的,所以要求支付同样的价格,那么从这个角度看,食盐市场细分的可能性非常小。

有效地进行市场细分必须使细分市场具有以下主要的特点:

(1)可测性。即用来划分细分市场规模和购买力的基本情况和特性程度应该是能够加以测定的。然而,实践中存在一些因素是难以测量的,例如,很少有产品是为左撇子市场专门设计的,主要原因是这个市场难以测量和统计。

(2)可接近性。即能够有效地接近细分市场并为之提供服务的程度。例如,某家香水企业发现,使用其香水的人多数是单身女性,这些人社交很多,企业需要知道这些人住在哪,在哪里购买商品或者偏好哪些广告媒体,否则就很难接近。

(3)执行可能性。即为吸引和服务于细分市场而系统地提出有效计划的可行程度。例如,一家小型航空公司虽然找出了七个细分市场,但如果公司员工过少,就不可能针对每个细分市场开发专门的营销计划。

(4)获利性。即细分市场的规模大到足够获利的程度。一个细分市场应该拥有值得为之设计一套营销方案的尽可能大的同质群体。例如,专为4英尺(1.23 m)不到的人生产汽车,对任何汽车制造商来说都是不具备可行性的。

(5)差异性。不同的细分市场要在概念上要容易区分出来,不同的细分市场应该对不同的市场营销组合方案有差异性的反应。例如,如果已婚女性和未婚女性对香水销售的反应没有差异,那么这样划分的细分市场就是没有意义的。

小 结

市场细分是指企业在市场调研的基础上以消费者需求的某些特征或变量作为依据,把原有整体市场区分为两个或两个以上的消费者群体,用以确定目标市场的过程。

市场细分的一般程序是:选择和确定营销目标→确定正确的细分标准→选择具体细分因素进行初步细分→进行筛选→初步为目标市场命名→复查各子市场的有用性→确定目标市场。

有效的进行市场细分必须使细分市场具有的主要特点:可测性、可接近性、执行可能性、获利性、差异性。

复习题

(1)市场细分的含义和层次是什么?

(2)市场细分的程序是什么?

(3)有效市场细分的条件有哪些?

案 例

五菱宏光MINIEV为何成千万少女出行首选

奉行"人们需求什么,五菱就造什么"的五菱汽车,打造的国民电动车爆款宏光MINI EV自上市以来,截至2021年8月底,销量破37万。宏光MINI EV在2021年1月和4月,两度登顶全球新能源乘用车销冠,连续12个月稳居中国新能源车销冠。

2021年9月2日,宏光MINIEV在长沙举办的"五菱少女潮妆派对——大人们的小乐园"第三季活动上,发布了宏光MINIEV马卡龙秋色生椰白、梅洛蓝。据了解,新车将继续提供时尚款、臻享款两个版本车型,上市价格分别为3.76万元和4.36万元。

外观方面,新车整体延续了现款车型的设计语言,前脸两侧圆角矩形大灯,周围被一圈黑色饰条包围,配合上底部黑色下包围,使前脸看上去十分精致、时尚。值得注意的是,这次新车在外观上最大的亮点当属推出了生椰白和梅洛蓝两种独特的配色,视觉上更有质感。

车身尺寸方面,参考现款车型来看,长宽高分别为2 920/1 493/1 621 mm,轴距1 940 mm。

内饰上,新车同样延续了现款车型的整体设计,依旧是简约的设计风格。而在配置上,新车配备了蓝牙设备、主驾驶化妆镜以及语音导航、语音交互等高实用性功能配置。

动力和续航方面,新车依旧搭载的是一台永磁同步电机,最大功率20 kW,峰值扭矩85 Nm。电池方面,配备9.3 kW·h磷酸铁锂电池和13.8 kW·h三元锂电池两种电池,NEDC续航里程为120 km和170 km。在充电方面,该车充电只需要最普通的220 V交流电就可,对充电桩也不依赖,可以说是做到了随时都可以充电。

随着女性汽车消费群体这两年井喷式的蓬勃与壮大,各大主机厂纷纷推出女性定制车系列,从女性钟爱的新车代言人、到车辆内外饰的女性化配色,再到各种专为女性设置的改装空间,甚至是为女性定制的软、硬件配置,纷纷想拿下这块大蛋糕。

洞察到“五菱少女”潮妆出行的新诉求,五菱首次跨界美妆圈,联动近年来凭借“美不设限”时尚主张在年轻女性中人气爆棚的中国新时尚美妆品牌“完美日记”,双方基于各自对于年轻女性群体的洞察,用色彩定义潮流个性,共同推出五款马卡龙夏日完美礼盒。与此同时,五菱邀请完美日记开启五菱少女潮妆派对,并发布全新秋色,从妆容到出行多触点链接消费者,为五菱少女带去更多潮妆出行灵感。

根据官方公布的销售数据显示,宏光MINIEV马卡龙的90后用户占比达到75%,女性车主更是占比约78%。事实上,在2020年7月宏光MINIEV上市后,上汽通用五菱内部就曾有一个共识:用不了多久,必有模仿者。毕竟对于产品架构简单的宏光MINIEV而言,其竞争力源自于对市场需求的敏锐而非产品本身。而一旦消费市场得到了教育,竞争对手同质化的产品一定会纷至沓来。

市场证明,五菱方面的预期没有错。仅仅过了5个月,沉寂已久的长安奔奔E-Star就用几乎同样的模式推出国民版车型,将价格定在了2.98～3.98万元。而当宏光MINIEV始终将月销量保持在3万辆左右时,奔奔E-Star的月销量也从2 000辆一路增长至近8 000辆的水平。与此同时,奇瑞小蚂蚁、零跑T03这些微型电动车,也都有着相当不错的销量成绩。

在2021年的新能源车市场中,微型纯电动车的份额已经达到了31%,还较2020年提升了5个百分点,整个市场月均销量超过5.3万辆。可以看到的是,一个在燃油车时代几乎消失的细分市场,在电动化时代再次掀起了浪花。

据《中国小型纯电动乘用车出行大数据报告》显示,小型纯电动乘用车的平均市场份额占比约为40%,上汽通用五菱在2020年小型纯电动乘用车市场占有率高达51%,上升到小型纯电动乘用车行业的龙头地位,其中五菱宏光MINIEV创造了小型纯电动乘用车的新记录,市场占有率达43%。

2020年,上汽通用五菱建立全球小型纯电动汽车架构(简称“GSEV”),重新定义小型电动车的空间、安全、能耗、能源补给和服务。2021年1～7月,GSEV系列产品总销量达216 989台,同比增长788%,成为全球新能源乘用车的销量担当。

通过上汽通用五菱近两年来的一系列秉承着“人们需要什么,五菱就造什么”的初心,可以预见的是,未来上汽通用五菱还将持续以用户为中心,深刻洞察市场需求,给人们带去更好的新能源产品与服务。

(资料来源:腾讯新闻)

讨论:

(1)五菱宏光MINIEV的市场细分标准是什么?

(2)你认为微型纯电动车的市场前景如何?

第 10 章　目标市场选择

本章要点

■目标市场模式选择。

■目标市场营销战略。

市场细分给企业提供了不同的细分市场机会，企业一旦确定了市场细分机会，就需要根据自己所面临的主客观条件对其所划分的各个细分市场依次进行评估，并通过评估最终确定哪些是企业选择值得进入的目标市场。企业的所有营销活动都是以目标市场为核心进行的，选择并最终确定目标市场，明确企业的具体服务目标，是企业制定营销战略的首要内容。

10.1　目标市场概念

1. 目标市场的含义

企业在市场细分的基础上根据自己的资源和目标选择一个或几个细分部分作为自己的目标市场，这样的营销活动即是目标营销或市场目标化。可见，目标市场就是指企业最终决定要进入的、企业一切营销活动中所要满足其需求的市场。

2. 选择目标市场的条件

企业经过市场细分评估以后，最终确定的目标市场必须具备一定的条件，才能长久的占领市场，制定正确的营销组合，从而实现企业的经营利润目标。一般包括：

(1)市场拥有具备一定购买力的消费群，从而能够使企业进入之后有足够的营业额。只有这样，企业才能实现自己预期的盈利目标。

(2)有尚未满足的需求，有充分发展的潜力。目标市场应该仍然有待开发，有进一步进行营销开拓的空间。一个需求饱和的市场对企业是没有意义的。

(3)有可能进入市场，有可能占有一定的市场份额。假如企业所选择的目标市场，企业经过努力后，仍不能与竞争对手抗衡，那么，企业选择该市场作为目标市场是没有价值的。

10.2 目标市场模式选择

企业在对不同细分市场评估后,可考虑五种目标市场模式,如图10.1所示。

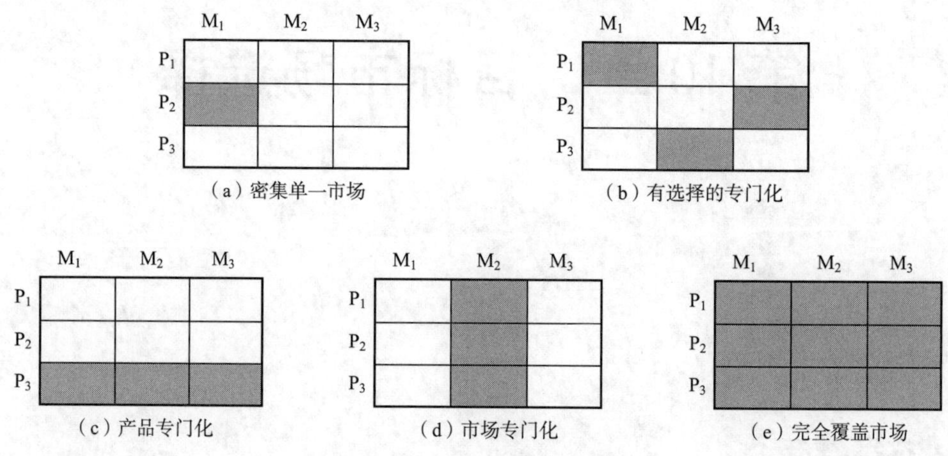

图10.1 目标市场选择的五种模式

- 密集单一市场,即企业只选择一个细分市场为之服务,产品单一,服务的顾客群体单一。
- 有选择的专门化,即企业选择若干个细分市场,其中每个细分市场都有吸引力并符合公司要求。
- 产品专门化,即企业集中生产一种产品,向市场内各类顾客销售这种产品。
- 市场专门化,即企业专门为满足某个顾客群体的各种需要而服务。
- 完全覆盖市场,即企业想用各种产品满足各种顾客群体的需求。

10.3 目标市场营销策略

企业在市场细分化的基础上选择自己打算服务的目标市场,目的在于不断拓展市场。要想顺利实现这一目的,一般有以下三种不同目标市场策略可供选择。

1. 无差异性目标市场策略

无差异性目标市场策略是企业将整个市场看成是同质市场或只考虑市场上消费者需求的共同点或相似之处,向整个市场提供单一的产品,运用一种市场营销因素组合策略,尽可能地吸引更多的消费者。可见,实行无差异性目标市场策略的企业,是把整个市场作为一个大目标,针对消费者的共同需要,制订统一生产和销售计划,以开拓市场,扩大销售。一般说来,这种目标市场策略主要适用于以生产观念和推销观念为指导思想的企业,其产品需求广泛,能够大量生产和销售,它们强调消费者的共同需要,忽视其差异性。通常而言,实力强大且能够进行大规模生产,又有广泛而可靠的分销渠道,以及统一的广告宣传方式和内容的企业可采取这一营销策略。例如,美国可口可乐公司曾一度长期生产一种味道的产品,使得该公司较长时间统治世界饮料市场。

无差异目标市场营销策略的最大优点是成本的经济性。大量生产、储运、销售而使得产品平均成本低，并且不需要进行市场细分，可节约大量的调研、产品研制、制定多种市场营销组合方案、广告等耗费的人力、财力与物力费用。

但是这种市场策略对大多数产品并不适用，即使对于一个企业，一般也不宜长期采用。因为市场需求是有差异的，而且处于一个动态变化的不断发展的过程，所以一种产品长期被所有消费者接受的情况是不常见的，而且当几家同类大企业都同时采用这一策略时，就会形成异常的激烈竞争，而有些需求却得不到满足，这无论对于营销者还是消费者都是不利的。从而导致企业不得不开始改变其无差异市场策略。

2. 差异性目标市场策略

差异性目标市场策略就是企业把整个市场划分为若干细分市场，从中选择两个以上乃至全部细分市场作为自己的目标市场，并为每个选定的细分市场制定不同的市场营销组合方案，同时多方位或全方位地分别开展针对性的营销活动。实行这种策略的企业，通常是把整体市场划分为若干细分市场作为其目标市场。针对不同目标市场的特点，分别制订不同的营销计划，生产不同目标市场所需要的商品以满足不同消费者的需要，不断扩大销售成果。例如，自行车企业针对消费者不同的收入水平、购买目的和个性，生产不同的自行车，如轻便男车、轻便女车、童车、赛车、载重车等多种产品市场。同时，也根据不同消费者的偏好，生产出各种彩色车。这些车型各适应某一部分顾客需要，针对性很强，因而有利于在各细分市场中更好地满足其特殊需要，赢得各类用户的信任，并使其重复购买。

采用差异性目标市场策略的最大优越性是小批量、多品种、生产机动灵活，针对性强，能满足不同消费者的需求，有利于扩大企业的销售额。"二战"以后，世界上越来越多的企业都采用了这种策略，并取得了经营上的成功。

差异性目标市场策略也有其缺点，主要是经营成本较高。对于一个企业来说，差异性营销意味着品种多，销售渠道和方式、广告宣传的多样，开发和添置特殊设备、工具的费用、生产制造成本、管理成本、存货成本、营销成本就会大大增加。可见，差异性营销要求企业具有更加雄厚的财力资源和更高的经营管理水平。

3. 集中性目标市场策略

集中性目标市场策略是指企业不是面向整体市场，也不是把力量分散于若干细分市场，而是专业化的生产和销售。采用这种策略，通常是为了在一个较少的细分市场上取得较高的市场占有率甚至居于支配地位，而不是追求在整体市场上占有较少的份额。它们的具体做法，不是把力量分散在广大的市场上，而是集中企业的优势力量，对某细分市场采取攻势营销战略，营销对象比较集中，以取得市场上的优势地位。

一般说来，这种策略适用于实力较弱的中、小企业，它们无力在整体市场或多个细分市场上与大企业抗衡，而在大企业未予注意或不愿顾及的某个细分市场上全力以赴，为充分满足消费者的需要而奋斗，以取得消费者的信任和偏爱，从而提高销售额、利润额和投资收益率，往往能够取得经营上的成功。并且，随着生产、分销渠道、广告宣传等的专一化，不仅企业的营销成本逐步降低，盈利增加，而且提高了商品和企业的声誉。

当然，这种营销策略也面临着市场风险大的缺点。因为目标市场比较狭窄，万一市场情况出现意外变化，如消费者爱好转移、价格猛跌，或出现强大竞争对手，就可能使企业在竞争中失败。

在这里，必须搞清楚三种目标市场策略的联系和区别。首先，从企业所面临的市场范围来说,无差异性目标市场策略和差异性目标市场策略,都是面向整体市场,试图满足所有消费者的需要。集中性目标市场策略,则不是把目标放在整体市场上,而是面向整体市场中的局部市场,只以一个或很少几个细分市场为目标市场,目标市场更加集中。其次,从企业所采取策略的性质来说,无差异性目标市场策略的性质是同质的、无差异的,用相同的市场营销组合在总体上开展营销活动;差异性目标市场和集中性目标市场策略的性质是异质的、有差异的,用不同的市场营销组合或多样化的市场营销组合在不同的目标市场上开展营销活动。

10.4 影响目标市场营销策略选择的因素

影响目标市场营销策略选择的主要因素有:企业资源能力、需求状况、产品类别、产品生命周期阶段、竞争对手的策略等。一个企业究竟采用何种目标市场策略,要受到多方面因素的影响和制约,企业往往需要将经营目标分散于几种策略之中,根据具体情况加以选择实施。具体地说,企业选择目标市场策略应考虑下列因素:

1. 企业资源能力

企业实力雄厚,产品生产、产品开发和销售水平较高时,可考虑采用差异性或无差异性营销策略;资源有限,无力顾及整体市场或几个细分市场的企业,则宜于选择集中性营销策略。

2. 产品特征

对于一些同质性产品、消费需求差异较小产品、不同工厂或地区生产的在品种和质量方面相差较小而价格是产品间竞争主要集中点的产品,例如钢铁、大米、食盐等初级产品,适宜采用无差异营销策略。差异较大的产品,如汽车、照相机、服装、食品等,适宜采用差异性营销或集中性营销的策略。

3. 产品生命周期

如果企业是向市场投入新产品,即处于投入期时,一般竞争者不多,宜采取无差异营销,以便了解和探测市场需求和挖掘潜在顾客;当产品进入成长期或成熟期甚至衰退阶段以后,就可采用差异性策略以开拓新的市场,或实行集中营销策略以设法保持原有市场份额,延长产品生命周期。

4. 市场特点

如果不同市场消费者对同一产品的消费需求、购买行为基本相同,对营销策略的反应也大致相同,即市场是同质的,可实行无差异营销策略。反之,则应采用差异性或集中性营销策略。

5. 竞争对手的营销策略

企业采取哪种市场策略,往往视竞争者所采取的策略而定。如果一个强有力的竞争对手实行无差异营销策略,本企业一般就应当采用差异性营销策略相抗衡。同样,如果竞争对手实行差异性营销策略,本企业一般就应进一步细分市场,实行更有效的差异性营销策略或集中营销策略,如果竞争对手实力较弱,也可以实行无差异营销策略。

小　结

企业在市场细分的基础上根据自己的资源和目标选择一个或几个细分部分作为自己的目

标市场,这样的营销活动即是目标营销或市场目标化。

企业在对不同细分市场评估后,可考虑五种目标市场模式:密集单一市场,即企业只选择一个细分市场为之服务,产品单一,服务的顾客群体单一;有选择的专门化,即企业选择若干个细分市场,其中每个细分市场都有吸引力并符合公司要求;产品专门化,即企业集中生产一种产品,向市场内各类顾客销售这种产品;市场专门化,即企业专门为满足某个顾客群体的各种需要而服务;完全覆盖市场,即企业想用各种产品满足各种顾客群体的需求。

企业在市场细分化的基础上选择自己打算服务的目标市场,目的在于不断拓展市场。要想顺利实现这一目的,一般有无差异性目标市场策略、差异性目标市场策略、集中性目标市场策略三种目标市场策略可供选择。

复习题

(1)目标市场的含义和选择条件是什么?

(2)目标市场模式有哪几种?

(3)差异性目标市场营销策略的优缺点有哪些?

案　例

好想你:聚焦“食药同源”领域

从“红枣第一股”到“新时代健康食品的引领者”,“好想你”的资本市场之路已经走过了十年之久。如今,“好想你”出售百草味已经尘埃落定一年,百草味与全球首屈一指的食品企业牵手,仍保持独立运营;而“好想你”获得近50亿元资金,用于支持主业发展、改善财务状况以及通过回购强化股东回报。

投资者更为关心的是,在出售百草味后,“好想你”的经营管理都做了哪些调整?站在新的发展起点上,“好想你”又如何开启新征程呢?

1. 销售渠道协同发展,提升上市公司价值

深耕三十年,“好想你”早已成功成为消费者心目中高端红枣的代名词。而回顾“好想你”的“破圈”历程,也是极具行业代表性:2016年至2019年,互联网休闲食品行业处于快速发展期,公司成功并购百草味后,“百草味”成为国内最早登陆资本市场的互联网休闲食品品牌。百草味在公司的资金、生产及仓储物流等多方资源支持下,经过四年多的快速发展,已经成为休闲食品领域内最具竞争力和影响力的企业之一。

出售百草味股权前,百草味已形成了覆盖坚果炒货、肉类海鲜、糖果糕点、果干果脯、礼盒等多个品类、1 000余种SKU的产品组合,并引入冻干技术的果干以及冲饮等健康类目休闲零食,有效地满足了不同消费者群体在不同场景下的多元化休闲食品需求,并结合休闲食品行业的发展特点,对业务模式及产品组合进行积极地探索和创新,建立了市场研究、食品研发、采购质检、物流配送及全渠道销售的全产业链品牌运营模式。

出售完成后,“好想你”的专卖店及商超渠道与百草味的电子商务渠道互相补充,产生良好的协同效应。多渠道并举之下,"好想你"高效推行O2O模式,"好想你"及"百草味"系列产品销量有望持续快速增长,这将大大提升公司价值。

2. 回归主业,实施"红枣+互联网"战略,培育利润增长点

鉴于行业发展情况和消费者需求的变化,"好想你"拟推进"红枣+互联网"的产品战略,整体上实现线上线下品类多元化,以满足多样化的市场需求,提升公司的盈利能力。百草味运营的"百草味"品牌是国内领先的休闲零食品牌,旗下天猫旗舰店是天猫平台坚果零食类目销量最高的店铺之一,"百草味"系列产品线包括坚果、糕点糖果、果干、肉脯/海鲜、礼盒等五大系列300多个SKU。此外,百草味还针对同质化程度高的夏威夷果、碧根果等产品采取了细节创新的方式,提升产品的品质及体验,提高产品的附加价值。

三只松鼠、良品铺子等企业均已成功上市,互联网休闲食品行业的竞争进入白热化阶段,包括百草味在内的休闲食品企业都面临着较大竞争压力,新零售、短视频等新渠道的兴起增加了竞争的不确定性,同时也需要市场参与者投入更多资源,特别是新零售领域。

"好想你"抓住历史机遇,将百草味股权出售给百事公司,增加归属于上市公司股东的净利润22.31亿元,同时为支持未来发展提供了充裕资金。出售完成后,"好想你"回归以红枣业务为主的新时代健康食品的发展战略,聚焦主营业务,形成以红枣为中心的大健康食品体系。"好想你"将实现线上线下品类多元化,产品结构的持续优化使得公司的盈利能力有所增强。

3. 聚焦"食药同源"领域,"多元产品+整合营销"助力新零售

目前,消费者对健康食品的需求持续增长,对红枣及相关食药同源产品需求加大。对此,"好想你"持续加大研发力度,进一步丰富公司的产品品类,关注新消费、大健康、食药同源等三大细分领域,助推公司战略扩张。

具体来看,目前,"好想你"已经研发出冻干单品108款(覆盖了食药同源、坚果、水果、豆类、蔬菜、菌类、奶制品等单品)、清菲菲系列产品4款、冻干益生菌冰淇淋4款、冻干益生菌酸奶溶豆3款、冻干益生菌果蔬汁5款。正在研发益生菌清菲菲、胡辣汤、植物蛋白露(杏仁味)等冻干粥汤类产品10款;围绕公司只做高端红枣的理念,对现有产品(枣博士、健康情、即食枣)从标准、产地、加工工艺、食用人群、食用场景等方面进行创新,精耕细作,正在开发适用于不同人群、不同食用场景的枣类制品;根据当下对功能性加工制品的市场需求,正在开发益生菌枣片、益生元枣片、双益蜜饯、黑芝麻注心枣、益生菌奶枣等枣类精深加工产品。

目前,消费者对健康食品、方便代餐食品的需求持续增长。80、90后消费者正在成为养生消费主力人群,他们更注重"多快好省"的食养产品。"好想你"围绕核心目标人群,通过网络大剧营销、大学生校园广告创意赛营销、代言人营销、头部网红直播战略合作等多维营销方式,进行线上线下整合营销,持续打造战略产品清菲菲,把清菲菲打造成为健康生活的"国民养生"产品。

4. 品牌升级+渠道建设,精准布局发力黄金赛道

随着大健康时代的到来,健康+消费产业已然成为优质赛道,"好想你"御风而行,继续聚焦"红枣+食药同源"的健康食品领域,强力推进品牌建设,实施精准营销。

在消费者对新时代健康食品需求快速增长的时期,阿里巴巴紧抓时代机遇,着力发展冻干产业,将在淘宝天猫新开辟冻干赛道,聚焦核心人群,回笼高质流量,赋能全产业链。"好想你"以此为契机,依托自身冻干产业链天然优势,推出主打冻干健康食品的全新子品牌,在冻干水果、冻干奶块、混合冻干三个品类布局,让更多懂健康、要健康、愿为健康付诸实际行动的人吃上健康食品。

众所周知，在大消费领域，品牌+渠道是企业长期发展的重要法宝。“好想你”深谙此道，不断探索新的发展模式，推出多元化食养健康互动体验店，在线下开设了六维一体“轻养Young生活”食养生活馆，提供轻养饮品服务、休闲体验服务、食养及健康产品服务、营养师服务、自有社区团平台服务和数字化营销服务。店内在红枣食药同源产品的基础上，设立“健康锁鲜食品”体验区，让消费者进行“新时代健康食品”的深度体验式消费。

轻养店围绕“日月星店”布局进行拓展，未来一年内计划开设门店50家：其中，日型店为地标性品牌体验店，计划开设一家；月型店为大型旗舰店，计划开设5～10家，具体在省会及重要一线核心城市开店；星型店：开设40家标准店（新开+升级），主要集中在河南省内开店；另外，优选部分优秀一级加盟商作为第一批开店合伙人，为未来轻养加盟连锁店做标杆样板。

为持续打造战略产品清菲菲，把清菲菲打造成为健康生活的“国民养生”产品，“好想你”还发力电商渠道，线上打造“一点多面”的电商运营矩阵。“好想你”已在线上新开设清菲菲天猫官方旗舰店，协同阿里在淘系渠道打造以清菲菲为子品牌的健康代餐大单品系列。同时，公司也在京东、拼多多、快手等平台开设旗舰店，形成“一点多面”的以天猫为核心阵地点、其他线上渠道全面铺开的独立子品牌电商运营矩阵。

值得一提的是，“好想你”在坚持自主发展业务的同时，也一直在密切关注行业动态，积极进行投资项目储备，助力公司向健康食品领域扩张。2020年公司成立了战略投资中心，围绕主业设定了符合自身的投资策略，重点关注新消费、大健康、食药同源三大细分领域。当前公司正在积极地寻找与公司体量相匹配的标的，以有效提高公司的收入规模和整体竞争力。

目前，“好想你”手握充裕的资金，已经在为下一个“十年”蓄势待发。

（资料来源：证券市场红周刊）

讨论：

(1)“好想你”选择何种目标市场模式？

(2)“好想你”的目标市场营销策略是什么？

第 11 章　市场定位

本章要点

■市场定位的方式和步骤。

■市场定位策略选择。

企业在选定目标市场营销策略后，就必须决定在这些细分市场中的定位，从而实施相应的市场定位策略。消费者被繁杂的产品和服务信息所包围，他们不可能每次做消费决策时都对产品进行仔细的考察评估。所以消费者会把将企业提供的产品和服务进行“定位”，以简化购买过程。所以企业不管采取何种目标市场策略，都必须进一步考虑在准备服务的细分市场中推出具有自己特色的产品，以使企业产品在消费者心目中占据特定的位置。这是关系到企业产品能否为消费者认可接受、占据市场份额的重要战略问题。

11.1　市场定位的含义及意义

1. 市场定位的含义

市场定位是 20 世纪 70 年代由美国学者阿尔·赖斯提出的一个重要的营销学概念。菲利普·科特勒对市场定位的概念是：对公司的产品进行设计，从而使其能在目标顾客心目中占有一个独特的、有价值的位置的行动。

市场定位的实质是使本企业与其他企业严格区分开来，并使顾客明显感觉和认知这种差别，从而在顾客心目中留下特殊的印象。市场定位的目的是为了影响顾客心理，增强企业产品以及产品的竞争力，扩大产品销售，增加企业的经济效益。

2. 市场定位的意义

市场定位的意义主要在于：

(1)有利于企业及其产品在市场中建立自己的特色。现代社会早已进入买方市场时代，几乎每个市场都存在供过于求的现象，新产品不断涌现，市场竞争非常激烈。每个企业都在为了生存不断采取不同的办法以防止自己的产品被其他产品替代，从而保持和争夺市场份额。其中，为其产品树立特定的形象，培养一定的特色，从而达到在顾客中形成一种特殊的偏好，进而形成一种产品优势，已成为重要的竞争手段。

(2)市场定位决策是企业制定市场营销组合策略的基础。例如，企业决定质优价高的产品作为其目标市场，那么，企业的这种定位就决定了企业所生产的产品质量一定要好，能体现顾客身份，价格则要定得高，相应的广告宣传的侧重点应该是强调产品所具备的高质量，让消费者相信虽然产品价格高，但是物有所值；销售渠道应选择档次较高的百货公司，而不能是廉价品市场。可见，企业的市场定位决定了企业要设计与之相适应的营销组合策略，市场定位在企业的营销工作中有着极为重要的战略意义。

11.2　市场定位的步骤

市场定位的主要任务，就是通过集中企业若干的竞争优势条件，将自己与市场上其他竞争者区别开来。定位工作包括三个步骤：识别定位可能基于的一系列竞争优势，选择相对的竞争优势和显示独特的竞争优势。

1. 识别定位

一个企业能够赢得并保持顾客的关键，在于比竞争对手更加了解他们的需要和购买过程，并带给他们更大的价值。企业能够利用现有条件(包括产品、价格、渠道与促销各个方面)向自己选定的目标市场提供最大价值，即是成功地识别自己的市场定位。一般来讲，要求企业从以下三个方面寻找明确的答案。

(1)调查目标市场上已有的竞争者产品开发状况，估计其运营成本和经营情况。营销人员需要仔细分析顾客对现有竞争者提供的产品及其服务的全部经历，以识别自己的差别定位。

(2)调查目标市场上的足够数量的消费者的有效需求状况及其消费欲望满足状况，从而确定最能够满足目标顾客群需要的最重要特征。

(3)从成本和经营方面考察本企业能够为满足市场需求提供哪些服务。牢固的定位不能光靠口头承诺，要把自己的产品或服务与竞争对手的区分开来，通过在与顾客发生联系的每一处(产品、服务、渠道、人员、企业形象等)，都找到使自己差异化的方法。

2. 选择相对的竞争优势

相对的竞争优势，是一个企业能够胜过竞争者的能力。有的是现有的，有的是具备发展潜力的，还有的是可以通过努力创造的。企业需要确定哪些竞争优势是其定位策略的基础，决定重点要在哪些优势方面进行大力的推广。在这样一个信息发达的社会，企业品牌应该确立自己的一个特性，并且宣称自己在这个特性上是“最好的”，因为消费者一般更容易记住最好的。因此，高露洁牙膏一直宣传其防蛀功能，沃尔沃宣传其安全性。始终如一研究并且经营一个定位的企业，会使其知名度不断提高。

3. 显示独特的竞争优势

选定的竞争优势不会自动地在市场上显示出来，定位需要切实的行动，而不只是空谈。一旦公司选定了一种定位，企业必须采取有力措施向目标顾客宣传这种定位，通过其一言一行，表明自己的市场定位，所有的市场营销组合必须支持定位策略。市场营销组合的设计，本质上是指规划出定位策略的战术细节。在实践中，一般包括如下三方面内容：

1)建立与市场定位相一致的形象

(1)让目标消费者了解并熟悉企业的市场定位。一个企业建立形象,首先必须积极主动地与消费者进行沟通,以吸引顾客的注意和兴趣,并保持不断的联系。

(2)建立目标消费者对企业的市场定位认同和偏好。使消费者接受企业这一市场定位相关信息的意义和合理性,并逐步确立消费偏好。

2)巩固与市场定位相一致的形象

建立或者改变定位通常要用很长时间,而花费很长时间建立起来的定位也可能很快失去。所以企业定位一经建立,就必须通过一致的表现和沟通谨慎地保持自己的市场定位。可以通过以下手段来巩固其市场定位:

(1)强化目标顾客的印象。顾客对企业的市场定位及其形象的认识,是一个持续的过程,是循序渐进式的,有明显的阶段性。可见,企业应该不断由浅入深地强化消费者对企业的印象。

(2)保持目标顾客的了解。一个企业必须有较强的应变能力,始终保持与相关环境之间的动态平衡,并且通过营销手段使消费者了解企业的更新与升级,始终保持消费者对企业及其市场定位的了解,其形象才能巩固。

(3)稳定目标顾客的态度。建立形象之后,企业应不断向顾客提供新论据、新观点,证实其原有的认识和看法的正确性,支持企业的市场定位,防止顾客的态度向中间或反向转化。因为消费者对企业产品印象的形成要有一个过程,而且一旦形成则将持续相当长的时间而不轻易改变,这将对企业形象有很大的影响。

(4)加深目标顾客的感情。顾客对一个企业及其市场定位的认识充满着鲜明的态度体验和感情色彩。

3)矫正与市场定位不一致的形象

市场是在动态发展的,有很多情况可能导致企业市场定位出现偏差,从而出现不利于企业经营的局面。所以企业必须不时地密切监督并调整定位,在内容、形式上及时调整构成其市场定位的相对优势,以保证自己在目标市场的特色形象。例如,目标市场对企业及其市场定位的理解可能会出现偏差,如定位过低或过高,定位模糊与混乱,易造成误会。又如,消费者需求和竞争对手策略发生改变。企业在显示其独特的竞争优势的过程中,必须对这种与市场定位不一致的形象进行矫正,避免突然的变化,以免使消费者感到混乱。

11.3 市场定位方式

企业所处不同竞争态势下所采取的市场定位方式也有所不同,下面分析三种主要定位方式。

1. 避强定位

避强定位指企业力图避免与实力最强的或较强的其他企业直接发生竞争,而将自己的产品定位于另一市场区域内,使自己的产品在某些特征或属性方面与最强或较强的对手有比较显著的区别。

避强定位可以使企业迅速在市场上立住脚,并能在消费者心中树立一定形象,市场风险较小,成功率较高。但是避强往往意味着企业放弃了某个最佳的市场位置,很可能使企业占据的是最差的位置。例如,七喜汽水的定位策略就是一个避强定位策略的典型案例。因为可口可乐和百事可乐是市场的领导品牌,占有率极高,在消费者心中的地位不可动摇。所以,将产品定位于“非可乐型饮料”就避免了与两大巨头的正面竞争。

2. 迎头定位

迎头定位指企业根据自身的实力，为占据较佳的市场位置，不惜与市场上占支配地位的、实力最强或较强的竞争者发生正面竞争，从而使自己的产品进入与对手相同的市场位置。

迎头定位可能引发激烈的市场竞争，因此有较大的风险。但另一方面，由于竞争者是最强大的，因此竞争过程往往产生轰动效应，消费者可以很快了解企业及其产品，从而达到树立市场形象的目的。例如，作为后起的百事可乐进入市场时，就采用过这种方式。“你是可乐，我也是可乐”，与可口可乐展开面对面的较量，实行迎头定位。

3. 重新定位

重新定位指对销路少、市场反应差的产品进行二次定位，企业决策失误、竞争对手有力反击或出现新的强有力竞争对手等情况都可能使企业面临困境，这种定位方式的目的在于摆脱企业当前所处的困境，重新获得增长与活力。当然，也有的重新定位并非因为企业已经陷入困境，而是因为产品意外地扩大了销售范围而引起的。例如，专为青年人设计的某种款式的服装在中老年消费者中流行开来，该服式就会因此而重新定位。

11.4 市场定位策略

企业推出的每种产品，都需要选定其特色和形象。现有产品在其原有定位已经不再具有生命力时，也需要重新作出定位决定，对产品的市场定位，可以应用多种策略，主要包括：

1. 根据具体产品的特色对产品进行定位

产品本身的特色能使消费者体会到它的定位。产品属性包括制造技术、设备、生产流程、产品功能，也包括产品的原料、产地、历史等因素。例如中国闽东电机公司，以东南亚别墅用户为目标市场，推出的ST系列三相发电机符合当地用户习惯和与汽车发动机配套的特殊要求，深受别墅用户喜欢，公司以产品的这些特色广为宣传，在东南亚市场获得极高的占有率。如果企业的一种或几种属性是竞争者所没有或有所欠缺的，同时又是顾客认可和接受的，这时采用按产品属性定位的策略就越容易见效。

2. 根据产品所满足的需要进行定位

这是工业产品最常用的市场定位方法。此外，为老产品找到一种新用途，是为该产品创造新的市场定位的好方法。例如杜邦的尼龙最初在军事上用于制作降落伞，后来开发出许多新的用途——作为袜子、衬衫、地毯、汽车轮胎、椅套的原料等。

3. 根据产品所带来的利益对产品进行定位

产品本身的属性及由此获得的利益、解决问题的方法及需求满足的程度，能使顾客感受到它的定位。这里的“利益”包括顾客购买企业产品时追求的利益，也包括购买企业产品所能获得的附加利益。例如，新飞冰箱在同容积冰箱中耗电最少，给顾客提供“省电”的利益。如果某种属性是竞争者无暇顾及的，那么新产品强调这种属性将会获得很大的成功。

4. 根据消费者种类对产品进行定位

企业以市场细分为前提针对某个子市场、某些特定消费者进行促销，使这些消费者认为企业的产品是特地为他们生产而且适合他们使用，从而满足他们的心理需要，促使他们对企业产生信任感。

5. 直接针对竞争者或避开竞争者进行定位

即根据市场竞争状况,与竞争对手产品相比较后而进行的市场定位。主要是突出企业的优势,如技术可靠性程度高、售后服务方便快捷以及受其他顾客欢迎的因素等,从而在竞争者中突出自己的形象。比如,百事可乐强调"新一代的选择",而可口可乐则推崇"齐欢乐"。

6. 根据多重因素对产品进行定位

即将市场定位在几个层次上,或者依据多重因素对产品进行定位,使产品给消费者的感觉是产品有多重功效。作为市场定位体现的企业和产品形象,都必须是多维度、多侧面的立体。需要注意的是,这种方式应该避免因描述的特征过多而冲淡企业及产品的形象。

小 结

选定了目标市场后,由于目标市场中往往已经存在着一些捷足先登的竞争者,企业应如何使自己的企业、品牌、产品能与现存的竞争者、竞争产品区分开来?企业应在市场上为它们塑造一定的形象,即市场定位。

市场定位是为了适应消费者心目中某一特定看法而设计的企业、产品、服务及营销组合的行为。市场定位包括三个层次:企业定位、品牌定位、产品定位。

根据企业在行业中的地位的不同,可以采取对抗性定位和避强定位,如果原来的定位不理想,可以进行重新定位。

复习题

(1)市场定位的含义和意义是什么?

(2)市场定位方式和步骤是什么?

(3)企业进行定位时有哪几种策略可供选择?

案 例

传音不想只做"非洲机皇"

业界一直流传着深圳传音控股股份有限公司(以下简称"传音控股"或"传音")创始人竺兆江开玩笑式地预言:"传音的好运将在2022年终结。"没想到一语成谶。

2022年4月27日,传音控股公布了2021年和2022年一季度业绩。报告显示,传音控股2022年第一季度实现营收110.55亿元,同比减少1.75%;实现归属于上市公司股东净利润7.96亿元,同比减少0.7%。

这个总部在广东深圳的企业,最早眼光独到地选择避开国内手机市场,低调地在海外"闷声发大财",利用功能机在非洲站稳脚跟。2019年,传音登录A股科创板后,针对非洲用户研发"智能美黑""四卡四待手机"的故事才逐渐出圈。

依靠坚实的市场基础和强大的本土化能力,传音正在主导非洲手机智能化。IDC统计显示，传音控股在非洲智能机市场占据了47%的市场份额，相比之下，第二名的三星市场份额不足20%。

与绝对主导的市场份额对应。近5年时间，传音的营收复合增长率高达33%，净利润复合增长率更是高达114%。但正如预言所说，这样的高歌猛进在2022年一季度稍有凝滞。

其实，不论竺兆江是否说过这样的预言，从公司布局来看，传音控股并没有满足于现状，当媒体还在对一家中国公司如何打遍非洲无敌手的故事津津乐道之时，竺兆江却感受到了危机的逼近，正是这样的危机意识让传音开始了手机硬件以外的布局，曾经以“中国制造”称霸非洲的手机之王，这一次，想要复刻互联网过去十年取得的成功。

1. 不止于功能机

1996年，竺兆江从南昌航空大学毕业后加入波导，成为一名传呼机推销员。他和其他销售员不同，不会一味向顾客推销公司产品，而是先问一句“您需要什么样的产品?”。据说积累了一定数量客户后，竺兆江会把客户分类为几类，为每类顾客推荐最合适的产品型号。

因为业绩出色，短短3年后，竺兆江就被提拔为波导华北区首席代表。当时波导手机在国内销售非常火爆，随着公司的不断壮大，竺兆江也在2003年成为波导的常务副总，主要负责海外业务。也正是此时，竺兆江跑遍了90多个国家和地区，深入了解了海外市场。为传音之后开拓非洲市场打下了坚实基础。

2006年，波导在中国市场可谓如日中天，连续7年手机销量第一。但或许是因为波导在国内独占鳌头，公司一直没有把海外业务当作发展重心。也是在这一年，竺兆江带领几位一起在波导打拼的同事创立了传音。仅仅一年之后的2007年，iPhone的问世标志着智能机时代的到来，这几乎宣告了波导智能机和海外业务的终结，波导从此一蹶不振。

在传音进入非洲市场之时，很多国产山寨机同样盯上了这块新兴市场。但传音依靠过硬的质量和深入人心的本土化打败了竞争对手。非洲电力基础设施薄弱、电压不稳定，传音手机就加大电池容量，用超长待机减少频繁充电的烦恼；当地运营商众多，信号覆盖面小且不稳定，传音就研发了四卡四待手机；非洲用户热爱音乐，传音手机就加强手机音乐外放功能，还附送头戴式耳机。就这样，传音手机开始热销非洲大陆。

2016年，传音在非洲的市场占有率已经超过30%，在非洲可以算家喻户晓的传音在国内依然异常低调。当时，《南方日报》曾援引一位深圳官员的话说：“我2015年去非洲，才知道有一家企业在非洲手机市场占有那么高的市场份额，而且总部就在深圳。”

据之前第三方市场调查公司IHS中国研究总监介绍，传音2017年的手机出货量高达1.2亿台，其中占主要是功能机，达9 000万台，智能机则超过3 000万台，继续蝉联非洲大陆手机销量榜第一。虽然传音的功能机在非洲大获成功，但公司并没有停下脚步。

尽管受限于经济发展水平，非洲人均收入普遍较低，但在经济相对发达的南非和尼日利亚，越来越多的人开始使用智能机。竺兆江自然发现了这一现象。

毕竟，由于没有跟上智能机时代的步伐，波导从第一代国产手机的执牛耳者到跌落神坛的速度之快，让人咋舌。竺兆江显然从波导失败中汲取深刻教训，把敏锐的嗅觉和危机意识烙印在传音的企业文化中。

这一次，传音不再像波导那样被动跟随手机的更新换代，而是选择引领非洲智能机时代的到来。根据不同用户的需求，传音布局旗下三大手机品牌业务，包括中高端品牌TECNO、入门级品牌itel以及针对追求时尚科技用户群体的品牌Infinix。

不过，不论是功能机还是智能机，传音依旧走高性价比路线。这也让传音把市场优势从功能机延伸到了智能机领域。据IDC数据,传音在非洲智能机市场的占有率从2019年36.9%增长至2020年的40%,2021年,这一数据被提高到47%。非洲之王的领先优势被进一步巩固。

2. 不止于手机

作为非洲市场的头部玩家,传音的业绩表现开始与整个非洲深度绑定。IDC数据显示,2021年四季度,非洲智能手机出货量下降7%,这个降幅恰好与传音手机出货量降幅相当。而一季度业绩的疲软则和全球手机市场低迷有关。

尽管纵观2021年业绩,传音的表现依然稳健。公司实现营业收入494.12亿元,同比增长30.75%;归属于上市公司股东的净利润39.09亿元,同比增长45.52%。但仔细观察收入结构就可以发现,增量几乎全部来自于非洲以外的市场。从公司营收的地区分布来看,亚洲业务营收甚至已经超过了非洲。

尤其在南亚市场,传音更是攻城略地,巴基斯坦智能机市场占有率超过40%,排名第一;孟加拉国智能机市场占有率20.1%,排名第二;印度智能机市场占有率7.1%,排名第六。

事实上,全球手机市场几乎都已经进入了存量博弈的时代,就算是增量更高的新兴国家市场,也面临着越来越激烈的竞争。小米、OPPO都盯上了非洲市场,传音也已经在巴基斯坦、印度和两个同样来自中国的公司有过正面交锋。

手机市场天花板近在眼前,传音开始在其他硬件领域发力。传音于2014、2015年分别创立了数码配件品牌Oraimo和定位中高端的家电品牌Syinix。2019年,传音的家电业务又采取了多品牌战略,新增了入门家电品牌itel,Infinix也正在筹备智能电视业务。

和手机一样,大多数传音控股的家电产品主打高性价比,致力于用低价拓宽市场。产品力方面,持续进行本地化创新,比如针对非洲电压不稳定,推出可适应179～265 V电压的空调,针对非洲天气炎热,推出带有制冷净水器的冰箱。

不过,进军新的领域就要面临新的竞争对手。非洲家电市场已经历过两次品牌迭代,第一次是在20世纪90年代至2010年间,韩系品牌通过更高性价比、更大市场推广力度,逐步占领非洲市场超过80%的市场份额。

第二次是2010年到2017年期间,海星、TCL、美的、创维等中国品牌形成出海热潮,同样通过高性价比的打法,把韩系品牌市场份额挤到10%左右。

但由于大多中国品牌对非洲市场的重视度不足,且并没有坚持推进高性价比的产品路径,使得中国品牌厂商没能占领非洲市场,导致了较为分散的竞争格局。目前,中国品牌在非洲的市场份额只有15%左右,三星、LG、索尼占比约10%,剩下70%的市场是掌握在本地杂牌手中。

在产业链层面,除了经济发展较快、宏观环境相对稳定的埃及、南非和尼日利亚,多数非洲国家的家电制造业并不完善,缺乏上游原材料供应商。这也是传音进入家电领域需要面临的难题。

财报中,家电所属的其他主营业务2021年稍有起色,但营收占比仍然仅有4.7%,此前几年,这块业务占比反复在2%～3%之间波动。考虑到非洲国家普遍基础设施不完善,产业链配套不全,传音控股的家电业务尽管很有想象力,但短期内难有起色。

3. 不止于硬件

其实,不管是手机还是家电,传音的核心竞争力是应用层面的本土化创新。仅仅靠着性价比做缺乏核心技术的硬件,显然难以在强敌环伺的市场中长期生存,这恐怕是传音始终不断求变的焦虑根源。这一次,传音依然借鉴了中国发展的成功经验——非洲之王要“软硬兼施”。

凭借着对非洲用户喜好的准确把握,传音把音乐软件Boomplay作为公司战略的重要切口。最早通过在手机上预装累计了第一批用户后,短短三个月,软件就获得了10万下载量。彼时经验不多的传音选择与网易合作,成立合资公司。传音吸取了网易云音乐在国内市场版权不足的教训,一方面同环球、华纳、索尼等国际唱片公司合作,另一方面笼络非洲独立音乐人。

在商业模式上,Boomplay显得十分聪明。听歌和下载都是免费的,代价是会看到广告,或者可以付费听无广告的音乐。它不仅能为用户提供正版的音乐,而且可以帮助音乐制作人赚取他们应得的版税收入。

在非洲的音乐流媒体市场虽然蓬勃发展,但对于企业也是一个巨大的赌注。想要主导这个市场并不容易,毕竟这是一个盗版猖獗的市场,且由于基础设施薄弱,流量数据价格很高,对于收入微薄的普通民众是个不小的负担。这也是这款软件可以打败Spotify和Apple Music等同类软件的原因。

非洲仍然有大量没有连入互联网的“蓝海市场”,有网络的地方,要么是速度不稳定,要么是价格昂贵,要么两种情况都存在。正因如此,多数人认为流媒体服务是一种奢侈品。国际巨头在这个市场明显水土不服。Spotify在南非推出的家庭计划每月的费用为99.99南非兰特(约5.35美元),可绑定六个账户。而在美国,即便是学生用户每月也需付出4.99美元的订阅费用。而六个人一个月的家庭计划需要14.99美元。尽管Spotify已经降低了订阅价格,但多数非洲用户还是很难接受。

目前,Boomplay以2.1亿用户数、6 800万的月活跃用户占据市场第一。拥有庞大的客户,但软件的变现并不顺利。Boomolay的高管曾公开表示,非洲在线支付的渗透率依然比较低。同时,音乐流媒体市场面临监管难题,如果政府不加大力度打击盗版,对现有版权方利益有损。

除了Boomplay这样的拳头产品,传音旗下有3 000万日活用户的“非洲抖音”Vskit将直面与TikTok的竞争。过去,两者在市场目标客户群体上有所不同,TikTok看中北非、南非,Vskit更在意传音具有优势地位的撒哈拉沙漠以南地区。而2021年,TikTok已经开始全面在非洲砸钱做市场营销,包括赞助了非洲地区规格最高的足球比赛——非洲杯。

此外,传音还涉足了资讯平台Scooper,并和腾讯合作,推出有“非洲UC浏览器”之称的Phoeni。但在这两个领域,昆仑万维旗下的Opera与Opera News则占据了大多数市场份额。截至2021年,传音控股有超过10款自主或合作开发的App月活用户数破千万。同时,传音搭建的Eagllwin广告平台,是非洲最大的营销平台之一,主要针对海外新兴市场,帮助广告主通过移动端媒体实现精准广告投放。

虽然流量和渠道都已经完成初步搭建,但这些流量还没有为传音贡献很多收入。据信达证券测算,2021年三季度,传音控股在非洲等地区开拓的移动互联业务的营收约为1.3亿元,占当季总收入不到1%。为了解决软件商业变现问题,2022年1月,百度前高级副总裁向海龙加入传音,担任移动互联事业部总裁。3月,晚点独家报道了传音把移动互联网业务上升到了集团三大战略之一。

财报显示,移动互联网业务在2021年为传音贡献了5.1亿元,其中广告仅占16%,预装与分发各为43%、33%。可以说,传音控股有意提升广告销售份额。互联网老将向海龙的加入,给传音的互联网业务赋予了更多想象的空间。

(资料来源:价值星球)

讨论:

(1)传音手机成为非洲之王的原因有哪些?

(2)传音手机的市场定位发生了哪些变化?

第五篇

市场营销策略

第 12 章　产品策略

本章要点

■产品整体概念的主要层次。

■产品组合的主要策略。

■产品生命周期各阶段的营销战略。

■包装策略的主要类型。

产品是市场营销组合中最重要也是最基本的因素。企业制定营销组合策略，首先必须决定发展什么样的产品满足目标市场需求。产品策略还直接或间接影响到其他营销组合因素的管理。从这个意义上说，产品策略是整个营销组合策略的基石。企业如何认识现有产品、开发新产品、改进和完善产品性能，既是占领市场的需要，也是企业经营的根源和基础。

12.1　产品的整体概念与分类

12.1.1　产品的整体概念

关于产品的概念，传统的解释经常局限在某种物质的形态和具体的用途上，一般被理解或表述为：由劳动创造，具有使用价值和价值，能满足人类需求的有形物品。但在现代市场营销学中，产品概念具有极其宽广的外延和深刻的内涵。

产品是指能够通过交换满足消费者或用户某一需求和欲望的任何有形物品和无形的服务。有形物品包括产品实体及其品质、款式、特色、品牌和包装等；无形服务包括可以使顾客的心理产生满足感、信任感以及各种售后支持和服务保证等。

关于产品整体概念，学术界曾用三个层次来表述，即核心产品、形式产品和延伸产品（附加产品）。这种研究思路与表述方式沿用了多年。但近年来，以菲利普·科特勒为首的北美学者更倾向于按以下 5 个层次来表述产品整体概念（见图 12.1），认为这样做能够更深刻而逻辑地表达产品整体概念的含义。

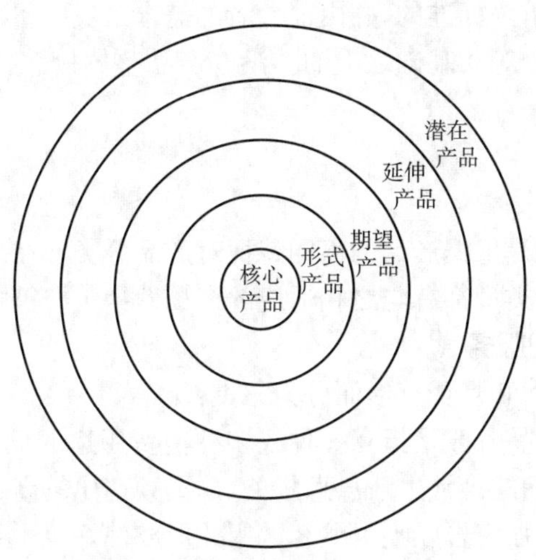

图12.1　整体产品概念的五个层次

1. 核心产品

核心产品是指向顾客提供的基本效用或利益，从根本上说，每一种产品实质上都是为解决问题而提供的服务。比如，人们购买空调不是为了获取装有某些电器零部件的物体，而是为了在炎热的夏季凉爽、在寒冷的冬季温暖这一需求。因此，营销人员向顾客销售的任何产品，都必须具有反映顾客核心需求的基本效用或利益。

2. 形式产品

形式产品是指产品的基本形式，或核心产品借以实现的形式，或目标市场对某一需求的特定满足形式。形式产品由五个特征所构成，即品质、式样、特征、品牌及包装。即使是纯粹的劳务产品，也具有类似的形式上的特点。产品的基本效用必须通过特定形式才能实现，市场营销人员应努力寻求更加完善的外在形式以满足顾客的需要。

3. 期望产品

期望产品是指购买者在购买该产品时，期望得到的与产品密切相关的一整套属性和条件。比如，旅馆的客人期望得到清洁的床位、洗浴香波、浴巾、衣帽间的服务等。因为大多数旅馆均能满足旅客的这些一般期望，所以旅客在选择档次大致相同的旅馆时，一般不是选择哪家旅馆能提供期望产品，而是根据哪家旅馆就近和方便而定。

4. 延伸产品

延伸产品是指顾客购买形式产品和期望产品时，附带获得的各种利益的总和，包括产品说明书、保证、安装、维修、送货、技术培训等。国内外许多企业的成功，在一定程度上应归功于它们更好地认识了服务在产品整体概念中所占的重要地位。许多情况表明，新的竞争并非凭借各公司在其工厂所生产的产品，而是取决于公司能否正确发展延伸产品，即依靠附加在产品上的包装、服务、广告、顾客咨询、资金融通、运送、仓储及其他具有价值的形式。能够正确发展延伸产品的公司，必将在竞争中赢得主动权。

5. 潜在产品

潜在产品是指现有产品包括所有附加产品在内的，可能发展成为未来最终产品的潜在状态的产品，指出了现有产品的可能演变趋势和前景，如彩色电视机可发展为电脑终端机等。

产品整体概念的五个层次，清晰地体现了以顾客为中心的现代营销观念。这一概念的内涵和外延都是以消费者需求为标准的,并由消费者的需求来决定。可以说,产品整体概念是建立在“需求=产品”这样一个等式基础之上的。没有产品整体概念,就不可能真正贯彻现代营销观念。

12.1.2 产品的分类

在产品导向下,企业只是根据产品的不同特征对产品分类。在现代营销观念下,产品分类的思维方式是,每一个产品类型都有与之相适应的市场营销组合策略。

1. 非耐用品、耐用品和服务

产品可以根据其耐用性和是否有形而分为三类:

(1)非耐用品。非耐用品一般是指有一种或多种消费用途的低值易耗品,如啤酒、肥皂和盐等。非耐用品一般与人们的日常生活息息相关,购买频率比较高、价值相对较低。非耐用品售价中的加成要低,还应加强广告以吸引顾客试用并形成偏好。

(2)耐用品。耐用品一般是指使用年限较长、价值较高的有形产品,通常有多种用途,如冰箱、彩电、机械设备等。耐用品不能一次性被消费,其折旧年限具有较长的时间跨度。耐用品倾向于较多的人员推销和服务等。

(3)服务。服务是为出售而提供的活动、利益或满足,如理发和修理。服务的特点是无形、不可分、易变和不可储存。一般来说,它需要更多的质量控制、供应商信用以及适用性。

2. 消费品分类

消费品是指由最终消费者购买并用于个人消费的产品。根据消费的特点可以区分为便利品、选购品、特殊品和非渴求物品4种类型。

(1)便利品。指顾客频繁购买或需要随时购买的产品,如肥皂等。便利品可以进一步分成常用品、冲动品以及救急品。常用品是顾客经常购买的产品。例如,某顾客也许经常购买“可口可乐”“佳洁士”牙膏。冲动品是因价值较低,顾客没有经过计划或搜寻而即兴购买的产品。救急品是当顾客的需求十分紧迫时购买的产品。救急品的地点效用也很重要,一旦顾客需要就必须能够迅速实现购买。

(2)选购品。指顾客在选购过程中,对适用性、质量、价格和式样等基本方面要做认真权衡比较的产品,如家具、服装、旧汽车和大的器械等。选购品可以划分成同质品和异质品。购买者认为同质选购品的质量相似,但价格却明显不同,所以有选购的必要。销售者必须与购买者“商谈价格”。但对顾客来说,在选购服装、家具和其他异质选购品时,产品特色通常比价格更重要。经营异质选购品的经营者必须备有大量的品种花色,以满足顾客不同的购买偏好;他们还必须配备受过良好训练的销售人员,为顾客提供信息和咨询。

(3)特殊品。指具备独有特征和(或)品牌标记的产品,对这些产品,有相当多的购买者一般都愿意做出特殊的购买努力,如特殊品牌和特殊式样的花色商品、小汽车、立体声音响、摄影器材等。

(4)非渴求品。指消费者不了解或即便了解也不想购买的产品。传统的非渴求品有人寿保险、墓地、墓碑以及百科全书等。对于非渴求品,需要付出诸如广告和人员推销等大量营销努力。一些最复杂的人员推销技巧就是在推销非渴求品的竞争中发展起来的。

3. 产业用品分类

各类产业组织也需要购买各种各样的产品和服务。我们可以把产业用品分成三类:材料和部件、资本项目、供应品与服务。

(1)材料和部件。指完全转化为制造商产成品的一类产品,包括原材料、半制成品和部件,如农产品、构成材料(铁、棉纱)和构成部件(马达、轮胎)。上述产品的销售方式有所差异。农产品需进行集中、分级、储存、运输和销售服务,其易腐性和季节性的特点,决定了要采取特殊的营销措施。构成材料与构成部件通常具有标准化的性质,这就意味着价格和供应商的可信性是影响购买的最重要因素。

(2)资本项目。指部分进入产成品中的商品,它包括两个部分:装备和附属设备。装备包括建筑物(如厂房)与固定设备(如发电机、电梯)。该产品的销售特点是:售前需要经过长时间的谈判;制造商需使用一流的销售队伍;需要设计各种规格的产品和提供售后服务。附属设备包括轻型制造设备、工具及办公设备。这种设备不会成为最终产品的组成部分,它们在生产过程中仅仅起辅助作用。这一市场的地理位置分散、用户众多、订购数量少。质量、特色、价格和服务是用户选择中间商时所要考虑的主要因素。促销时,人员推销要比广告重要得多。

(3)供应品和服务。指不构成最终产品的那类项目,如打字纸、铅笔等。供应品相当于工业领域内的方便品,顾客人数众多、区域分散且产品单价低,一般都是通过中间商销售。由于供应品的标准化,顾客对它无强烈的品牌偏爱,价格因素和服务就成了影响购买的重要因素。商业服务包括维修或修理服务和商业咨询服务,维修或修理服务通常以签订合同的形式提供。

12.2　产品组合策略

大部分的企业都拥有多个产品项目,经营多种产品。如何将多种产品合理地组织起来,这就是产品组合问题。

12.2.1　产品组合及其相关概念

1. 产品组合、产品线及产品项目

(1)产品组合,是指一个企业生产经营的全部产品的有机构成和量的比例关系。产品组合由各种各样的产品线组成,每条产品线又由许多产品项目构成。

(2)产品线,指密切相关的满足同类需求的一组产品。一个企业可以生产经营一条或几条不同的产品线。

(3)产品项目,凡企业在其产品目录上列出的一个产品,就是一个产品项目。

例如:某自选采购中心经营家电、百货、鞋帽、文教用品等,这就是产品组合;而其中"家电"或"鞋帽"等大类就是产品线;每一大类里包括的具体品种、品牌为产品项目。

2. 产品组合的宽度、长度、深度和关联性

评价产品组合包含三方面的因素:宽度、深度和关联性。

(1)产品组合的宽度,是指一个企业拥有多少条不同的产品线。产品线越多,说明该企业的产品组合的宽度越广。产品组合的宽度反映了一个企业市场服务面的宽窄程度和承担投资风险的能力。

(2)产品组合的深度,指每条产品线上的产品项目数,也就是每条产品线有多少个品种。产品线中包含的产品项目越多,产品组合的深度越深。产品组合的深度反映了一个企业在同类细分市场中满足顾客不同需求的程度。通过计算每一条产品线中的产品项目数,可得出企

业产品组合的平均深度。

(3)产品组合的关联性(或一致性),是指每条产品线之间在最终用途、生产条件、销售渠道以及其他方面相互关联的程度。其关联程度越密切,说明企业各产品线之间越具有一致性,反之,则缺乏一致性。

由于产品组合所包含的三个因素不同,因此构成了不同的产品组合。

产品组合的宽度、深度和关联性,与促进销售和增加企业的总利润关系密切。拓展产品组合的宽度,可以充分发挥企业特长,充分利用企业资源,开拓新市场,拓展服务面,分散投资风险,提高经济效益;增加产品组合的深度,可使各产品线有更多的花色品种,适应顾客的不同需要,增加总销售量;增加产品组合的关联性,可以充分发挥企业现有的生产、技术、分销渠道和其他方面的能力,提高企业的竞争力,增强市场地位,提高经营的安全性。

12.2.2 产品组合的分析

由于市场需求和竞争形势的变化,产品组合中的每个产品必然会在变化的市场环境下发生分化,一部分产品获得较快的成长,一部分产品继续取得较高的利润,也有一部分产品趋于衰退。为此,企业需要经常分析产品组合中各个产品品种销售成长的现状及发展趋势,做出开发新品、改进名品和淘汰衰退产品的决策,适时调整产品组合,力求达到一种动态的最佳产品组合。

对产品组合进行分析,首先要对产品组合中现有的产品线的状况进行分析,然后要对每一条产品线中产品品种的销售、盈利情况及定位状况做出分析评价。

1. 产品线组合的评估分析方法

对产品线组合进行评价的方法有若干种,这里只介绍比较简便和常用的两种方法。

1)波士顿矩阵法

该方法由波士顿咨询公司(BCG)首创。如图12.2所示,以市场占有率为横坐标,以市场增长率为纵坐标,每一坐标从低到高分成两部分,就形成四个象限,每一个象限中可放入不同的产品线,然后加以分类评价。

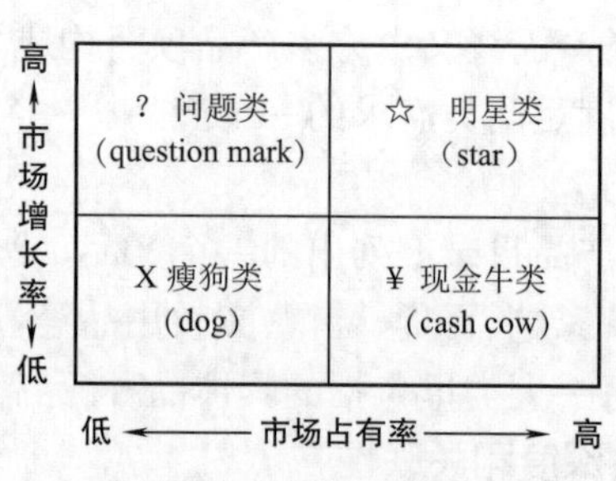

图12.2 波士顿矩阵图

(1)问题类。这类产品线具有高的市场增长率和低的市场占有率,需要投入大量资金,以提高其市场占有率,但有较大风险,需慎重选择。

(2)明星类。这类产品线市场占有率和市场增长率都很高,具有一定的竞争优势。但是由于市场增长率很高,竞争激烈,为了保持优势地位需要许多资金,因而并不能为企业带来丰厚的利润。然而当市场增长率放慢后,它就转变为现金牛类,可大量为企业创造利润。

(3)现金牛类。这类产品线有低的市场增长率和高的市场占有率,收入多利润大,是企业利润的源泉。企业常要用现金牛类产品线的收入来支付账款和支持明星类、问题类和瘦狗类产品线。

(4)瘦狗类。这类产品线的市场增长率和市场占有率都很低，在竞争中处于劣势，是没有发展前途的，应逐步淘汰。

对产品线进行这样的分类评价后，企业可以确定产品线组合是否健康。如果问题类和瘦狗类产品线较多，而明星类和现金牛类较少，则应当对不合理的组合进行调整：很有发展前途的问题类产品线应予以发展，努力提高其市场占有率，增强其竞争能力，使其尽快成为明星类；现金牛类产品线要尽量维持其市场份额，以继续提供大量的资金收入；处境不佳、竞争力小的现金牛类产品线和一些问题类、瘦狗类产品线应进行收缩，尽量减少投资，争取短期较多的收益；没有发展前途又不能盈利的那些瘦狗类和问题类产品线应放弃，进行清理、淘汰，以便把资金转移到更有利的产品线上。

2)GE矩阵法

该方法由通用电气公司(GE)首创。GE矩阵法较之波士顿矩阵法，综合考虑了更多的重要因素，而不只局限于市场增长率和市场占有率，所以更加切合实际。

如图12.3所示，对每一产品线从行业吸引力和产品线实力两方面予以衡量。行业吸引力主要根据该行业的市场规模、市场增长率、历史毛利率、竞争强度、技术要求、通货膨胀、能源要求、环境影响以及社会、政治、法律因素等加权评分得出，分为高、中、低三档。产品线实力主要根据企业该产品线的市场份额、市场增长率、产品质量、品牌信誉、分销网络、促销效率、生产能力与效率、单位成本、物资供应、研究与开发实绩及管理人员等加权评分得出，分为强、中、弱三档。于是，在GE矩阵中有九个区域。

行业吸引力 \ 产品线实力	强	中	弱
高	(1)	(2)	(3)
中	(4)	(5)	(6)
低	(7)	(8)	(9)

图12.3　GE矩阵图

GE矩阵可以分为三大部分：左上角部分，包括(1)(2)(4)三个区域，表示最强的产品线，行业吸引力和产品线实力都较好，企业应采取增加投资、积极扩展的策略；左下角到右上角的对角线部分，包括(3)(5)(7)三个区域，表示产品线的总体吸引力处于中等状态，企业一般应维持投资，保持盈利；右下角部分，包括(6)(8)(9)三个区域，表示总体吸引力很低的产品线，企业一般应采取收缩和放弃策略。

2. 产品线中各品种的分析评价

要实现产品组合的动态优化，不仅需要对各条产品线进行分析评价然后予以调整，还要对每一条产品线中的每一个产品品种的销售、盈利情况逐一分析评价，并且还要分析产品定位与竞争者的对比情况。

(1)产品品种贡献大小分析。产品线上的每一个产品品种对总销售额和利润所作的贡献是不同的。例如,某条产品线有五个产品品种,其中,第一个品种占总销售额的50%和总利润的30%,第二个品种占总销售额的30%和利润额的30%,两者共占总销售额的80%和总利润的60%。如果这两个品种遇到强烈的竞争,整条产品线的销售额和利润额将会急剧下降。把销售高度集中于少数几个品种之上,产品线往往具有较大的脆弱性。另一方面,对于最后一个品种,它的销售额和利润只占到整条产品线的5%,管理者应考虑是否停止生产这一品种,以便抽出资源来加强其他品种或开发新产品(见图12.4)。

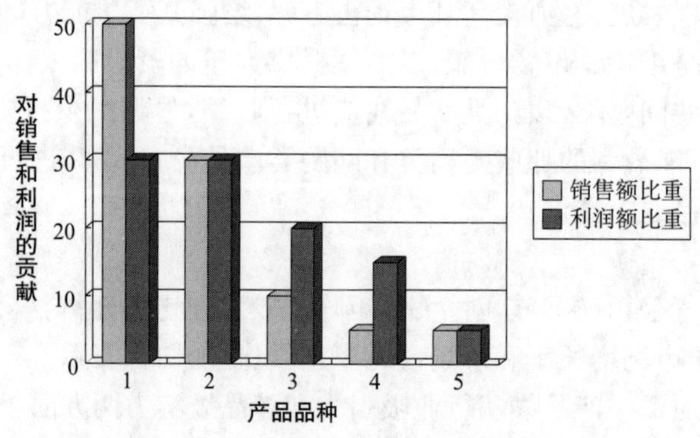

图12.4 产品品种对销售和利润的贡献

(2)产品线品种定位图。产品线品种定位图是一种有效的分析工具,有助于企业了解自己的产品线与竞争者产品线的对比情况,明确竞争形势。现举例说明。

H造纸公司有一纸板产品线。纸板的两大属性是纸张重量和成品质量。纸重一般分为90、120、150、180四个级别,质量则有高、中、低三个水准。图12.5为纸板产品线的品种定位图,表明H公司与A、B、C、D四个竞争者纸板产品线中各产品品种的定位情况。如A公司的两个产品品种都为超重级,质量一个中等偏上,一个低等;H公司在轻、中、重三个级别各有一个品种,质量在低等和中等间变动。

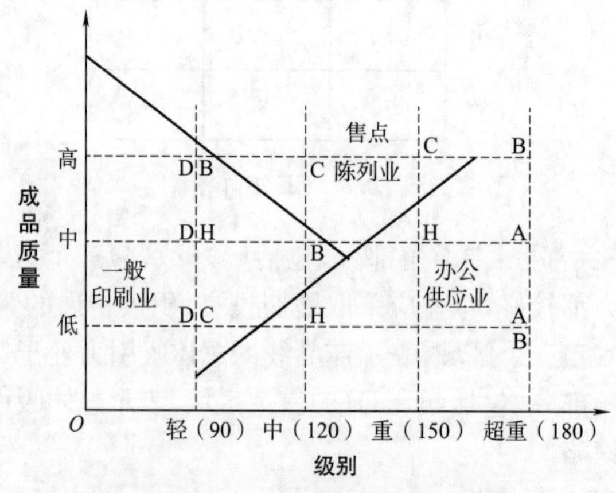

图12.5 纸板产品线的品种定位图

产品品种定位图有如下作用:

①它可以明确显示出互相竞争的产品品种。如H公司轻量级、中等质量的纸板与D公司的纸板相竞争,而重量级、中等质量的纸板没有直接的竞争对手。

②它能提示新产品品种的开发方向。图12.5中表明轻量级、低质量的纸板无人生产，如果这种纸板确实有一定的市场需求，企业有能力生产并能合理定价，那么它就应积极开发这一新的产品品种。

③产品线品种定位图还有助于企业根据各类用户的购买兴趣和需要来识别细分市场。

H公司的产品定位较适合于一般印刷业的需要，但其他两种只定位在办公品供应业的边界上，可见对售点陈列业、办公品供应业的满足程度较差，如果H公司有能力的话，应考虑生产更多品种以满足这些需要。

12.2.3　产品组合策略

企业在调整和优化产品组合时，依据不同的情况，可选择如下策略：

1. 扩大产品组合

扩大产品组合包括拓展产品组合的宽度和增强产品组合的长度。前者是在原产品组合中增加一个或几个产品大类，扩大产品范围；后者是在原有产品大类内增加新的产品项目。当企业预测现有产品大类的销售额和利润额在未来一段时间内有可能下降时，就应考虑在现行产品组合中增加新的产品大类，或加强其中有发展潜力的产品大类。当企业打算增加产品特色，或为更多的子市场提供产品时，则可选择在原有产品大类内增加新的产品项目。一般而言，扩大产品组合，可使企业充分地配置资源，分散风险，增强市场应变能力和竞争能力。

2. 缩减产品组合

当市场不景气或原料、能源供应紧张时，缩减产品反而可能使总利润上升。这是因为从产品组合中剔除了那些获利很小甚至亏损的产品大类或产品项目，使企业可集中力量发展获利多的产品大类和产品项目。通常情况下，企业的产品大类有不断延长的趋势，其原因主要有：生产能力过剩迫使产品大类经理开发新的产品项目；中间商和销售人员要求增加产品项目，以满足顾客的需要；产品大类经理为了追求更高的销售和利润而增加产品项目。

但是，随着产品大类的延长，设计、工程、仓储、运输、促销等营销费用也随之增加，最终将会减少企业的利润。在这种情况下，需要对产品大类的发展进行相应的遏制，删除那些得不偿失的产品项目，使产品大类缩短，提高经济效益。

3. 产品延伸

1)产品延伸的主要方式

每一企业的产品都有其特定的市场定位。产品延伸策略指全部或部分地改变公司原有产品的市场定位，具体做法有向下延伸、向上延伸和双向延伸三种。

(1)向下延伸。指企业原来生产高档产品，后来决定增加低档产品。企业采取这种策略的主要原因是：①企业发现其高档产品的销售增长缓慢，因此不得不将其产品大类向下延伸；②企业的高档产品受到激烈的竞争，必须用侵入低档产品市场的方式来反击竞争者；③企业当初进入高档产品市场是为了建立其质量形象，然后再向下延伸；④企业增加低档产品是为了填补空隙，不使竞争者有机可乘。

企业在采取向下延伸策略时，会遇到如下风险：①企业原来生产高档产品，后来增加低档产品，有可能使名牌产品的形象受到损害，所以，低档产品最好用新的商标，不要用原先高档产品的商标；②企业原来生产高档产品，后来增加低档产品，有可能会激怒生产低档产品的企业，导致其向高档产品市场发起反攻；③企业的经销商可能不愿意经营低档产品，因为经营低档产品所得利润较少。

(2)向上延伸。指企业原来生产低档产品,后来决定增加高档产品。主要理由是:高档产品畅销,销售增长较快,利润率高;企业估计高档产品市场上的竞争者较弱,容易被击败;企业想使自己成为生产种类齐全的企业。

采取向上延伸策略也要承担一定风险,如:①可能引起生产高档产品的竞争者进入低档产品市场,进行反攻;②未来的顾客可能不相信企业能生产高档产品;③企业的销售代理商和经销商可能没有能力经营高档产品。

(3)双向延伸。即原定位于中档产品市场的企业掌握了市场优势以后,决定向产品大类的上下两个方向延伸,一方面增加高档产品,另一方面增加低档产品,扩大市场阵地。

2)产品延伸的利益

一般来说,产品延伸有下列好处:

(1)满足更多的消费者需求。伴随着市场经济的发展,市场调研技术日益完善,使得营销人员能够细分出更小的子市场,进而把复杂的市场细分体系变成立竿见影的促销计划。在这种情况下,往往是产品大类越长,机会越多,利润就越大。

(2)迎合顾客求异求变的心理。随着市场竞争的加剧,企业越来越难要求消费者对某一品牌绝对忠诚,越来越多的消费者在转换品牌,尝试他们未曾使用过的产品。产品延伸就是通过提供同一个品牌下的一系列不同商品来尽量满足这种求异心理。企业希望这种延伸成为一条既满足消费者愿望,又保持他们对本企业的品牌忠诚的两全之计。

(3)减少开发新产品的风险。产品延伸所需要的时间和成本比创造新产品更加容易控制。在美国,大约需要3 000万美元才能推出一个成功的新产品,而产品延伸只需500万美元。

(4)适应不同价格层次的需求。无论产品大类上原有产品的质量如何,企业往往宣传其延伸产品质量如何好,并据此为延伸产品制定高于原有产品的价格。在销售量增长缓慢的市场上,营销者就可以通过提高价格来增加单位产品的利润。当然也有一些延伸产品的价格低于原有产品。

3)产品延伸的风险

正是因为产品延伸具有上述优越性,许多企业对此很感兴趣。但是,产品延伸也会带来如下副作用:

(1)品牌忠诚度降低。忠诚是对某种产品重复购买的行为。过去很长一段时间里,许多知名老牌子拥有两三代的顾客。当企业增加产品品种时,就会冒打破顾客原来的购买方式和使用习惯的风险,这种风险往往会降低品牌忠诚度,并使消费者重新考虑整个购买决定。另外,尽管产品延伸使得某一品牌能满足消费者的各种需要,但它也起到促使消费者追求新变化的作用,从而导致品牌更换。

(2)产品项目的角色难以区分。产品延伸可能会导致过度细分。同一产品大类上各项目的角色混乱,每个产品项目所针对的子市场过小以致难以区分,或各子市场之间的特征交叉太多。如果产品大类上各项目的角色难以区分,零售商只能凭借自己收集的信息来决定进什么货。只有极少数的零售商会进产品大类上所有的产品。这样,满足顾客求异求变的心理就失去了意义。

(3)产品延伸引起成本增加。产品延伸会引起一系列的成本增加。由此而产生的市场研究、产品包装、投产的费用是比较明显的,也便于掌握。但下列因素可能被忽略:频繁的产品大类变动使生产的复杂程度提高;研究和开发人员不能集中精力于真正的新产品的开发;产品品种越多，营销投入就越大。

综上所述，产品延伸有利有弊，所以把握延伸的度至关重要。管理人员应当审核利润率情况，并集中生产利润较高的品种，削减那些利润低或者亏损的品种。当需求紧缩时，缩短产品大类；当需求旺盛时，延伸产品大类。

4. 产品大类现代化

在某些情况下，虽然产品组合的宽度、长度都很恰当，但产品大类的生产形式却可能已经过时，这就必须对产品大类实施现代化改造。如果企业决定对现有产品大类进行改造，产品大类现代化策略首先面临这样的问题：是逐步实现技术改造，还是以最快的速度用全新设备更换原有产品大类？逐步现代化可以节省资金耗费，但缺点是竞争者很快就会察觉，并有充足的时间重新设计它们的产品大类；而快速现代化策略虽然在短时期内耗费资金较多，却可以出其不意，击败竞争对手。

12.3　产品生命周期

产品生命周期是指产品从进入市场到退出市场所经历的市场生命循环过程。产品只有经过研究开发、试销，然后进入市场，它的市场生命周期才算开始。产品退出市场，标志着生命周期的结束。在现代市场经济条件下，企业不能只埋头生产和销售现有产品，而必须随着产品生命周期的发展变化，灵活调整营销方案，并且重视新产品开发，及时用新产品代替衰落的老产品。

12.3.1　产品生命周期阶段

典型的产品生命周期一般可分为四个阶段，即导入期、成长期、成熟期和衰退期（见图12.6）。

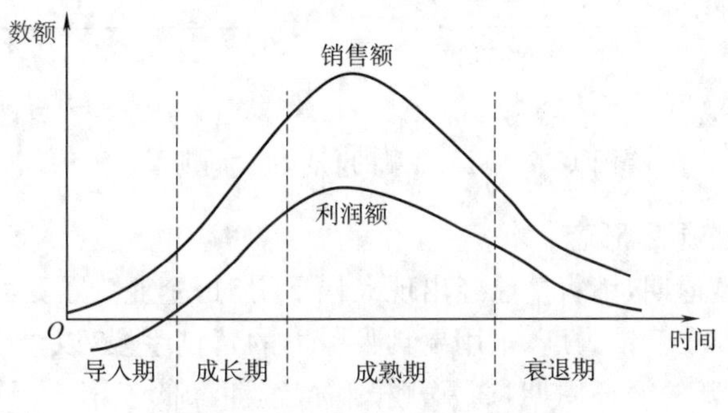

图12.6　典型的产品生命周期

1. 导入期

新产品投入市场，便进入导入期。此时，顾客对产品还不了解，只有少数追求新奇的顾客可能购买，销售量很小。在这一阶段，由于市场及技术方面的原因，产品不能大批量生产，因而成本高，销售额增长缓慢，企业不但得不到利润，反而可能亏损。

2. 成长期

当产品在导入期的销售取得成功以后，便进入成长期。这时顾客对产品已经熟悉，大量的新顾客开始购买,市场逐步扩大。产品已具备大批量生产的条件,生产成本相对降低,企业的销售额迅速上升,利润也迅速增长。在这一阶段,竞争者看到有利可图,将纷纷进入市场参与竞争,使同类产品供给量增加。而同时期需求的迅速增长,使产品价格维持不变或略有下降,市场竞争逐渐加剧。

3. 成熟期

经过成长期以后,市场需求趋向饱和,潜在的顾客已经很少,销售额增长缓慢直至转而下降,标志着产品进入了成熟期。这个阶段的持续期一般长于前两个阶段,并给营销管理层带来最难应对的挑战。大多数产品都处于生命周期的成熟阶段。成熟阶段还可分为三个时期:成长、稳定和衰退。第一时期是成长中的成熟,此时由于分销饱和而造成销售增长率开始下降,销售额增长缓慢;第二时期是稳定中的成熟,市场已经饱和,大多数潜在消费者已经试用过该产品,竞争空前激烈,未来的销售受到人口增长的制约;第三时期是衰退中的成熟,此时销售的绝对水平开始下降,顾客开始转向其他产品或替代品。

4. 衰退期

随着科学技术的发展,新产品或新的代用品出现,将使顾客的消费习惯发生改变,转向其他产品,从而使原来产品的销售额和利润额迅速下降。于是,产品又进入了衰退期。

12.3.2 产品生命周期的非典型形态

并非所有的产品都呈现钟形产品生命周期,其中两种常见的产品生命周期形态如图 12.7 所示。

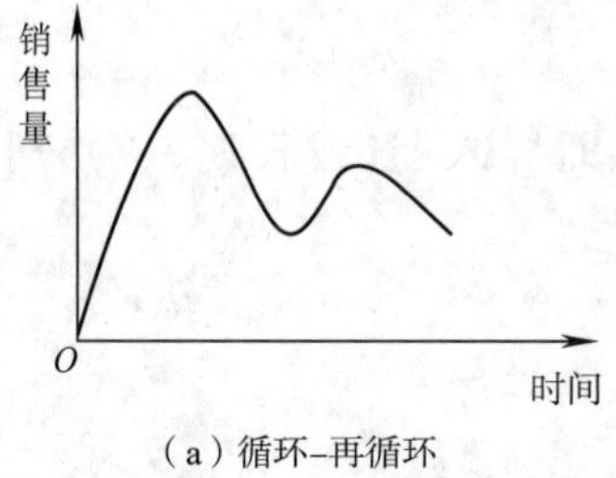

(a)循环-再循环

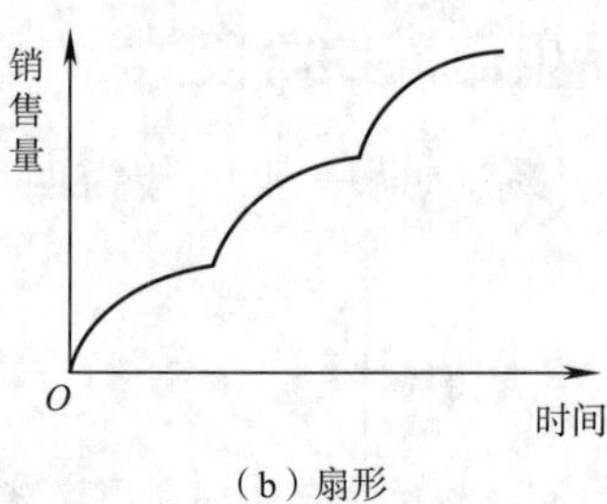

(b)扇形

图 12.7 两种常见的产品生命周期形态

1. 产品生命周期的循环形态

当一种产品进入衰退期,销售量已经出现大幅下滑时,企业为了延长产品的寿命,引入新技术增添产品特色或加大营销力度,采用更具吸引力的营销手段,以吸引、维护原有顾客继续使用,使产品进入一个新的循环周期,通常规模和持续期都低于第一周期,见图 12.7(a)。此形态常常可以说明一些新药品、饮料等的销售。

2. 产品生命周期的扇形形态

图 12.7(b)显示的是另一种常见的产品生命周期形态——扇形,它基于产品新的特征、用途或用户的不断发现,使得产品的销售量不断呈波浪式上升。例如,尼龙销售就显示了这种扇形特征,因为许多新的用途——降落伞、袜子、衬衫、地毯,一个接一个地被发现。

3. 产品生命周期的其他形态

社会生活中,还有三种互有区别的产品生命周期类型——风格、时尚和热潮(见图 12.8)。

风格是人们活动的某一领域中所出现的一种主要的和独特的表现方式，例如，衣着（正式、休闲、奇装异服）。一种风格一旦成型，会延续很长时间，在此期间时而风行，时而衰落。由于人们对风格兴趣的反复，使之生命周期呈现出循环形态。

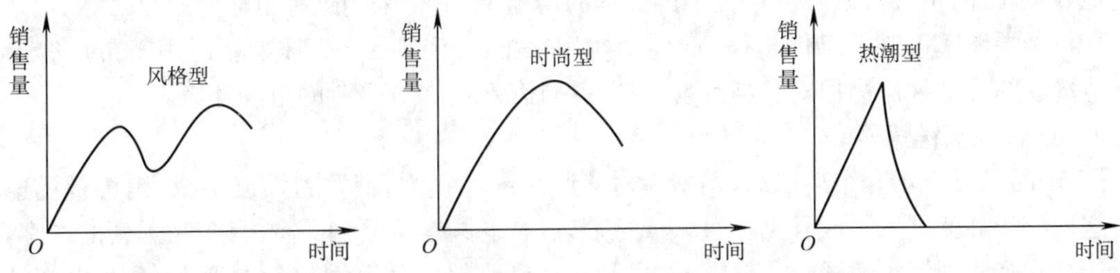

图 12.8　风格型、时尚型、热潮型产品生命周期

时尚是在既定的领域里被广为接受的一种风格。时尚的发展要经过四个阶段，即导入阶段、模仿阶段、风行阶段和衰退阶段。由于时尚一般不能满足广泛的需求，因而生命力较弱。真正的营销赢家是那些较早地认识时尚并能把它们应用到产品中去，使其发挥持久力量的人。

热潮是那些迅速进入公众视线的时尚，它们被狂热采用，很快地达到高峰然后迅速衰退。曾经一度风行的“呼啦圈”就属此类产品。

12.3.3　产品生命周期策略

1. 导入期营销策略

导入期开始于新产品首次在市场上普遍销售之时。新产品进入导入期以前，需要经历开发、研制、试销等过程。进入导入期产品的市场特点是：产品销量少，促销费用高，制造成本高，销售利润常常很低甚至为负值。在这一阶段，促销费用很高，支付费用的目的是要建立完善的分销渠道。促销活动的主要目的是介绍产品、吸引消费者试用。

在产品的导入期，一般可由价格、促销、地点等因素组合成各种不同的营销策略。若仅考察促销和价格两个因素，则至少有以下四种策略，如图 12.9 所示。

价格水平 \ 促销水平	高	低
高	快速撇脂策略	缓慢撇脂策略
低	快速渗透策略	缓慢渗透策略

图 12.9　基于促销和价格因素的产品生命周期导入期的营销策略

(1)快速撇脂策略。这种策略采用高价格、高促销费用，以求迅速扩大销售量，取得较高的市场占有率。采取这种策略必须有一定的市场环境，如大多数潜在消费者还不了解这种新产品；已经了解这种新产品的人急于求购，并且愿意按价购买；企业面临潜在竞争者的威胁。在这种情况下，应该迅速使消费者建立对自己产品的偏好。

(2)缓慢撇脂策略。以高价格、低促销费用的形式进行经营，以求得到更多的利润。这种策略可以在市场面比较小，市场上大多数的消费者已熟悉该新产品，购买者愿意出高价，潜在竞争威胁不大的市场环境下使用。

(3)快速渗透策略。实行低价格、高促销费用的策略,迅速打入市场,取得尽可能高的市场占有率。在市场容量很大,消费者对这种产品不熟悉,但对价格非常敏感,潜在竞争激烈,企业随着生产规模的扩大可以降低单位生产成本的情况下,适合采用这种策略。

(4)缓慢渗透策略。以低价格、低促销费用来推出新产品。这种策略适用于市场容量很大,消费者熟悉这种产品但对价格反应敏感,并且存在潜在竞争者的市场环境。

2. 成长期营销策略

新产品经过市场介绍期以后,消费者对该产品已经熟悉,消费习惯已形成,销售量迅速增长,这种新产品就进入了成长期。进入成长期以后,老顾客重复购买,并且带来了新的顾客,销售量激增,企业利润迅速增长,在这一阶段利润达到高峰。随着销售量的增大,企业生产规模也逐步扩大,产品成本逐步降低,新的竞争者会投入竞争。随着竞争的加剧,新的产品特性开始出现,产品市场开始细分,分销渠道增加。企业为维持市场的继续成长,需要保持或稍微增加促销费用,但由于销量增加,平均促销费用有所下降。

针对成长期的特点,企业为维持其市场增长率,延长获取最大利润的时间,可以采取下面几种策略:

(1)改善产品品质。如增加新的功能、改变产品款式等。对产品进行改进,可以提高产品的竞争能力,满足顾客更广泛的需求,吸引更多的顾客。

(2)寻找新的子市场。通过市场细分,找到新的尚未满足的子市场,根据其需要组织生产,迅速进入这一新的市场。

(3)改变广告宣传的重点。把广告宣传的重心从介绍产品转到建立产品形象上来,树立产品名牌,维系老顾客,吸引新顾客,使产品形象深入顾客心中。

(4)在适当的时机,可以采取降价策略,以激发那些对价格比较敏感的消费者产生购买动机和采取购买行动。

3. 成熟期营销策略

产品经过成长期的一段时间以后,销售量的增长会缓慢下来,利润开始缓慢下降,这表明产品已开始走向成熟期。进入成熟期以后,产品的销售量增长缓慢,逐步达到最高峰,然后缓慢下降;产品的销售利润也从成长期的最高点开始下降;市场竞争非常激烈,各种品牌、各种款式的同类产品不断出现。

对成熟期的产品,只能采取主动出击的策略,使成熟期延长,或使产品生命周期出现再循环。为此,可以采取以下三种策略:

(1)调整市场。这种策略不是要调整产品本身,而是发现产品的新用途或改变推销方式等,以使产品销售量得以扩大。

(2)调整产品。这种策略是以产品自身的调整来满足顾客的不同需要,吸引有不同需求的顾客。整体产品概念的任何一层次的调整都可视为产品再推出。

(3)调整营销组合。即通过对产品、定价、渠道、促销四个营销组合因素加以综合调整,刺激销售量的回升。例如,提高产品质量、改变产品性能、增加产品花色品种的同时,通过特价、早期购买折扣、补贴运费、延期付款等方法来降价让利;扩展分销渠道,广设分销网点,调整广告媒体组合,变换广告时间和频率,增加人员推销,开展公共宣传,“多管”齐下,进行市场渗透,扩大企业及产品的影响,争取更多的顾客。

4. 衰退期营销策略

在成熟期,产品的销售量从缓慢增加达到顶峰后,会发展为缓慢下降。衰退期的主要特点是:产品销售量急剧下降,企业从这种产品中获得的利润很低甚至为零,大量的竞争者退出市场,消费者的消费习惯已发生改变,等等。面对处于衰退期的产品,企业需要进行认真的研究分析,决定采取什么策略,在什么时间退出市场。通常有以下几种策略可供选择:

(1)继续策略。继续沿用过去的策略,仍按照原来的子市场,使用相同的分销渠道、定价及促销方式,直到这种产品完全退出市场为止。

(2)集中策略。把企业能力和资源集中在最有利的子市场和分销渠道上,从中获取利润。这样有利于缩短产品退出市场的时间,同时又能为企业创造更多的利润。

(3)收缩策略。大幅度降低促销水平,尽量降低促销费用,以增加目前的利润。这样可能导致产品在市场上的衰退加速,但也能从忠实于这种产品的顾客中得到利润。

(4)放弃策略。对于衰退比较迅速的产品,应该当机立断,放弃经营。可以采取完全放弃的形式,如把产品完全转移出去或立即停止生产;也可采取逐步放弃的方式,使其所占用的资源逐步转向其他产品。

产品生命周期注重的是某一特定产品或品牌发生的情况,而不是全部市场的演变情况,因此它描绘的不一定是市场导向的写照。当企业受到新的需求、竞争者、技术等影响时,需要一种预测市场演进过程的方法。如同产品一样,市场演进也经历四个阶段,即出现阶段、成长阶段、成熟阶段和衰退阶段。

12.4 产品的包装管理

12.4.1 包装及其作用

大多数物质产品在从生产领域流转到消费领域的过程中,都需要有适当的包装。包装工作是整个商品生产的一个重要组成部分。所谓包装工作,是指设计并生产容器或包装物,将产品盛放或包裹起来的一系列操作过程。

1. 包装的构成

市场营销学认为,产品包装一般包括以下三个部分:

(1)首要包装,即产品的直接包装,如牙膏皮、啤酒瓶等都是这种包装。

(2)次要包装,即保护首要包装的包装物,如包装一定数量牙膏的纸盒或纸板箱。

(3)装运包装,即为了便于储运、识别某些产品的外包装。

此外,在产品包装上还有标签,这是为了说明产品而贴在产品上的招贴或印在产品包装上的文字、图案等。在标签上一般都印有包装内容和产品所包含的主要成分、品牌标志、产品质量等级、生产厂家、生产日期和有效期、使用方法等,有些标签上还印有彩色图案或实物照片,以促进销售。

2. 产品包装的作用

产品包装对企业市场营销可起到如下作用:

(1)保护产品。良好的包装可以使产品在营销管理过程中,在消费者保存产品期间,不致损坏、变质、散落,保护产品的使用价值。

(2)促进销售。特别是在实行顾客自我服务的情况下,更需要利用产品包装来向广大顾客宣传介绍产品,吸引顾客注意力。

(3)增加价值。由于收入水平和生活水平的提高,消费者一般愿意为良好包装带来的方便、美感、可靠性和声望多付些钱。

12.4.2 包装设计

企业在设计包装时,应考虑以下几点:

(1)包装应与商品的价值或质量相适应。“一等产品,三等包装”或“三等产品,一等包装”都不利于产品的销售。

(2)包装应能显示商品的特点或风格。对于以外形和色彩表现其特点的商品,如服装、装饰品、食品等,包装应向购买者直接显示商品本身,以便于选购。

(3)包装应方便消费者购买、携带和使用。这就要求包装有不同的规格和分量,适应不同消费者的需要,并且标明使用说明及注意事项。

(4)包装上的文字说明应实事求是。如产品成分、性能、使用方法、数量、有效期限等要符合实际,以增强顾客对商品的信任。

(5)包装设计应给人以美感。设计时要考虑消费者的审美习惯,使消费者能从包装中获得美的享受,并产生购买欲望。

(6)包装上的文字、图案、色彩等不能和目标市场的风俗习惯等发生抵触。

12.4.3 包装策略

符合设计要求的包装固然是良好的包装,但良好的包装只有同包装策略结合起来才能发挥应有的作用。可供企业选择的包装策略有以下几种:

(1)相似包装策略。即企业生产的各种产品,在包装上采用相似的图案、颜色,体现共同的特征。其优点在于能节约设计和印刷成本,树立企业形象,有利于新产品促销。但有时也会因为个别产品质量下降而影响到其他产品的销路。

(2)差异包装策略。即企业的各种产品都有自己独特的包装,在设计上采用不同的风格、色调和材料。这种策略能够避免由于某一商品推销失败而影响其他商品的声誉。但也相应地会增加包装设计费用和新产品促销费用。

(3)相关包装策略。即将多种相关的产品配套放在同一包装物内出售。如系列化妆品包装。这可以方便顾客购买和使用,有利于新产品的销售。

(4)复用包装策略或多用途包装策略。即包装内产品用过之后,包装物本身还可作其他用途使用,如奶粉包装铁盒。这种策略的目的是通过给消费者额外利益而扩大产品销售。

(5)分等级包装策略。即对同一种商品采用不同等级的包装,以适应不同的购买力水平。如送礼商品和自用商品采用不同档次的包装。

(6)附赠品包装策略。即在包装上或包装内附赠奖券或实物,以吸引消费者购买。

(7)改变包装策略。当某种产品销路不畅或长期使用一种包装时,企业可以改变包装设计、包装材料,使用新的包装。这可以使顾客产生新鲜感,从而扩大产品销售。

小 结

产品整体概念包含核心产品、形式产品、期望产品、延伸产品和潜在产品五个层次。产品组合的宽度、长度、深度和关联性在市场营销策略上具有重要意义。企业在调整和优化产品组合时，可根据具体情况选择适宜的策略。

产品生命周期是指产品从进入市场到退出市场所经历的市场生命循环过程。典型的产品生命周期一般可分为四个阶段，即导入期、成长期、成熟期和衰退期。此外，还存在产品生命周期的其他形态，如循环形态和扇形形态。企业往往根据产品所处的不同生命周期阶段，制定并实施不同的市场营销战略。

可供企业选择的包装策略有：相似包装策略、差异包装策略、相关包装策略、复用包装策略或多用途包装策略、分等级包装策略、附赠品包装策略以及改变包装策略。

复习题

(1)怎样从整体上来理解产品？整体上产品包含哪几个层面的内容？

(2)什么是产品组合？评价产品组合的关键因素是什么？

(3)企业为什么要缩减产品组合？

(4)怎样划分产品生命周期的不同阶段？每一个阶段分别具有什么特点？

(5)企业在进行包装时可采用哪些策略？

案 例

美尚：如何打造国产化妆品品牌

近年来，随着我国化妆品行业的快速发展，越来越多的国货品牌出现在消费者的视野中，如完美日记、花西子、橘朵等。但由于我国化妆品行业起步较晚，较国外知名品牌而言，研发力量相对薄弱，因此产品质量良莠不齐，被消费者广泛诟病，甚至国货一度被认为是质量差的代名词。“colorkey 珂拉琪”就是在这样的质疑声中横空出世。2019 年初，colorkey 正式在天猫上线，3 月份时便跻身天猫国货彩妆排行 TOP5，截至 9 月份销售额突破两亿元；在 2019 年双十一当天，colorkey 空气唇釉销量超过 70 万支，摘得天猫唇釉类销量第一。随后 colorkey 一路高歌，2020 年双十一期间全渠道销售额突破 1.6 亿元，成为入驻天猫不到三年、双十一破亿仅有的三家国货彩妆品牌之一。这不禁让人产生疑问，colorkey 作为一个国货新锐彩妆品牌，为何能在短短几个月内能够获得如此高的销售业绩？它的背后又隐藏着怎样的背景？

1. 驾轻就熟，初创美尚

2018 年 1 月，美尚(广州)化妆品股份有限公司成立(以下简称“美尚”)，业务板块主要包括化妆品研发、生产及销售，旗下拥有三个品牌，分别是大众彩妆品牌“colorkey 珂拉琪”、专业彩妆品牌“superface 秀芭斐”以及医美护肤品牌“Lab101 瑞沛”。

1)洞察市场,明晰局势

我国化妆品行业的发展历程大致分为三个阶段,1898—1980年是第一阶段,由本土产品主导,如美加净、郁美净、百雀羚、小护士等,这一时期的化妆品品牌大多消失在了历史的长河中,有的破产,有的被收购,只有百雀羚跟上了时代的潮流、发展欣欣向荣。1981—2011年是第二阶段,外资品牌进入中国,如OLAY、欧莱雅、强生等大牌外企,这期间它们收购了我国许多本土化妆品品牌,化妆品市场由外企主导。2012年至今是第三阶段,我国本土品牌开始复苏,如御家汇、珀莱雅、丸美、华熙生物、福瑞达等,借助互联网销售渠道,本土品牌逐渐发展起来,甚至有与外资品牌相抗衡的态势。

在第二阶段,随着欧美、日韩等国外大牌化妆品企业进驻中国市场,我国化妆品行业逐渐与国际接轨。并随着我国经济的不断发展,居民收入水平的不断提升,国内消费者的化妆品消费理念逐步增强,我国化妆品市场规模不断扩张。根据Euromonitor数据,2011—2019年,我国化妆品市场规模从2 302亿元增长至4 677亿元,2019年我国化妆品消费市场份额仅次于美国,位列全球第二,并且我国化妆品行业销售额增长率高于全球化妆品增速。说明大众对于化妆品的认知已不再陌生,年轻群体的化妆品消费意愿和能力逐渐增强,化妆品已成为年轻群体日常生活的必需品。

2)以梦为马,创立美尚

面对这样蓬勃发展的化妆品市场,李琴娅作为经历过我国化妆品行业三个阶段的从业者,却洞察到了一些不一样的东西。以前在考察市场时,李琴娅经常会看到一些年轻的女孩购买劣质的化妆品,这让她感到特别心痛。所以她的内心产生了一个梦想,便是有朝一日能够打造出媲美国外大牌彩妆的国货彩妆品牌,让年轻女孩用可负担的价格买到极具性价比、高品质的彩妆产品。在我国化妆品行业发展的第一、二阶段,本土企业一直受制于外资企业,缺乏资金、技术、人才,无法应对国际化竞争。因此,创立中国本土化妆品品牌和集团这样的重任,便落在了第三阶段的创业者身上。在2018年"美尚股份"创立之初,便获得红杉资本等近亿元天使轮投资。充足的资金为美尚的成长发展提供了强力支撑,促使美尚朝着中国百年化妆品品牌的目标不断前进。

2. 周密分析,打造"爆品"

1)消费群体更替,彩妆需求升级

随着我国消费者年龄层的更迭,大众消费观念以及审美观念逐渐改变,年轻消费群体对美妆产品的消费意愿和能力持续升级。早在2015年,彩妆就被认为是资本市场的风口之一。因此,美尚选择以colorkey彩妆产品进入市场。

互联网时代下成长起来的95后,已成为彩妆市场的主流担当,他们的消费理念、习惯与上一代消费者存在显著差别。首先,由于从小接触国际最新资讯、最新时尚潮流,95后消费者对新鲜事物勇于尝试并且更加容易接受,这降低了新产品的用户教育成本。其次,在独生子女政策的影响下,他们的生活条件相对优渥,对商品的价格并不十分敏感,反而更加注重内心的喜恶感受,产品的包装颜值及极具性价比的功能属性足以激发他们的购买欲。此外,95后生长在全球化的背景下,不像上一代人一样经历了外来文化的冲击,他们并不过分追求国际彩妆品牌,在彩妆产品消费上持有理性的态度,高度崇尚"物超所值"的消费理念。于是,美尚将年轻女性消费者作为目标客户群体,以色彩(color)为匙(key),把colorkey打造成一个新锐甜酷彩妆品牌,体现了特立独行、充满冒险精神的女孩形象,提出"Dare to be different"的品牌口号。

并且考虑到年轻消费者的消费力较弱，美尚将colorkey定位于国产大众美妆品牌，产品定价大多在百元以下。

2)洞察产品现状，开辟唇釉市场

在众多类型的彩妆中，为什么colorkey选择以唇釉进入市场？对于美妆赛道的新品牌而言，必须将产品品类卡准，产品赛道的容量足够大，与其他品牌错位竞争，才能在激烈的市场中站稳脚跟。如果不聚焦品类，便无法形成品牌特色；如果不聚焦产品，便难以抓住用户心智。其实，colorkey并非一开始就找准了唇釉品类这个切入点，在品牌创立初期的探索阶段，即使对于唇妆这一细分品类，colorkey也推出了口红、唇笔、唇釉等产品，缺乏清晰定位。直到colorkey在直播间投放“空气唇釉”，受众开始有更多的反响，品牌的洞察才逐步走上正轨。同时，美尚持续投入colorkey唇釉的新产品研发工作，依托大数据收集唇釉产品的用户需求，不断进行创新突破。在唇釉产品种类之下，根据不同功能分出4～5个细分品类，如润哑丝缎系列、轻雾丝绒系列、镜光系列、丝绒哑光系列；并且各细分品类每个月需推出4～8款新色，以满足“Z世代”年轻消费者追求新鲜感的消费理念。2020年11月，colorkey唇釉赢得《时尚芭莎》国际美妆大奖的评选中“年度唇釉”的称号，同时也在《时尚COSMO》美容大尚的评选中获得“口碑国货”的荣誉。以唇釉打开彩妆市场只是第一步，接下来美尚持续推出colorkey其他品类彩妆产品，目前，colorkey已实现唇部、面部及眼部彩妆产品全覆盖。

3. 金字塔模式布局，多品牌战略架构

创立之初，美尚便确定了自身定位，即紧扣“Z世代”中国女性消费群体的需求，在“多品牌＋多渠道”的清晰战略下，朝着“悦中国，跃世界”的愿景全力冲刺，创造中国的百年化妆品品牌，并走向世界。美尚的主要产品是彩妆和护肤品。围绕着消费群体不同层面的需求，美尚搭建了金字塔模式的品牌布局，最底部是国产美妆潮牌colorkey，中上端是进口彩妆品牌“superface秀芭斐”和医美护肤品牌“Lab101瑞沛”。金字塔底部的colorkey目标客群主要是学生群体与职场新人，致力于打造百元以下的高性价比产品。市场上有大概有60%左右美妆用户消费在百元以下，他们基本都面临着产品品质和品牌的问题。因此，在百元以下的价格区间，美尚通过打造出一个高性价比的美妆品牌来实现与其他品牌的差异化。目前在多个彩妆细分品类，colorkey已经占到第一。而colorkey的这些用户在进入职场两三年后，有很大的可能会提升消费需求，购买品质更好、价格更高的化妆品。这时，便通过中台系统把3个品牌中可以关联和迭代的产品，准确推送给用户，金字塔上层的“superface秀芭斐”和“Lab101瑞沛”就可以来承接colorkey用户的升级需求，实现底层到中高层用户的升级转化。

（资料来源：中国管理案例共享中心）

讨论：

(1)美尚是在怎样的背景下创立的？

(2)美尚对colorkey的品牌定位是什么？采取了怎样的战略进行定位？

(3)美尚在创建colorkey品牌时制定了怎样的产品策略？

(4)在快速发展的过程中，美尚将会面临着怎样的问题与麻烦？面对这些问题，美尚该如何应对？

第 13 章　定价策略

本章要点

■定价目标、需求、成本和竞争对企业定价的影响。

■企业定价的主要方法。

■企业定价策略的主要内容。

■企业的价格变动对顾客需求的影响。

■制定价格策略的程序。

价格是营销组合因素中十分敏感而又难以控制的因素，它直接关系着市场对产品的接受程度，影响着市场需求和企业利润的多少，涉及生产者、中间商、消费者等各方面的利益。因此定价策略是企业营销组合策略中一个极其重要的组成部分。

13.1　影响定价的因素

影响定价的因素是多方面的，包括定价目标、产品成本、市场需求、竞争者的产品和价格等。在此，我们对每一主要因素进行分析研究。

13.1.1　定价目标

任何企业都不能孤立地确定价格，而必须按照企业的目标市场战略及市场定位战略的要求来进行。此外，企业管理人员还要确定一些具体的经营目标，如利润额、销售额、市场占有率等，这些都对企业定价具有重要影响。企业的每一可能价格对其利润、收入、市场占有率也均有不同的含义。企业定价目标主要有以下几种：

1. 维持生存

如果企业产量过剩，或面临激烈竞争，或试图改变消费者需求，则需要把维持生存作为主要目标。为了确保工厂继续开工和使存货出手，企业必须确定较低的价格，并希望市场是价格敏感型的。利润比起生存来要次要得多。许多企业通过大规模的价格折扣，来保持企业活力。

只要其价格能弥补可变成本和一些固定成本，企业的生存便可得以维持。

2. 当期利润最大化

有些企业希望确定一个能使当期利润最大化的价格。它们估计需求和成本，并据此选择一种价格，使之能产生最大的当期利润、现金流量或投资报酬率。假定企业对其产品的需求函数和成本函数有充分的了解，则借助需求函数和成本函数便可制定确保当期利润最大化的价格。

3. 市场占有率最大化

有些企业想通过定价来取得控制市场的地位，即使市场占有率最大化。因为，企业确信赢得最高的市场占有率之后将享有最低的成本和最高的长期利润，所以，企业确定尽可能低的价格来追求市场占有率领先地位。当具备下述条件之一时，企业就可考虑通过低价来实现市场占有率的提高：

(1)市场对价格高度敏感，因此低价能刺激需求的迅速增长。

(2)生产与分销的单位成本会随着生产经验的积累而下降。

(3)低价能吓退现有的和潜在的竞争者。

4. 产品质量最优化

企业也可以考虑产品质量领先这样的目标，并在生产和营销过程中始终贯彻产品质量最优化的指导思想。这就要求用高价格来弥补高质量和研究开发的高成本。产品优质优价的同时，还应辅以相应的优质服务。

13.1.2　产品成本

任何企业都不能随心所欲地制定价格。某种产品的最高价格取决于市场需求，最低价格取决于这种产品的成本费用。从长远看，任何产品的销售价格都必须高于成本费用，只有这样，才能以销售收入来抵偿生产成本和经营费用，否则就无法经营。因此，企业确定价格时必须估算成本。

我们可借助成本函数来反映产品成本 C 与产量 Q 之间的关系。用数学式表示为：

$$C=f(Q)$$

企业产品的成本函数取决于产品的生产函数和投入要素的价格。生产函数表明投入与产出之间的技术关系。这种技术关系与投入要素的价格相结合，就决定了产品的成本函数。成本函数可以分为两种：短期成本函数和长期成本函数。按照经济学的解释，这里所说的短期与长期具有特定的含义。短期指的是这样一个时期，在这个时期内，企业不能自由调整生产要素的投入和组合，不能选择各种可能的生产规模。因此，短期成本可以分为固定成本与可变成本。长期指的是这样一个时期，在这个时期内，企业可以自由调整生产要素的投入和组合，可以选择最有利的生产规模。在这个时期内，一切生产要素都是可以变动的。因此，长期成本中没有固定成本，一切成本都是可变成本。

在短期内，企业要实现利润最大化，必须让价格等于边际成本。因为，边际利润等于价格减去边际成本，当价格高于边际成本时，企业增加销量所带来的边际利润是正值，从而带来利润的增加。于是企业会不断增加销售量，但随着销售量的增加，边际成本会提高，最后将导致成本支出大于价格收入，那么这时边际利润就是负值，于是企业的利润就会开始下降。这样，只有当价格等于边际成本，企业的利润才是最大的。

另外,在短期竞争条件下,有两种价格是非常重要的。一种是价格收入仍能弥补成本支出的最低价格,即价格等于最低总平均成本。另一种是价格等于最低平均可变成本,这种价格的总收入不能弥补总成本支出,但却可以弥补企业的变动成本支出。尽管产品一旦卖出,就会发生亏损,不过由于固定成本在期初已经投入,此时企业的销售收入仍可维持日常经营。任何低于最低平均可变成本的价格都会导致企业维持日常运营的困难,因此,企业制定的价格必须等于或高于平均可变成本。

长期状况下的企业定价,必须注意两个方面:一是长期与短期边际成本必须等于产品价格,并且此时的边际成本必须处在递减状态;二是长期与短期平均成本必须等于产品价格,此时也必然是长期与短期成本的最低点。

13.1.3 市场需求

市场需求对企业定价有着重要影响,而需求又受价格和收入变动的影响。因价格与收入等因素而引起相应需求的变动率,就叫做需求弹性。需求弹性分为需求的收入弹性、价格弹性和交叉弹性。

1. 需求的收入弹性

需求的收入弹性是指因收入变动而引起相应需求的变动率。有些产品的需求收入弹性大,这意味着消费者货币收入的增加导致该产品的需求量有更大幅度的增加,一般说来,高档食品、耐用消费品、娱乐支出的情况即是如此。有些产品的需求收入弹性较小,这意味着消费者货币收入的增加导致该产品的需求量的增加幅度较小,一般说来,生活必需品的情况即是如此。也有的产品的需求收入弹性是负值,这意味着消费者货币收入的增加将导致该产品需求量下降。例如,某些低档食品、低档服装就有负的需求收入弹性,因为消费者收入增加后,对这类产品的需求量将减少,甚至不再购买这些低档产品,而转向高档产品。

2. 需求的价格弹性

价格会影响市场需求。在正常情况下,市场需求会按照与价格相反的方向变动。价格提高,市场需求就会减少;价格降低,市场需求就会增加。所以,需求曲线是向下倾斜的。这是供求规律发生作用的表现。但是也有例外情况。例如香水提价后,其销售量却有可能增加。当然,如果香水的价格提得太高,其需求和销售将会减少。

需求的价格弹性反映需求量对价格的敏感程度,以需求变动的百分比与价格变动的百分比之比值来计算,亦即价格变动百分之一会使需求变动百分之几。在以下条件下,需求可能缺乏弹性:

(1)市场上没有替代品或者没有竞争者。

(2)购买者对较高价格不在意。

(3)购买者改变购买习惯较慢,也不积极寻找较便宜的东西。

(4)购买者认为产品质量有所提高,或者认为存在通货膨胀等,价格较高是应该的。

如果某种产品不具备上述条件,那么这种产品的需求就有弹性。在这种情况下,企业应考虑适当降价,以刺激需求,促进销售,增加销售收入。

3. 需求的交叉弹性

在为产品大类定价时还必须考虑各产品项目之间相互影响的程度。产品大类中的某一个产品项目很可能是其他产品的替代品或互补品,同时,一项产品的价格变动往往会影响其他产品项目销售量的变动，两者之间存在着需求的交叉价格弹性。交叉弹性可以是正值，也可以是负值。如为正值，则此二项产品为替代品，表明一旦产品Y的价格上涨，则产品X的需求量必然增加。相反，如果交叉弹性为负值，则此二项产品为互补品，也就是说，当产品Y的价格上涨时，产品X的需求量会下降。

13.1.4　竞争者的产品和价格

在最高价格和最低价格之间，企业能把价格定得多高，取决于竞争者同种产品的价格水平。企业必须采取适当方式，了解竞争者所提供的产品质量和价格。

企业获得这方面的信息后，就可以与竞争产品比质比价，更准确地制定本企业产品价格。如果二者质量大体一致，则二者价格也应大体一样，否则本企业产品可能卖不出去；如果本企业产品质量较高，则产品价格也可以定得较高；如果本企业产品质量较低，那么，产品价格就应定得低一些。还应看到，竞争者也可能随机应变，针对企业的产品价格而调整其价格；也可能不调整价格，而调整营销组合的其他变量，与企业争夺顾客。当然，对竞争者价格的变动，企业也要及时掌握有关信息，并做出明智的反应。

13.2　定价方法

企业产品价格的高低要受市场需求、成本费用和竞争情况等因素的影响和制约，制定价格时应全面考虑这些因素。但是，在实际定价工作中往往只侧重一个方面的因素。企业定价方法从原理上看，主要分为三种：成本导向定价法、需求导向定价法和竞争导向定价法。

13.2.1　成本导向定价法

成本导向定价法是以成本为中心的定价方法，最简便易用。它以产品成本为基础，加上预期的利润，即为产品的基本价格。生产企业以生产成本为基础，商业企业以进货成本为基础。根据采用的成本项目和所追求利润指标的不同，计算单位产品价格的成本导向方法也不同。它一般包括以下几种具体方法：

1. 成本加成定价法

成本加成定价法即单位成本加上一定百分比的加成得出产品价格。计算公式为：

$$单位产品价格=单位产品总成本\times(1+成本加成率)$$

式中，单位产品总成本是单位产品的固定成本与可变成本之和。固定成本是不随产量的变化而变化的成本，可变成本是随产品产量的变化而变化的成本。

在上述定价方法中，加成率的确定是定价的关键，现实中，不仅各种产品的加成率相差较大，而且不同企业中同一种产品的加成率也不是固定的，须视各种具体情况而定。

成本加成定价法之所以被普遍使用，主要是因为：第一，成本的不确定性一般比需求少；第二，只要同一行业的所有企业都采用这种定价方法，它们的价格将趋同，价格竞争的变数较少；第三，许多人感到成本加成定价法对买卖双方都较公平，尤其在买方需求强烈时，卖方不会利用这一有利条件谋求额外利益，而仍能获得公平的投资报酬。

但成本加成定价法的缺点也很明显。它忽视了市场竞争和供求状况的影响，缺乏灵活性，难以适应市场竞争的变化形势。特别是如果加成率的确定仅从企业角度考虑，则很难准确得知可获得的销售量。

2. 目标利润定价法

目标利润定价法即根据估计的总销售收入和估计的销售量制定价格的方法。这种定价方法需运用“收支平衡图”,在图中反映不同销售水平上的预期总成本和总收益情况。图13.1是一张假设的收支平衡图,其中,E为收支平衡点。在该图中,固定成本不随销售量而变化,是一条直线,而可变成本与销售量的变化成正比例关系,总成本则是可变成本和固定成本之和,因此,总成本在固定成本线上随销售量增加而逐渐上升。总收入线以原点为起点,随着销售增加而逐渐上升。其斜率的大小相当于产品价格。

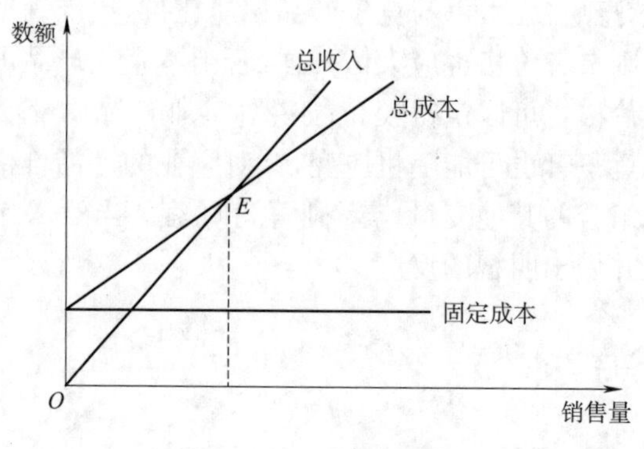

图13.1 收支平衡图

在E点,总收入正好等于总成本。假定产品的单价为15元(即确定斜率),固定成本为6 000 000元,可变成本为5元,则企业至少要销售600 000单位才能实现收支平衡。收支平衡点的销售量可用下列公式计算:

$$\text{销售量}=\frac{\text{固定成本}}{\text{单价}-\text{可变成本}}=\frac{6\,000\,000}{15-5}=600\,000$$

如果企业的目标利润定为200万元,要达到这一目标,就必须销售80万单位的产品,这时总收入为1 200万元,总成本为1 000万元,目标利润为200万元。

目标利润定价法的价格是按预测销量确定的,只要预测销量比较准确,价格也就比较准确,进而能保证企业目标利润的实现。但这种方法有一个重要的缺陷,即企业以估计的销售量求出应制定的价格,殊不知价格恰恰是影响销售量的重要因素。因此,为了确保实现预期销售量,企业应将价格、销售量与需求因素结合起来。

3. 盈亏平衡定价法

以总成本和总销售收入保持平衡为定价原则。当总销售收入等于总成本时,利润为0,企业不盈不亏,收支平衡。其计算公式为:

$$p=F_c/Q+v_c$$

式中:p为单位产品售价;Q为预计销售量;F_c为产品的固定成本;v_c为产品的单位可变成本。

例:某产品的固定成本为80万元,单位可变成本为12元,预计销售量为5万件,该产品的售价是:

$$p=\frac{80}{5}+12=28(\text{元/件})$$

也就是说，该产品在收支平衡时的定价为 28 元。这种方法的优点是计算简便，可使企业明确在不盈不亏时的产品价格和产品的最低销售量。缺点是要先预测产品销售量，若销售预测不准，成本计算不准，价格就定不准。而且，它是根据销售量倒推出价格的，而实际上价格的高低对销售量有很大影响。

4. 变动成本定价法

变动成本定价法又称边际贡献定价法。此法在定价时不考虑价格对总成本的补偿，只考虑价格对可变成本的补偿，并争取更多的边际贡献来补偿固定成本。

所谓边际贡献，就是只计算可变成本而不计算固定成本时的收益，计算公式为：

边际贡献＝销售收入－可变成本

若边际贡献大于可变成本，其超过部分的收益即可用以补偿部分固定成本，这时企业可能有一定的亏损；若边际贡献能全部补偿固定成本，则企业不盈不亏；若边际贡献大于总成本，企业就盈利。

例：生产某产品需固定成本 90 万元，单位可变成本 10 元/件，产品年产量 10 万件，每件售价 20 元，目前订货量为 8 万件，生产能力有富余。现有用户出价 16 元，再订购 1.5 万件，这里：

边际贡献＝20×8－10×8＝80(万元)

新增订单的边际贡献＝16×1.5－10×1.5＝9(万元)

显然，在这个例子中，企业接受该笔订货比不接受更好，因能使企业增加收入，边际贡献从 80 万元增至 89 万元，减少了损失。

这种方法适用于市场供过于求、企业生产任务不足的情况。企业承接临时生产任务时，可暂时不考虑以总成本定价，而采用可变成本定价法，以期维持生产、保住市场。因此，它是适合企业在短期内采用的一种灵活定价方法。

13.2.2　需求导向定价法

需求导向定价法是指按照顾客对商品的认知和需求程度制定价格，而不是根据卖方的成本定价。这类定价方法的出发点是顾客需求，认为企业生产产品是为满足顾客的需要，所以产品的价格应以顾客对商品价值的理解为依据来制定。主要方法有理解价值定价法和需求差异定价法。

1. 理解价值定价法

该方法以消费者对商品价值的认知和理解程度作为定价的依据。消费者对商品价值的认知和理解程度不同，会形成不同的定价上限，如果价格刚好定在这一限度内，既能让消费者顺利购买，又能使企业有利可图。

实施这一方法的要点在于提高消费者对商品的效用认知和价值理解度。企业可以通过实施产品差异化和适当的市场定位，突出企业产品特色，再辅之以整体的营销组合策略，塑造企业和产品的形象，使消费者感到购买这些产品能获取更多的相对利益，从而提高他们可接受的产品价格上限。

2. 需求差异定价法

这种方法是根据销售对象、销售地点、销售时间的不同而产生的需求差异对商品进行定价。例如,对饮料的需求,在餐厅或舞厅中比在超市中的需求强度要高,因此在前种情况下可定较高的价格。又如,旅游旺季对车船票和旅馆的需求强度大大高于旅游淡季,因此旅游旺季时可将价格调得高些。

要顺利实行差异定价,必须满足以下条件:第一,市场必须能细分,且不同的细分市场显示出不同的需求强度;第二,要确知该细分市场的竞争者不会以较低价格进行竞销;第三,要能防止低价细分市场的买主向高价细分市场转售产品;第四,该价差不会引起顾客的反感;第五,不违反有关法律。

13.2.3 竞争导向定价法

竞争导向定价法是以市场上竞争对手的同类产品价格为主要依据的定价方法。对一些市场竞争十分激烈的产品,其价格的制定,不能依据成本和需求,只能以竞争对手的价格水平为基础。这种方法的特点是只要竞争对手价格不发生变化,即使成本或需求有所变化,产品价格也不变;一旦竞争对手的价格有了变动,即使成本或需求不变,价格也要及时调整。

竞争导向定价法主要有以下三种方法:

1. 随行就市定价法

随行就市定价法是根据同行业平均价格或者同行业中实力最强的竞争者的产品价格制定本企业产品价格的定价方法。在测算成本有困难、竞争者不确定或难以估计采取进攻性定价会引起对手什么反应时,这种方法提供了一个有效的解决方案,可为企业节省时间,减少风险,规避竞争,有利于同行间和平共处。这种定价方法特别为小型企业广泛采用。

2. 密封投标定价法

密封投标定价法是买方引导卖方通过竞争成交的一种方法,常用于批量采购大型机械设备或建筑工程项目投资等。

我国规定政府采购要尽可能采用公开招标。在做法上,一般由买方公开招标,卖方竞争投标,密封递价,买方按质优价廉的原则到期公布中标者名单,然后中标企业与买方签约成交。

投标价格是投标企业根据对竞争者的报价估计确定的。企业参加投标的竞争是为了中标,因此它的报价应低于竞争者的报价。一般来说,报价高,利润大,但中标机会小;反之,报价低,虽然中标机会大,但利润低,不能保证适当收益。因此,企业须同时考虑目标利润和中标概率,以求确定投标的最佳报价。

3. 主动竞争定价法

定价企业不是追随竞争者的价格,而是根据本企业产品的实际情况和竞争对手的产品差异状况来确定价格。这种方法一般为实力雄厚或产品独具特色的企业所采用。

13.3 定价策略

前述定价方法是依据成本、需求和竞争等因素决定产品基础价格的方法。基础价格是单位产品在生产地点或者经销地点的价格,尚未计入折扣、运费等对价格的影响。但在市场营销实践中,企业还需考虑或利用灵活多变的定价策略,修正或调整产品的基础价格。

13.3.1　折扣与折让定价策略

企业为了鼓励顾客及早付清货款、大量购买、淡季购买，还可以酌情降低其基本价格。这种价格调整叫做价格折扣与折让，可以分为以下几类：

1. 数量折扣

数量折扣即根据购买数量决定价格折扣水平，购买数量越多，折扣越大。这是鼓励和吸引顾客长期大量购买的一种定价策略。其可行性在于，大量购买能使企业降低生产、销售、储存、运输等环节的成本费用。例如，顾客购买某种商品100单位以下，每单位10元；购买100单位以上，每单位9元。

2. 现金折扣

现金折扣即根据购销合同，对按约定日期提前付款的顾客给予的一种价格折扣。例如，合同规定顾客须在30天内付清款项，若10天内就付清，则给2%的折扣。采用现金折扣可以减少企业的应收账款，鼓励消费者及时付款，加速资金周转，避免坏账、呆账。这种方式多适用于零售商向批发商购货或批发商向生产商购货。

3. 交易折扣

交易折扣又称功能折扣，即厂商根据中间商在营销中担负的销售、储存等职能，给予不同的折扣，这实际上是生产企业对中间商在销售其产品时所支付的劳务报酬，目的在于利用价格折扣刺激各类中间商更充分地发挥其营销能力（如推销、储存、服务）。

4. 季节折扣

某些商品的消费具有较强的季节性，为促进销售，企业对在非消费旺季购买产品的客户提供价格优惠，使企业的生产和销售在一年四季保持相对稳定。

5. 折让

这是另一种类型的价目表价格的减价。例如：一个冰箱标价为3 000元，顾客以旧冰箱折价500元购买，只须付给2 500元，这叫做以旧换新折让；如果经销商同意参加制造商的促销活动，则制造商卖给经销商的货物可以打折，这叫作促销折让。

灵活运用折扣定价策略是企业争取顾客、扩大销售的行之有效的重要方法，近年有采用范围明显扩大的趋势。它既是定价策略的一部分，也是促销策略的一部分。

13.3.2　地区定价策略

一般来说，企业的产品不仅在本地销售，同时还要向其他地区销售。而产品从产地到销售所在地，需要一定的运输费用。因此，企业还要考虑对位于不同地理区域的顾客制定不同的价格。

地理区域定价的方法有五种：

1. 产地定价

产地定价即卖方负责在约定的装运港将货物运到买方指定的船上交货，并承担此前的一切风险和费用。交货后的一切风险和费用包括运费则由买方承担。在国际贸易中称为“离岸价格”，简称FOB。按照这一方法，每一顾客各自负担商品从产地到目的地的运费。这种做法看上去非常合理，但对企业也有不利之处，即远方的顾客由于要承担相对较高的运输费用，就可能不愿意购买企业的产品，转而购买附近企业的产品。

2. 统一交货价

这种定价法与产地定价相反,完全没有地区差价。企业对不同地区顾客实行统一价格,按相同的出厂价加上相同的运费即平均运费计算,实际上是让近处的顾客承担了部分远方买主的运费,对近处的顾客不利,但很受远方买主的欢迎,并且便于计算。

3. 区域定价

区域定价介于上述两种定价方法之间,将产品的销售市场划分为两个或两个以上的区域,在每个区域内制定同一价格,一般对较远区域的定价会高些。采用这种方法要注意各区域差价之间的协调配合。

4. 基点定价

基点定价即企业选定某些城市作为定价基点,然后按一定的出厂价加上从基点城市到顾客所在地的运费来定价。有些企业为了提高灵活性,选定多个基点城市,按照最近的基点计算运费,这样有利于生产企业市场的扩大。

5. 免收运费定价

有些企业因为急于进入某些地区市场,愿意负担部分或全部实际商品运费。虽然这种定价方法减少了销售净收入,但从长远来看,对提高市场占有率和战胜竞争对手有较大的作用。而且,如果销售量大,平均成本会降低,乃至足以抵偿运费开支。

13.3.3 心理定价策略

消费者的购买行为由其消费心理支配,而消费心理是非常复杂的,它受到社会地位、收入水平、兴趣爱好等诸多因素的影响和制约。企业若能在产品定价时对此予以充分考虑,就能制定出较有吸引力的价格。常用的消费者心理定价策略一般有以下几种:

1. 声望定价

声望定价即根据企业或品牌在消费者心目中所享有的声誉和威望,制定高于其他同类产品的价格。消费者购买名牌产品不仅仅是为了消费,还要显示他们的身份和地位,因此,名牌产品如果价格定得过低,反而不能满足消费者心理的需要。当然,这种高价格必须以高质量的产品或周到的服务为基础。

2. 整数定价

这种策略是把商品的价格定为整数,不带零头,一般适用于比较贵重的商品。消费者购买这类商品时,常把价格看作质量的标志,因此企业把基础价格定为整数,不仅能在消费者心目中树立高价高质的形象,而且能使消费者产生高档消费的满足感。

3. 尾数定价

这一策略与整数定价策略相反,采用零头标价,顺应了消费者的求廉心理。例如本应定价200元的商品,现定价198元,虽只低2元,但感觉上却便宜了许多。不仅如此,尾数定价还会给人定价精确的感觉,从而使消费者产生信赖感,激起购买的欲望。对于需求价格弹性充分的商品,尾数定价可望带来需求量的大幅度增加。

4. 招徕定价

这种策略指企业为了招徕顾客,将某几种商品以非常低的价格出售,或者在节假日和换季期间对部分商品实行折价让利销售,以此吸引顾客,带动其他商品的销售。

13.3.4　差别定价策略

所谓差别定价，也称歧视定价，是指企业按照两种或两种以上不反映成本费用的比例差异的价格销售某种产品或服务。差别定价有以下四种形式：

1. 顾客差别定价

同一种商品，对某些顾客定较高的价格，而对另一些顾客则给予优惠，根据具体情况灵活掌握价格，差别对待。例如：许多博物馆和展览馆对学生给予价格优惠；公园对早上去晨练的人给予价格优惠。

2. 产品形式差别定价

不同型号或样式产品差别定价，不过不同型号或式样产品价格之间的差额与成本费用之间的差额并不成比例。

3. 产品部位差别定价

某些产品的不同位置有不同的效果，如体育馆的座位，虽然前后排的成本都一样，但由于观赏效果有所不同，因而制定不同的价格。

4. 销售时间差别定价

在这种情况下，产品或服务在不同季节、不同时期甚至不同时段都有不同的价格。例如，旅游服务企业在淡季和旺季的收费不同，电影院晚场和白天定价不同。

企业采取需求差别定价必须具备以下条件：①市场必须是可以细分的，而且各个子市场必须表现出不同的需求程度；②以较低价格购买某种产品的顾客没有可能以较高价格把这种产品倒卖给别人；③竞争者没有可能在企业以较高价格销售产品的市场上以低价竞销；④细分市场和控制市场的成本费用不得超过因实行价格歧视所得额外收入，这就是说，不能得不偿失；⑤价格歧视不会引起顾客反感，放弃购买，影响销售；⑥采取的价格歧视形式不能违法。

13.3.5　新产品定价策略

一般来讲，新产品定价主要有两种策略可供选择。

1. 撇脂定价

它是指在产品生命周期的最初阶段，把产品的价格定得很高，以获取最大利润，有如从鲜奶中撇取奶油。企业之所以能这样做，是因为有些购买者主观认为某些商品具有很高的价值。从营销实践看，在以下条件下企业可以采取撇脂定价：①市场有足够的购买者，他们的需求缺乏弹性，即使把价格定得很高，市场需求也不会大量减少；②高价使需求减少一些，因而产量减少一些，单位成本增加一些，但这不致抵消高价所带来的利益；③在高价情况下，仍然独家经营，别无竞争者；④有专利保护的产品；⑤某种产品的价格定得很高，使人们产生这种产品是高档产品的印象。

2. 渗透定价

渗透定价即企业把它的创新产品的价格定得相对较低，以吸引大量顾客，提高市场占有率。从营销实践看，企业采取渗透定价需具备以下条件：①市场需求显得对价格极为敏感，因此，低价会刺激市场需求迅速增长；②企业的生产成本和经营费用会随着生产经营经验的增加而下降；③低价不会引起实际和潜在的竞争。

13.3.6 产品组合定价策略

当产品只是某一产品组合中的一部分时,企业就需要研究出一系列价格,使整个产品组合的利润实现最大化。因为各种产品之间存在需求和成本的相互联系,而且会带来不同程度的竞争,所以定价十分困难。

1. 产品大类定价

企业通常开发出来的是产品大类,而不是单一产品。当企业生产的系列产品存在需求和成本的内在关联性时,为了充分发挥这种内在关联性的积极效应,采用产品线定价策略。在定价时,首先确定某种产品的最低价格,它在产品线中充当领袖价格,吸引消费者购买产品线中的其他产品;其次,确定产品线中某种商品的最高价格,它在产品线中充当品牌质量和收回投资的角色;再者,产品线中的其他产品也分别依据其在产品线中的角色不同而制定不同的价格。在许多行业中,营销者多为产品线中的某一种产品事先确定好价格点。例如,男士服装店可能经营三种档次的男士服装:1 500 元、2 500 元和 3 500 元。顾客会从三个价格点上联系到高、中、低三种质量水平的服装。即使这三种价格同时提高,男士们仍然会按照自己偏爱的价格点来购买服装。营销者的任务就是确立认知质量差别,使价格差别合理化。

2. 选择品定价

许多企业在提供主要产品的同时,还会附带一些可供选择的产品或特征。汽车用户可以订购倒车雷达、扫雾器和减光器等。但是对选择品定价却是一件棘手的事。汽车公司必须确定价格中应包括哪些产品,又有哪些产品可作为选择对象。饭店也面临同样的定价问题。其顾客除了定购饭菜外也买酒类。许多饭店的酒价很高,而食品的价格相对较低。食品收入可以弥补食品的成本和其他的饭店成本,而酒类则可以带来利润。这就是为什么服务人员极力推荐顾客买饮料的原因。也有饭店会将酒价制定得较低,而对食品制定高价,来吸引爱饮酒的消费者。

3. 补充产品定价

有些产品需要附属或补充产品。例如剃须刀片和胶卷。生产主要产品的制造商经常为产品制定较低的价格,同时对附属产品制定较高的加成。

4. 分部定价

服务性企业经常收取一笔固定费用,再加上可变的使用费。例如,电话用户每月都要支付一笔最少的使用费,如果使用次数超过规定,还要再交费。游乐园一般先收门票费,如果游玩的地方超过规定,就再交费。服务性公司面临着和补充产品定价同样的问题,即应收多少基本服务费和可变使用费。基本服务费应较低,来推动人们购买服务,利润可以从使用费中获取。

5. 产品系列定价

企业经常以某一价格出售一组产品,例如化妆品、计算机、旅游公司为顾客提供的一系列活动方案。这一组产品的价格低于单独购买其中每一产品的享用总和。因为顾客可能并不打算购买其中所有的产品,所以这一组合的价格必须有较大的降幅,来推动顾客购买。

13.4 价格变动与企业对策

企业处在一个不断变化的环境,为了生存和发展,有时候需主动降低价格或提价,有时候又需对竞争者的变价做出适当的反应。

13.4.1　企业降价与提价

1. 企业降价

在现代市场经济条件下，企业降低价格的主要原因有：

(1)企业的生产能力过剩，因而需要扩大销售，但是企业又不能通过产品改进和加强销售工作等来扩大销售。在这种情况下，企业就需考虑降低价格。

(2)在强大竞争压力下，企业市场占有率下降。例如，美国的汽车、消费用电子产品、照相机、钟表等，曾经由于日本竞争者的产品质量较高、价格较低，丧失了一些市场。在这种情况下，美国一些公司不得不降价竞销。在国内市场上，1996 年彩电行业的降价风潮也说明了类似问题。当时，长虹降价幅度高达 30%，TCL 曾试图以保持原有价格、提高产品质量、加大宣传力度、扩大与竞争者的差异来应对，但因产品价格弹性较强未能奏效。为保持市场占有率，TCL 被迫采取降价策略。

(3)企业成本费用比竞争者低，企图通过降价掌握市场或提高市场占有率，从而扩大生产和销售量，进一步降低成本费用。

在实践中，有实力的企业率先降价，往往能给弱小竞争者以致命打击。例如，格兰仕一直信奉“价格是最高级的竞争手段”，以确立成本领先优势，其价格目标十分明确，就是消灭散兵游勇。每当其规模上一台阶，就要打一次价格战。当其生产规模达 125 万台时，它立即把出厂价定在规模 80 万台的企业成本价以下；达到 400 万台时，又把出厂价调到规模 200 万台的企业成本线以下；生产能力达 1 200 万台时，它又再次调低价格，出厂价定在规模 500 万台的企业成本线以下。这使微波炉行业的“成本壁垒”站到了“技术壁垒”之前，让很多年产几万台、几十万台的家电企业对“微波炉生意”失去兴趣，甚至连海尔、荣事达这样的大集团在它面前也显得一筹莫展。

2. 企业提价

虽然提价会引起消费者、中间商和推销人员的不满，但是一个成功的提价可以使企业的利润大大增加。引起企业提价的主要原因如下：

(1)由于通货膨胀，物价上涨，企业的成本费用提高，因此许多企业不得不提高产品价格。在通货膨胀条件下，许多企业往往采取种种方法来调整价格，对付通货膨胀，诸如：

①采取推迟报价定价的策略，即企业决定暂时不规定最后价格，等到产品制成时或交货时方规定最后价格。在工业建筑和重型设备制造等行业中一般采取这种定价策略。

②在合同上规定调整条款，即企业在合同上规定在一定时期内(一般到交货时为止)可按某种价格指数来调整价格。

③采取不包括某些商品和劳务定价策略，即在通货膨胀、物价上涨的条件下，企业决定产品价格不动，但原来提供的某些劳务要计价付费，这样一来，原来提供的产品的价格实际上提高了。

④减少价格折扣，即企业决定削减正常的现金和数量折扣，并限制销售人员以低于价目表的价格拉生意。

⑤取消低利产品。

⑥降低产品质量，减少产品特色和服务。企业采取这种策略可保持一定的利润，但会影响

其声誉和形象,失去忠诚的顾客。

(2)企业的产品供不应求,不能满足其所有的顾客的需要。在这种情况下,企业就必须提价。提价方式包括:取消价格折扣,在产品大类中增加价格较高的项目。为了减少顾客不满,企业提价时应当向顾客说明提价的原因,并帮助顾客寻找节约途径。

此外,还有一些企业提价是出于市场竞争策略的考虑,谋求竞争中的差异化优势,比如金利来在20世纪70年代面对经济危机所采取的提价策略就是一个成功的案例。

13.4.2　顾客对价格变动的反应

企业无论提价或降低价格,都必然影响到购买者、竞争者、中间商和供应商的利益,而且政府对企业变价也不能不关心。在这里,首先分析购买者对企业变价的反应。

1. 顾客对企业降价的反应

顾客对于企业的某种产品的降低价格可能会这样理解:①这种产品的式样过时了,将被新型产品所代替;②这种产品有某些缺点,销售不畅;③企业财务困难,难以继续经营下去;④价格还要进一步下跌;⑤这种产品的质量下降了。

2. 顾客对企业提价的反应

企业提价通常会影响销售,但是购买者对企业的某种产品提价也可能会这样理解:①这种产品很畅销,不赶快买就买不到了;②这种产品很有价值;③卖主想尽量取得更多利润。

一般来说,购买者对于价值高低不同的产品,价格的反应有所不同。购买者对于那些价值高、经常购买的产品的价格变动较敏感,而对于那些价值低、不经常购买的小商品,即使单位价格较高,购买者也不大注意。此外,购买者虽然关心产品价格变动,但是通常更为关心取得、使用和维修产品的总费用。因此,如果卖主能使顾客相信某种产品取得、使用和维修的总费用较低,那么,就可以把这种产品的价格定得比竞争者高,获得更多的利润。

13.4.3　竞争者对价格变动的反应

企业在考虑改变价格时,不仅要重视购买者的反应,而且必须关注竞争对手的反应。一个行业企业很少,产品同质性强,购买者颇具辨别力与知识,竞争者的反应就越发显得重要。

1. 了解竞争者反应的主要途径

企业估计竞争者的可能反应,至少可以通过两种方法:内部资料和统计分析。

企业可从以下两方面来估计、预测竞争者对本企业价格变动的可能反应:

(1)假设对手采取老一套的办法对付本企业价格变动。在这种情况下,竞争对手的反应是能够预测的。

(2)假设对手把本企业每一次价格变动都看做新挑战,并根据当时的利益做出反应。在这种情况下,企业就必须断定当时对手的利益是什么。企业必须调查研究对手的财务状况、近来的销售和产能情况、顾客忠诚情况及企业目标等。如果竞争者的目标是提高市场占有率,就可能随本企业的价格变动而调整价格;如果竞争者的目标是最大利润,就会采取其他对策,如增加广告预算、加强广告促销或者提高产品质量等。总之,在实施价格变动时,必须善于利用企业内部和外部信息来源,观测竞争对手的思路。

实际情况是复杂的,因为竞争者对本企业降价可能有种种理解,如可能认为企业想偷偷侵占市场阵地;或企业经营不善,力图扩大销售;还可能认为企业想使整个行业价格下降,刺激整个市场需求。

上面假设的是企业只面临一个大的竞争者。如果面对若干个竞争者,还要估计每个竞争者的可能反应。如果所有竞争者反应大体相同,就可集中力量分析典型的竞争者,因为其反应可以代表其他竞争者的反应。如果各个竞争者规模、市场占有率及政策等重要因素有所不同,他们的反应也会有所不同,此时就必须分别对各个竞争者进行分析;如果某些竞争者随本企业价格变动而变价,那么其他竞争者也有可能会这样。

2. 竞争者反应的主要类型

竞争者对调价的反应,主要有以下类型:

(1)相向式反应。你提价,他涨价;你降价,他也降价。这样一致的行为对企业影响不太大,不会导致严重后果。只要企业坚持合理的营销策略,不会失掉市场和减少市场份额。

(2)逆向式反应。你提价,他降价,或维持原价不变;你降价,他提价或维持原价不变。这种相互冲突的行为影响很严重,竞争者的目的也十分清楚,就是乘机争夺市场。对此,企业要进行调查分析,首先摸清竞争者的具体目的,其次要估计竞争者的实力,还要了解市场的竞争格局。

(3)交叉式反应。众多竞争者对企业调价反应不一,有相向的也有逆向的,还有不变的,情况错综复杂。企业在不得不进行价格调整时,应注意提高产品质量、加强广告宣传、保持分销渠道畅通等。

13.4.4 企业对竞争者变价的反应

在现代市场经济条件下,企业经常会面临竞争者变价的挑战。如何对竞争者的变价做出及时、正确的反应,是企业定价策略的一项重要内容。

1. 不同市场环境下的企业反应

在同质产品市场上,如果竞争者降价,企业必须随之降价,否则顾客就会转而购买竞争者的产品。如果某一个企业提价,且提价对整个行业有利,其他企业也会随之提价;但是,如果有企业不跟随提价,那么最先发动提价的企业和其他企业就有可能不得不取消提价。

在异质产品市场上,企业对竞争者变价的反应有更多选择余地。因为在这种市场上,顾客选择卖主不仅考虑价格因素,而且考虑质量、服务、性能、外观、可靠性等,因而对于较小的价格差异可能并不在意。

面对竞争者的变价,企业必须认真研究以下问题:

(1)为什么竞争者要变价?

(2)竞争者是暂时变价,还是打算永久变价?

(3)对竞争者的变价行为置之不理,对本企业的市场占有率和利润会有何影响?

(4)其他企业是否也会做出反应?

(5)竞争者和其他企业对本企业的每个可能的反应,又会有什么样的反应?

2. 市场主导者的反应

在市场上,居于主导地位的企业经常遇到一些较小企业的进攻。这些企业的产品可与市场主导者的相媲美,往往通过进攻性的降价争夺主导者的市场阵地。在这种情况下,市场主导者有以下策略可供选择:

(1)维持价格不变。因为市场主导者认为,如果降价,会减少利润和收入;维持价格不变,尽管对市场占有率有一定影响,以后还能恢复市场阵地。当然,维持价格不变的同时要改进产品质量、提高服务水平、加强促销沟通等,运用非价格手段反击竞争者。许多企业的实践证明,这种策略比简单的降价和低利经营合算。

(2)降价。市场主导者采取这种策略是因为:降价可使销售量和产量增加,从而使成本费用下降;市场对价格敏感,不降价会使市场占有率下降太多;市场占有率下降以后就很难恢复。但是,降价以后企业仍应尽力保持质量和服务水平。

(3)提价。提价的同时致力于提高产品质量或推出新品牌,以与竞争对手争夺市场。

3. 企业应变需要考虑的因素

受到竞争对手进攻的企业必须考虑:

(1)产品在其生命周期中所处的阶段以及在企业产品投资组合中的重要程度。

(2)竞争者的意图和资源。

(3)市场对价格和价值的敏感性。

(4)成本费用随销量和产量的变化而变化的情况。

面对竞争者的变价,企业不可能花很多时间去分析应采取的对策。事实上,竞争者很可能花了大量时间准备变价,本企业必须在几天甚至数小时内明确、果断地做出反应。缩短价格反应决策时间的唯一途径,就是预料竞争者可能的价格变动,并事先准备适当对策。

13.4.5 企业的价格战

价格战是企业的一种重要营销手段,是指一段时间内,某行业大量企业以集中的大幅度降低价格为主要竞争手段,并导致该行业一批企业利润下滑、生存困难甚至破产倒闭的竞争态势。价格战的根源在于产品供过于求、同类产品过剩,各个企业之间产品雷同,外观、造型、质量与性能没有大的区别,同质化现象严重,售后服务不到位等。

在实践中,企业采用竞争性的降价而发起或参与价格战,多半是为了扩大市场占有率,提高价格竞争能力;有些企业有时是为了盘活资金以用于开发新产品而处理积压产品;有些则是为了提高行业的进入壁垒;还有一些是生产能力过剩需要扩大销售,而通过其他营销策略扩大销售的余地很小。另外一些企业则是由于同类产品发起了价格战,为了巩固已有市场而不得不动,被卷入到价格战中。

1. 价格战的形式

价格战作为一种营销策略,其战略目标相对单一,就是通过价格上的短兵相接,以达到企业战略部署的真正实现。价格战有以下形式:

(1)进攻型价格战。是企业主动采取的一种市场攻击行为,其表现为快速占领市场,尽可能地抢占对手的市场份额,打击面大,一般较为主动。进攻型价格战从企业的角度来说,往往都是出于战略考虑,比如为迎合整个行业竞争需要,或企业自身为实现快速增长、达到规模效应,从而更好地参与市场竞争。比如2000年8月左右,掌上电脑市场风云骤变。名人宣布其主导产品PDA328降至600元大关,是商务通同类产品价格的1/3;“一指连环王”降至1 600元,也比商务通的同类产品低380元。自此,名人的市场占有率迅速飙升,到2001年4月,名人将曾高出自己一倍的商务通的40%市场据为己有,坐上了行业的第一把交椅。

(2)狙击型价格战。企业在细分市场上瞄准目标,有效打击竞争者,瓜分对手的市场份额。通常针对性较强,打击面较窄,专注有力。狙击型价格战是企业采取的介于进攻型与防御型之间的一种行为，是企业为了更好地进行市场细分而采取的一种"突击"行动。比如2002年，统一策划了名叫"逐鹿中原"的营销专案，推出了零售价0.5元/包的低档冲泡面，攻击华龙的河南市场；华龙利用甲一麦、六丁目等价格战产品，以零售价0.4元/包的竞争优势狙击统一，并对其进行了有效的终端拦截，最终取得了胜利。

(3)防御型价格战。一般是企业迫不得已采取的一种市场行为。当领地有"强敌"入侵，为保全市场，往往采取这种防御型价格战。防御型价格战要注意以下三点：第一，参与价格战的产品要有侧重点，针对竞争品的主要规格，选取相应产品参与价格战，不可全线参与；第二，参战产品尽量采用新产品，因为价格战过后，这种"炮灰"产品往往不再具有保留价值；第三，防御与进攻完美结合，于防御中体现进攻，乘机扩大市场份额，"一箭多雕"。

2. 价格战的效果

不可否认，价格战的出现有它的积极意义。有关专家总结了价格战的七大作用：

(1)价格战是市场经济的必然产物，是市场营销的重要组成部分。

(2)价格战可迅速促进市场扩容，提高社会购买力和扩大内需。

(3)价格战可淘汰一批劣质产品生产商及谋求短期利益者，制止重复投资，使社会资源得到合理的整合与利用。

(4)价格战可使消费者直接得益，用更少的代价尽享现代化的生活品质。

(5)价格战可以提升民族品牌搏击海外市场的竞争力。

(6)价格战加快产品创新与营销实践的升级。

(7)价格战促使中国企业优化管理水平和人力资源素质。

与此同时，我们也应看到，价格战会带来意料不到的代价付出：

(1)从消费者角度而言，尝到价格战的甜头后，那些对品质要求不太高或价格敏感型消费者就会选择价格最低的产品，而不再考虑企业的品牌。消费者还会采取观望态度，等待下一次厂家、商家的价格比拼。这意味着企业不降价就无法推动自己的销售。这一点以消费者在超市购买特价商品的行为表现得最为明显。

(2)在价格战第一回合落败的竞争对手，极可能选择再压低自己价格，力争在第二回合中扳回一局。对于对手的这一轮降价行为，企业又不得不采取相应的回应策略。周而复始成了一种循环，成了一种经常性行为，陷入价格战的怪圈，价格一降再降，市场却不断萎缩，企业盈利日渐减少。

(3)价格战过后，竞争者或许淘汰出局，原有资产却仍然留在市场。他们可能用极低的价格出售资产，创造出成本更低、行为更不可预测的新竞争者。

(4)每经历一次价格战，幸存竞争者的力量又衰弱一分，因而他们能够拿来继续作战的筹码越来越少。20世纪90年代末彩电企业多年彼此恶斗的结果，是财务状况一家比一家糟，这就是最好的例证。

因此，认清价格战可能带来的风险，将有助于企业制定正确的价格战略：要不要参与价格战；参与程度多大；应如何制定防御性竞争策略，将自己与对手价格战的伤害降至最低；等等。价格决策绝不能只为达到短期销售目标，而应强化长期获利能力。

13.5 制定价格策略的程序

由于影响企业定价的因素众多,而适当的产品定价又事关重大,因此,遵循一个科学的定价程序显得十分重要。

(1)确定企业定价目标。因为,不同定价目标的商品价位和采用的定价方法将会有所不同。

(2)估算成本。不仅要考虑静态成本,还需考虑与不同产量相对应的成本。大多数情况下,随着产量的上升,产品平均成本会相应下降,尤其在固定成本比重较大的情况下。如果新产品的目标是替代市场上现有的某种产品,则企业还须制定产品的"目标成本",以使新产品能符合"目标价格"的要求。

(3)分析市场需求。测算产品的需求表(用图形表达就成为需求曲线)。产品需求曲线表明产品价格与需求之间的大致对应关系,即在什么价位可能会有多大的市场需求。

(4)分析竞争对手的产品、成本和定价策略。如果说产品成本为企业定价确定了下限,市场需求为产品定价确定了上限,那么竞争对手的定价策略就为企业树立了一个参考的标准,尤其在为新产品制定价格时。

(5)选择基本定价方法。成本导向、需求导向和竞争导向是制定商品基本价格的方法,它们各有其合理性和便利性,也各有其最适合的条件,现实中,三方面因素都要考虑,但具体操作起来只能用一种方法。

(6)运用定价技巧,确定最终价格,包括心理定价、组合定价等。

(7)随着外部环境因素和企业内部条件、战略和目标的变化以及产品生命周期的演变,适时调整产品价格。

小 结

影响定价的因素是多方面的,包括定价目标、成本、需求、竞争者及其他营销组合因素等。企业定价目标主要有:维持企业生存;当期利润最大化;市场占有率最大化;产品质量最优化。企业在定价过程中要采取的步骤是:选择定价目标、测定需求的价格弹性、估算成本、分析竞争对手的产品与价格、选择适当的定价方法、选定最后价格。企业定价方法有三种,即成本导向定价法(包括成本加成定价法和目标定价法)、需求导向定价法(包括感受价值定价法、反向定价法和差别定价法)、竞争导向定价法(包括随行就市定价法和投标定价法)。

企业可采取的策略包括折扣定价策略、地区定价策略、心理定价策略、差别定价策略、新产品定价策略以及产品组合定价策略。价格折扣有五种类型:现金折扣、数量折扣、功能折扣、季节折扣、价格折让。地区性定价策略包括FOB原产地定价、统一交货定价、分区定价、基点定价和运费免收定价。心理定价的策略主要包括声望定价、尾数定价和招揽定价。差别定价的主要形式有:顾客差别定价、产品形式差别定价、产品部位差别定价和销售时间差别定价。新产品定价包括撇脂定价和渗透定价。产品组合定价包括产品大类定价、选择品定价、补充产品定价、分部定价、产品系列定价。

制定价格策略的程序：①确定企业定价目标；②估算成本；③分析市场需求；④分析竞争对手的产品、成本和定价策略；⑤选择基本定价方法；⑥运用定价技巧；⑦适时调整产品价格。

复习题

(1)企业在定价时应该考虑哪些因素？怎样对这些因素进行分析？

(2)在什么样的条件下需求可能缺乏弹性？需求的交叉弹性的含义是什么？

(3)市场结构具有哪几种类型？不同类型市场必须具备的条件是什么？

(4)价格折扣主要有哪几种类型？其含义分别是什么？

(5)企业在选择不同的折扣策略时所考虑的主要因素是什么？

(6)企业地区定价策略的表现形式主要有哪些？

(7)怎样分析竞争者对企业变价的反应？

(8)制定价格策略的程序是什么？

案 例

任凭风浪起，"定"坐钓鱼台——京东的定价策略

2018年5月，京东联手英特尔共同打造的、全球第一款中文大屏幕智能音箱设备——叮咚PLAY，在京东商城上线并开始接受预约。

这样一款高科技产品，究竟需要花多少钱才能买下？所有的人都在热议中期待！这款产品在网站上只提供预约的功能，预约成功的客户，将会在预约期截止，以开盘时刻公开的价格买到这款产品。

2018年5月11日，在距离预约结束前2个小时，已经有2万多用户预约。终于等到了开盘的那一时刻，叮咚PLAY终以1 899元人民币的价格华丽登场。虽然这是一款迄今为止价格最昂贵的叮咚族成员，但是，仅仅过了10分钟，叮咚PLAY几乎被抢购一空。

好的产品或服务与完美价格的组合，是企业赢得消费者信赖的关键。现实的经济生活中总存在着一些产品或服务，它们因为定价完美而建立起贵族般的品牌形象。

叮咚的出现及其价格定位，蕴含着京东企业决策的智慧。面对错综复杂市场环境中定价的结构性竞争，京东是如何基于真实的市场环境，制定和实施有效定价策略，从而满足顾客为获得产品或服务而交付的价值，进而打造企业特有的经营优势？围绕京东，这是一个值得探究的问题，从低价竞争，逐渐转向深耕细作的内涵式发展的历程；也是一个值得细读的故事，从"以规模形成的交易价值"引领增长，转向为"以技术推动的服务价值"增长的转变，从而获得了"好价格"定价优势的企业发展的精彩故事。

1. 别开生面——京东购物狂欢节

凌驾于竞争对手之上的低位定价优势通常不会长久，一个崭新的价格体系能够带来革命性的影响。对于一天天强大起来的京东，与其被动应战，不如主动出击。京东开始打造属于自己的购物狂欢节：618京东购物节。在每年的6月18日，推出不同价格组合的多样化主题吸引消费者。

京东购物节是京东精心为客户打造的狂欢节,折扣、立减、专场、轰趴、返卷、秒杀、一口价等价格组合方式花样辈出。促销定价推动了客户快速购买的决策,引起市场规模增大,起到增加产品消费的积极作用。618购物狂欢节紧紧地抓住了消费者的眼球也捕获了他们的心。

2. 举足轻重——自建物流体系确保定价主动权

成本控制是完美定价的基础。对于电子商务企业来说,其物流成本占总成本的比重较大,且明显高于传统企业,物流成本是电子商务企业决定其定价的关键因素,因此,降低物流总成本是增强电商企业价格竞争优势的有效途径。

互联网行业必须遵守传统经济规律,降低交易成本,提升交易效率,不然则注定失败。为了最大程度实现成本可控,京东大胆创新,通过自建物流体系在全国几大城市建立区域仓运营,然后根据购买数据、规模的大小,完成库存及时补货,再从仓储送到消费者家里,实现点和点之间的配送。自建物流使京东获得定价的成本优势,确保了京东定价的主动权。

3. 识变从宜——智慧定价

生存是每一个企业发展中都需要贯穿性地考虑的目标问题,京东的快速发展使其跨越了生存的根本问题,进一步发展才是定价考虑的关键性目标。如何在服务质量保证的前提下,用完美定价牢牢的吸引客户,京东可算是下足了功夫。伴随着中国电商企业从野蛮竞争逐渐向内涵式发展的转型,对于价格的控制,京东商城副总裁说:"尊重低价,但已不是我们的核心。"

产品价格是否合适,最终由顾客决定。当顾客购买产品时,以价格交换有价值的东西,以获得另一种有价值的东西。因此,定价决策,就像其他营销组合要素决策一样,需以顾客价值为基础。

集团内部的人工智能和大数据分析算法专家,将定价问题进行抽象和建模,通过相应的算法设计获得更合理的价格,让消费者买到更高性价比的商品。这个过程不是一成不变的,而是依据大数据和算法,以消费者洞察作为原点,运用顾客的价值感知作为定价的关键,对商品进行"智能化"的动态定价。

对于商家而言,定价并非越高越好,也不是越低越有竞争优势。一个完美定价需要考虑的因素众多,其中包括:自身价格、替代品、库存、促销、生命周期,特殊促销日,季节性价格、友商价格等因素。最佳定价是在十几个甚至几十个数据维度基础上,经过仔细考量的优化结果。人工智能和大数据分析技术为最好价格的确定提供了有力的支撑,通过学习获得用户之所需,在给定的约束和目标下,定价算法迭代获得最优解,能够为商家输出优化定价方案的决策支持。

4. "定"坐钓鱼台

面对瞬息万变的市场环境、多样复杂的内部环境,在品质发展的道路上,京东坚定的步伐不会停滞不前,依然有条不紊地根据自己企业的目标,灵活运用价格这一有效工具,利用科技引领创新,推出创新型的产品,满足消费者日益增长的需求。此时的京东,就如同一个垂钓的老者,身经百战,面对风浪的起起伏伏,"定"坐钓鱼台。

讨论:

(1)什么是定价?影响价格决策的因素有哪些?影响京东平台的价格决策因素有哪些?

(2)主要的定价战略有哪些?京东运用了哪些定价战略?京东为什么选择这些定价战略?

(3)企业如何制定一个好价格?好价格的边界是什么?京东如何制定一个好价格?

第 14 章　分销策略

本章要点

■分销渠道的职能与类型。

■分销渠道的设计与管理。

■批发商的特点及主要类型。

■零售商的主要类型。

■物流的规划与管理。

■企业的主要存货与运输策略。

在现代市场经济条件下，生产者与消费者之间在时间、地点、数量、品种、信息、产品估价和所有权等多方面存在着差异和矛盾。企业生产出来的产品，只有通过一定的营销渠道，才能在适当的时间、地点，以适当的价格供应给广大消费者或用户，从而克服生产者与消费者之间的差异和矛盾，满足市场需要，实现企业的营销目标。

14.1　分销渠道的职能与类型

14.1.1　分销渠道的含义与职能

1. 分销渠道与营销渠道

在市场营销理论中，有两个与渠道有关的术语经常不加区分地交替使用，就是分销渠道和市场营销渠道。

所谓分销渠道，是指某种产品和服务从生产者向消费者转移过程中，取得这种产品和服务的所有权或帮助所有权转移的所有企业和个人。因此，分销渠道包括商人中间商（因为他们取得所有权）和代理中间商（因为他们帮助转移所有权），此外，还包括处于渠道起点和终点的生产者和最终消费者或用户。但是，不包括供应商、辅助商。

所谓市场营销渠道，是指配合或参与生产、分销和消费某一生产者的产品和服务的所有企业和个人。也就是说,营销渠道包括某种产品供产销过程中的所有有关企业和个人,如供应商、生产者、商人中间商、代理中间商、辅助商以及最终消费者或用户等。

2. 分销渠道的职能

从经济理论的观点来看,分销渠道的基本职能在于把自然界提供的不同原料根据人们的需要转换成有意义的产品组合。分销渠道对产品从生产者转移到消费者所必须完成的工作加以组织,其目的在于消除产品(或服务)与使用者之间的分离。分销渠道的主要职能有如下几种:

(1)调研,即收集制订计划和进行交换所必需的信息。

(2)促销,即进行关于所供产品的说服性沟通。

(3)接洽,即寻找潜在购买者并与其进行有效的沟通。

(4)配合,即使所供产品符合购买者需要,包括制造、分等、装配、包装等活动。

(5)订货,分销渠道成员向制造商进行有购买意图的沟通行为。

(6)谈判,即为了转移所供货物的所有权,而就其价格及有关条件达成最后协议。

(7)物流,即从事产品的运输、储存、配送。

(8)融资,即为补偿分销成本而取得并支付相关资金。

(9)风险承担,即承担与渠道工作有关的全部风险。

(10)付款,买方通过银行或其他金融机构向销售者支付账款。

(11)所有权转移,所有权从一个组织或个人向其他组织或个人的实际转移。

(12)服务,渠道提供的附加服务支持,如信用、交货、安装、修理等。

14.1.2 分销渠道的层次与宽度

1. 分销渠道的层次

分销渠道可根据其渠道层次的数目来分类。在产品从生产者转移到消费者的过程中,任何一个对产品拥有所有权或负有销售责任的机构,就称为一个渠道层次。由于生产者和消费者都参与了将产品及其所有权带到消费地点的工作,因此,他们都被列入每一渠道中。但是营销管理却以中间机构层次的数目确定渠道的长度(见图14.1)。

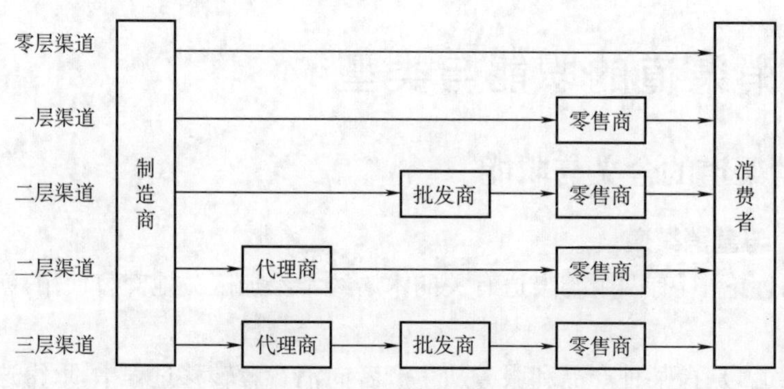

图14.1 消费品分销渠道

零层渠道通常称为直接分销渠道。直接分销渠道是指产品从生产者流向最终消费者的过程中不经过任何中间商转手的分销渠道。直接分销渠道主要用于分销产业用品。因为,一方面,许多产业用品要按照用户的特殊需要制造,有高度技术性,制造商要派遣专家去指导用户安装、操作、维护设备;另一方面,用户数目较少,某些行业工厂往往集中在某一地区,这些产业用品的单价高,用户购买批量大。某些消费品有时也通过直接分销渠道分销。例如,农民在自己农场门口开设门市部,或者在城市市场上摆货摊,将其生产的蔬菜、水果、禽蛋、生鲜农产品直接销售给最后消费者;有些大制造商和面包房,自己开设零售商店和门市部,将其产品直接销售给最终消费者;等等。但是,由于广大消费者居住分散,购买数量零星,因而许多生产者不能将其产品销售给广大消费者。

一层渠道含有一个销售中介机构。在消费者市场,这个中介机构通常是零售商;在产业市场,则可能是销售代理商或佣金商。

二层渠道含有两个销售中介机构。在消费者市场,通常是批发商和零售商;在产业市场,则通常是销售代理商和批发商。

三层渠道含有三个销售中介机构。肉食类食品及包装类产品的制造商通常采用这种渠道分销其产品。在这类行业中,通常有一个专业代理商处于代理商和零售商之间,该专业代理商从代理商进货,再卖给无法从代理商进货的零售商。

更高层次的分销渠道较少见。从生产者观点来看,随着渠道层次的增多,控制渠道所需解决的问题也会增多。

2. 分销渠道的宽度

分销渠道的宽度是指渠道的每个层次使用同种类型中间商数目的多少。它与企业的分销策略密切相关。而企业的分销策略通常可分为三种:密集分销、选择分销和独家分销。

(1)密集分销,是指制造商尽可能地通过许多负责任的、适当的批发商、零售商推销其产品。消费品中的便利品和产业用品中的供应品,通常采取密集分销,使广大消费者和用户能随时随地买到这些日用品。

(2)选择分销,是指制造商在某一地区仅仅通过少数几个精心挑选的、最合适的中间商推销其产品。选择分销适用于所有产品。但相对而言,消费品中的选购品和特殊品最宜于采取选择分销。

(3)独家分销,是指制造商在某一地区仅选择一家中间商推销其产品,通常双方协商签订独家经销合同,规定经销商不得经营竞争者的产品,以便控制经销商的业务经营,调动其经营积极性,占领市场。

14.1.3　分销渠道的类型

构成分销渠道的不同环节的企业和个人,称为渠道成员。按渠道成员结合的紧密程度,分销渠道还可以分为传统渠道系统和整合渠道系统两大类型,如图 14.2 所示。

1. 传统渠道系统

传统渠道系统是指由各自独立的生产商、批发商、零售商和消费者组成的分销渠道。传统渠道成员之间的系统结构是松散的。由于这种渠道的每一个成员均是独立的,它们往往各自为政,各行其是,几乎没有一个成员能完全控制其他成员。随着市场环境的变迁,传统渠道正面临严峻挑战。

2. 整合渠道系统

整合渠道系统是指渠道成员通过一体化整合形成的分销渠道系统。主要包括:

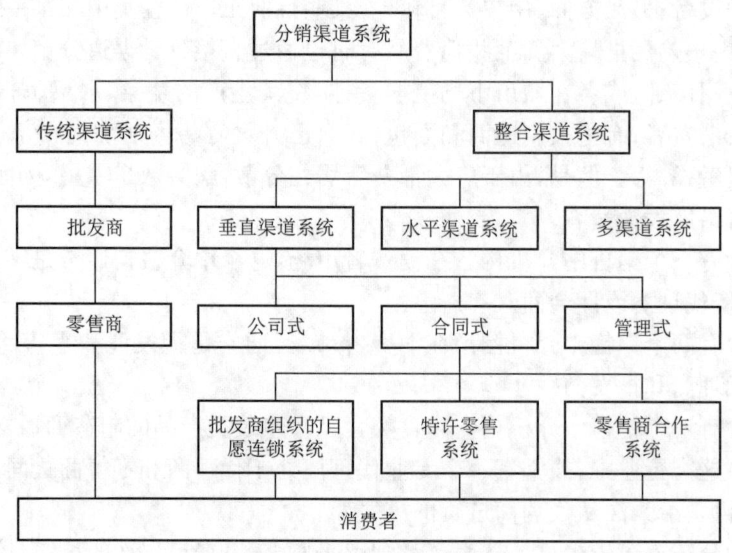

图14.2　分销渠道的系统结构

1)垂直渠道系统

由生产者、批发商和零售商纵向整合组成,其成员或属于同一家公司,或为专卖特许权授予成员,或为有足够控制能力的企业左右。该系统有三种主要形式:

(1)公司式,即由一家公司拥有和管理若干工厂、批发机构和零售机构,控制渠道的若干层次,甚至整个分销渠道,综合经营生产、批发和零售业务。公司式垂直渠道系统又分为两类:一类是由大工业公司拥有和管理的,采取一体化经营方式;一类是由大型零售公司拥有和管理的,采取商工一体化方式。

(2)管理式,即通过渠道中某个有实力的成员来协调整个产销通路的渠道系统,如名牌产品制造商以其品牌、规模和管理经验优势出面协调批发商、零售商经营业务和政策,采取共同一致的行动。

(3)合同式,即不同层次的独立的制造商和中间商,以合同为基础建立的联合渠道系统。如批发商组织的自愿连锁系统、零售商合作系统、特许零售系统等。

2)水平渠道系统

这是由两家或两家以上的公司横向联合,共同开拓新的营销机会的分销渠道系统。这些公司或因资本、人力、生产技术、营销资源不足,无力单独开发市场机会,或因惧怕承担风险,故与其他公司联合,可实现最佳协同效益而组成共生联合的渠道系统。

3)多渠道系统

多渠道系统即对同一或不同的细分市场,采用多条渠道的分销体系。大致有两种形式:一种是制造商通过两条以上的竞争性分销渠道销售同一商标的产品;另一种是制造商通过多条分销渠道销售不同商标的差异性产品。此外,还有一些公司通过同一产品在销售过程中的服务内容与方式的差异,形成多条渠道以满足不同顾客的需求。多渠道系统为制造商提供了三方面利益:扩大产品的市场覆盖面,降低渠道成本和更好地适应顾客要求。但该系统也容易造成渠道之间的冲突,给渠道控制和管理工作带来更大难度。

14.2　分销渠道策略

有效的渠道设计，应以确定企业所要达到的市场为起点。从原则上讲，目标市场的选择并不是渠道设计的问题。然而事实上市场选择与渠道是相互依存的。有利的市场加上有利的渠道，才可能使企业获得利润。

14.2.1　影响分销渠道设计的因素

渠道设计问题的中心环节，是确定到达目标市场的最佳途径。而影响渠道设计的主要因素有以下几种：

1. 顾客特性

渠道设计受顾客人数、地理分布、购买频率、平均购买数量以及对不同营销方式的敏感性等因素的影响。当顾客人数多时，生产者倾向于利用每一层次都有许多中间商的长渠道。但购买者人数的重要性又受到地理分布程度的影响。例如，生产者直接销售给集中于同一地区的 500 个顾客所花的费用，远比销售给分散在多个地区的 500 个顾客少。购买者的购买方式又会对购买者人数及其地理分布产生影响。如果顾客经常小批量购买，则需采用较长的营销渠道为其供货。因此，少量而频繁的订货，常使得五金器具、药品等产品的制造商依赖批发商为其销货。同时，这些相同的制造商也可能越过批发商而直接向那些订货量大且订货次数少的大顾客供货。此外，购买者对不同营销方式的敏感性也会影响渠道选择。例如，越来越多的家具零售商喜欢在商品展销会上选购，从而使得这种渠道迅速发展。

2. 产品特性

产品特性也影响渠道选择。易腐坏的产品为了避免拖延及重复处理增加腐坏的风险，通常需要直接营销。那些与其价值相比体积较大的产品（如建筑材料、软性材料等），需要通过生产者到最终用户搬运距离最短、搬运次数最少的渠道来销售。非标准化产品（如顾客定制的机器和专业化商品），通常由企业推销员直接销售，这主要是由于不易找到具有相关知识的中间商。需要安装、维修的产品经常由企业自己或授权独家专售特许商来负责销售和保养。单位价值高的商品则应由企业推销人员销售而不通过中间商。

3. 中间商特性

设计渠道时必须考虑执行不同任务的中间机构的优点、缺点，在成本、可获得性以及提供的服务三方面对中间商进行评估。例如，由制造商代表与顾客接触，花在每一顾客身上的成本较低，因为总成本由若干顾客分摊。但制造商代表对顾客所付出的努力，不如中间商的推销员。一般来讲，中间商在执行运输、广告、储存及接纳顾客等方面以及信用条件、退货特权、人员训练和送货频率方面，都有不同特点和要求。

4. 竞争特性

生产者的渠道设计还受到竞争者所使用的渠道的影响，因为某些行业的生产者希望在与竞争者相同或相近的经销处与竞争者的产品抗衡。例如，食品生产者就希望其品牌和竞争品牌摆在一起销售。有时，竞争者所使用的营销渠道反倒成为生产者所避免使用的渠道。

5. 企业特性

企业特性在渠道选择中扮演着十分重要的角色，主要体现在：

(1)总体规模。企业的总体规模决定了其市场范围、较大客户的规模以及强制中间商合作的能力。

(2)财务能力。企业的财务能力决定了哪些营销职能可由自己执行,哪些应交给中间商执行。财务薄弱的企业,一般都采用“佣金制”的分销方法,并且尽量利用愿意并且能够承担部分物流配送、顾客融资等成本费用的中间商。

(3)产品组合。企业的产品组合也会影响其渠道类型。企业产品组合的广度越大,则与顾客直接交易的能力越大;产品组合的深度越大,则使用独家专售或选择性代理商就越有利;产品组合的关联性越强,则越应使用性质相同或相似的营销渠道。

(4)渠道经验。企业过去的渠道经验和现行的营销政策也会影响渠道的设计。以前曾通过某种特定类型的中间商销售产品的企业,会逐渐形成渠道偏好。

(5)营销政策。现行的市场营销政策也会影响渠道的设计。例如,对最后购买者提供快速交货服务的政策,会影响到生产者对中间商所执行的职能、最终经销商的数目与存货水平以及所采用的运输系统的要求。

6. 环境特性

渠道设计还要受到环境因素的影响。例如,当经济萧条时,生产者都希望采用能使最后顾客以廉价购买的方式将其产品送到市场。这也意味着使用较短(扁平)的渠道,并免除那些会提高产品最终售价却并无必要的服务。

14.2.2 分销渠道的设计

一般来讲,要设计一个有效的渠道系统,必须经过以下步骤:

1. 分析顾客需要的服务产出水平

设计渠道的第一步,是了解消费者在目标市场购买什么商品、在什么地方购买、为何购买、何时买和如何买。营销人员必须了解目标顾客需要的服务产出水平——人们购买一个产品时,想要的和期望的服务类型和水平。

通常渠道可提供以下服务产出:

(1)批量大小——批量是分销渠道在购买过程中提供给顾客的单位数量。

(2)等候时间——顾客等待收到货物的平均时间。顾客一般喜欢快速交货渠道,而快速服务要求较高的服务水平。

(3)空间便利——空间便利是渠道为顾客购买提供的方便程度。

(4)产品齐全——一般来说,顾客喜欢较多的花式品种,这使得顾客有更多的选择机会。

2. 确定渠道目标与限制

如前所述,渠道设计问题的中心环节是确定到达目标市场的最佳途径。每一生产者都必须在顾客、产品、中间商、竞争者、企业政策和环境等形成的限制条件下,确定渠道目标。所谓渠道目标,是企业预期达到的顾客服务水平(何时、何处、如何对目标顾客提供产品和实现服务)以及中间商应执行的职能等。

3. 明确各种渠道备选方案

确定渠道的目标与限制之后,下一步工作是明确各主要渠道的备选方案。渠道的备选方案涉及两个基本问题:一是中间商类型与数目;二是渠道成员的特定任务。

4. 评估各种可能的渠道备选方案

每一渠道备选方案都是产品送达最后顾客的可能路线。生产者所要解决的问题，就是从那些似乎很合理但又相互排斥的备选方案中，选择最能满足企业长期目标的一种。因此，生产者必须对各可能的渠道备选方案进行评估。其评估标准有三个，即经济性、控制性和适应性。

1)经济性标准

三项标准中，经济性标准最为重要。因为企业是追求利润，而不是追求渠道的控制性与适应性。这可用许多企业经常遇到的一个决策问题来说明，即应使用自己的推销力量，还是使用销售代理商。假设某企业希望其产品在某一地区取得大批零售商支持，现有两种方案可供选择：一是向该地区营业处派出 10 名销售人员，除了付给基本工资，还根据推销业绩付给佣金；二是利用该地区的销售代理商，该代理商已和零售店建立密切联系，并可派出 30 名推销员，推销员的报酬按佣金制支付。两种方案可能导致不同的销售收入和成本。判别一个方案好坏的标准，不应只是其能否导致较高销售额和较低成本费用，而是能否取得最大利润。

2)控制性标准

使用代理商，无疑会增加控制的问题。代理商是一个独立的企业，它所关心的是自己如何取得最大利润。它可能不愿与相邻地区同一委托人的代理商合作；它可能只注重访问那些与其推销产品有关的顾客，忽略对委托人很重要的顾客；代理商的推销员可能无心了解与委托人产品相关的技术细节，也很难正确认真对待委托人的促销资料。

3)适应性标准

评估各渠道备选方案时，还要考虑自身是否具有适应环境变化的能力。每个渠道方案都会有规定期限，某一制造商决定利用销售代理商推销产品时，可能要签订 5 年合同。在这段时间内，即使采用其他销售方式会更有效，制造商也不得任意取消销售代理商。所以，一个涉及长期承诺的渠道方案，只有在经济性和控制性方面都很优越的条件下才可予以考虑。

14.2.3 渠道成员的管理和渠道改进

在渠道设计之后，生产者还要重视对渠道成员的管理，主要是对中间商进行选择、激励与定期评估。

1. 选择渠道成员

生产者招募中间商时，常处于两种极端情况之间。一是毫不费力就能找到特定的商店，并使之加入渠道系统。它之所以能吸引经销商，可能是因为很有声望，也可能是因为产品赚钱。某些情况下，独家分销或选择分销的特权也会吸引大量中间商加入渠道。对于那些毫不费力得到所需数目中间商的生产者来讲，所做的工作只是选择适当的中间商。二是生产者费尽心思才能找到预期数量的中间商。生产者必须研究中间商如何进行购买决策，尤其是它们决策时对毛利、广告与销售促进、退货保证等的重视程度。此外，生产者还必须开发一些能使中间商赚钱的产品。不论生产者遇上哪一种情况，都需明确中间商的优劣特性。一般来讲，生产者要评估中间商经营时间的长短及成长记录、清偿能力、合作态度、声望等。当中间商是销售代理商时，还需评估其经销的其他产品大类的数量与性质、推销人员的素质与数量。打算授予某家经销商独家分销时，生产者尚需评估经销商的位置、未来发展潜力以及经常光顾的顾客类型。实际上，选择过程通常是一个“双向过程”，不仅制造商选择中间商，中间商也在选择制造商,尤其是强大的或有影响力的零售商,在这一"双向选择"过程中具有较强的主动性。因此,为了获得高质量的渠道成员,制造商必须让渠道成员认可经销其产品是有利的。

2. 激励渠道成员

生产者不仅要选择中间商,而且要经常激励中间商,使之尽职。促使中间商进入渠道的因素和条件已构成部分激励因素,但仍需生产者不断监督、指导与鼓励。

当生产者给予中间商的优惠条件超过它取得合作所需提供的条件时,就会出现激励过分的情况,其结果是销售量提高而利润下降。当生产者给予中间商的条件过于苛刻,以致不能激励中间商努力时,会出现激励不足,其结果是销售降低、利润减少。所以,生产者必须确定应花费多少力量以及花费何种力量鼓励中间商。一般来讲,如果对中间商激励不足,生产者可采取提高中间商可得的毛利率,放宽信用条件,使之更有利于中间商。

生产者还可借助某些权力来赢得中间商的合作,包括:

(1)强制力。是生产者对不合作(如对顾客服务差、未实现销售目标、窜货等)的中间商威胁撤回某种资源或中止关系而形成的权力。中间商对生产者的依赖性越强,这种权力的效果越明显。

(2)奖赏力。指生产者给执行了某种职能的中间商额外付酬形成的权力。奖赏力的负面效应是,中间商为生产者服务往往不是出于职业的信念,而是因为有额外报酬。每当生产者要求中间商执行某种职能时,中间商往往要求更高的报酬。

(3)法定力。是生产者要求中间商履行双方合同而执行某些职能的权力。

(4)专长力。指生产者因拥有某种专业知识而对中间商构成的控制力。生产者可借助复杂精密的系统控制中间商,也可提供专业知识培训或系统升级服务,由此可形成专长力。如果中间商得不到这些专业服务,其经营很难成功;一旦专业知识给了中间商,这种专长力又会削弱。

(5)感召力。是中间商对生产者深怀敬意,并希望与之长期合作而形成的。像苹果、IBM、微软、宝洁等国际知名公司,中间商都愿意与之建立长期稳定的合作关系,心甘情愿地按生产者的要求行事。

一般情况下,生产者都注重运用感召力、专长力、法定力和奖赏力,尽量避免使用强制力,这样往往能收到理想的效果。

3. 评估渠道成员

生产者还必须定期评估中间商的绩效。如果某一渠道成员绩效过分低于既定标准,需找出原因,同时还应考虑补救方法。当放弃或更换中间商会产生更坏的结果时,生产者只能容忍;当不至于出现更坏结果时,应要求工作欠佳的中间商在一定时期改进,否则就取消它的资格。

1)契约约束与销售配额

一开始就与中间商签订有关绩效标准与奖惩条件,可避免种种不快。契约中应明确经销商的责任,如销售强度、绩效与覆盖率、平均存货水平、送货时间、次品与遗失品的处理方法、对企业促销与训练方案的合作程度、中间商必须提供的顾客服务等。

除了针对绩效责任签订契约,还应定期发布销售配额,以确定目前的预期绩效。生产者可在一定时期列出各中间商销售额,并依销售额大小排出先后名次。这样可使后进中间商为了荣誉奋力上进,也可促使先进的中间商努力保持荣誉,百尺竿头更进一步。

需要注意的是，排名时不仅要看中间商销售水平的绝对值，而且要考虑它们各自面临的不同环境，考虑生产者的产品大类在各中间商全部产品组合中的相对重要程度。

2)测量中间商绩效的方法：

(1)将每一中间商的销售绩效与上期绩效比较，并以整个群体的升降百分比作为标准。对低于该群体平均水平的中间商，加强评估与激励措施。同时，还要对后进中间商的环境因素加以调查，看是否存在客观原因，如当地经济衰退、某些顾客不可避免流失、主力推销员“跳槽”等，并明确哪些因素可在下期弥补。一般来说，制造商不宜因这些原因而对经销商采取惩罚。

(2)将各中间商的绩效与该地区基于销售潜量分析所设立的配额相比较。也就是说，在销售期过后，根据中间商的实际销售额与其潜在销售额的比率，将各中间商按先后名次进行排列。这样，企业的调整与激励措施可以集中用于那些未达既定比率的中间商。

4. 渠道改进安排

渠道系统要定期改进，以适应市场动态。当消费者购买方式变化、市场扩大、新竞争者兴起和创新的分销战略出现以及产品进入生命周期的下一阶段，便有必要对渠道进行改进。

14.2.4　窜货现象及其整治

1. 窜货及其原因

窜货是指经销商置经销协议和制造商长期利益于不顾，进行产品跨地区降价销售。产生这种现象的原因主要有：

(1)某些地区市场供应饱和。

(2)广告拉力过大，渠道建设没有跟上。

(3)企业在资金、人力等方面不足，造成不同区域之间渠道发展不平衡。

(4)企业给予渠道的优惠政策各不相同，分销商利用地区差价窜货。

2. 窜货的整治

(1)企业内部业务员与企业之间、客户与企业之间签订不窜货乱价协议。该协议从博弈论的纳什均衡看是没有意义的，但是却为处罚违犯者提供了法律依据。该协议是一种合同，一旦签订就等于双方达成契约，如有违反就可以追究责任。

实际上，除了个别情况，厂方业务人员对自己负责的客户是否有窜货行为是清楚的。但是，由于相当多的企业对业务人员的奖励政策是按量提成，他所负责地区的经销商销量增加，自己的提成也就增加，从而导致公司业务员因为利益关系而倾向于经销商。这种制度安排决定了厂方业务员对自己负责地区客户的窜货行为不可能认真监督、防治。但是可以通过签订不窜货协议，为加大处罚力度奠定法律依据。

对所窜货物价值，可累计到被侵入地区经销商的销售额中作为奖励基数，同时从窜货地区的业务员和客户完成的销售额中扣减等值销售额。

(2)外包装区域差异化。厂方对相同产品采取不同地区不同外包装，可以在一定程度上控制窜货乱价：一是通过文字标识，在每种产品的外包装上印刷“专供××地区销售”。可以在产品外包装箱上印刷，也可以在产品商标上加印。这种方法要求产品在该地区达到一定销量，并且外包装无法回收利用。问题是，如果该地区该产品达到较大销售量，就为制假窜货者提供了规模条件。二是商标颜色差异化，即在不同地区将同种产品商标，在保持其他标识不变的情况下,采用不同色彩加以区分。该方法也要求在某地销量达到足够大。同样,达到一定销售量、成为该地区畅销的主导商品,窜货就有可能制假商标(某些商品除外,如啤酒等)。三是外包装印刷条形码,不同地区印刷不同的条形码。这样一来,厂方必须给不同地区配备条形码识别器。这些措施都只能在一定程度上解决不同地区之间的窜货乱价问题,无法解决本地区内不同经销商之间的价格竞争。

(3)发货车统一备案,统一签发控制运货单。在运货单上标明发货时间、到达地点、接受客户、行走路线、签发负责人、公司负责业务员等,并及时将该车信息通知沿途不同地区业务员或经销商,以便监督。

(4)建立科学的内部分区业务管理制度。可以采取"七定"的措施:

①定区。依据所在地区的行政地图,将所在地区根据道路、人口、经济水平、业务人员数量划分为若干分区。依据城市地图按照街道分区,将终端零售店全部标记出来。根据这两张地图,将自己负责的业务地区细化为若干分区,然后通过与竞争对手的比较分析,发挥自己的竞争优势,以此找准突破点,以点带面。

②定人。每个分区必须有具体负责的业务员。

③定客户。业务员必须尽快建立起客户档案:一是职能部门与新闻部门顾问档案,包括单位、姓名、职务、电话、家庭成员及其偏好,以及家庭主要成员的父母、对象、孩子等的生日;二是零售商与批发商档案,包括客户名称、地点、联系方式、品种、规模、经验、负责人及其信用、行为偏好、负责人家庭成员及其偏好,以及客户主要成员的父母、对象、孩子等的生日,客户购买周期、每次购买量、客户的网络及其档案。

④定价格。作为内部业务管理制度,所有分区必须价格统一。实际上,对客户来讲,保证或增加盈利的最重要措施并不是价格高低,而是保持地区价格稳定。

⑤定铺货率。分区业务员必须将所在分区的零售商准确标记在分区图上,并在规定时间内把货铺率达到一定的比率。考核铺货率比考核销量好,实际上,铺货率提高销量就提高,并且不会导致窜货。如果只考核销量,业务员为了简单地完成任务,就很有可能窜货。为了降低客户风险,在对客户进行前期评估的基础上,还必须控制累积铺货额。例如对啤酒客户,对于广大中小零售客户(饭店、酒店),只要建立了客户档案,就应进行有效的信用评估,铺货控制在300元以内,基本上可以保证货款安全。要求业务员上午送货,下午查看货物销量并取得货款。

⑥定激励。从单一的折扣、返利转到综合奖励,主要是为了更公平、更公开地奖励客户的努力。从多年实践看,各个企业都推行的单一折扣或返利不仅操作复杂,而且难以做到公平、公开,结果是伤害了相当多的客户利益和积极性。因此,很多客户一再要求取消折扣、取消返利,以实现公平竞争。

⑦定监督。主要监督窜货与价格。一是企业内部必须成立市场监督部,直接对销售总经理负责。成员来自一线优秀业务员,负责监督地区业务员。二是分区业务员,监督客户的客户。区域市场的销售网络是一级批发客户——二级批发客户——终端零售。商品流动是从一级批发客户——二级批发客户——终端零售。因此,要监督价格是否稳定,必须反向监督,即终端零售——二级批发客户——一级批发客户。

14.3　批发商与零售商

正确选择中间商，需要掌握各类中间商（主要是批发商和零售商）的特点与作用，了解现代商业形式的新发展。

14.3.1　批发和批发商

批发是指一切将物品或服务售给为了转卖或商业用途而购买的组织或个人的活动。批发商是指那些主要从事批发业务的公司，主要有三种类型：

1. 商人批发商

商人批发商是指自己进货，取得产品所有权后再批发出售的商业企业，也就是人们通常所说的独立批发商。这是批发商的最主要类型。

商人批发商按职能和提供的服务是否完全来分类，可分为两种：

1）完全服务批发商

这类批发商执行批发商的全部职能，提供的服务主要有保持存货、雇佣固定的销售人员、提供信贷、送货和协助管理等。他们分为批发商人和工业分销商两种。批发商人主要向零售商销售，并提供广泛的服务；工业分销商向制造商而不是向零售商销售产品。

2）有限服务批发商

这类批发商为了减少成本费用、降低批发价格，只执行一部分服务。他们又可分为：

（1）现购自运批发商。不赊销，也不送货，顾客要自备交通工具去仓库选购，当时付清货款，自己把物品运回。主要经营食品杂货，其顾客主要是小食品杂货商、饭馆等。

（2）承销批发商。他们拿到顾客（包括其他批发商、零售商、用户等）的订货单，就向制造商、厂商等进货，并通知生产者将物品直运给顾客。承销批发商不需要仓库和库存，只要有办公室或营业场所，因而又称为“写字台批发商”。

（3）卡车批发商。从生产者处把物品装上卡车，立即运送至各零售商、饭馆、旅馆等。这种批发商也不需要仓库和库存。由于卡车批发商经营的多为易腐和半易腐产品，一接到顾客要货通知就立即送货，主要执行推销和送货职能。

（4）托售批发商。在超级市场和其他食品杂货商店设置货架，展销其经营的产品，卖出后零售商付给货款。这种批发商经营费用较高，主要经营家用器皿、化妆品、玩具等产品。

（5）邮购批发商。指借助邮购方式开展批发业务的批发商。主要经营食品杂货、小五金等，顾客是边远地区的小零售商。

（6）农场主合作社。指为农场主共同所有，负责将农产品组织到当地市场上销售的批发商。其利润在年终分配给各农场主。

2. 经纪人和代理商

经纪人和代理商是专门从事购买、销售或两者兼备，但不取得产品所有权的企业或个人。与商人批发商不同，他们对经营的产品没有所有权，所提供的服务比有限服务商人批发商少，主要职能在于促成交易，赚取佣金作为报酬。与商人批发商相似的是，他们通常专注于某些产品种类或某些顾客群。

1)经纪人

经纪人的主要作用是为买卖双方牵线搭桥、协助谈判,买卖达成后向雇佣方收取费用。他们并不持有存货,也不参与融资或风险。

2)代理商

(1)制造商代表。他们代表两个或若干个互补的产品线的制造商,分别和每个制造商签订有关定价政策、销售区域、订单处理程序、送货服务和各种保证以及佣金比例等的正式合同。他们了解每个制造商的产品线,并利用其广泛关系来销售制造商的产品。制造商代表常被用在服饰、家具和电气产品等产品线上。大多数制造商代表都是小型企业,雇用人员少。无力雇用外勤销售人员的小公司,往往雇用代理商。大公司也利用代理商开拓新市场,或在难以雇用专职销售人员的地区,雇用代理商作为其代表。

(2)销售代理商。在签订合同的基础上,为委托人销售某些特定产品或全部产品,对价格、条款及其他交易条件可全权处理。这种代理商在纺织、木材、某些金属产品、某些食品、服装等行业中常见,这些行业竞争非常激烈,产品销路对企业生存至关重要。

(3)采购代理商。一般与顾客有长期关系,代理采购,往往负责为其收货、验货、储运并将物品运交买主。他们消息灵通,可向客户提供市场信息,而且能以最低价格买到物品。

(4)佣金商。又称佣金行,是对产品实体具有控制力并参与销售协商的代理商。大多数从事农产品代销业务。农场主将其农产品委托佣金商代销,付给佣金。委托人和佣金商的业务,一般只包括一个收获和销售季节。例如,菜农与设在大城市批发市场的佣金行签订协议,蔬菜收获和上市时随时运送给佣金行委托全权代销。佣金行通常备有仓库,替委托人储存、保管物品。此外,佣金商还执行替委托人发现潜在买主、获得最好价格、分等、再打包、送货、给委托人和购买者以商业信用(即预付货款和赊销)、提供市场信息等职能。佣金商对农场主委托代销的物品通常有较大的经营权:收到运来的物品以后,有权不经过委托人同意,以自己的名义按照当时可能获得的最好价格出售。因为这种佣金商经营的是蔬菜、水果等易腐产品,必须因时制宜尽早脱手。佣金商卖出物品后扣除佣金和其他费用,即将余款汇给委托人。

3. 制造商及零售商的分店和销售办事处

批发的第三种形式,是买方或卖方自行经营批发业务,不通过独立的批发商。这种批发业务分为两种类型:

(1)销售分店和销售办事处。生产者设立销售分店和办事处,以改进其存货控制、销售和促销业务。有些销售分店有自己的存货,此类大多经营木材和自动设备零件等;有些不持有存货,这在织物制品和针线杂货业最突出。

(2)采购办事处。许多零售商在大城市设立采购办事处,办事处的作用与经纪人或代理商相似,但却是买方的一个组成部分。

在21世纪,随着市场经济的发展,批发业将主要通过兼并、合并和地区扩张来实现持续发展。地区扩张要求批发商懂得如何在更广泛、更复杂的地区有效竞争。计算机系统的使用和日益推广,有助于批发商开展业务。批发商在扩大地区范围时,将越来越多地雇佣外部公共或私人运输工具运送产品。外国公司在分销方面所起的作用将有所加强。对批发业主管和管理人员培训的工作,也将主要由行业协会承担。

14.3.2　零售和商店零售商

零售是指所有向最终消费者直接销售产品和服务，用于个人及非商业性用途的活动。不论是制造商、批发商还是零售商，也不论这些产品和服务如何销售（经由个人、邮寄、电话或自动售货机），或在何处销售（在商店、在街上或在消费者家中），任何机构从事这种活动都属于零售范畴。

零售商指那些销售量主要来自零售的商业企业。零售商类型千变万化，新组织形式层出不穷，一般分为商店零售商和无门市零售商两种。零售商店类型像产品一样，也会经过发展和衰退阶段，称为零售生命周期。一种零售商店类型在某个历史时期出现，经过一个迅速发展的时期日臻成熟，然后衰退。老式的零售商店经过很多年时间才发展到成熟阶段，新式的零售商店发展成熟所需要的时间短得多。新型商店的出现，是为了满足顾客对服务水平和具体服务项目的不同偏好。

主要的零售商类型有以下几种：

1. 专用品商店

专用品商店经营的产品线较窄，花色品种较齐全，如服装店、体育用品商店、家具店、花店和书店。根据产品线的不同，可将专用品商店再分为：单一产品线商店，如服装商店；有限产品线商店，如男士服装店；超级专用品商店，如男士定制衬衫店。其中，超级专用品商店发展最为迅速，因为它们可以利用的细分市场、目标市场和产品专业化的机会越来越多。

2. 百货商店

百货商店一般销售几条产品线的产品，尤其是服装、家具和家庭用品等，每条产品线都作为一个独立部门，由专门的采购员和营业员管理。还有一些专门销售服装、鞋子、美容化妆品、礼品和皮箱的专用品百货商店。由于百货商店之间竞争激烈，还有来自其他零售商特别是折扣商店、专用品连锁商店、仓储零售商店的激烈竞争，加上交通拥挤、停车困难和中心商业区的衰落，百货商店正逐渐失去往日魅力。

3. 超级市场

超级市场是规模巨大、成本低廉、薄利多销、自我服务的经营机构，主要经营各种食品、洗涤剂和家庭日常用品等。超级市场的主要竞争对手是方便食品店、折扣食品店和超级商店。

4. 便利店

便利店是设在居民区附近的小型商店，其营业时间长，销售品种有限、周转率高的方便产品。由于其价格相对其他零售店要略高一些，所以消费者主要是在此进行“填充”式采购。

5. 超级商店、联合商店和特级商场

超级商店比传统的超级市场更大，主要销售各种食品和日用品。通常提供洗衣、干洗、修鞋、支票付现、代付账单和廉价午餐等服务。

联合商店面积比超级市场和超级商店更大，呈现一种经营多元化趋势，主要向医药和处方药领域发展。

特级商场比联合商店还大，综合了超级市场、折扣和仓储零售的经营方针，其花色品种超出了日常用品，包括家具、大型和小型家用器具、服装和其他许多品种。基本方法是原装产品陈列，尽量减少商店人员搬运，同时向愿意自行搬运大型家用器具和家具的顾客提供折扣。

6. 折扣商店

折扣商店具有下列特点：

(1)经常以低价销售产品。

(2)突出销售全国性品牌,因此价格低廉并不代表质量低下。

(3)在自助式、设备最少的基础上经营。

(4)店址趋向于在租金低的地区,要能吸引较远处的顾客。

折扣商店之间、折扣商店与百货商店之间的竞争激烈,导致许多折扣零售商经营品质高、价格高的产品。它们改善内部装修、增加新的产品线,如穿戴服饰;增加更多服务,如支票付现、方便退货;在郊区购物中心开办新的分店。这些措施导致折扣商店成本增加,被迫提价。另外,百货商店经常降价与折扣商店竞争,两者之间差距日益缩小。折扣零售已经从普通产品发展到专门产品商店,如折扣体育用品商店、折扣电子产品商店和折扣书店。

7. 仓储商店

仓储式商店是一种以大批量、低成本、低售价和微利多销方式经营的连锁式零售企业,一般具有以下特点:

(1)以工薪阶层和机关团体为主要服务对象。旨在满足一般居民的日常性消费,同时满足机关、企业办公性和福利性消费的需要。

(2)价格低廉。从厂家直接进货,省略中间环节,尽可能降低经营成本。

(3)精选正牌畅销产品。从所有产品门类中挑选最畅销的产品大类,再从中精选畅销的品牌,并在经营中不断筛选,根据销售季节等随时调整,以使仓储式连锁商场内销售的产品有较高市场占有率,同时保证产品的调整流转。

(4)会员制。仓储式商场注意发展会员和会员服务,加强与会员之间的联谊,以会员制为基本的销售和服务方式。

(5)低经营成本。运用各种可能的手段降低经营成本,如仓库式货架陈设产品,选址在次商业区或居民住宅区,产品以大包装形式供货和销售,不做一般性商业广告,仓店合一。

(6)先进的计算机管理系统。及时记录分析各店销售情况,不断更新经营品种,既为商场提供现代化管理手段,也减少了人工费用。

8. 产品陈列室推销店

这类商店将产品目录推销和折扣原则用于品种繁多、加成高、周转快和有品牌的产品,包括珠宝首饰、动力工具、提包、照相机及照相器材。在国外,这些商店已经成为零售业最热门的形式之一,甚至对传统的折扣商店形成威胁。产品陈列室推销店散发彩色印刷的目录,每本长达数百页,此外还增发季节性的小型增补版,上面标有每一项产品的定价和折扣价。顾客可用电话订货,由店方送货上门,顾客支付运费。顾客也可开车来商店亲自验货提货。

14.3.3 无门市零售

虽然大多数物品和服务是由商店销售的,但是无门市零售却比商店零售发展更快。下面介绍无门市零售的4种形式。

1. 直复营销

直复营销是一种为了在任何地方产生可度量的反应和达成交易,而使用一种或多种广告媒体的互相作用的营销系统。直复营销者利用广告介绍产品,顾客可电话订货。订购物品一般通过邮寄交货，信用卡付款。直复营销者可在广告费用开支允许的情况下，选择可获得最大订货量的传播媒体，使用这种媒体的直接目的是为了扩大销售，而不是像普通广告那样刺激偏好和树立品牌形象。

2. 直接销售

直接销售主要有挨门挨户推销、逐个办公室推销和举办家庭销售会等形式。推销人员可以直接到顾客家中或办公室进行销售，也可以邀请几位朋友和邻居到某人家中聚会，在那里展示并销售产品。直接销售成本高昂（销售人员的佣金为20%～50%），而且还需支付雇佣、训练、管理和激励销售人员的费用。

3. 自动售货

使用自动售货机售货，是第二次世界大战后出现的一个主要的发展领域。自动售货已被用在相当多的产品上，包括经常购买的产品（如软饮料、糖果、报纸和热饮料等）和其他产品（袜子、化妆品、点心、热汤和食品、书、唱片等）。售货机被广泛安置在工厂、办公室、大型零售商店、加油站、街道等地方。自动售货机向顾客提供24小时售货、自我服务和无须搬运产品等便利条件。由于要经常给相当分散的机器补充存货、机器常遭破坏、失窃率高等原因，自动售货成本很高，因此其销售产品的价格一般要高15%～20%。对顾客来说，机器损坏、库存告罄以及无法退货等问题也非常令人头痛。

自动售货机提供的服务越来越多，银行也广泛地使用ATM，可为银行顾客提供24小时存款、提款和资金转账等服务。

4. 购物服务公司

购物服务公司不设店堂、专为某些特定顾客，通常是为学校、医院、工会和政府机关等大型组织提供服务。这些组织可成为购物服务公司会员，被授权从一批经过挑选、愿意向这些成员以折扣价售货的零售商处购货。

14.3.4　网上销售平台

随着互联网的发展，出现了一些属于制造商、分销商的网络平台，如制造商网上商店、经销商网上零售店、新兴网上零售商和新兴网络中间商，并形成了一个服务于消费者的网状分销渠道。

1. 制造商网络平台

传统制造企业建立互联网站点，赋予网站销售功能，从事网上直销。著名的家电企业海尔集团建立了海尔电子商务网站，直接在网上经销冰箱、空调、彩电、洗衣机、计算机等产品。

2. 传统零售商网络平台

传统零售商网络平台是传统零售企业建立的网上直销站点。如北京的零售企业西单商场建立了网上商城——西单购物中心，国美电器也建立了网上商店。

3. 新兴网上零售商

如亚马逊，自1995年成立以来，就一直在探索一种全新的零售模式，而且创造了一个世界知名品牌。亚马逊通过互联网营造一种独特购物体验的环境，消费者在网上可任意检索、预览、购买商品。价格方面，亚马逊被认为是世界上最大的折扣商，并建有完备的物流配送体系。国内的京东、当当网，也是新型网上零售商的代表。

4. 新兴网络中间商

这类网络中间商不直接经销商品,而是搭建一个买卖双方在网上接触的平台。从网络分销的角度,生产厂家除了可以建立自己的站点,也可选择知名的网络中间商分销产品。阿里巴巴就是一个新兴网络中间商,是 B2B 门户网站,阿里巴巴每天访问流量巨大,并有英文、日文版本。不够知名的厂家虽然可在自己的网站直接销售,但互联网站点成千上万,让最终消费者找到实属不易。充分利用阿里巴巴这样的网站,对企业的网络营销活动是有益的补充。

14.4 物流策略

市场营销不仅要发掘、刺激消费者或用户的需求和欲望,而且还要适时、适地、适量地提供产品给消费者或用户,以满足他们的需求。为此,要进行商品仓储和运输,即物流管理。制定正确的物流策略,对于降低成本、增强竞争力、提供优质服务、促进和便利顾客购买、提高效益,均具有重要意义。

14.4.1 物流的含义与职能

生产者和消费者的分离,造成了生产与消费在时间上和空间上的背离,导致了社会生产与消费的矛盾。为解决这些矛盾,满足消费需要,必须在商品交换的同时,提供商品的时间效用和地点效用。于是,便出现了与商品交换密切相关的物流概念。

1. 物流的含义

所谓物流,是指通过有效地安排商品的仓储、管理和转移,使商品在需要的时间到达需要地点的经营活动。物流是一个相当宽泛的概念。从不同的观察角度,物流可分为宏观物流、中观物流和微观物流;从不同的空间范围,物流可分为国内物流和国际物流、区间物流和区内物流;从不同的服务对象,物流可分为产业物流、商业物流和消费者物流;从其在产业部门的不同功能,物流可分为生产物流、营销物流、采购物流和回收物流。

物流的任务涉及原料及最终产品从起点到最终使用点或消费点的实体移动的规划与执行,并在取得一定利润的前提下满足顾客的需求。

彼得·德鲁克曾在 1962 年 4 月号《幸福》杂志撰文,指出物流是当时美国"降低成本的最后边疆",也正是市场营销"最后的黑暗大陆"。20 世纪 60 年代以来,美国开始关注物流问题。德鲁克的这一论断,被学术界称作"黑大陆说"。此外,关于物流的说法还有物流冰山说、效益背反说、第三利润源说等。

与经济全球化和电子商务的广泛应用相适应,现代物流呈现出产业化、专业化、规模化、网络化、自动化和国际化的发展趋势。

2. 物流的职能

物流的职能是将产品由生产地转移到消费地,从而创造地点效用。物流作为市场营销的一部分,不仅包括产品运输、保管、装卸、包装,而且包括开展这些活动过程中所伴随的信息传播。它以企业销售预测为开端,并以此为基础规划生产水平和存货水平。

传统的物流以工厂为出发点,并通过有效措施将产品送达消费者。从市场营销观点来看,物流规划应以市场为起点,并将所获信息反馈到原料的需求来源。企业首先应考虑目标消费者的位置以及他们对产品便利性的要求。其次,企业还必须知道竞争者提供的服务水平,以设法赶上并超过竞争者。最后，企业要制定一个综合策略，其中包括仓库及工厂位置的选择、存货水平、运送方式，进而向目标顾客提供服务。

14.4.2　物流的目标

我们以系统论中的投入产出概念来阐述企业物流的目标问题。

1. 顾客服务的产出与投入

物流的一项基本产出是向顾客提供的服务水平。顾客服务水平是吸引潜在顾客的有力武器，其基本内容包括：①产品的可得性；②订货及送货速度，包括普通订货速度和紧急订货速度；③存货或缺货的比率；④送货频率；⑤送货可靠性，包括小心照护、轻拿轻放以及损坏补偿等；⑥安装、试车及修理服务；⑦运输工具及运输方式的选择；⑧免费修理或分别计价。

企业一般根据竞争者的现行顾客服务水平确定自己的服务水平。如果它提供的服务水平低于目前普遍水平，会有失去顾客的风险；如果它提供的服务水平较高，其他竞争者也提高服务水平，那么每一个企业都会面对成本提高的威胁。

企业为了提供顾客服务，必须承担某些费用，如运送、存货费用。为了评估物流效率，企业应重视成本数据并注意采取必要的审计手段。

在维持现有服务水平下，如果没有任何投入因素的重新组合能进一步降低成本，则现有物流系统就可以称为有效的物流系统。如果仅能降低个别单位的成本，部门间却不能互相协调，那么总系统的物流成本还不一定能降到最低限度。

2. 各职能部门之间的矛盾

各种物流成本常常以相反方向互相影响。如运输部经理喜欢用铁路运送代替空运，这样虽能降低运输费用，却使运送速度缓慢，资金周转迟缓，延缓顾客付款，并可能引起顾客购买其他竞争者的物品；装运部也常趋向于使用便宜的容器包装，以降低装运成本，但这样又会提高运送过程中的物品损坏率，从而影响企业信誉；存货部比较喜欢减少存货，以降低总的存货成本，这样做又往往引起缺货、订单延缓履行或装运成本提高等后果。

企业的各种物流活动具有高度的相关性，应从整个物流系统考虑物流策略，不应只着眼于各个职能部门。

3. 物流目标

一般来讲，企业往往将其物流目标表述为对产品适时适地的传送，兼顾最佳顾客服务与最低配送成本。实际上，这个目标隐含着内在矛盾，因为最佳顾客服务要求最大的存货、足够的运力和充分的仓容，这些势必增加销售成本；最低的配送成本要求低廉的运费、少量的存货和仓容，这又会降低服务水平。

合理的物流目标应是通过有效选择，适当兼顾最佳顾客服务与最低配送成本，其具体要求是：

(1)将各项物流费用视为一个整体。在致力于改善对顾客服务的过程中，努力降低物流总成本，而不只是个别项目成本费用的增减。

(2)将全部市场营销活动视为一个整体。各项市场营销活动都必须考虑物流目标，联系其他活动的得失加以权衡，避免因孤立处理某一具体营销业务而导致物流费用不适当增加。

(3)权衡各项物流费用及其效果。为维持或提高顾客服务水平而增加的某些成本项目视为必需，不能使消费者受益的成本费用坚决压缩。

14.4.3 物流的规划与管理

每一个特定的物流系统都包括仓库数目、区位、规模、运输政策以及存货政策等构成的一组决策，因此，每一个可能的物流系统都隐含着一套总成本。总成本可用数学公式表示如下：

$$D=T+\mathrm{FW}+\mathrm{VW}+S$$

式中，D 为物流系统总成本；T 为该系统的总运输成本；FW 为该系统的总固定仓储费用；VW 为该系统的总变动仓储费用；S 为因延迟分销所造成的销售损失的总机会成本。

在选择和设计物流系统时，要对各种系统的总成本加以检验，并选择成本最小的物流系统。一般来讲，有以下几种选择：

1. 单一工厂、单一市场

大多数制造商是单一工厂企业，并且在一个市场进行经营。这个市场可能是一个小城市，也可能仅限于一个地区。这些单一工厂通常设在所服务的市场中央，这样可以节约运费。但是，也有可能需要设在远离市场的地方，由此导致的高额运费可通过低廉的工地、劳动力、能源和原料成本抵消。工厂是靠近市场还是靠近易于取得资源的地方，必须根据相对的运输及加工成本决定。当某些成本发生重大变化时，会破坏工厂地址利益的平衡。因此，在对两个设厂地点进行选择时，不仅应审慎估计目前各战略的成本，更需考虑未来各战略的成本。

2. 单一工厂、多个市场

一个工厂在几个市场销售时，有几种物流战略可供选择。例如，我国东南沿海地区有一家制造厂，起初在广州、深圳开展经营，现拟开拓西北市场，它可从以下四种策略中选择：将产品从东南沿海工厂直接运送到西北地区市场；运用整车货运方式，将产品运至西北地区仓库；将制成的零部件运送至西北地区装配厂；在西北地区另建一个制造厂。下面，我们分别权衡上述战略：

1)直接运送产品至市场

任何一个物流系统都必须考虑服务水平与成本这两项重要因素。直接运送战略似乎在服务及成本上都处于不利地位。因为直接运送比当地仓库送货至顾客慢；再者，通常顾客订购量很小，运送成本较高。

不过，直接运送是否真的不可行，还要参考其他因素。某些情况下自远地工厂运送，可能比送至附近仓储再送更经济合算。零担订货的直接运送成本虽高，但不一定多于当地存货费用。所以，决定是否采取直接运送战略，还必须考虑产品特性(如单价、易腐性和季节性)、所需运送的程度与成本、顾客订货多少与重量、地理位置与方向。

2)大批整车运送到靠近市场的仓库

(1)仓库与直运比较。企业可能会发现，将成品大批运送到西北地区仓库，再从那里根据每一订单运送给顾客，要比直接从东南沿海运送给顾客的费用少。因为整车运送与零担运送费用率不同，前者小于后者。除了节省运费，在市场地点设立仓库还可及时向顾客送货，提高顾客的惠顾率。但是要建立地区仓库，企业必须承担从仓库送达顾客的费用及仓储本身费用。一般来说，增加地区仓储的最佳准则很简单，即增加新地区仓储节约的运费与能增加的顾客惠顾利益大于建立仓储增加的成本，就应增设仓储。

(2)租赁仓库与自建仓库比较。企业面临的另一个决策问题是，仓库应租赁还是自建。租赁的弹性较大，风险较小，因此在多数情况下比较有利；只有市场规模很大而且需求稳定，自建仓储才有意义。

(3)广泛仓库系统问题。广泛的仓库系统(即范围广大的仓库系统)也引出不少问题:一是如何确定最佳数目的仓储点;二是仓储点的最佳位置如何确定;三是不同地点应保持多少存货。这些问题可以通过计算机模拟技术或运筹学中的线性规划及非线性规划技术解决。

3)将零件运到靠近市场的装配厂

企业可在西北地区成立一个装配厂。因为整车运送单个零件可以降低运费,并且运送中物品的价值还不是很高(还没有加上装配的人工成本及其他相关费用)。

一般来讲,成立装配厂要比直接运送或建立地区性仓储更有利。不过,最后的决策仍有赖于对目前及未来成本的详细分析。建立装配厂的好处是运费较低。此外,建立地区性工厂可提高该地区的推销员、经销商及社会公众对产品的信任,从而增加销售额。建立装配厂的不利之处是,要增加资金成本和固定的维持费用。所以在分析建立装配厂方案时,必须考虑该地区未来销售量是否稳定,数量是否会多到保证投入这些固定成本后仍有利可图。装配厂的投资不仅比仓库投资所需更大,而且风险也大,这是因为装配厂比较专业化,难以开展有效的营销活动。

4)建立地区性制造厂

企业可在西北地区建立一个地区性工厂。这也是一般企业开拓距离较远的市场并取得较大竞争利益的最后途径。

建一个制造厂要有详细的当地资料以供分析。企业应考虑的因素很多,如人力、能源、土地、运输等有关项目的成本以及相关法律与政治环境。其中,最重要的因素之一是该行业是否具有大规模生产的可能性。在需要大量投资的行业中,工厂规模的必须足够大才能实现经济的生产成本。如果行业的单位生产成本能随着工厂规模的扩大而降低,则应设立一个足以供应整个地区销售所需要的工厂,以使其单位生产成本最低。但是企业不能只顾生产成本,还必须考虑分销成本,因为在产品产量提高的情况下,其分销成本也可能提高。

3. 多个工厂、多个市场

企业还可通过由多个工厂及仓库组成的分销系统(而不依靠大规模的工厂)来节省生产成本费用。这时企业面临两个最佳化的任务:一是短期最佳化,即在既定工厂和仓库位置上,制定一系列由工厂到仓库的运输方案,使运输成本最低;二是长期最佳化,即从长远着眼,决定新建工厂的数量与区位,使总分销成本最低。根据不少企业的经验,线性规划技术在短期最佳化方案的制定过程中,具有重要的应用价值。

14.4.4　存货与运输策略

1. 存货策略

存货水平是影响顾客满意程度的一个重要的物流策略。营销人员都希望企业存货充足,以便立即为顾客供货。但是企业如果存货过多,成本效益就会出现问题。目前,大多数企业营销部门并未担负存货的全部责任。但是在企业确定存货策略时,营销人员都力争发言权,因为他们对提高顾客服务水平负有责任。他们把存货策略看作一种创造需求的工具。顾客在选择供应商时考虑的主要因素之一,就是供应商是否备有充足存货,是否能使订单很快得到处理。因此,企业的营销人员常常会向顾客保证立即处理订单,并以最快速度运送给顾客。

从成本观点来看,要求企业把存货维持到100%,实际上也不符合经营原则。根据统计调查,当服务水平趋近100%时,存货投资的增加率将会加快,成本也会增高。

服务水平的提高可以增加顾客的惠顾和销售量。但是相对于服务水平的提高,销售量应以何种方式提高,则是一个必须把握的问题。存货策略需要考虑成本与服务之间的平衡。

1)订购点决策

存货的基本性质是在当期内随着提货量的增加,存量减少,因此需要决定在何种存货量时必须发出新订单,以避免完全缺货。这个存货水平称为订购点。如果订购点为20,表明企业所存物品降到20单位时就必须发出订单。订购点高低受以下因素影响:

(1)订购前置时间。就是自订购单发出到接到物品所需的平均时间。这段时间越长,订购点就越高。例如,订购后等候20天才取得物品,比仅需10天所采用的订购点高,就是必须提早订货。

(2)使用率。指在某一段时间内顾客的平均购买数量。使用率高,订购点也应高。因此,每天销售4单位就比销售2单位所要求的订购点高。

(3)服务水平。是企业希望从存货中直接用来完成顾客订单的百分比。服务水平越高,订购点就应越高。

使用率与订购前置时间变动越大,订购点应越高,这样才能达到一定的服务水平。一般把高于订购点的存货叫安全存货,这与补充存货相反。企业安全存货的大小取决于顾客服务与成本两项因素。

可见,何时订购这一决策乃是寻求一个最低的存货水平。当存货降到这一水平,就必须发出新订单。使用率越高、订购时间越长以及使用率及订购前置时间变动的条件下,服务水平越高,所需的订购点也应越高。换言之,订购点是由平衡缺货的风险和存货过多的成本决定的。

2)订购量决策

有关订购多少(即订购量)的决策,直接影响企业的订购频率。订购量越大,购买频率越低(即购买次数越少)。每次订购要花费成本费用,但保留大量存货也需要成本费用。企业在决定订购数量时,就要比较这两种不同的成本。

(1)经销商的订购成本。订购成本也就是订货处理成本,经销商的订购成本是指每次从发出订单到收货、验货所发生的成本,如物品费用(订单表格等项支出)及人工费用等。不同企业对订货处理成本估计数值的差异,有些是真实的,来自实际经营成本的差异;有些是人为的,即来自会计方法的不同。一般来讲,在计算过程中,应只考虑变动的处理成本,从而避免间接费用的分摊。假如有任何间接费用加入,则该费用应反映对订购活动确实有贡献的成本,而不应将用于其他经营活动的成本分摊进来。

(2)制造商的订购成本。制造商的订购成本包括装置成本与运转成本。如果装置成本很低,则制造商可以经常生产该产品,该产品的成本将变得非常稳定。如果装置成本过高,制造商只有在大量生产的情况下,才能降低平均单位成本。此时,企业愿意采取大量生产但生产次数较少的生产方式。

(3)存货占用成本。一般来讲,订购量受两个主要因素的影响:一是订购处理成本;二是占用成本,即为维持存货而发生的成本。存货量越大,占用成本越高。

存货的占用成本大致可以分为:

①存货空间费用。存货的保持常常需要热、光、冷冻、安全等专门的服务。这些相关的设备可以租赁,也可以自建。但无论是租赁设备还是自建设备,都是存货越多,空间费用越高。

②资金成本。存货也是企业投资的一种形式，因此企业会丧失投资于其他方面的机会收益。存货越多，全部存货的资金成本也就越高。

③税金与保险费。企业的存货通常都需加以保险，并负担税金。在制定购买决策时，必须考虑到这两项费用。

④折旧与报废损失。企业的存货还要冒损坏、降价、报废等风险。尽管这项成本难以计算，但很显然，存货越多，这项成本也就越高。

3)最佳订购量

最佳订购量又叫经济订购量，可以用图解法或数学公式求得。我们在此介绍图解法。图 14.3 表明，订单处理成本与存货持有成本随着订购量的不同而改变。单位订单处理成本随订购量的增加而降低，单位存货持有成本随订购量的增加而提高，因为订购量越多，每单位的存储时间越长。两条成本曲线垂直相加，即为总成本曲线。总成本曲线弯向横轴的最低点，就是最佳订购量(Q)。

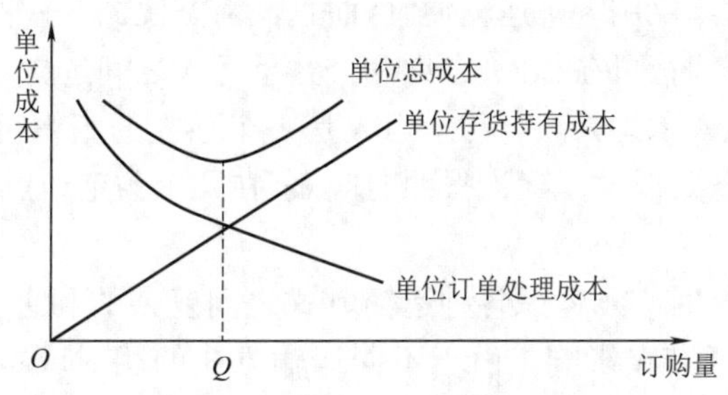

图 14.3　最佳订购量的确定

2. 运输策略

运输策略是一种重要的物流策略。企业选择何种运输工具会影响到产品定价、准时交货和物品到达目的地时的情况，所有这些都关系到顾客的满意程度。

目前，主要的运输方式有以下 5 种：

(1)铁路运输。铁路运输是最重要的货运方式之一，可以整车装运大宗散装产品，如长途运输煤、沙、矿物和农林产品等。铁路运输的收费标准比较复杂。一般来说，整车运输收费标准最低，零担货车收费较高。因此，制造商可将发往相同目的地的物品合并配载运输，以利用整车费用低的优势。

(2)水运。主要包括轮船运输及沿海驳船、内陆水路驳船运输，适合体积大、价值低、不易腐烂的产品，如沙、煤、粮食、石油和金属矿等。水运成本很低。但是运输速度慢，也容易受气候条件影响。

(3)卡车运输。这类运输在运输业中所占的比重一直稳步上升。与其他运输方式在城市间运输的重要性相比，卡车在市内运输所占比重最大。卡车在运输路线的时间安排上有很大的灵活性，并可以挨家挨户上门送货，发货人不必将物品由卡车转装火车再由火车卸货装上卡车，节约时间，也避免了物品被盗或损坏。对于高价值商品的短途运输来说，卡车是一种有效的运输方式。在许多情况下，卡车运费与铁路运输相比，具有较强竞争力，而且提供的服务一般更为迅速。

(4)管道运输。是一种专门由生产地向市场输送石油、化学产品的运输方式。管道运输石油比水运费用高,但比铁路便宜。大部分管道都是由其所有者用来运输自有产品。

(5)空运。在运输业中所占比重较低,但重要性越来越明显。虽然空运费用比铁路或卡车运输高,但在要求迅速交货或者要将物品运送到遥远的市场时,空运仍是理想的运输方式。经常空运的产品有易腐产品(如鲜鱼、鲜花)和价值高、体积小的产品(如科技仪器、珠宝等)。

企业在给仓库、经销商和顾客发货时,要在以上5种运输方式中选择。在为某种产品决定运输方式时,要考虑速度、频率、可靠性、运载能力、可用性和成本等。如果发货人要求快速,空运和卡车是主要选择对象;如果要求低成本,水运和管道是主要考虑对象。在所有这些方式中,卡车在上述大部分标准上名列榜首,因此其使用率越来越高。

集装箱化运输的发展,使发货人越来越多地考虑综合使用两种或多种运输方式。集装箱化是指将物品装入铁箱或拖车,这样便于在不同运输工具之间转运。钎背运输(铁道平车运输)是指使用铁路和卡车联运集装箱;鱼背运输是指用船和卡车联运集装箱;铁路船运输是船和火车联运;空中卡车运输是飞机和卡车联运。每一种联运方式都向发货人提供了独特的利益。例如,铁道平车运输比仅用卡车运输便宜,而且灵活方便。

货主在选择运输方式时,可在私人、合约和公共承运人之间选择。如果发货人拥有自己的卡车或飞机,他就成了私人承运人。合约承运人是一个独立的组织机构,与别人签合同,在此基础上向其出售运输服务。公共承运人按照时间表,在几个预定地点之间提供服务,按收费标准为所有货主服务。

企业在确定运输策略时必须考虑各种运输方式之间复杂的利害关系并加以权衡,同时还要考虑对其他分销因素的潜在影响。由于不同运输方式的相对成本会随着时间推移发生变化,探索最佳物流方案必须分析做出的选择是否得当。

14.4.5 物流现代化

物流现代化涵盖物流管理的多个环节,需要多种技术支撑,包括条形码、电子货币、电子收款机、电子数据交换和电子标签等。

条形码技术是一项自动识别技术,是商品国际化的标志,也是实现物流自动化与商品管理自动化的基础。商品条形码可分为原印码和店内码两种。

电子货币包括信用卡、储蓄存款卡、扣账卡、现金卡等多种金融交易卡。电子货币不仅可以减少流动资金积压及大量资金的清点搬运,增加资金周转率,促进销售;而且通过计算机和信息通信网络,可以建立家庭银行,实现家庭购物。

电子收款机要求极高的技术性能。首先必须稳定可靠,具备抗一般电器波动、抗干扰信号、抗恶劣环境的能力;运行中基本不出故障或即使出现故障也能在不破坏数据的情况下及时排除;在网络或主机出现故障时能独立运行;必须可接条形码阅读器、磁卡刷卡器、电子秤等多种外设设备;必须具有现金、支票、信用卡等多种付款方式和零售、批发等多种交易方式;必须具有快速反应和处理能力等。

电子数据交换(EDI)按国际标准化组织的定义,是“将商业或行政事务处理按照一个公认的标准,形成结构化的事务处理或文档数据格式,从计算机到计算机的电子传输方法”。简言之,就是按照商定的协议,将商业文件标准化和格式化,并通过计算机网络,在贸易伙伴的计算机网络系统之间进行数据交换和自动处理。因此,它被称为“无纸贸易”或“电子契约社会”。在EDI的发展中,标准化是至关重要的前提条件。

电子标签(radio frequency identification,射频识别,简称 RFID)是一种非接触式的自动识别技术。它通过射频信号,自动识别目标对象并获取相关数据,识别工作无须人工干预。作为条形码的无线版本,RFID 技术具有条形码所不具备的防水、防磁、耐高温、使用寿命长、读取距离大、标签上数据可加密、存储数据容量更大、存储信息更改自如等优点,其应用将给物流业带来革命性变化。如果 RFID 技术能与电子供应链紧密联系,其很有可能在未来几年取代条形码扫描技术。

14.4.6　物流职能的外包:第三方物流与第四方物流

随着现代企业生产经营方式的变革和市场外部条件的变化,“第三方物流”(third party logistics,简称 3PL。)这种形态开始引起人们重视。在西方国家,先进企业的物流模式开始向第三方甚至第四方物流转变。

第三方物流的概念源于管理学中的外包(out-souring),意指企业动态地配置自身和其他企业的功能和服务,利用外部的资源为内部的生产经营服务。将“外包”引入物流管理领域,就产生了第三方物流的概念。它是指生产经营企业为集中精力搞好主业,把原来自己处理的物流活动以合同方式委托给专业物流服务企业,同时通过信息系统与物流服务企业保持密切联系,以达到对物流全程的管理和控制的一种物流运作与管理方式。因此,第三方物流又叫合同制物流(contract logistics)。提供第三方物流服务的企业,其前身一般是运输业、仓储业等从事物流活动及相关工作的行业。从事第三方物流的企业在委托方物流需求的推动下,从简单的存储、运输等单项活动转为提供全面的物流服务,其中包括物流活动的组织、协调和管理、设计建议最优物流方案、物流全程的信息搜集、管理等。目前,第三方物流的概念已广泛被流通行业所接受。

第四方物流(forth party logistics,简称 4PL)是美国 Accenture 管理顾问公司首先在 1996 年提出的名词,该公司对 4PL 这个术语注册了商标。他们认为,企业由 20 世纪 70 年代以自行营运各项物流功能,到 80～90 年代把物流功能外包给 3PL 提供者的趋势,会继续发展为企业专注其核心事业,而把其在全球供应链上有关物流、资金流、商流、信息流的管理与技术服务,统筹外包给可以提供一站式整合服务(single-point-of-contact integrated service)的提供者。这种多元整合的服务不是单独一个 3PL 能力所及,必须结合 3PL(一个或多个)与管理顾问及科技咨询甚至金融服务等公司,整合这个服务联盟的主导者就是所谓的 4PL。依据 Accenture 的定义,第四方物流提供者是“一个整合本身与其他组织之资源、能力与技术,来(为其客户)设计、建构其供应链并提供广泛的解决方案”。

可见,第四方物流不仅对特定物流活动进行控制和管理,而且对整个物流过程提出策划方案,并通过电子商务将这个过程集成。它是比第三方物流更进一步的物流服务业态,是从整个供应链的角度出发,并作为整个供应链物流的解决方案。

小　结

分销渠道是指产品和服务在从生产者向消费者转移过程中,取得这种产品和服务的所有权或帮助所有权转移的所有企业和个人。分销渠道的类型主要有传统渠道系统和整合渠道系统，其中，整合渠道系统又可分为垂直渠道网络、水平渠道系统和多渠道系统。影响渠道设计的主要因素有顾客特征、产品特征、中间商特征、竞争特征、企业特征和环境特征。企业必须对个别中间商进行选择、激励与定期评估。窜货是指经销商置经销协议和制造商长期利益于不顾而进行的产品跨地区降价销售，企业应加强渠道管理和窜货的根治。

批发是指一切将物品或服务销售给为了转卖或者商业用途而进行购买的人的活动。批发商主要有商人批发商、经纪人和代理商以及制造商销售办事处。零售是指所有向最终消费者直接销售产品和服务，用于个人及非商业性用途的活动。零售商的组织形式主要有商店零售商、无门市零售商和零售机构。最主要的零售商店类型有专用品商店、百货商店、超级市场、方便商店、超级商店、联合商店和特级商场、折扣商店、仓储商店、产品陈列室推销店。新兴的网络销售平台包括制造商网络平台、传统零售商网络平台、新兴网上零售商和新兴网络中间商。

物流作为市场营销的一部分，不仅包括产品运输、保管、装卸、包装，而且包括在开展这些活动时所伴随的信息传播。目前，主要运输方式有铁路运输、水运、卡车运输、管道运输、空运。物流现代化包括条形码技术、电子货币、电子收款机、电子数据交换、电子标签等。物流职能的外包有第三方物流和第四方物流。

复习题

(1)市场营销渠道与分销渠道有何区别?

(2)在市场经济条件下，营销渠道对企业管理有何重要意义?

(3)影响分销渠道设计的因素有哪些?

(4)分销渠道设计的步骤有哪些?

(5)如何正确处理渠道成员之间的利益冲突?

(6)如何整治窜货现象?

(7)存货策略有哪些内容?

案　例

傻子瓜子:昔日时代宠儿能否涅槃重生

“傻子瓜子”的创始人年广九，曾被誉为“中国第一商贩”时至今日，已80多岁的他仍坚守在当初“创业”的傻子瓜子商铺，为傻子瓜子的发展尽心尽力。改革开放之初，年广九借助政策和市场敏锐度迅速崛起，进入21世纪，随着我国炒货市场的不断发展以及行业竞争日益加剧，傻子瓜子不断进行改革创新，为应对复杂多变的市场环境不断打破常规，为适应现代消费者购买行为的变化趋势，竭力转换产品和渠道单一的发展格局。随着炒货行业不断的消费升级，傻子瓜子——昔日的时代宠儿能否蜕变新生，曾经的天之骄子，未来之路又在何方?

1. 品牌背景

傻子瓜子是20世纪70年代末，由年广九博采众长，经过刻苦钻研和深入探索后创造的名牌产品。傻子瓜子因产品深受消费者喜爱，销往全国20多个省市。1994年，年广九成立芜湖市傻子瓜子技术开发公司，芜湖市傻子瓜子有限总公司作为一家集团公司于2000年组建完成，下设芜湖市傻子经济发展有限公司、兄弟实业有限责任公司、兄弟担保投资公司等，固定资产规模达到3.3亿元。企业曾先后荣获全国食品一等奖、全国优质产品金杯奖和全国最佳企业奖，并连续五届获得安徽著名商标，公司是首家芜湖市炒货企业中一次性通过ISO 9001：2000国际质量管理体系认证的企业，并荣获我国绿色食品发展中心给予的"绿色食品"称号。

2. 行业环境

2000年以后，洽洽、真心以及正林等一众瓜子品牌逐渐兴起，并借助资本市场与大型商超渠道迅速攻城略地。但是，年广九仍坚持着最传统的开专卖店模式，不愿让傻子瓜子入驻超市及各大卖场。洽洽瓜子入驻超市存在各种各样的进场费，而且相对专营店，资金周转较慢，导致年广九并不看好洽洽、真心等瓜子厂家进驻超市的渠道策略，并以自己专营店的销售模式为豪。2008年将目标市场转向超市、卖场、连锁店、社区店、批发市场、农贸市场等，构建以经销商、专卖店为主的区域经销策略，厂家协助经销商共同发展，不断完善二、三、四线销售市场，建立起密集型分销渠道网络。根据不同市场和渠道特征拟定不同的价格和奖励政策，并且严格控制维护各渠道的价格体系。

3. 转型升级再出发

1)打造电商平台

傻子瓜子在天猫上线品牌直营店——金傻子旗舰店，店铺中包含葵花子系列、西瓜子系列、南瓜子系列及坚果系列，还推出心意礼盒。在产品方面，傻子瓜子为打破产品单一的局面，推出包含夏威夷果、碧根果、巴旦木和开心果在内的爆款坚果，以及肉类、蜜饯、素食卤味在内的休闲食品。企业自主研发，不断推出各种坚果和瓜子单品以及坚果组合品类，如坚果大礼包、薄荷冰爽西瓜子，以冰爽口感广受消费者喜爱。董事长年强在2014年接受采访时表示，即将在年氏工业园内建设农副土特产电商中心，并计划在电子商务中心投入使用后，可以不只是芜湖，而是全国各地的知名土特产均能在此电商中心销售，以期望这一系列转型措施能振兴芜湖炒货行业，使其恢复往日的景象。同时，傻子瓜子正在推行线上线下同步进行(O2O)的销售模式。

2)进军国际市场

2014年，以"傻子瓜子"为主打产品的芜湖年氏食品有限公司，经芜湖市商务局备案，在美国加利福尼亚州洛杉矶市设立年福君有限公司，并着手布局国际市场，通过设立境外营销网点，拟将芜湖甚至中国的特色炒货产品带向世界。据介绍，年福君有限公司主营业务为傻子坚果炒货、农副产品和休闲食品的研发、采购及销售。年强在2018年接受记者采访时提到，目前公司已经在美国收购一座占地52英亩的坚果庄园，准备用美国原料生产加工炒货产品，不仅从产业链端保证产品安全，还借此来拓展海外坚果市场。近年来，随着科技的不断发展，瓜子行业的入驻门槛越来越低，在产品附加值低和产业链不完善的情况下，导致瓜子行业陷入恶性竞争的矛盾凸显。如何在国内有限的原料供应和市场容量趋于稳定的情况下实现转型升级是芜湖炒货行业亟需解决的问题。

对于炒货行业走出国门，增加高端坚果炒货、农副产品和休闲食品的附加值，将以坚果为原料的简单农产品加工，变成以形成产品创意为目的的精深加工，并与品牌协同发展，驱动炒货业从分散的市场状态向品质及品牌化的成熟市场发展，这无疑是行业升级转型的重要一步。

3)建立瓜子博物馆

傻子瓜子企业积极响应国家推动文化产业发展的号召,主导投资建设了中国首家以瓜子为主题的公益性民办博物馆——傻子瓜子博物馆,以提升傻子瓜子的品牌价值和芜湖瓜子城的内涵。傻子瓜子博物馆由傻子瓜子懂事长年强发起并投入巨资兴建,属公益性民办博物馆。该馆通过打造傻子瓜子品牌的宣传平台、中国休闲食品文化的传播平台提升自身品牌价值。

4. 敢问路在何方

傻子瓜子经历过商超销售模式以及互联网消费升级的角逐之后,于 2015 年上线电商业务,目前线上销售已经占到总销售额的三成,为了应对瓜子系列产品市场萎缩和电商企业的双重挑战,公司通过在产品方面的不断创新,已经推出包括坚果及休闲食品在内的五大系列产品,着手建设农产品电商平台。企业为了保证食品安全,着力在供应链端发力,积极拓展原料种植和生产基地,建立品质管理防火线,确保从原料、生产及销售等领域实现供应链体系风控。在日益复杂多变的市场环境下,傻子瓜子能否扬长避短,根据行业环境、消费市场及消费者行为变化实现改革创新的成功,有待时间的检验。

讨论:

(1)简述企业分销渠道的类型及其特性,分析企业早期发展采取了怎样的分销渠道策略,以及分销渠道对企业发展的影响。

(2)请着重从分销渠道变革的角度分析傻子瓜子发展停滞的原因,应如何充分利用互联网分销渠道以及 O2O 电子商务模式?

(3)请分析企业实施战略转型的动因,评价企业战略转型并给出优化建议。

第 15 章　促销策略

本章要点

■促销组合的构成及影响因素。

■广告策略。

■推销策略。

■销售促进策略。

■公共关系策略。

现代市场营销不仅要求企业发展适销对路的产品，制定吸引人的价格，使目标顾客易于获得他们所需要的产品，而且要求企业控制其在市场上的形象，设计并传播有关的外观、特色、购买条件以及产品给目标顾客带来的利益等方面的信息。一种优良的产品能否有好的销路，关键是顾客对该种产品所持的态度及其消费观念，因此，企业必须高度重视与中间商、客户等公众进行沟通，通过多种媒介进行有效的信息沟通，创造消费和使用该种产品的社会氛围和市场条件，进而促进销售的提升。

15.1　促销组合

促销组合是指企业根据促销的需要，对广告、销售促进、推销与公共关系等各种促销方式进行的适当选择和综合编配。现代企业运用促销组合来接触中间商、消费者及各种公众；中间商也可运用一套组合来接触消费者及各种公众；消费者彼此之间、消费者与其他公众之间则进行口头传播；同时，各群体也对其他群体进行沟通反馈。

15.1.1　促销的含义

促销是促进产品销售的简称。从市场营销的角度看，促销是企业通过人员和非人员的方式，沟通企业与消费者之间的信息，引发、刺激消费者的购买欲望，使其产生购买行为的活动。从这个概念不难看出，促销具有以下几层含义：

(1)促销工作的实质与核心是沟通信息。企业与消费者之间达成交易的基本条件是信息沟通。若企业未将自己生产或经营的产品和劳务等有关信息传递给消费者,那么消费者对此将一无所知,自然谈不上认购。只有将企业提供的产品或劳务等信息传递给消费者,才能引起消费者注意,并有可能促使其产生购买欲望。

(2)促销的目的是引发、刺激消费者产生购买欲望。在消费者可支配收入既定的条件下,消费者是否产生购买行为主要取决于消费者的购买欲望,而消费者的购买欲望又与外界的刺激、引导密不可分。促销正是针对这一特点,通过各种传播方式把产品或劳务等有关信息传递给消费者,以激发其购买欲望,使其产生购买行为。

(3)促销的方式有人员促销和非人员促销两类。人员促销,亦称直接促销或人员推销,是企业运用推销人员向消费者推销商品或劳务的一种促销活动,它主要适合于消费者数量少、比较集中的情况。非人员促销,又称间接促销或非人员推销,是企业通过一定的媒体传递产品或劳务等有关信息,以促使消费者产生购买欲望、发生购买行为的一系列促销活动,包括广告、公关和销售促进等。它适合于消费者数量多、比较分散的情况。通常,企业在促销活动中将人员促销和非人员促销结合运用。

15.1.2 促销的作用

促销在企业营销活动中是不可缺少的重要组成部分,是因为促销有如下功能:

(1)传递信息,强化认知。销售产品是市场营销活动的中心任务,信息传递是产品顺利销售的保证。信息传递有单向和双向之分。单向信息传递是指卖方发出信息、买方接收,它是间接促销的主要功能。双向信息传递是买卖双方互通信息,双方都是信息的发出者和接收者,直接促销就有此功效。在双向信息沟通的过程中,一方面,卖方(企业或中间商)向买方(中间商或消费者)介绍有关企业现状、产品特点、价格及服务方式和内容等信息,以此来引导消费者对产品或劳务产生需求欲望并采取购买行为;另一方面,买方向卖方反馈对产品价格、质量和服务内容、方式是否满意等有关信息,促使生产者、经营者更好地满足消费者的需求。

(2)突出特点,引导需求。在市场竞争激烈的情况下,同类商品很多,并且有些商品差别微小,消费者往往不易分辨。企业通过促销活动,宣传、说明本企业产品的特色,便于消费者了解本企业产品在哪些方面优于同类产品,使消费者认识到购买、消费本企业产品所带来的利益较大,从而愿意购买本企业产品。

(3)指导消费,扩大销售。在促销活动中,营销者循循善诱的产品知识性介绍,在一定程度上对消费者起到了教育指导作用,从而有利于激发消费者的需求欲望,变潜在需求为现实需求,实现扩大销售之功效。

(4)滋生偏爱,稳定销售。在激烈的市场竞争中,企业产品的市场地位不稳定,致使有些企业的产品销售此起彼伏,波动较大。企业运用适当的促销方式开展促销活动,可使较多的消费者对本企业的产品滋生偏爱,进而稳住已占领的市场,达到稳定销售的目的。对于消费者偏爱的品牌,即使该类商品需求下降,也可以通过一定形式的促销活动,促使市场对该品牌产品的需求得到一定程度的恢复和提高。

15.1.3 促销组合的构成

促销组合的构成要素可从广义和狭义两个角度来考察。就广义而言,市场营销组合中的各个因素都可归入促销组合，诸如产品的式样、包装的颜色与外观、价格等都传播了某些信息。就狭义而言，促销组合只包括具有沟通性质的促销工具，主要包括人员推销、广告、公共关系和销售促进四种。

这些促销工具各有其特殊的潜力和复杂性，需要进行专业化管理。然而，即使那些规模巨大的企业也没有能力做到每一种促销工具都配备一名专家负责，一般只有那些十分重要并且使用频繁的工具才实行专业化管理。从促销的历史发展过程看，企业最先划分出推销职能，其次是广告，再次是销售促进，最后是公共关系。

15.1.4　促销投入的分配

企业在制定促销战略时，首先会遇到两个主要问题：一是应花费多少投资进行促销活动；二是这些投资应如何在众多的促销工具之间进行分配。

1. 营销组合因素之间的投入分配

企业在制定促销战略之前，需估计用于促销的支出是否比用于新产品开发、降低售价、改进分销渠道等方面的效益更好。如果不是这样，那么促销支出就不能太多。事实上，增加新产品开发、降低售价、改进分销渠道等方面的费用支出，会使顾客在心目中认为可得到更多的实在价值，使之产生实惠感。然而，促销也是企业必须进行的市场营销活动之一，通过促销可以帮助顾客认识产品，引起兴趣，进而促使其购买，并且由于促销的影响，顾客购买后心理上的满足也会增强。从这个意义上讲，促销也是一种实在价值的创造过程。

所以，对于一个现代企业来讲，问题不在于是否应进行促销活动，而在于应花多少钱来进行沟通、促销活动。

2. 加大促销投入的主要场合

一般来讲，在下述情况下，促销活动应比其他营销活动具有更大的作用，因而，在下列情况下企业应适当多投资于促销：

(1)当竞争产品相似，市场主导者有意在顾客心理上造成差异印象时，应大规模开展促销活动，多投资金，多采取措施。

(2)在产品生命周期的导入期应多采取促销措施，因为在这一阶段，顾客对于产品及其用法、用途还不熟悉，需要企业进行大规模的促销活动来介绍并引起购买者的兴趣。此外，在产品生命周期的成熟期也要多采取促销措施，以维持已有的市场占有率。

(3)以网购方式销售的产品应大力开展促销活动，因为购买者在采取购买行动之前不能看到物品，急需企业大力宣传介绍产品。

(4)用自动售货机销售的商品应多采取促销措施，因为售货时无人在现场说明或提供服务。

15.1.5　影响促销组合策略的因素

确定促销组合实质上也就是企业在各促销工具之间合理分配促销预算的问题。一般来讲，企业在将促销预算分配到各种促销工具时或在确定促销组合时，需考虑如下因素：

1. 产品类型

产品类型主要是指产品是消费品还是产业用品。从现代市场营销发展史看，消费品与产业用品的促销组合是有区别的(见图 15.1)。广告一直是消费品的主要促销工具，而人员推销则是产业用品的主要促销工具。销售促进在这两类市场上同等重要。但是，公共关系对于工业品和消费品也同样有各自的作用。

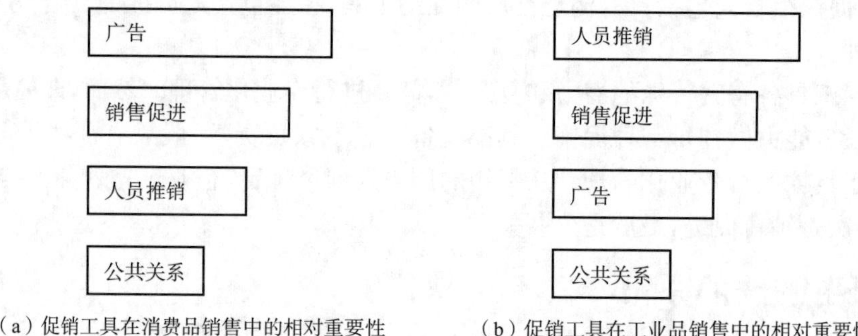

(a)促销工具在消费品销售中的相对重要性　(b)促销工具在工业品销售中的相对重要性

图 15.1　促销工具在消费品和工业品销售中的相对重要性

1)广告在产业用品促销中的作用

广告在产业用品促销中也执行着诸如建立知晓、建立理解、有效提醒、提供线索、证明有效、再度保证等十分重要的职能。主要表现为:①企业广告在能够树立企业声誉的前提下,将有助于推销员的工作。②著名企业的推销员只要销售展示达到预期标准,便在销售方面具有优势;较不著名企业的推销员如果销售展示工作做得卓有成效,也可以克服其弱点;较小企业愿意将其有限的资金用来挑选、训练优秀的推销人员,而不愿用来做广告。③企业声誉在产品复杂、风险大以及购买者所受专业训练少的情况下,一般具有较强的影响力。

2)推销员在消费品促销中的作用

一个训练有素的推销员还应为消费品促销做出如下重要贡献:①增加货位。那些具有较强说服力的推销员,可以说服代理商存储更多的企业产品,或为本企业产品提供更多的货位空间。②培养热情。具有较强说服力的推销员能够将有计划的广告以及对代理商的销售促进戏剧化,从而培养起代理商对本企业产品的满腔热情。③劝导推销。训练有素的推销员能够不辞辛苦、循循善诱地劝导更多的代理商努力经营本企业产品。

2. 推式与拉式策略

企业是选择推式策略还是选择拉式策略来创造销售(见图 15.2),对促销组合也具有重要影响。推式策略是指利用推销人员与中间商促销将产品推入渠道,是指生产者将产品积极推到批发商手中,批发商又积极地将产品推给零售商,零售商再将产品推向消费者。拉式策略是指企业针对最后消费者,花费大量的资金从事广告及消费者促销活动,以增进产品的需求。如果做得有效,消费者就会向零售商要求购买该产品,于是拉动了整个渠道系统,零售商会向批发商要求购买该产品,而批发商又会向生产者要求购买该产品。企业对推式策略和拉式策略的选择显然会影响各种促销工具的资金分配。

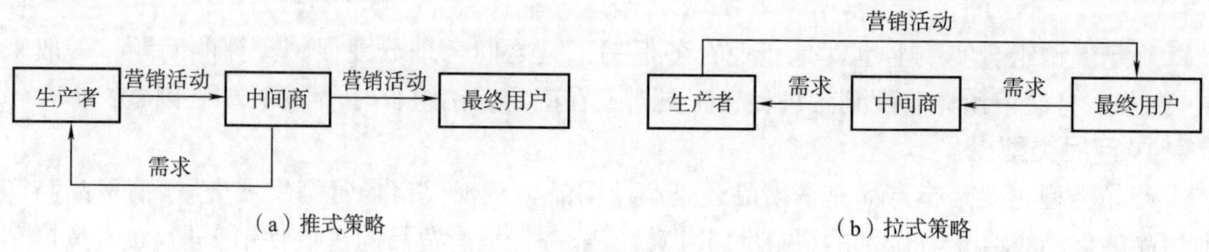

(a)推式策略　(b)拉式策略

图 15.2　推式策略和拉式策略

3. 促销目标

确定最佳促销组合，尚需考虑促销目标。相同的促销工具用于不同的促销目标，其成本效益会有所不同。例如，尽管经营产业用品的企业花在推销上的费用远远高于广告费用支出，但是所有促销目标都靠推销一种促销工具去实现也是不切实际的。广告、销售促进和宣传在建立购买者知晓方面，比推销的效益要好得多。在促进购买者对企业及其产品的了解方面，广告的成本效益最好，推销次之。

4. 产品生命周期阶段

在产品生命周期的不同阶段，促销支出的效果也有所不同。在产品生命周期的导入期至成熟期，促销是一个十分重要的市场营销组合因素。这是由于新产品初上市时消费者对其不认识、不了解，必须通过促销活动来吸引广大消费者的注意力。

(1)在导入期，广告与销售促进的配合使用能促进消费者认识、了解企业产品。

(2)在成长期，社交渠道沟通方式开始产生明显效果，口头传播越来越重要。如果企业想继续提高市场占有率，就必须加强原来的促销工作。如果企业想取得更多利润，则宜用推销来取代广告和销售促进的主导地位，以降低成本费用。

(3)在成熟期，竞争对手日益增多，为了与竞争对手相抗衡，保持住已有的市场占有率，企业必须增加促销费用。这一阶段可能发现了现有产品的新用途，或推出了改良产品，在这种情况下，加强促销能促使顾客了解产品，诱发购买兴趣。运用赠品等促销工具比单纯的广告活动更为有效，因为这时的顾客只需提醒式广告即可。

(4)在衰退期，企业应把促销规模降到最低限度，以保证足够的利润收入。在这一阶段，只用少量广告活动来保持顾客的记忆即可，宣传活动可以全面停止，推销也可减至最小规模。

5. 经济前景

企业应随着经济前景的变化，及时改变促销组合。例如，在通货膨胀时期，购买者对价格反应十分敏感。在这种情况下，企业至少可采取如下对策：

(1)提高销售促进相对于广告的分量。

(2)在促销中特别强调产品价值与价格。

(3)提供信息咨询，帮助顾客明智的购买。

15.1.6　促销策略的新趋势：整合营销传播

随着市场环境的变化，20 世纪 90 年代以来，促销策略出现了新的变化或发展趋势，这就是整合营销传播(integrated marketing communication，IMC)理论的兴起。作为一种实战性极强的操作性理论，整合营销传播理论兴起于美国，近几年来，在我国也得到了广泛的传播，并一度出现“整合营销热”。

1. 整合营销传播的内涵

整合营销传播理论的先驱唐·舒尔茨(Don Shultz)教授认为，整合营销传播是指针对顾客及其他受众而制订、实施、评估品牌传播计划的商业过程。

整合营销传播是一个对现有顾客和潜在顾客制定、实施各种形式的说服性沟通计划的长期过程，所有与顾客的接触点都必须具有引人注目的沟通影响力，而且由顾客决定沟通方式，是对多种传播手段的战略作用进行比较分析的战略过程。

准确把握整合营销传播的科学含义,应注意两点:一是企业使用了多种多样的传播手段;二是对这些手段进行整合。只有同时满足这两个条件,才能形成整合营销传播。

2. 整合营销传播的阶段性和层次性

整合营销传播是一个概念,也是一个过程,整合意味着完整,实现传播活动的完整性便可以产生协同效应。每个企业在进行整合营销传播时所遇到的机遇与挑战不尽相同,这主要取决于它们的业务、所依赖的渠道、客户数据的可获得性、市场细分的能力等。但最重要的决定因素是企业的管理模式和战略方针。尽管各企业情况各异,但在进行整合时还是有一些共同之处,各个企业在进行营销传播时也要历经相似的阶段或层次。

唐·舒尔茨概括了企业进行整合营销传播必经的四个阶段(见图15.3)。

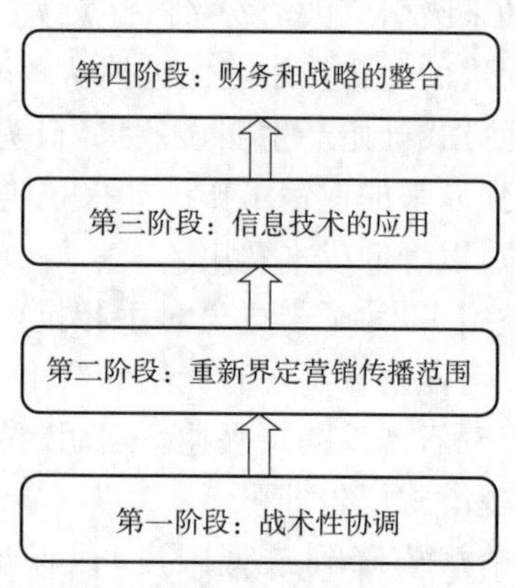

图15.3 整合营销的四个阶段

(1)战术性协调。企业的整合营销传播活动起始于协调。通常,需要制定品牌管理计划,确定拟发布的与品牌有关的信息,并在各方面整合广告信息,力求在多媒介、多维度的传播过程中形成协同效应。

(2)重新界定营销传播范围。在这一阶段,企业致力于更加广泛的传播活动,而不仅限于传统的促销活动,如广告宣传、销售促进、直复营销等。这些传播活动范围更广,既包括针对企业内部雇员、销售人员的对内营销,也包括针对营销中介、业务伙伴、最终顾客的对外营销。

(3)信息技术的应用。在这一阶段,企业开始利用信息技术来整合过去使用过的各种营销传播形式。例如,借助数据库技术等研究顾客态度和行为数据上的差异,也就是说,从大量营销方法转换到通过辨别顾客的独特需要和欲望来确认顾客,进而实施定制化传播。在此期间,企业开始关注顾客群体的现实需求和潜在需求,而不是简单地关注市场份额。

(4)财务和战略的整合。在这一阶段,企业基于对顾客及其市场价值、财务价值及潜在价值的评估,实施财务和战略的整合,而不是简单地基于公司所想要达到的目标。以可评估的投资回报率为基础,进行营销传播投资。

科罗拉多大学汤姆·邓肯教授(Tom Duncan)从传播领域的角度提出了整合营销传播的四种整合层次(见表15.1),这些层次揭示了整合营销传播活动的领域:从狭隘封闭的企业独白到开放互动的对话,最后从内到外形成了一种渗透整个企业的独特文化。

表 15.1 IMC 的四个整合层次

层次	名称	描述/重点	实例
1	统一形象	一个面孔、一种声音、注意强烈品牌形象	3M
2	一致声音	前后一致的声音和面孔,对不同受众(顾客、同行、供应商等)采取相应的不同讯息	Hallmark
3	好听众	采取双向传播:通过免费电话、调查、商展等获取反馈,注重长期联系	可口可乐
4	世界级公民	关注社会、环保、健全的企业文化,关注社会	苹果、本田

3. 企业实施整合营销传播的效果

国内外企业的营销实践证明,实施整合营销传播可收到如下效果:

1)整合传播工具

整合营销传播可以使企业的广告、促销、推销、公关等所有的营销活动及其传播程序都具有整合感。这种独特的价值体现,可以使包括消费者、企业雇员、投资者、竞争对手、社区、大众媒体、政府机构、各种社会团体等在内的利益相关者更容易理解企业信息,更便于企业与利益相关者沟通。

2)优化传播效果

整合营销传播是一种经济合理地运用营销手段或营销传播费用的有效方法。适当地减少或整合若干种传播工具,企业的组织效率、业务能力和竞争实力都会得到明显改善,从而以较少的营销传播费用取得更好的传播效果。

3)减少交易费用

减少交易费用的最合理和最持久的方法应该是过程的整合。借助完善的整合营销传播活动,可使所有利益相关者的交易费用得到切实有效的降低。

4)聚焦目标受众

整合营销传播就是通过市场营销活动,使企业与利益相关者的沟通更有效率,这也就意味着,把包括广告、推销、宣传、公关等在内的所有营销活动和传播活动的焦点尽可能定位于目标受众,即企业的利益相关者。当营销者和消费者能够互相理解、密切合作时,就可以说营销和营销传播完全整合了。

4. 整合营销传播与传统促销策略的区别

市场环境的变化、消费者的日渐成熟和信息技术的发展,使得企业必须也有可能对促销提出更高的要求,即沟通和促销在更深、更广的层面上进行整合。相对于传统的促销策略而言,整合营销传播更强调买卖互动、传播分众和效果可控。

1)买卖互动

传统的促销是单方面的:卖方拥有信息的优势,为使消费者了解对卖方有利的信息,卖方需要进行沟通。但现在,市场从以前的生产者主权市场转变为消费者主权市场。相对而言,消费者掌握了更多的对企业有价值的信息,这就要求企业不仅要向消费者传递有关自己产品和企业的信息,还要尽可能地获得消费者的有关信息。这一转变落实在企业的促销行为上,就要求企业不仅将促销看作一个单方面的信息传递,更希望通过了解消费者的反应来获得对市场的更充分的认识。而消费者在促销中也就不再是被动的信息接收者,他也可以根据自己的偏好来选择企业传递的信息,从而使当前的促销更强调卖方和买方之间的互动。

2)传播分众

大多数传统促销的信息沟通是通过大众传媒进行的,由于媒体传播的广泛性,使得促销不可避免地会出现与企业目标市场相比过于分散以至于浪费的倾向。整合营销传播更强调分众。分众是与大众相对的一个概念,指的是在大众消费者中按一定的细分标准进行的人群划分。企业所选择的分众是与其目标市场相符的。在分众的要求下,企业促销会选择一些能够实现有效与"分众"沟通的媒体或形式,如有线电视、直邮广告、电话促销、网络广告等,有些分众促销甚至达到了"定制促销"即一对一的地步。

3)效果可控

传统促销的一个主要问题是促销的效果较难把握,尤其是广告,因为企业往往无法确切地知道有多少人接收到了所发布的广告信息和反馈情况。现在,技术的发展为促销克服这一问题提供了条件,也使得整合营销传播越来越强调效果的可测量性。例如发布网络广告,就要及时统计每条广告被多少用户点击过,以及这些用户浏览这些广告的时间分布、地理分布和反映情况等。广告主可以实时评估广告效果,进而审定他们的广告策略合理性并进行相应调整,以及根据广告的有效访问量进行评估,并按效果付费。

5. 整合营销传播要点

归纳起来,整合营销传播有以下基本要点:

(1)在整合营销传播中,居于核心的是消费者的心理和认知。因此,必须对消费者的动机、认知、记忆、联想和态度有更充分的认识,并确保沟通活动的针对性和一致性。

(2)整合营销传播强调真正意义上的整合,即战略和战术的整合、沟通要素的整合、媒体的整合、企业及相关利益者的整合等。

(3)整合传播的目的不是一次性交易,而是希望与消费者维系长期的关系,即实现关系营销。这就要求企业在沟通中,有计划地与消费者进行适时适地的双向交流沟通,同时要建立全面的顾客数据库,实现数据库营销。

15.2 广告策略

广告是由明确的发起者以公开支付费用的做法,以非人员的任何形式,对产品、服务或某项行动的意见和想法等的介绍。

15.2.1 广告预算的方法

企业的广告目标主要有提供信息、引导购买、提醒使用等。广告目标决定后,企业即可制定广告预算,即确定在广告活动上应花费多少资金。一般来讲,企业确定广告预算的方法主要有四种。

1. 量力而行法

尽管这种方法在市场营销学上还没有正式定义,但不少企业一直在采用。采用此法的企业确定广告预算的依据是它所能拿得出的资金数额。也就是说,在其他营销活动的经费被优先分配之后,尚有剩余者再供广告之用。企业根据其财力情况来决定广告开支多少并没有错,但应看到,广告是企业的一种重要促销手段,企业做广告的根本目的在于促进销售。因此,企业做广告预算时要充分考虑企业需要花多少广告费才能完成销售指标。所以,严格说来,量力而行法在某种程度上存在着片面性。

2. 销售百分比法

销售百分比法即企业按照销售额或单位产品售价的一定百分比来计算和决定广告开支。这就是说，企业按照每完成 100 元销售额(或每卖 1 单位产品)需要多少广告费来计算和决定广告预算。例如，某企业在 2022 年 12 月 1 日将前 11 个月的累计销售收入与 12 月预计的收入相加，以总额的 2%作为 2023 年的广告预算。

使用销售百分比法确定广告预算的主要优点是：

(1)暗示广告费用将随着企业所能提供的资金量的大小而变化，这可以促使那些注重财务的高级管理人员认识到，企业所有类型的费用支出都与总收入的变动有密切关系。

(2)可促使企业管理人员根据单位广告成本、产品售价和销售利润之间的关系去考虑企业的经营管理问题。

(3)有利于保持竞争的相对稳定，因为只要各竞争企业都在让其广告预算随着销售额的某一百分比而变动这一点上达成默契，就可以避免广告战。

使用销售百分比法确定广告预算的主要缺点是：

(1)把销售收入当成了广告支出的“因”而不是“果”，造成了因果倒置。

(2)用此法确定广告预算，实际上是基于可用资金的多少，而不是基于机会的发现与利用，因而会失去有利的市场营销机会。

(3)用此法确定广告预算，将导致广告预算随每年的销售波动而增减，从而与广告长期方案相抵触。

(4)此法未能提供选择这一固定比率的依据，比率选择随意性较大。

(5)不是根据不同的产品或不同的地区确定不同的广告预算，而是所有的广告都按同一比率分配预算，造成了不合理的平均主义。

3. 竞争对等法

竞争对等法指企业比照竞争者的广告开支来决定本企业广告开支的多少，以保持竞争上的优势。在市场营销管理实践中，不少企业都喜欢根据竞争者的广告预算来确定自己的广告预算，造成与竞争者旗鼓相当、势均力敌的局势。如果竞争者的广告预算确定为 100 万元，那么本企业为了与它拉平，也将广告预算确定为 100 万元。美国奈尔逊调查公司的派克汉(J. O. Peckham)通过对 40 多年的统计资料进行分析，得出结论：要确保新上市产品的销售额达到行业平均水平，其广告预算必须相当于行业平均水平的 1.5～2 倍。这一法则通常称为派克汉法则。

采用竞争对等法的前提条件是：

(1)企业必须能获悉竞争者确定广告预算的可靠信息，只有这样才能随着竞争者广告预算的升降而调高或调低。

(2)竞争者的广告预算能代表企业所在行业的集体智慧。

(3)维持竞争均势能避免各企业之间的广告战。

(4)企业与竞争者生产、销售规模相仿，同属于一个层次。

但事实上，上述前提条件很难具备。这是由于：

(1)企业没有理由相信竞争者所采用的广告预算确定方法比本企业的方法更科学。

(2)各企业的广告信誉、资源、机会与目标并不一定相同，可能会相差甚多，因此某一企业的广告预算不一定值得其他企业效仿。

(3)即使本企业的广告预算与竞争者势均力敌,也不一定能够稳定全行业的广告支出。

4. 目标任务法

前面介绍的几种方法都是先确定一个总的广告预算,然后,再将广告预算总额分配给不同的产品或地区。比较科学的程序步骤应是:

(1)明确地确定广告目标。

(2)决定为达到这种目标而必须执行的工作任务。

(3)估算执行这种工作任务所需的各种费用,这些费用的总和就是计划广告预算。

上述确定广告预算的方法,就是目标任务法。企业在编制总的广告预算时,先要求每个经理按照下述步骤准备一份广告预算申请书:

(1)尽可能详细地限定其广告目标,该目标最好能用数字表示。

(2)列出为实现该目标所必须完成的工作任务。

(3)估计完成这些任务所需要的全部成本。

这些成本之和就是各自的经费申请额,所有经理的经费申请额即构成企业所必需的总的广告预算。

目标任务法的缺点是没有从成本的观点出发来考虑某一广告目标是否值得追求这个问题。譬如,企业的广告目标是下年度将某品牌的知名度提高20%,这时所需要的广告费用也许会比实现该目标后利润的贡献额超出许多。因此,如果企业能够先按照成本来估计各目标的贡献额(即进行成本效益分析),然后再选择最有利的目标付诸实现,则效果更佳。实际上,这种方法也就被修正为根据边际成本与边际收益的估计来确定广告预算。

15.2.2 广告媒体

企业媒体计划人员还必须评估各种主要媒体达到特定目标沟通对象的能力,以便决定采用何种媒体。主要媒体有互联网、电视、报纸、杂志、直接邮寄、广播、户外广告等。这些主要媒体在送达率、频率和影响价值方面互有差异。例如,电视的送达率比杂志高,户外广告的送达率比杂志高,而杂志的影响比报纸大。

1. 媒体的特性

媒体计划人员在选择媒体种类时,需了解各媒体的特性。

(1)报纸的优点是弹性大、及时,对当地市场的覆盖率高,易被接受和信任;其缺点是时效短,转阅读者少。

(2)杂志的优点是可选择适当的地区和对象,可靠且有名气,时效长,转阅读者多;其缺点是广告购买前置时间长,有些发行量是无效的。

(3)广播的优点是大量使用,可选择适当的地区和对象,成本低;其缺点是仅有音响效果,不如电视吸引人,展露瞬间即逝。

(4)电视的优点是视、听、动作紧密结合且引人注意,送达率高;其缺点是绝对成本高,展露瞬间即逝,对观众无选择性。

(5)直接邮寄的优点是沟通对象已经过选择,而且媒体形式灵活;其缺点是成本比较高,容易造成滥寄的现象。

(6)户外广告的优点是比较灵活,展露重复性强,成本低、竞争少;其缺点是不能选择对象,创造力受到局限等。

2. 媒体的选择

企业媒体计划人员在选择媒体种类时,需考虑如下因素:

(1)目标沟通对象的媒体习惯。例如,生产或销售玩具的企业,在把学龄前儿童作为目标沟通对象的情况下,绝不会在杂志上做广告,而只能在电视或电台上做广告。

(2)产品特性。不同的媒体在展示、解释、可信度与颜色等各方面分别有不同的说服能力。例如,照相机之类的产品,最好通过电视媒体或互联网做活生生的实地广告说明。

(3)信息类型。不同类型的信息对媒体选择的要求也不同。例如,宣布明日的销售活动,必须在电台或网络上做广告;而如果广告信息中含有大量的技术资料,则须在专业杂志上做广告。

(4)成本。不同媒体所需成本也是一个重要的决策因素。电视是最昂贵的媒体,而网络则较便宜。不过,最重要的不是绝对成本数字的差异,而是目标沟通对象的人数构成与成本之间的相对关系。

在市场营销实践中,媒体工具的选择,应充分考虑到特定市场的媒体消费习惯。

15.2.3 网络广告的优势和局限

近年来,在广告业中逐渐出现了一种新兴的广告媒体形式——网络广告。企业可以建立自己的网络,可以向某个网站购买广告版位和空间,还可通过互联网以其他形式来宣传自己。网络广告已逐渐成为重要的广告形式。

1. 网络广告的优势

网络广告之所以受到各国企业的重视和喜欢,是因为它与当今电视、广播、报纸、杂志四大媒体的广告相比具有以下特点:

(1)非强迫性。电视、广播、报纸、户外路牌、霓虹灯等广告的信息传递都具有一定强迫性,而网络广告却可以让受众自由查询、自由浏览,较好地避免了受众关注的无效性和被动性。

(2)交互性。网络广告是一种交互式的广告,受众可参与信息讨论,进行进一步的在线咨询,也可通过网络下订单。

(3)实时性。从广告主的角度看,网络广告能根据需要实时更新广告信息,并可同步发布。从访问者的角度看,网络广告突破了时间和空间的限制,可以随时看到最新的广告信息。

(4)广泛性。网络广告传播范围广,理论上可传播到互联网所覆盖的所有国家和地区的受众。

(5)形式多样。网络广告的表现形式包括动态影像、文字、声音、图像、表格、动画、三维空间、虚拟现实等,它们可以根据广告创意需要进行任意的组合创作,从而可以最大限度地调动各种艺术表现手段,制做出形式多样、生动活泼、能够激发消费者购买欲望的广告。

(6)经济性。目前网络广告相对传统媒体而言便宜得多,但近年来价格总体上呈不断上涨的趋势。

2. 网络广告的局限性

(1)网民对网络广告的反感增加。随着网络广告的日益增多,加之网络广告使上网浏览的速度受到影响,引发不少网民对网络广告的反感和厌恶,使网络广告的传播效果大打折扣。

(2)广告位置有限。每个网页上可以提供的广告位置是很有限的,加之网络广告越来越向少数几个先行的网站聚集,这就加剧了广告位置的紧张。

(3)创意设计空间和能力的局限。传统的广告创意人员在网络时代遇到了巨大的挑战,他们的创意设计空间转移并受到诸多限制,因而网络广告对广告公司的创意能力提出了更高的要求。

(4)广告受众情况难以统计调研。目前对网络广告效果的评估主要是基于网站提供的数据,而这些数据的准确性、公正性一直受到某些广告主和代理商的质疑。

15.3 推销策略

推销是一种传统的促销方式,国内外许多企业在推销方面的费用支出要远远大于在其他促销组合因素方面的费用支出。在现代企业市场营销和社会经济发展中,推销起着十分重要的作用。

15.3.1 推销的特点

所谓推销,是指企业通过派出销售人员与一个或一个以上可能成为购买者的人交谈,作口头陈述,以促进和扩大销售。不难看出,推销是销售人员帮助和说服购买者购买某种商品或服务的过程。在这一过程中,销售人员要确认购买者的需求,并通过自己的努力去吸引和满足购买者的各种需求,使双方能从公平交易中获取各自的利益。因此,推销也是一种生产性活动。

1. 推销的形式

企业可以采取多种形式开展推销。

(1)可以建立自己的销售队伍,使用本企业的销售人员来推销产品。推销队伍中的成员又称推销员、销售代表、业务经理、销售工程师。他们又可分为两类:一类是内部销售人员,他们一般在办公室内用电话等联系、洽谈业务,并接待可能成为购买者的人员来访;另一类是外勤推销人员,他们进行旅行推销,上门访问客户。

(2)可以使用合同销售人员,如制造商代表、销售代理商、经纪人等,按照其代销额付给佣金。

2. 销售人员的工作任务

把销售人员的工作仅仅视为推销商品固然无可厚非,但未免过于简单化。作为企业和购买者之间相互联系的纽带,销售人员负有维护双方利益的责任,尽管这些责任有时会发生矛盾。概括地讲,销售人员的工作任务是既要使企业获得满意的和不断增长的销售额,又要培养与顾客的友善关系,并反映市场信息和购买者信息。具体来讲,主要有以下几方面任务:

(1)积极寻找和发现更多可能的顾客或潜在顾客。

(2)把关于企业产品和服务方面的信息传递给现有及潜在的顾客。

(3)运用推销技术(包括接近顾客、展示产品、回答异议、结束销售等),千方百计推销产品。

(4)向顾客提供各种服务,如向顾客提供咨询服务、帮助顾客解决某些技术问题、安排融资、催促加快办理交货等。

(5)经常向企业报告访问推销活动情况,并进行市场调查和收集市场情报。

3. 推销的优点

推销具有广告和宣传等其他促销形式所无法比拟的优势或优点。主要包括:

(1)推销注重人际关系,有利于顾客同销售人员之间建立友谊。销售人员既代表着企业利益，同时也代表着顾客利益。他们一般都知道，满足顾客需要是保证销售达成的关键，因此，销售人员总愿意在许多方面为顾客提供服务，帮助他们解决问题。同时，在面对面的交谈过程中，销售人员与顾客既可谈论商品买卖问题，也可以谈及家庭、社交等其他问题，久而久之，双方极有可能建立起友谊。

(2)推销具有较大的灵活性。销售人员在访问推销过程中可以亲眼观察到顾客对推销陈述和推销方法的反应，并揣摩其购买心理变化过程，因而能立即根据顾客情绪及心理的变化酌情改进推销陈述和推销方法，以适应各个顾客的行为和需要，促进最终交易的达成。

(3)推销与广告相比，其针对性强，无效劳动较少。广告所面对的受众十分广泛，其中有些根本不可能成为企业的顾客，所以，企业做广告所花的钱，有一部分是白花的。而销售人员访问顾客总是带有一定的倾向性，目标较为明确，往往可以直达其顾客，因而耗费无效劳动较少。

(4)推销在大多数情况下能实现潜在交换，达成实际销售。访问推销可以占“见面三分情”的情面便利，顾客感到有必要倾听，注意销售人员的宣传并做出反应。一般地，如果顾客确实存在对所推销商品的需要，那么，销售人员运用推销艺术肯定能使交易达成。

(5)推销有利于企业了解市场，提高决策水平。销售人员承担工厂“信息员”和“顾问”的双重角色。由于人员推销是一个双向沟通的过程，所以，销售人员在向顾客提供服务和信息的同时，也为企业收集可靠的市场信息；另外，销售人员处于第一线，经常直接和顾客打交道，他们最了解市场状况和顾客的反应，因而也最有资格为企业的营销决策提供建议和意见。

(6)推销经常用于竞争激烈的情况，也适用于推销那些价格昂贵和性能复杂的商品。对于专业性很强也很复杂的商品，仅仅靠一般的广告宣传是无法促使潜在顾客购买的，企业只有派出训练有素的推销员为顾客展示、操作商品，并解答其疑难问题，才能达成销售。

当然，推销也有一些缺点，主要是成本费用较高。因此，企业决定使用人员推销时必须权衡利弊，慎重从事。此外，人员推销还有一个局限性，即企业往往难以物色到有才干的销售人员。

15.3.2　推销策略概述

对许多顾客来说，销售人员是企业的象征；反过来，销售人员又从顾客那里给企业带回许多有关的信息和资料。因而，企业制定推销策略时，就要制定销售队伍的目标、战略、结构、规模和报酬方式等。另外，销售人员既是企业的资源和财富，又是一项重要的企业投资。这项投资不仅受各种环境因素的制约，而且一旦拍板决策又很难进行变动。例如，企业培训一位优秀的销售人员要花费很多时间和金钱，如果这位销售人员因故离开该企业，将会给企业造成巨大损失。所以，企业还必须加强对销售人员的管理，如招聘、挑选、训练、指导、激励和评价等。

1. 推销策略的内容

推销策略是指企业根据外部环境变化和内部资源条件设计和管理销售队伍的过程。具体包括如下几个方面：

(1)确立推销在企业市场营销组合中的地位，为销售人员制定出适当的销售活动组合。

(2)根据企业资源条件和销售预算等确定销售队伍的规模。

(3)根据顾客、产品和销售区域分配资源和时间。

(4)对销售活动(任务)进行激励和控制。

由图 15.4 可以看出，人员推销是一个循环的双向流动过程。销售队伍的目标影响销售队伍的大小,而销售规模又会限制其目标。同时,销售规模还制约资源和时间在产品、顾客、区域等方面的分配,而在分配过程中,企业会发现市场的销售反应比预期的要大(或小)。因此,为了增加利润,企业又把更多(或更少)的资源分配在人员推销上。

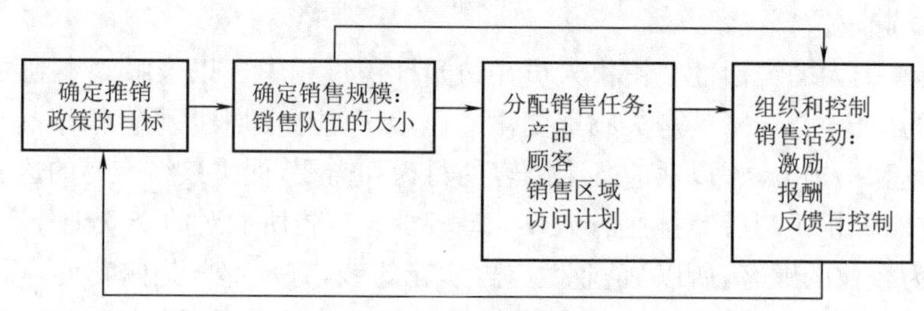

图 15.4 推销策略的内容

2. 推销策略的分类

推销策略的内容尽管很多,但大体上可分为以下两种:一是策略决策,包括销售队伍的大小、区域设计和访问计划等;二是管理决策,包括对销售人员的招募、挑选、培训、委派、报酬、激励和控制等。

15.3.3 推销策略决策

1. 推销队伍规模

销售人员是企业最有生产价值、花费最多的资产之一,销售队伍的规模直接影响着销售量和销售成本的变动。因此,销售队伍规模是推销策略中的一个重要问题。它既受市场营销组合中其他因素的制约,又会影响企业的整个市场营销战略。企业设计销售队伍规模通常有三种方法:

1)销售百分比法

企业根据历史资料计算出销售队伍的各种耗费占销售额的百分比以及销售人员的平均成本,然后对未来销售额进行预测,从而确定销售人员的数量。

2)分解法

这种方法是把每一位销售人员的产出水平进行分解,再同销售预测值相对比,就可判断销售队伍的规模。

3)工作量法

工作量法分为五个步骤:

(1)按年销售量的大小将顾客分类。

(2)确定每类顾客所需的访问次数(即对每位顾客每年的推销访问次数),它反映了与竞争对手相比要达到的访问密度。

(3)每类顾客的数量乘以各自所需的访问次数就是整个地区的访问工作量。

(4)确定一个销售代表每年可进行的平均访问次数。

(5)将总的年访问次数除以每个销售代表的平均年访问次数,即得到所需销售代表数。

显然,工作量法相对而言较为实用。不过,它没有说明访问次数是如何确定的,也没有把销售队伍的规模当成能为企业带来利润的一种投资。事实上,企业利润同销售队伍的规模、预算、报酬方式等紧密地联系在一起。

2. 推销工作安排

推销工作安排是指对销售力量进行分配，即在销售队伍规模既定的条件下，销售人员如何在产品、顾客和地理区域方面分配时间和资源。

1)时间安排(顾客方面)

大多数市场的顾客都是互不相同的，因而每位销售人员在作销售时间安排时总涉及这样三个问题：

(1)在潜在顾客身上要花多少时间？

(2)在现有顾客身上要花多少时间？

(3)如何在现有顾客和潜在顾客之间合理地分配时间？

对企业而言，时间安排通常表现为销售目标，对此有比较明确的规定。某家企业指示其销售人员，要将80%的时间花在现有顾客身上，将20%的时间花在潜在顾客身上。如果企业不这样规定比例，销售人员很可能会把绝大部分时间用于向现有顾客推销产品，从而忽视潜在顾客方面的工作。所以，企业实施人员推销策略时，必须重视销售时间的安排。

2)资源分配(产品方面)

一支销售队伍通常要推销一系列产品，所以，销售人员必须寻求一种最为经济的方式在各个产品间配置推销资源(时间)。新产品的推销有时要花上好几年的时间才能使销售额达到最高水平。因此，企业在决策时不能仅看到近期的销售额和利润率，而必须着眼于长远的利益，从战略角度来分配资源和时间，设计市场营销组合。

3. 销售区域设计

企业委派销售代表常驻一些地区负责产品销售，这些地区通常被称为销售区域。区域设计是人员推销策略的重要内容之一。无论是设计新的区域系统，还是调整现有的区域构成，企业都要考虑下述条件：

(1)区域要易于管理。

(2)各区域的销售潜量容易估计。

(3)能够严格控制推销旅途的时间花费。

(4)对推销员来说，每个区域的工作量和销售潜量都是相等的，而且足够大。

企业要想满足这些条件，可以通过对区域单位大小和形状的确定而达到。设计区域大小主要有两种方法，即同等销售潜量法和同等工作量法，这两者各有千秋。企业按同等销售潜量法划分区域能给每个销售代表提供相同的收入机会，并有利于企业衡量销售代表的工作绩效。由于各区域间长期存在的销售额差异反映出各销售代表能力与努力程度的不同，这就促使他们互相竞争，尽最大努力工作。

15.3.4 推销管理决策

企业要制定有效的措施和程序，加强对销售人员的挑选、招聘、训练、激励和评价。只有通过一系列管理和控制活动，才能把销售人员融入整个经营管理过程，使之为实现企业目标而努力。

1. 销售人员的挑选、招聘与训练

1)销售人员的挑选

企业的销售工作要想获得成功，就必须认真挑选销售人员。这不仅是因为普通销售人员和高效率销售人员在业务水平上有很大差异,而且用错人将给企业造成巨大的浪费。

2)销售人员的招聘

企业在确定了挑选标准之后,就可着手进行招聘。招聘的途径和范围应尽可能广泛,以吸引更多的应聘者。企业人力资源部门可通过由现有销售人员引荐、利用职业介绍所、刊登广告等方式进行招聘。此后,企业要对应聘者进行评价和筛选。筛选的程序因企业而异。一般可分为初步面谈、填写申请表、测验、第二次面谈、学历与经历调查、身体检查、决定录用与否、安排工作等程序。

3)销售人员的培训

事实表明,训练有素的销售人员所增加的销售业绩要比培训成本更大,而且,那些未经培训的销售人员的业绩并不理想,尤其是在顾客自主意识日益增强和自由选择度日益加大的今天,如果销售人员不经过系统的培训,他们将很难获得与顾客的沟通。所以,企业必须对销售人员进行培训。

4)销售人员的竞争意识

如何应对竞争对手,是销售人员培训中的重要课题。在推销商品时,销售人员面临双重挑战:来自顾客的和来自竞争对手的。因此,如何对付竞争对手,就成为销售人员必须掌握的一种技术。在如何应付竞争对手的问题上,有几种不同的认识:

(1)赞扬对手和尽量回避。一些销售人员的座右铭是"各卖各的货,井水不犯河水"。他们认为,销售人员除了赞扬对手之外不应当提到它们。万一顾客主动谈到竞争商品,就赞扬几句,然后转移话题。完全回避竞争对手就不会导致顾客去考虑其他商品。然而,按这种观点办事往往并不是最佳策略。不少竞争品牌可能早已在顾客心目中留下印象,用回避的办法难以将它们驱除。顾客对竞争产品的印象会使他迟迟不能做出购买决定。因此,销售人员要战胜竞争对手,就必须设法让顾客把心中向往的另一种商品选出来,并谈谈看法。精明的销售人员可以从顾客的谈话中得到有用的信息,然后进行有针对性的说服。绝大多数汽车推销员都害怕跟头一次买汽车的人打交道,因为,不管你给这些顾客提供多么优越的条件,他们还会认为有必要先转一圈看看再说。聪明的销售人员都喜欢顾客看完其他牌子的商品后再接待他们,这样,就有成交希望了。

(2)迎头痛击。一些人认为,竞争对手是无法安然回避的,只能给予承认和还击。如果销售人员能在顾客的头脑中为竞争产品播下一颗怀疑的种子,那么这颗种子就会长大,大到足以阻止顾客去购买竞争对手的商品。销售人员巧妙地将不利于对方的事情讲给顾客听,或是直截了当地表达出自己的意见就能做到这一点。但是,销售人员对竞争产品的这种非议必须有一定的事实根据,这是销售人员应具备的最基本的道德素养。

(3)承认对手但不要轻易进攻。一些人的认识介于上述二者之间。毫无疑问,避免与竞争对手发生猛烈"冲撞"是明智的,但是,要想绝对回避它们又是不可能的。销售人员主动攻击竞争对手,将会产生相反的效果:顾客会因好奇心去了解竞争产品。

(4)一比高低。有些机械产品的生产厂家培训自己的销售人员,要求他们学会把自己的产品与顾客心目中最好的产品进行一些比较。推销员把每一点的比较情况分两行记录下来,哪边占上风,就在哪边做个记号,然后,推销员在介绍产品时,要强调自己占优势的特点,从而给顾客留下深刻印象。

2. 销售人员的激励和评估

1)销售人员的激励

激励在管理学中被解释为一种精神力量或状态,起加强、激发和推动作用,并指导和引导行为指向目标。事实上,组织中的任何成员都需要激励,销售人员亦不例外。由于工作性质、人的需要等原因,企业必须建立激励制度来促使销售人员努力工作。

(1)销售定额。订立销售定额是企业的普遍做法。它规定销售人员在一年中应销售多少数额并按产品加以确定,然后把报酬与定额完成情况挂钩。每个地区销售经理将地区的年度定额在各销售人员之间进行分配。

(2)佣金制度。企业为了使预期的销售定额得以实现,还要采取相应的鼓励措施,如佣金、奖金、销售竞赛、旅游等,而其中最为常见的是佣金。佣金制度是指企业按销售额或利润额的大小给予销售人员固定的或根据情况可调整比率的报酬。佣金制度能鼓励销售人员尽最大努力工作,并使销售费用与现期收益紧密相连;同时,企业还可根据不同产品、工作性质给予销售人员不同的佣金。但是佣金制度也有不少缺点,如管理费用过高、导致销售人员短期行为等。所以,它常常与薪金制度结合起来运用。

2)销售人员的评估

销售人员的评估是企业对销售人员工作业绩考核与评估的反馈过程。它不仅是分配报酬的依据,而且是企业调整市场营销战略、促使销售人员更好地为企业服务的基础。

(1)要掌握和分析有关的情报资料。情报资料的最重要来源是销售报告。销售报告分为两类:一是销售人员的工作计划;二是访问报告记录。工作计划使管理部门能及时了解销售人员的未来活动安排,为企业衡量其计划与成就提供依据,由此可以看出销售人员的计划工作及执行计划的能力。访问报告则使管理部门及时掌握销售人员以往的活动、顾客账户状况,并提供对以后的访问有用的情报。当然,情报资料的来源还有其他方面,如销售经理个人观察所得、顾客信件与抱怨、消费者调查以及与其他销售人员的交谈等。总之,企业管理部门应尽可能从多方面了解销售人员的工作绩效。

(2)要建立评估的指标。评估指标基本上要能反映销售人员的销售绩效。主要有:销售量增长情况、毛利、每天平均访问次数及每次访问的平均时间、每次访问的平均费用、每百次访问收到订单的百分比、一定时期内新顾客的增加数及失去的顾客数、销售费用占总成本的百分比。为了科学、客观地进行评估,在评估时还应注意一些客观条件,如销售区域的潜力、区域形状的差异、地理状况、交通条件等。这些条件都会不同程度地影响销售效果。

(3)实施正式评估。企业在占有了足够的资料,确立了科学的标准之后,就可以正式评估。大体上,评估有两种方式。一种方式是将各个销售人员的绩效进行比较和排队。这种比较应当建立在各区域市场的销售潜力、工作量、竞争环境、企业促销组合等大致相同的基础上,否则,就显得不太公平。同时比较的内容也应该是多方面的,销售额并非是唯一的,销售人员的销售组合、销售费用以及对净利润所做的贡献也要纳入比较的范围。另一种方式是把销售人员目前的绩效同过去的绩效相比较。企业可以从产品净销售额、定额百分比、毛利、销售费用及其占总销售额的百分比、访问次数、每次平均访问成本、平均客户数、新客户数、失去的客户数等方面进行比较。这种比较方式有利于销售人员对其长期以来的销售业绩有一个完整的了解,督促和鼓励他努力改进下一步的工作。

15.3.5 推销技巧

人员推销的历史非常古老,人员推销的技巧也十分丰富。成功的推销员是能够把基本的推销原理与自己的实际情况相结合,并创新出自己的准则且充分加以发挥的那一部分推销员。

1. 寻找潜在顾客并鉴定他们的资格

如何发现潜在的客户是整个推销过程中的第一步。一般有以下途径可以得到这方面的信息:

(1)查阅各种行业资讯与资料,包括各种工商名录、电话号码簿、专业杂志、先前的各种销售记录、走访报告等,从中去发现顾客。

(2)通过各种市场调查的手段去发现顾客,包括邮件、电话查寻、实地访问等方法。

(3)通过各种人员的介绍,这些人员可能是你的亲戚朋友,也有可能是你的上级主管或有经验的老推销员,还有可能是一些偶然向公司打听情况的人或其他类型的社会人士。通过人员介绍发现顾客,往往能为后面的推销工作打下较好的基础,与客户保持良好的关系。

(4)通过展示会、展览会、产品陈列等方法去发现潜在的顾客。

(5)通过对现有顾客的询问去发现潜在顾客。

(6)通过新闻记者了解有关竞争对手的情况,可能会有很大的收获。

以上发现顾客的途径并非就是全部的渠道,推销员还要在日常的工作中做有心人,注意平时的市场情况变化和许多细节。更为重要的是,推销员必须懂得如何淘汰那些没有价值的线索。对潜在的顾客,可以通过研究他们的财务能力、业务量、具体的需求、地理位置和连续进行业务的可能性,来衡量他们的资格,从中发现潜在顾客中最有希望的那部分,然后进行更深入的接触。

2. 推销前的准备

为了提高推销的命中率,使效率更高,推销人员在实施推销计划之前,需要进行大量的准备工作。一般应包括以下几项内容:

(1)充分了解国家宏观环境对潜在顾客产生的影响。因此,推销员应仔细研究国家大环境中的各种因素,包括政治、经济、社会、科技、自然等环境,然后对这些因素可能引起的社会走向加以分析,从而对潜在顾客的可能行为做到心中有数。

(2)应尽可能多地了解潜在顾客的情况。先是有关企业或公司,以及个人的总体情况,包括经济状况、经营状况和信誉状况等,并充分考虑发展的前景和潜力。其次是了解潜在顾客的购买决策程序和采购人员的背景,从而了解潜在客户的购买特点和风格。

(3)制订详细的推销策略和计划。在了解潜在客户背景的基础上,制订正确的推销策略,确定推销的目标。比如,确定哪些潜在客户可以作为自己重复的推销对象,其中哪些有希望在近期达成交易,又有哪些应从建立关系开始,逐步推进。同时必须制订详细计划,从中确定访问路线和方法,它可能是一种私人拜访、电话访问或信函访问。另外,还需要选择访问的时机,因为许多潜在客户在一定的时间内十分繁忙,时机可能对推销的成败有很大的影响。

3. 如何接近客户

在进行了充分的准备工作之后,推销员就要开始设法接近潜在的客户。为了能够最终达成交易,使客户能很好地接受推销员的推销,首先必须使客户能接受推销员。所以,第一次与客户的见面异常重要,这会使双方的关系有一个良好的开端。这一切与推销员的仪表、开场白以及随后谈论的内容都有直接的关系。

许多成功推销员的经验告诉我们，为了能够顺其自然地接近客户，并为客户所接受，最初的接触不宜紧紧围绕所要推销的事物，反过来，我们应该把谈话的重点摆在双方都有兴趣的事情上，例如客户所喜好的音乐或体育之类轻松的话题，当双方都感到气氛较融洽，彼此已基本接纳时，再转入正题。

4. 讲解与示范

1)推销讲解

面对琳琅满目的商品和外界五花八门的引诱，客户最终要做出有利于推销员的选择并非是一件容易的事情。为了能让客户充分地了解公司和公司的产品，推销员需要进行讲解和做示范来提高推销的成功率。由于一般客户购买某一产品都有一个产生注意、兴趣、欲望和付诸行动的过程，所以推销员在整个过程中应以产品性能为依据，着重说明产品能为顾客带来的各种利益。推销讲解一般有三种方式。

(1)固定法。推销员将讲解过程中的要点熟记，然后再通过使用正确的刺激性语言、图片、条件和行动等说服顾客购买，期望得到客户应有的反应。

(2)公式化方法。推销员事先要争取了解买主的切实需要和购买风格，然后同时运用一套公式化的方法向该类顾客推销介绍，说明产品将如何满足顾客的需要。

(3)需要-满足法。通过与客户的详细交谈了解他们的真正需要，这种方法要求推销员善于倾听别人的意见并能解决实际问题，推销工作的出发点并不是简单地去赚钱，更重要的是帮助客户赚钱。显然，这种推销方法需要推销员做大量细致的调研工作，制定总体的推销计划加以实施并控制。它是一种具有长远眼光的推销术。

陈述某一事实与证实某一事实不能划等号。做示范是向顾客证实你所提供的产品确实具有某些优点的极好方法，而熟练地示范你推销的产品能吸引顾客的注意力，使他们对产品直接产生兴趣。如果某些产品不宜随身携带或操作，则可以借助一些宣传资料、图片、幻灯片或其他一些器具，向客户宣传介绍你的产品。凡有可能，让顾客亲眼看一看，亲手摸一摸，亲口尝一尝，这比其他任何一种方法都具有说服力。

2)推销示范

为了更好地达到示范的目的，在示范之前依然要求推销员能切实了解客户的困难和需要，从而使示范更有针对性。一般情况下示范应遵循以下五条基本要求：

(1)尽可能普遍地做示范。不管顾客是否熟悉你的产品都应做示范，示范得越早，效果越好，这是达成交易的一种保证。产品性能越复杂，越需要通过示范使其具体化。

(2)注重产品使用过程中的示范以及示范过程的新颖性。仅仅向顾客介绍产品的外观形态是不够的，在条件允许的情况下，推销员应向顾客介绍怎样使用你所推销的产品，说明有哪些实际功能和特点。

(3)让顾客亲自参与示范。在条件允许的情况下，让顾客参加示范，要比推销员自己单独示范更能引起顾客的兴趣。顾客会在心里产生一种参与感、实在感。

(4)要突出重点，集中示范。做示范不要太烦琐，不要太长，不要面面俱到，时间一长会使顾客厌倦。而且，示范的动作要规范、熟练而潇洒，避免过于紧张小心，造成慌乱。

(5)明确示范目的，使顾客从示范中得出正确的结论。每次示范之前要告诉客户此次示范的目的，做完之后应该检查一下客户的反应，了解示范是否成功和对产品的信服程度，从而能对客户进行正确有效的引导。

在整个推销产品的过程中,推销员不仅应该讲解和示范产品的性能和优点,而且还要宣传公司的信誉和经验。要善于捕捉对方的好恶,投其所好,把双方的关系建立在互利互惠的基础之上。

5. 达成交易并做好后续工作

前面一系列的工作,都是为了最后的冲刺——达成交易。推销员必须懂得如何从顾客那里发现可以达成交易的信号,包括顾客的动作、语言、评论和提出的问题。推销员应该有充分的信心,要求客户订货。

签订合同或达成交易之后,并不是推销工作的终点。推销员在达成交易后,就应着手履约的各项具体工作:交货时间、购买条件及其他事项。推销员应制定一个工作日程表,以保证顾客能适当地安装好产品,并且及时提供指导和服务。这种后续工作可以发现存在的问题,使客户相信推销员的承诺,减少可能出现的任何认识上的不一致,从而增加客户的满意程度。

15.4 销售促进策略

所谓销售促进,是指企业运用各种短期诱因,鼓励消费者购买或经销商销售企业产品或服务的促销活动,是指"除了人员推销、广告、宣传以外的刺激消费者购买和经销商效益的各种市场营销活动,例如,陈列、演出、展览会、示范表演以及其他推销努力"。在美国零售业,销售促进被理解为零售企业"刺激顾客的一切方法,包括人员推销、广告和报道",因此,它常被视为促销的同义语。

15.4.1 销售促进的分类

销售促进这种有效的促销工具有许多分类方式,包括:针对消费者的促销工具(如样品、折价券、以旧换新、减价、赠奖、竞赛、商品示范等),针对产业用品的促销工具(如折扣、赠品、特殊服务等),针对中间商的促销工具(如购买折让、免费货品、商品推广津贴、合作广告、推销金、经销商销售竞赛等),以及针对推销人员的促销工具(如红利、竞赛等)。

15.4.2 销售促进策略的内容

一般来讲,企业的销售促进策略包括确定目标、选择工具、制定方案、预试方案、实施和控制方案,以及评价结果等内容。

1. 确定销售促进目标

销售促进目标是由基本的营销沟通目标推演出来的,而后者又是由产品的更基本的营销目标推演出来的。从这个角度讲,销售促进的目标将依目标市场的不同而有所差异。就消费者而言,目标包括鼓励消费者更多地使用产品和促使其大量购买、争取未使用者试用、吸引竞争者品牌的使用者等。就零售商而言,目标包括吸引零售商经营新的产品项目和维持较高水平的存货,鼓励它们购买非时令商品,储存相关产品,抵消各种竞争性的促销影响,建立零售商的品牌忠诚度,获得新的零售商的合作与支持等。就推销人员而言,目标包括鼓励其支持一种新产品或新款式、新型号的产品,激励其寻找更多的潜在顾客,刺激其推销非时令商品等。

2. 选择销售促进工具

有许多不同的销售促进工具可以用来实现不同的目标,而且各种不同的新工具仍不断地被开发出来。选择销售促进工具,必须充分考虑市场类型、销售促进目标、竞争情况以及每一种销售促进工具的成本效益等各种因素。下面仅从市场类型和销售促进目标的角度进行分析。

(1)企业用于消费者市场的销售促进工具。如果销售促进目标是抵制竞争者的促销,则可设计一组降价的产品组合,以取得快速的防御性反应。如果企业产品有明显的竞争优势,目标在于吸引消费者率先采用,则产品样品可作为有效的销售促进工具。企业可以向消费者赠送免费样品或试用样品,尤其在企业推出新产品时。这些样品可以挨户赠送,通过邮寄赠送,在商店里散发,在其他商品中附送,也可以公开广告赠送。

(2)零售商用于消费者市场的销售促进工具。零售商关心的是顾客的光顾、购买以及吸引更多的人走进店门,销售促进工具的选择便以此目标为中心。折价券、特价包、赠奖、购(售)点陈列和商品示范表演、竞赛、兑奖、游戏等在零售业最为常用。

折价券是给持有人一个凭证,使之在购买某种商品时可凭此券免付一定金额的钱。折价券可以邮寄、附在其他商品中,或在广告中附送。这是一种刺激成熟品牌销售的有效工具,也可以鼓励买主早期试用新品牌。

特价包是向消费者提供低于正常价格的销售商品的一种方法,其做法是在商品包装或标签上加以附带标明。它们可以采取减价包的形式,即将商品单独包装起来减价出售,例如原来买一件商品的钱现在可以买两件;也可以采取组合包的形式,即将两件相关的商品并在一起减价出售,例如牙膏和牙刷等。特价包对于刺激短期销售十分有效。

赠奖是以相当低的价格出售或免费赠送商品作为购买特定商品的刺激。它有三种主要形式:①随附赠品,可以附在商品或包装中,或包装物本身就是一个能重新使用的容器;②免费邮寄赠品,即消费者交出买过这种商品的包装、标签或其他证据,商店就免费给他寄去一件商品;③低价赠奖,即以低于正常零售价的价格将所需商品出售给消费者。

竞赛、兑奖和游戏是让消费者、中间商或推销人员有某种机会去赢得一些东西,如现金、旅游或商品,作为他们运气和努力的报答。竞赛要求向消费者提出某种参赛的项目,通过裁判员或评委会评出最优者。兑奖要求消费者将其姓名放进摇奖箱进行摇奖。游戏是指消费者每次购买时卖主赠送给消费者一些有助于他们获得奖品的东西。

(3)企业用于中间商的销售促进工具。企业为取得批发商和零售商的合作,可以运用购买折让、广告折让、陈列折让、推销金等销售促进工具。购买折让是指购货者在规定期限内购买某种商品时,每买一次就可以享受一定的小额购货折让,以鼓励购货者大量购买商品,尤其是那些通常不愿进货的新品种。中间商可以利用这种购买折让得到立即实现的利润、广告或价格上的补偿。企业为酬谢中间商为其做商品广告,往往要给中间商一定的广告折让。中间商为生产企业商品举办特别陈列,企业要给予陈列折让。当中间商购买的某种商品达到一定数量时,企业要为其提供免费产品。当中间商推销企业产品有成绩时,企业要给中间商推销金,或免费赠送附有企业名字的特别广告赠品,如钢笔、日历、笔记本等。

(4)企业用于推销人员的销售促进工具。推销人员经常要将许多不同品牌的商品推荐给消费者使用,因此,企业常运用销售竞赛、销售红利、奖品等销售促进工具直接刺激推销人员。上面所讲的企业用于中间商的销售促进工具也可用于推销人员,包括中间商的推销人员和企业自有的推销人员。

3. 制定销售促进方案

企业市场营销人员不仅要选择适当的销售促进工具,而且还要做出一些附加的决策以制定和阐明一个完整的促销方案。主要决策包括诱因的大小、参与者的条件、促销媒体的选择、促销时间的长短、促销时机的选择、促销的总预算等。

(1)诱因的大小。市场营销人员必须确定使企业成本/效益最佳的诱因规模。要想取得促销的成功,一定规模的最低限度的诱因是必需的。我们假设销售反应会随着诱因大小而增减,则一张减价15元的折价券比减价5元的折价券能带来更多的消费者试用,但不能因此而确定前者的反应为后者的3倍。也就是说,诱因规模很小时,销售反应也很小;诱因规模增大时,销售反应也增大。但当超过一定点时,较大的诱因以递减的形式增加销售反应。通过考察销售和成本增加的相对比率,营销人员可以确定最佳诱因规模。

(2)参与者的条件。销售促进策略的另一个重要内容就是决定参与者的条件。例如,特价包是提供给每一个人,还是仅给予那些购买量最大的人。抽奖可能限定在某一范围内,而不允许企业职员的家属或某一年龄以下的人参加。通过确定参与者的条件,卖主可以有选择地排除那些不可能成为商品固定使用者的人。当然,应该看到,如果条件过于严格,往往导致只有大部分品牌忠诚者或希望得到优待的消费者才会参与。

(3)促销媒体的选择。营销人员还必须决定如何将促销方案向目标市场贯彻。假设促销是一张减价15元的折价券时,则至少有四种途径可使顾客获得折价券:一是放在包装内;二是在商店里分发;三是邮寄;四是附在广告媒体上。每一种途径的送达率和成本都不相同。例如,第一种途径主要用于送达经常使用者,而第三种途径虽然成本费用较高,却可送达非本品牌使用者。

(4)促销时间的长短。营销人员还要决定销售促进时间的长短。如果时间太短,则一些顾客可能无法重购,或由于太忙而无法利用促销的好处。如果促销时间太长,则消费者可能认为这是长期降价,而使优惠失去效力,甚至会使消费者对产品质量产生怀疑。阿瑟·斯特恩(Arthur Stern)根据自己的调查研究,发现最佳的频率为每季度有三周的优惠活动,最佳时间长度为平均购买周期。当然,这种情况会随着促销目标、消费者购买习惯、竞争者策略及其他因素的不同而有所差异。

(5)促销时机的选择。在现代企业,品牌经理通常要根据销售部门的要求来安排销售促进的时机和日程。而日程安排又必须由地区市场营销管理人员根据整个地区的市场营销战略来研究和评估。此外,促销时机和日程的安排还要注意使生产、分销、推销的时机和日程协调一致。

(6)促销的总预算。促销总预算可以通过两种方式确定:

①自下而上的方式,即市场营销人员根据全年促销活动的内容、所运用的促销工具及相应的成本费用来确定促销总预算。实际上,促销总成本 P_c 是由管理成本 A_c(如印刷费、邮寄费和促销活动费)加诱因成本 I_c(如赠奖、折扣等成本),乘以在这种交易活动中售出的预期单位数量 Q_e 组成的,即

$$P_c=(A_c+I_c)Q_e$$

就一项赠送折价券的交易来说,计算成本时要考虑到只有一部分消费者使用所赠的折价券来购买。就一张附在包装中的赠奖来说,交易成本必须包括奖品采购和奖品包装,再扣减因

包装所引起的价格溢价。

②按习惯比例来确定各项促销预算占总促销预算的比率。例如,牙膏的促销预算占总促销预算的 30%,而香波的促销预算可能要占到总促销预算的 50%。在不同市场上,不同品牌商品的促销预算比率是不同的,它们要受到产品生命周期的各个阶段和竞争者促销预算的影响。经营多品牌的企业应将其促销预算在各品牌之间进行协调,以取得尽可能大的收益。虽然不是所有的促销活动都能事先计划,但是协调却可以节省费用。

企业在制定促销总预算时,尤其要注意避免因缺乏对成本效益的考虑而导致的决策过程过分简化,如:①沿用上年的促销费用数字,按预期销售的一个百分比计算;②维持对广告支出的一个固定比例,或将确定的广告费减去,剩余的就是促销费用;③广告预算和销售促进预算分开制定;等等。

4. 预试销售促进方案

虽然销售促进方案是在经验基础上制定的,但仍应经过预试来确认所选用工具是否适当,诱因规模是否最佳,实施的途径效率如何。面向消费者市场的销售促进能够轻易地进行预试,可邀请消费者对几种可能的优惠方法做出评价,给出评分,也可以在有限的地区范围内进行试验性测试。

5. 实施和控制销售促进方案

对每一项销售促进工作都应该确定实施和控制计划。实施计划必须包括前置时间和销售延续时间。前置时间是指开始实施这种方案所必需的准备时间,包括:最初的计划工作、设计工作、材料的邮寄和分送、与之配合的广告准备工作、销售现场的陈列、现场推销人员的通知、个别分销商地区配额的分配、购买和印刷特别赠品或包装材料、预期存货的生产、存放到分销中心准备在特定的日期发放,以及给零售商的分销工作。销售延续时间是指从开始实施优待办法起到大约 95%的采取这种优待办法的商品已经在消费者手里为止的时间。这段时间可能是几个星期或几个月,这取决于实施这一办法持续时间的长短。

6. 评价销售促进结果

企业可用多种方法对销售促进结果进行评价。评价程序随着市场类型的不同而有所差异。例如,企业在测定对零售商促销的有效性时,可根据零售商销售量、商店货档空间的分布和零售商对合作广告的投入等进行评估。企业可通过比较销售绩效的变动来测定消费者促销的有效性。在其他条件不变的情况下,销售的增加可归因于销售促进的影响。

15.5 公共关系策略

15.5.1 公共关系的含义

公共关系(public relations)是指某一组织为改善与社会公众的关系,促进公众对组织的认识、理解及支持,达到树立良好的组织形象、实现组织与公众的共同利益与目标的管理活动与职能。它的本意是企业或其他组织必须与其周围的各种内部、外部公众建立良好的关系。它是一种状态,任何一个企业或个人都处于某种公共关系状态之中。它又是一种活动,当一个组织或个人有意识地、自觉地采取措施去改善自己的公共关系状态时,就是在从事公共关系活动。

作为促销组合的一部分,公共关系的含义是指这样一种管理职能:评估社会公众的态度,确认与公众利益相符合的个人或组织的政策与程序,拟定并执行各种行动方案以优化组织内部和外部环境,塑造组织良好的社会形象,争取社会公众的理解与接受,努力增强组织的竞争与发展能力。

公共关系的主体可以是组织,也可以是个人。当前公共关系发展的一个显著特点就是企业组织、非营利组织和政府已构成了当代公共关系的三大主体。公共关系客体(对象公众)也很广泛,既包括组织内部公众,如股东、员工等,也包括外部公众,如消费者或顾客、新闻媒体、金融机构、政府、业务伙伴、竞争者等。

对于一个企业而言,企业的公共关系形象包括产品形象、服务形象、员工素质形象、环境保护形象和社会成员形象等。良好的公共关系形象无疑是企业的无形资产,可有效促进企业与顾客及合作伙伴的沟通,增强企业产品的市场吸引力。

企业在开展相关工作时,必须把握公共关系的两个基本原则:

(1)诚信原则。企业要在公众心目中树立良好的形象,关键在于诚实,只有诚实才能获得公众信任的回报。

(2)公众利益与企业利益相协调的原则。企业的生存发展不能离开社会的支持,企业的公共关系活动必须将公众利益与企业利益结合起来。

15.5.2 公共关系的职能

一般说来,企业公共关系的目标是促使公众了解企业形象,通过企业与公众的双向沟通,改善或转变公众态度。公共关系作为一门经营管理的艺术,其职能主要表现在信息监测、舆论宣传、沟通协调、危机处理等四个方面。

1. 信息监测

公共关系所需监测的信息范围很广,归纳起来主要有两大类,即产品形象信息与企业形象信息。产品形象信息包括公众特别是用户对于产品价格、质量、性能、用途等方面的反映,对于该产品优点、缺点的评价以及如何改进等方面的建议。企业形象信息则包括公众对本企业组织机构的评价,如机构是否健全、办事效率如何等;公众对企业管理水平的评价,如对经营决策和营销管理的评价等;公众对企业人员素质的评价,如对决策者的战略眼光、决策能力、创新精神及员工的专业化水准及敬业精神等方面的评价;公众对企业服务质量的评价,如对服务态度、服务质量及责任感等方面的评价。根据上述动态信息的监测结果,企业公共关系人员应及时就相关问题进行评估和分析,并将信息反馈到决策层,以便进行相应的协调和控制,从而改进产品质量或管理水平。

2. 舆论宣传

企业应重视通过广播、电视、报纸杂志等大众传媒的宣传,或通过策划相关的公共关系活动来增进公众对企业或产品的正面了解,形成正面的评价。公关宣传相对广告而言,更加真实可信,更易为公众所接受,能给公众留下难忘的印象,但费用却微乎其微。

3. 沟通协调

对内而言,借助情感沟通和心理认同,增强企业的凝聚力;对外而言,要积极争取公众对企业的理解和信任。一旦出现矛盾和纠纷,应设法及时进行有效的沟通,防止矛盾扩大,消除不良后果。

4. 危机处理

企业环境监测是公共关系部门的重要职能之一。信息监测工作的一个重要任务，就是通过合理的工作机制进行危机预警管理。当企业遇到风险或危机事件并且足以使企业形象受到损害时，公关人员应该及时应变，妥善处理危机。在查清事情原因的前提下，区别对待。这里有两种可能的情形。一是对公众的误解或他人的蓄意陷害。对此要利用大众传媒进行必要的、充分的解释。公关人员不应该采取与公众对立的粗暴态度，而应以事实说话，帮助公众认清事实，必要时可借助行政或法律手段来保护企业形象和利益。二是确因企业自身过失危害了公众利益。对此公关人员应实事求是，主动承担责任，并应尽早将处理结果和改进措施公之于众，以显示企业的诚意，获得公众的谅解，使恶劣影响减小到最低限度，帮助企业重振声誉。

15.5.3　公共关系活动

公共关系的目标和功能是通过有计划的、具体的公共关系活动来实现的。然而与其他沟通与促销手段相比，公共关系一般难以起到立竿见影的效果，它往往立足于企业的长远目标，通过长期的努力来影响或引导公众的认知和态度。通常，企业所采用的公共关系活动主要有以下几种：

1. 调研活动

企业通过民意调查、传媒监测等多种方式来收集企业内部与外部环境的变化信息，以了解公众对企业及其产品的态度、意见和建议，了解竞争者的动向及其给本企业可能造成的影响。公关调研有助于企业及时掌握公众的态度和要求，通过相应的努力保持企业与公众之间良好的沟通关系。

2. 专题活动

企业可通过举办或参加一些专题活动来加强与有关公众的信息沟通和情感联络。如遇有重大事件或纪念日，公关人员应策划、组织相关的新闻发布会、庆典纪念会等，并以此为契机传播企业的形象及相关动态信息。此外，企业还可通过组织与参加产品展销会、博览会等活动，更加直接地介绍、推荐本企业的产品。

3. 媒体传播

公关人员的一个主要任务就是发掘或创造对企业或其产品有利的新闻。新闻的撰写要善于构想出故事的概念，以争取传媒采用。公关人员必须尽可能多地结识新闻编辑人员和记者，以获得较多较好的有关本企业的新闻报道。

4. 事件策划

企业公关人员应利用或策划一些可能有助于提高企业知名度与美誉度的事件，经过富有创意的设计和渲染来吸引公众的关注，特别是要吸引并方便传播的报道，如举办研讨会、运动会、公益赞助、征文等。

5. 外联协调

企业应设法与政府、银行、传媒、行会等有关各界人士建立并保持稳定的联系和良好的沟通，经常并主动地向这些公众介绍本企业的动态信息，听取其意见或建议，争取其理解与支持，这将有助于企业营造有利于自身发展的良好的外部环境。

6. 其他日常活动

公关人员的日常工作还包括企业宣传材料的编写、制作，礼宾接待，企业内部的沟通，为企业发展献计献策，以及一些临时性活动的组织与安排等。

15.5.4 公共关系评估

公共关系活动很难精确测量。概括地说，公关评价的指标包括以下几个方面。一是信息传播频率。衡量公共关系效果的最简易的方法是计算企业出现在媒体上的信息传播次数。发送信息的数量是公关效果评价的基础性信息，这通常可以从公关活动实施记录中精确地得到，如提供有关纸质媒体的报道版面和读者构成、电波媒体的传播时段，以及受众群体的分析报告等。二是受众反响。重点是通过调研，分析由公共关系活动而引起的公众对企业或产品的知名度、理解和态度方面的前后变化水平。三是假定在其他促销策略(广告、销售促进等)基本不变的情况下，尽可能估算公关对公众行为产生的影响，包括对销售额和利润产生的积极促进作用。

小 结

促销组合是指企业根据促销的需要，对广告、销售促进、推销与公共关系等各种促销方式进行的适当选择和综合编配。企业将促销预算分配到各种促销工具或在确定促销组合时，需考虑的因素是：产品类型、推式与拉式策略、促销目标、产品生命周期阶段和经济前景。广告是由明确的发起者以公开支付费用的做法，以非人员的任何形式，对产品、服务或某项行动的意见和想法等的介绍。确定广告预算的方法主要有：量力而行法、销售百分比法、竞争对等法、目标任务法。分析广告活动是否达到预期信息沟通效果的测定方法有：直接评分、组合测试和实验室测试。推销是指企业通过派出销售人员与一个或一个以上可能成为购买者的人交谈，作口头陈述，以推销产品，促进和扩大销售。企业设计销售队伍规模通常有三种方法：销售百分比法、分解法和工作量法。推销工作安排是指对销售力量进行分配，即在销售队伍规模既定的条件下，销售人员如何在产品、顾客和地理区域方面分配时间和资源。设计区域大小主要有两种方法，即同等销售潜量法和同等工作量法。销售促进是指企业运用各种短期诱因，鼓励消费者购买和经销商销售企业产品或服务的各种促销活动。例如，陈列、演出、展览会、示范表演以及其他推销努力。公共关系的目标是促使公众了解企业形象，通过企业与公众的双向沟通，改善或转变公众态度。

复习题

(1)怎样理解促销组合?

(2)企业将促销预算分配到各种促销工具时需要考虑哪些因素?

(3)什么是广告? 确定广告预算的方法有哪些?

(4)什么是网络广告? 网络广告具有怎样的优缺点?

(5)推销的技巧有哪些?

(6)怎样理解公共关系的含义和职能?

构建双赢:Oriole美甲沙龙的联合促销探索之旅

2020年3月,随着北京颐堤港购物中心人气渐渐攀升,Oriole美甲沙龙的几名美甲师也从外地归来重新营业,可生意却大不如前,不仅无法恢复到原先的火爆时期,甚至连以往最冷清的淡季都无法相提并论。相较而言,一些相邻的餐饮业店铺人气却旺得多。苏菲发现网红店铺通过网络直播等方式吸引了更多人的眼球,其带来的客流确实不可小觑。看着自己的店铺生意停滞不前,她有些不甘心,揣摩着如何才能借着网红店的人气,也让自己的美甲沙龙跟着"沾沾光"。

1. 联合促销初体验

苏菲从美国著名商学院MBA毕业回国后在一家国企制药公司工作多年,先后担任总经理助理、财务总监等高管职务。2008年辞职;2012年初,赋闲在家的她选择美甲沙龙作为自己的第一个创业项目。

苏菲第一次听说联合促销还是在创业之初,刚刚成立这家美甲沙龙的时候,她急需通过促销的方式让更多消费者知道颐堤港开了一家高端美甲沙龙,从而打开销路。可由于新店开张,启动资金有限,在保证店面运营的前提下,苏菲已没有多少资金能用于宣传和促销了。当时,她唯一能够承担起的促销方法也就是发放传单了,可苏菲印了很多传单在购物中心和周边发放,却收效甚微。在与朋友谈论自己的困境时,朋友向她推荐了一个办法——联合促销,即与其他产品、品牌或者公司合作进行促销活动来帮助企业吸引消费者。联合促销最适合在新店开张、新品推出、资金规模有限、行业竞争激烈、出现社会热点的时候采用。

苏菲发现联合促销的合作对象主要有两大类型:第一种类型的合作对象是企业的供应商和渠道成员,与他们之间形成的联合促销被称作纵向型联合促销,纵向型联合促销最大优点是联合企业之间的目标市场十分一致,同一产品销量的增加对联合各方都有利,因而较易找到合作伙伴;第二种类型的合作对象是不同的产品或品牌,与其形成的联合促销被称为横向联合促销,合作的产品或品牌可以来自于不同行业的企业、同行业内的竞争企业或同一企业。Sophie通过分析发现,对于她的美甲沙龙,比较适合横向联合促销,通过与其他产品或品牌的合作,发挥促销效果。

苏菲将第一个合作对象确定为美甲沙龙对面的COSTA咖啡。这家咖啡店门口的人流量较大,生意火爆。她想,追求情调的女孩子结伴逛街累了,喝着咖啡、做做美甲一定是不错的选择。若能与COSTA咖啡进行联合促销,势必能够为Oriole美甲沙龙引入一部分的客流,达成1+1>2的促销效果。

苏菲与COSTA咖啡店商确定了联合促销合作意向,制定了联合促销方案以及活动内容流程。通过与COSTA咖啡店的合作,的确为Oriole美甲沙龙引入新的客流量。在服务的过程中,顾客也能够感受到Oriole美甲沙龙环境的高端和美甲师技艺的精湛。这次活动将新顾客极大程度地转化为忠实群体,达到了预想的增大客流量、提高知名度和顾客转化率、提升营业利润的预期。

2. 渐入佳境——多品牌合作

经历了联合促销的初次尝试后,苏菲对开展联合促销充满了信心。正赶上Oriole美甲沙龙所在的颐堤港购物中心迎来了"周年庆"活动,颐堤港购物中心也想通过联合促销刺激消费者的购买欲望,提高商场内的营业额。于是,购物中心向一些商家发出了联合促销的邀请,她也在受邀之列。她向购物中心要了意向合作商家名单,发现许多受邀商家都是她想尝试合作的对象,例如电影院、冰淇淋店等。在这些合作对象中,也没有发现与自己处于同一行业的竞争品牌商家,且邀请对象均为高端品牌,与自身美甲品牌的市场定位相匹配,所以苏菲向商场表示了参与联合促销的意愿。

在确定加入这次联合促销活动之后不久,苏菲便收到购物中心发给她的联合促销初拟计划,包括与各商家之间的联合促销的具体细节。中心在向商家发放初拟计划的两周内,约参与商家对促销计划进行反复沟通,敲定各品牌之间的联合促销方案。在合作方案确定下来之后,在购物中心的主持下,各商家之间签订了联合促销协议。在购物中心的主导下,各商家之间开始了长达一个月的联合促销活动,并获得了非常好的效果。Oriole 美甲沙龙从电影院、冰淇淋店等跨品牌合作商那里获得了更多顾客,很多顾客最终成为了美甲沙龙的会员。

3. 合促销之路的"滑铁卢"

在此前的联合促销中,Oriole 美甲沙龙取得了不错的成绩,一次次联合促销的成功燃起苏菲在联合促销上大展拳脚的决心。然而,接下来的一次联合促销却并未向之前一样取得成功,这次失败令她开始重新思考 Oriole 的联合促销之路。

当时,位于顺义的一家大众汽车 4S 店老板找到了苏菲,提出希望与 Oriole 美甲沙龙合作,由 Oriole 为到店购车客户提供一次美甲服务,并提供美甲优惠券,而大众汽车则为 Oriole 提供品牌宣传。苏菲听后便欣然应允,按照与 4S 店的约定提供了相应的服务。然而,一段时间之后,她发现当时在 4S 店享受过美甲服务并获赠优惠券的客户连一次进店消费的记录都没有,更别提转化为美甲店的顾客了。这不仅没有创造利润,还浪费了 Oriole 美甲沙龙的人力、物力和财力。经历了这次联合促销的失败,苏菲才发现,原来自己对联合促销的理解只是皮毛。虽然在这次联合促销中,合作方大众汽车的品牌形象良好,没有给 Oriole 美甲沙龙的品牌形象带来负面影响,但她依旧对此次合作失败进行了深入的总结。

首先,苏菲发现大众汽车 4S 店和 Oriole 美甲沙龙距离较远,顾客来 Oriole 美甲沙龙美甲非常不方便,因此造成没有客户来店消费的结果。其次,大众汽车的客户群体多为男性,而美甲服务是以女性为主要消费群体的行业,也是造成合作失败的主要原因。归根结底,Oriole 美甲沙龙和位于顺义的这家大众汽车 4S 店各自所针对的顾客群并不相同。在这次联合促销合作中,Oriole 美甲沙龙从中并没有获得好处,在 4S 店享受过美甲服务的购车客户没有选择在 Oriole 美甲沙龙进行二次消费,这严重违背了联合促销活动的初衷——互惠互利原则。她意识到此次与大众 4S 店的合作无法实现优势互补,而之前的联合促销便可以做到这一点。合作商家之间的优势互补就是可以共享消费者,能够为消费者提供消费便利,刺激消费,达到销售量的显著提高。经过这次合作,她对联合促销活动有了更全面的认识。

4. 丰富多彩的联合促销活动

与不同行业的不同商家进行联合促销活动,尤其是在与大众汽车合作失败后,苏菲再进行联合促销时,采取了更加审慎的原则。

Oriole 美甲沙龙与不同品牌举办了各式各样的联合促销活动,其中包括:积极参加慈善募捐活动,希望通过这些活动来为该美甲沙龙塑造正面的品牌形象,如参加"和睦家母爱汇"慈善展卖会;与冰淇淋水果店在户外举办画展会来进行宣传推广联合,以利用联合造势,引起消费者注意;Oriole 美甲沙龙联合商场中的其他店铺共同租用商场的 LED 广告屏来同时播放几家公司的广告,以此达到节省广告费用的目的,同时也能加强各方在消费者心目中的联系,共同提升市场形象;与商场内的美发店、特斯拉汽车等企业进行了销售联合,吸引对方的消费者,从而扩大自己产品的消费群体等。随着苏菲对联合促销的运用越来越熟悉,Oriole 美甲沙龙提高了促销转化率,顾客明显增多,销售额显著增长,品牌知名度也有所提升。

5. 尾声

回忆了在联合促销中的荣光时刻,苏菲的思绪又跳回到现在,该如何与网红店铺进行联合促销来带动自己的销售呢?她一抬眼看到了离自己店铺不远的网红冰淇淋店那长长的队伍,与流量网红店铺联合促销的策略已经初步形成……

(资料来源:中国管理案例共享中心)

讨论:

(1)什么是联合促销?联合促销的适用情境有哪些?

(2)联合促销合作对象的类型有哪些?Oriole 美甲沙龙的联合促销合作对象有哪些类型?

(3)企业进行联合促销的步骤有哪些?Oriole 美甲沙龙在参加颐堤港购物中心组织的联合促销活动时采取了哪些步骤?

(4)联合促销应该遵循哪些原则?根据这些原则,分析苏菲和大众汽车 4S 店合作失败的原因。

第 16 章　服务营销策略

本章要点

■服务营销的特征。

■服务营销的原则。

■服务营销与传统营销对比。

■服务营销利润链构成。

■服务营销策略组合。

16.1　服务营销概述

随着知识经济、信息技术和经济全球化等因素的影响，服务在社会进步、经济发展以及人民生活中的作用越来越突出。据世界银行统计，发达国家服务业生产总值占国民生产总值的70%以上，中等发达水平国家的服务业产值平均亦为国民生产总值的50%左右，我国服务业生产总值占国民生产总值的比重已超过40%。这意味着在知识经济时代，国民财富的创造主要依赖于服务业，服务经济的快速发展是现代经济的一个重要特征。各种形式的服务在成为若干企业专门经营对象的同时，也成为传统的制造商用于与其竞争者抗衡的重要手段。与此相对应，对服务产品的特点、服务营销策略及服务质量管理等问题的研究，也就成为现代营销理论和实践的重要内容。

16.1.1　服务营销的定义

服务营销是企业在充分认识消费者需求的前提下，为充分满足消费者需求而在营销过程中所采取的一系列活动。服务作为一种营销组合要素，真正引起人们重视是在20世纪80年代后期。这一时期，由于科学技术的进步和社会生产力的显著提高，产业升级和生产的专业化发展日益加速，一方面使产品的服务含量，即产品的服务密集度日益增大，另一方面，随着劳动生产率的提高，市场转向买方市场，随着消费者收入水平的提高，他们的消费需求也逐渐发生变化,需求层次也相应提高,并向多样化方向拓展。

16.1.2　服务营销的演进

西方学者从20世纪60年代就开始研究服务营销问题,直到20世纪70年代中后期,美国及北欧才陆续有市场营销学者正式开展服务市场营销学的研究工作,并逐步创立了较为独立的服务营销学。服务营销学的发展大致经历了以下三个阶段:

(1)起步阶段(1980年以前)。此阶段的研究主要是探讨服务与有形产品的异同,并试图界定大多数服务所共有的特征——不可感知性、不可分离性、差异性、不可储存性和缺乏所有权。

(2)探索阶段(1980—1985年)。此阶段的研究主要包括两个方面:一是探讨服务的特征如何影响消费者的购买行为,尤其是集中于消费者对服务的特征、优缺点以及潜在的购买风险的评估;二是探讨如何根据服务的特征将其划分为不同的种类,不同种类的服务需要市场营销人员运用不同的市场营销战略和技巧来进行推广。

(3)挺进阶段(1986至今)。此阶段研究的成果,一是探讨服务营销组合应包括哪些因素;二是对服务质量进行了深入的研究,三是提出了有关"服务接触"的理论,四是服务营销的一些特殊领域的专题研究,如服务的出口战略,现代信息技术对服务产生/管理以及市场营销过程的影响等。

16.1.3　服务营销的特征

1. 服务的涵义和特征

菲利普·科特勒把服务定义为:"一方能够向另一方提供的基本上是无形的任何活动或利益,并且不导致任何所有权的产生。它的产生可能与某种有形产品密切联系在一起,也可能毫无联系。"服务的销售是一种操作活动的销售。

服务的特性主要有:

(1)不可感知性。不可感知性包括两层含义:第一,服务的特质及组成服务的元素,许多情况下都是无形无质的,让人不能触摸或凭视觉感到其存在;第二,消费者消费服务后所获得的利益也很难被察觉,或是要经过一段时间后,消费服务的享用者才能感觉出利益的存在。

(2)不可分离性。服务的不可分离性是指服务的生产过程与消费过程同时进行,服务人员提供服务于顾客之时,也正是顾客消费、享用服务的过程,生产与消费服务在时间上不可分离。由于服务是一个过程或一系列的活动,故而在此过程中消费者与生产者须直接发生联系,从而生产的过程也就是消费的过程。服务的这种特性表明,顾客只有而且必须加入到服务的生产过程中才能最终消费到服务。一个最简单的例子是,病人必须向医生讲明病情,医生才能作出诊断,对症下药。

服务营销管理将对顾客参与生产过程纳入管理,而不是局限于对员工的管理。

服务员工与顾客的互动行为既是服务质量高低的影响因素,也是服务企业与顾客之间关系的影响因素。

(3)品质差异性。服务品质差异性是指服务的构成成分及其质量水平经常变化,难于统一认识的特性。服务的主题和对象均是人,人是服务的中心,而人又具有个性,人涉及服务方和接受服务的顾客两个方面。服务品质的差异性既由服务人员素质的差异所决定,也受顾客本身的个性特色影响。不同素质的服务人员会产生不同的服务质量效果。

服务品质的差异性会导致“企业形象”混淆而危及服务的推广。同一企业的若干分店，如果是销售产品，易于统一企业形象；如若销售服务则会产生各分店服务质量优劣不等的差异性，由于这种差异性的存在，提供劣质服务的分店对整个企业带来的负面效应。

(4)不可存储性。服务的不可存储性是指服务产品既不能在时间上存储下来，以备未来使用，也不能在空间上将服务转移带回家去安放下来，如不能及时消费，即会造成服务的损失。

不可存储性表明服务无须存储费用、存货费用和运输费用。但同时带来的问题是服务企业必须解决由于缺乏库存所引致的产品供求不平衡问题。服务业在制定分销战略、选择分销渠道和分销商等问题时要有采用别于实体商品的做法，服务的不可存储性也为加速服务产品的生产、扩大服务的规模提出了难题，服务业只有在加大服务促销、推广优质服务示范上积极开发服务资源，才能转化被动服务需求状态。

(5)所有权的不可转让性。服务所有权的不可转让性是指服务的生产和消费过程中不涉及任何东西的所有权的转移。服务在交易完成后便消失了，消费者所拥有的对服务消费的权利并未因服务交易的结束而像实体产品交换那样获得实有的东西，服务具有易逝性。这一特征是导致服务消费风险的根源。

2. 服务营销的特征

(1)供求分散性。服务营销活动中，服务产品的供求具有分散性。不仅供方覆盖了第三产业的各个部门和行业，企业提供的服务也广泛分散，而且需方更是涉及各种各类企业、社会团体和千家万户不同类型的消费者，由于服务企业一般占地小、资金少、经营灵活，往往分散在社会的各个角落；即使是大型的机械服务公司，也只能在有机械损坏或发生故障的地方提供服务。服务供求的分散性，要求服务网点要广泛而分散，尽可能地接近消费者。

(2)营销方式单一性。有形产品的营销方式有经销、代理和直销多种营销方式。有形产品在市场可以多次转手，经批发、零售多个环节才使产品到达消费者手中。服务营销则由于生产与消费的统一性，决定其只能采取直销方式，中间商的介入是不可能的，储存待售也不可能。服务营销方式的单一性、直接性，在一定程度上限制了服务市场规模的扩大，也限制了服务业在许多市场上出售自己的服务产品，这给服务产品的推销带来了困难。

(3)营销对象复杂多变。服务市场的购买者是多元、广泛、复杂的。购买服务的消费者的购买动机和目的各异，某一服务产品的购买者可能牵涉社会各界各业各种不同类型的家庭和不同身份的个人，即使购买同一服务产品，有的用于生活消费，有的却用于生产消费，如信息咨询、邮电通信等。

(4)服务消费者需求弹性大。根据马斯洛需求层次原理，人们的基本物质需求是一种原发性需求，这类需求人们易产生共性，而人们对精神文化消费的需求属继发性需求，需求者会因各自所处的社会环境和各自具备的条件不同而形成较大的需求弹性。同时，对服务的需求与对有形产品的需求在一定组织及总金额支出中相互牵制，也是形成需求弹性大的原因之一。同时，服务需求受外界条件影响大，如季节的变化、气候的变化等。科技发展的日新月异对信息服务、环保服务、旅游服务、航运服务的需求也会造成重大影响。需求的弹性是服务业经营者最棘手的问题。

(5)服务人员的技术、技能、技艺要求高。服务者的技术、技能、技艺直接关系着服务质量。消费者对各种服务产品的质量要求也就是对服务人员的技术、技能、技艺的要求。服务者的服务质量不可能有唯一的、统一的衡量标准，而只能有相对的标准和购买者的感觉体会。

16.1.4　服务营销的原则

服务营销是一种通过关注顾客，进而提供服务，最终实现有利的交换的营销手段。实施服务营销首先必须明确服务对象，即“谁是顾客”。像饮料行业的顾客分为两个层次：分销商和消费者。对于企业来说，应该把所有分销商和消费者看作上帝，提供优质的服务。通过服务，提高顾客满意度和建立顾客忠诚。

对于厂家来说，鉴于饮料行业的营销模式，分销商占据举足轻重的地位。厂家的利润来自全国各省市的分销商，分销商具有左右市场需求的力量。因此，企业的主要精力是处理好与各地分销商之间的关系，建立合作、友好、互利的伙伴关系。这些合作伙伴是企业最大的财富，失去了他们，企业将一无所有。

企业必须坚定不移地树立服务客户的思想，认清市场发展形势，明确分销商是厂家的上帝、消费者是最高上帝。企业所做的一切，都要以消费者的需求为最终的出发点和落脚点，通过分销商将工作渗透到消费者层次上，从源头抓起，培育消费者满意度和忠诚度。坚持为他们提供一流的产品、一流的服务。一方面，能体现企业对产品的负责、对分销商的负责、对消费者市场的负责；另一方面，通过加强沟通，增加公司吸引力，提高竞争力，与客户共同进步，共同得益，实现厂家、分销商、消费者的“多赢”。

作为服务营销的重要环节，“顾客关注”工作质量的高低，将决定后续环节的成功与否，影响服务营销整体方案的效果。以下就“顾客关注”介绍九项原则：

(1)获得一个新顾客比留住一个已有的顾客花费更大。企业在拓展市场、扩大市场份额的时候，往往会把更多精力放在发展新顾客上，但发展新的顾客和保留已有的顾客相比花费将更大。此外，根据调查资料显示，新顾客的期望值普遍高于老顾客。这使发展新顾客的成功率大受影响。不可否认，新顾客代表新的市场，不能忽视，但我们必须找到一个平衡点，而这个平衡点需要每家企业不断地摸索。

(2)除非你能很快弥补损失，否则失去的顾客将永远失去。每个企业对于各自的顾客群都有这样那样的划分，各客户因而享受不同的客户政策。但企业必须清楚地认识到一点，即每个顾客都是我们的衣食父母，不管他们为公司所做的贡献是大是小，我们应该避免出现客户歧视政策，所以不要轻言放弃客户、退出市场。

(3)不满意的顾客比满意的顾客拥有更多的“朋友”。竞争对手会利用顾客的不满情绪，逐步蚕食其忠诚度，同时在你的顾客群中扩大不良影响。这就是为什么不满意的顾客比满意的顾客拥有更多的“朋友”。

(4)畅通沟通渠道，欢迎投诉。有投诉才有对工作改进的动力，及时处理投诉能提高顾客的满意度，避免顾客忠诚度的下降。畅通沟通渠道，便于企业收集各方反馈信息，有利于市场营销工作的开展。

(5)顾客不总是对的，但怎样告诉他们是错的会产生不同的结果。顾客不总是对的。“顾客永远是对的”是留给顾客的，而不是企业的。企业必须及时发现并清楚了解顾客与自身所处立场有差异的原因，告知并引导他们。当然这要求一定的营销艺术和技巧，不同的方法会产生不同的结果。

(6)顾客有充分的选择权。不论什么行业和什么产品，即使是专卖，我们也不能忽略顾客的选择权。市场是需求的体现,顾客是需求的源泉。

(7)你必须倾听顾客的意见以了解他们的需求。为客户服务不能是盲目的,要有针对性。企业必须倾听顾客意见,了解他们的需求,并在此基础上为顾客服务,这样才能作到事半功倍,提高客户忠诚度。

(8)如果你不愿意相信,你怎么能希望你的顾客愿意相信。企业在向顾客推荐新产品或是要求顾客配合进行一项合作时,必须站在顾客的角度,设身处地的考虑。如果自己觉得不合理,就绝对不要轻易尝试。你的强迫永远和顾客的抵触在一起。

(9)如果你不去照顾你的顾客,那么别人就会去照顾。市场竞争是激烈的,竞争对手对彼此的顾客都时刻关注。企业必须对自己的顾客定期沟通了解,解决顾客提出的问题,忽视你的顾客等于拱手将顾客送给竞争对手。

以上九点都是简单的原则,如果企业能遵循上述原则,将会有事半功倍的效果。当然,没有不变和永恒的真理。随着市场的变化及工作经验的不断积累,相信更多精辟、实用的"顾客关注"法则会应运而生,"顾客关注"工作也将推向更新的高度。

16.1.5 服务营销与传统营销的比较

同传统的营销方式相比较,服务营销是一种营销理念,企业营销的是服务,而传统的营销方式只是一种销售手段,企业营销的是具体的产品。在传统的营销方式下,消费者购买了产品意味着在一桩买卖的完成,虽然它也有产品的售后服务,但那只是一种解决产品售后维修的职能。而从服务营销观念理解,消费者购买了产品仅仅意味着销售工作的开始而不是结束,企业关心的不仅是产品的成功售出,更注重的是消费者在享受企业通过产品所提供的服务的全过程的感受。

这一点也可以从马斯洛的需要层次理论上理解:人最高的需要是尊重需要和自我实现需要,服务营销正是为消费者(或者人)提供了这种需要,而传统的营销方式只是提供了简单的满足消费者在生理或安全方面的需要。随着社会的进步,收入的提高,消费者需要的不仅仅是一个产品,更需要的是这种产品带来的特定或个性化的服务,从而有一种被尊重和自我价值实现的感觉,而这种感觉所带来的就是顾客的忠诚度。服务营销不仅仅是某个行业发展的一种新趋势,更是社会进步的一种必然产物。

了解无形服务与有形产品的一般差异,对于区分服务营销与产品营销非常有益。服务与产品存在以下八个方面的差异:

(1)产品的本质不同。如果说有形产品是一个物体的话,服务产品则表现为一种行为、绩效或努力。由于服务是无形的,顾客难以感知和判断其质量和效果,他们更多地是根据服务设施和环境来衡量。

(2)顾客参与生产过程。对于服务来说,顾客直接参与生产过程,如何管理顾客使得服务推广有效地进行成为服务营销管理的一个重要内容。

(3)人作为产品的一部分。服务过程是顾客同服务提供者广泛接触的过程,服务绩效的好坏不仅取决于服务提供者的素质,也与顾客的行为密切相关。所以,人成为服务产品的一部分。

(4)质量难以控制。生产出来的商品在到达顾客那里之前,可以根据质量标准对它们进行检查。但是服务在生产出来的同时就被消费了,最后的组装就是在产品的实时生产过程中发生的。这样，错误和缺点就很难改正，而服务人员和其他顾客的在场又引入了更大的可变性，这些因素使得服务性组织很难控制质量和提供始终如一的产品。

(5)顾客评价更困难。大多数实体商品的识别性品质相对较高，如颜色、式样、形状、价格、合适度、感觉、硬度和气味，都是有助于顾客在购买产品前做出决定的因素。相反，其他一些商品和服务可能更强调经验性品质，只能在购买后或消费过程中才能识别质量，如口味、处理的容易程度、个人护理。最后，还有可信度品质，即那些顾客发现即使在消费之后也很难评价的特性，如外科手术、技术修理，它们是很难观察得到的。

(6)服务没有存货。因为服务是一次行动或一次表演，而不是顾客可以保存的一件有形的物品，所以它是"易腐的"和不能被储存的。当然，必要的场地、设备和劳动能够被事先准备好以创造服务，但这些仅仅代表生产能力，而不是产品本身。

(7)时间因素的重要性。在服务市场上，既然服务生产和消费过程是由顾客同服务提供者面对面进行的，服务产品的推广就必须及时、快捷，以缩短顾客等候服务的时间。而等候时间过长会引起顾客的厌烦，使其对企业的服务质量及形象产生怀疑。

(8)分销渠道不同。服务企业不像生产企业那样通过物流渠道把产品从工厂运送到顾客手里，而是借助电子渠道(如广播)或是把生产、零售和消费的地点连在一起来推广产品。这些渠道基本上附属于企业的生产过程，而非表现为独立的形式。

16.2 服务营销组合

与有形产品的营销一样，在确定了合适的目标市场后，服务营销工作的重点同样是采用正确的营销组合策略，满足目标市场顾客的需求，占领目标市场。但是，服务及服务市场具有若干特殊性，从而决定了服务营销组合策略的特殊性。

一般而言，在制定服务营销组合策略的过程中，企业必须要考虑七个 P，即服务产品(product)、服务定价(price)、服务渠道或网点(place)、服务沟通或促销(promotion)、服务人员(people)、服务的有形展示(physical evidence)、服务过程(process)。

16.2.1 服务产品的品牌策略

企业经营战略的实现必须依靠市场营销组合，而营销组合决策的首要任务就是如何向市场提供符合顾客需要的产品。

1. 服务品牌及其构成要素

品牌是吸引消费者重复购买服务产品的一个主要的决定性因素，品牌的基本职能是把企业的产品和服务同其他企业区分开来。现代品牌已经超越了区别的功能，成为企业形象和文化的象征，消费者从形象和文化中感受到消费该品牌产品或服务带来的心理上的价值利益。因此，品牌最持久的含义是其价值、文化和个性，它们构成了现代品牌的实质。关于品牌的构成要素，中外专家学者从各自不同的角度提出了很多不同的见解和看法。有关品牌构成要素的概念更是花样不断翻新，层出不穷。1991 年大卫·艾克在综合前人的基础上，提炼出品牌资产的"五星"概念模型，即认为品牌资产是由品牌知名度(brand awareness)、品牌认知度(perceived brand quality)、品牌联想度(brand association)、品牌忠诚度(brand loyalty)和其他品牌专有资产五部分所组成，如图 16.1 所示。

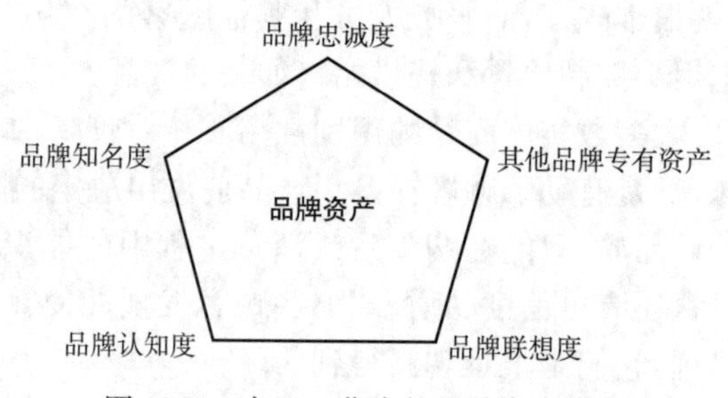

图 16.1　大卫·艾克的品牌资产模型

2. 服务品牌的市场效应

品牌效应就是指产品或企业所创造的品牌能产生经济或社会等方面的影响。品牌在市场营销活动中一般有以下效应：

(1)磁场效应。服务企业或产品所创造的优势品牌具有很高的知名度、美誉度,必然会在现有顾客的心目中建立起较高的品牌忠诚度,使他们对服务产品反复购买并形成习惯,不容易再转向竞争对手的产品,如同被磁石吸住一般而成为企业的忠实顾客。

(2)扩散效应。企业的一种产品如果具有品牌优势而成为名牌产品,则会赢得顾客及社会范围内对该服务产品及企业的信任和好感。如果企业通过巧妙的宣传,将这种信任和好感由针对某种具体的服务转为针对品牌或企业大整体,那么企业就可以充分利用这种宝贵资源推出同品牌的其他产品或进入其他领域从事经营。

(3)聚合效应。知名品牌不仅可以获得较高的经济效益,而且可以使企业不断发展壮大。

因此,服务营销人员要充分利用服务品牌效应,特别是服务品牌的市场效应,对不断提高产品的市场占有率和顾客的满意度及忠诚度,不断开拓新的市场领域、增强企业实力、提高经济效益、增强和巩固品牌的市场地位具有重要的意义。

16.2.2　服务产品的价格策略

价格谈判是构成许多专业服务交易的一个必不可少的环节。客户服务有时会牵涉到价格谈判,比如私人教练、金融服务和家庭护理。直接谈判也可为特定的商业服务定价,例如设备租金、市场分析、保险、维修及保安服务等。因此,选择合适的价格策略同样也是服务企业在进行市场营销时所面临的主要问题。在研究价格策略时,营销人员要考虑到服务的需求、生产、营销和管理成本,以及竞争的影响。同时还应考虑顾客对服务产品质量的感觉与需要花费的费用之间的关系,即消费者的心理价位。常用的服务定价方法主要有以下两种：

1. 声望定价

顾客往往主要通过价格对服务质量进行一种主观的判断,然后决定是否购买。在实际生活中,往往是某个服务企业声望高,即使价格较高,人们也愿意光顾。就是说,企业声望高,价格相应定得较高,可以使企业及其服务产品给顾客留下较深、较好的印象,从而促进销售。

2. 分级定等定价

由于服务产品的品种复杂多样,质量参差不齐,消费者易感觉到价格上的细微差别,所以,服务企业没有必要把价格定得过细。一般可以把服务产品分成几个档次,每个档次定一个价格即可。这样,既可以从价格上反映出服务的质量差别,又简化了服务企业的工作。

16.2.3 服务产品的渠道策略

由于服务产品具有无形的特征，与有形商品相比，服务供应商往往通过更为简单、更为直接的渠道分销其服务产品。服务产品营销人员无须像有形商品制造商那样担心储存、运输和存货控制，他们通常使用较短的分销渠道。从另一方面考虑，许多服务产品的营销人员必须与他们的客户保持长期的、私人化的关系。如果那些服务提供商能使客户感到非常满足，那么顾客将与那些服务提供商建立长期的客户关系。服务渠道策略就是服务企业为目标顾客提供服务时对所选用的位置和渠道所做的决策。

1. 直销和中介机构分销

直销是最适合服务产品的配送形式。直销可能是服务生产经过选择而选定使用的销售方式，也可能是由于服务和服务提供者不可分割的原因。当服务企业选择直销时，经营者的目的往往是为了获得以下的营销优势：①对服务的供应与表现，可以保持较好的控制，若经由中介机构处理，往往造成失去控制的问题；②以真正个人化服务方式，能在其他标准化、一致化以外的市场，产生有特色服务产品的差异化；③可以从顾客接触时直接反馈目前需要的变化及其对竞争对手产品内容的意见等信息。

服务业市场的中介机构形态很多，常见的有下列五种：

(1)代理，一般是在观光、旅游、旅馆、运输、保险、信用、雇用和工商业服务业市场出现。

(2)代销，专门执行或提供一项服务，然后以特许权的方式销售该服务。

(3)经纪，在某些市场，服务因传统惯例的要求必须经由中介机构提供才行，如股票市场和广告服务。

(4)批发商，在批发环节的中介有“商业银行”等。

(5)零售商，包括照相馆和提供干洗服务的商店等。

2. 服务位置的选择

服务企业的位置策略包括选择地域、地区和地点三方面的内容。

(1)地域，是指企业所在商圈的最大范围，比如市、区(县)等。

(2)地区，是指上述地域内的繁华街区，如商店街、地下街或商业中心等。在分析和确定服务企业所在地区时，主要应考虑这一地区的人口集中程度、已有商店的密度及商店与商店之间的结合力等。

(3)地点，是指狭义的店铺设计的地点。考虑企业设立的地点应注意两方面的问题：①企业应尽可能接近顾客，同时考虑同业的集中情况以及交通运输的便利情况等；②企业在决定地点时，必须按“地域—地区—地点”的顺序考虑。

16.2.4 服务产品的促销策略

在确定服务产品的促销策略时，必须找到办法使得大多数服务产品的无形形象得以落实，并且能将消费者所得的利益成功传递。因此服务产品营销人员必须细致工作，找出自己与竞争对手不同的特征和利益。由于服务产品购买的决策通常仰仗于消费者的信赖，服务提供商也需要树立一个强有力的企业形象。服务产品营销人员必须避免过度吹嘘自己的服务产品，因为过高的期望容易导致客户的不满意。

1. 重视宣传和传播

服务产品的无形性的特点,使服务企业的促销活动和广告宣传要比工业企业困难得多。尤其是服务业的迅猛发展,新的服务产品不断被开发出来,传播已成为服务企业促销活动中一个不可忽视的重要组成部分。

针对服务业的特点,服务企业在进行宣传、传播时,一般应采取这样几种策略:①进行形象化的宣传;②注意对服务的提供者进行宣传;③重视宣传企业自身的形象;④着重宣传服务能给顾客带来什么利益;⑤尽量使无形的服务朝着有形化的方向发展。

2. 注意有形展示

有形展示会影响消费者和顾客,从构成因素的角度对有形展示进行划分,可分为三种因素类型:实体环境、信息沟通和价格。下面对前两种进行说明。

1)实体环境

实体环境可分成三大类:周围因素、设计因素和社会因素。

(1)周围因素,这一因素通常被顾客认为是构成服务产品内涵的必要组成部分。

(2)设计因素,这一因素被用于改善服务产品的包装,使产品的功能更为明显和突出,以建立有形的、赏心悦目的产品形象。

(3)社会因素,这一因素是指在服务场所内一切参与及影响服务产品生产的人,包括服务员工和其他在服务场所同时出现的各类人士。他们的言谈举止都会影响顾客对服务质量的期望与判断。

2)信息沟通

信息沟通是另一种服务展示形式,这些沟通信息来自企业本身以及其他引人注意的地方。从赞扬性的评论到广告,从顾客口头传播到企业标识,这些不同形式的信息沟通都传递了有关服务的线索。有效的信息沟通有助于强化企业的市场营销战略。

16.2.5 服务人员

在服务产品提供的过程中,人是一个不可或缺的因素。尽管有些服务产品是由机器设备来提供的,如自动售货服务、自动提款服务等,但零售企业和银行的员工在这些服务的提供过程中仍起着十分重要的作用。而对于那些要依靠员工直接提供的服务,如餐饮服务、医疗服务等来说,员工因素就显得更为重要。一方面,高素质、符合有关要求的员工的参与是服务提供的一个必不可少的条件;另一方面,员工服务的态度和水平也是决定顾客对企业所提供服务的满意程度的关键因素之一。一个高素质的员工能够弥补物质条件不足可能使消费者产生的缺憾感,而素质较差的员工则不仅不能充分发挥企业拥有的物质设施上的优势,还可能成为顾客拒绝再消费企业服务的主要缘由。考虑到人的因素在服务营销中的重要性,服务业的营销实际上由三个部分组成(见图16.2)。

其中,外部营销包括企业服务提供的准备、服务定价、促销、分销等内容;内部营销则指企业培训员工及为促使员工更好地向顾客提供服务所进行的其他各项工作;互动营销则主要强调员工向顾客提供服务的技能。图16.2中的模型清楚地显示了员工因素在服务营销中的重要地位。在服务营销组合中,处理好人的因素,就要求企业必须根据服务的特点和服务过程的需要,合理进行企业内部人力资源组合,合理调配好一线队伍和后勤工作人员。以一线员工为"顾客",以向顾客提供一流的服务为目的,开展好企业内部营销工作。前已述及,顾客对企业服务质量评价的一个重要因素是一线员工的服务素质和能力，而要形成并保持一支素质一流、服务质量优异的一线员工队伍，企业管理部门就必须要做好员工的挑选和培训工作，同时要使企业内部的“二线”“三线”队伍都围绕着为一线队伍的优质服务提供更好的条件这一中心展开。只有为一线员工创造了良好的服务环境，建立了员工对企业的忠诚，才能形成其为顾客服务的热诚，通过较高的服务质量赢得顾客对企业的忠诚。服务利润链（service-profit chain，见图 16.3）对这一思路做出了很好的说明。

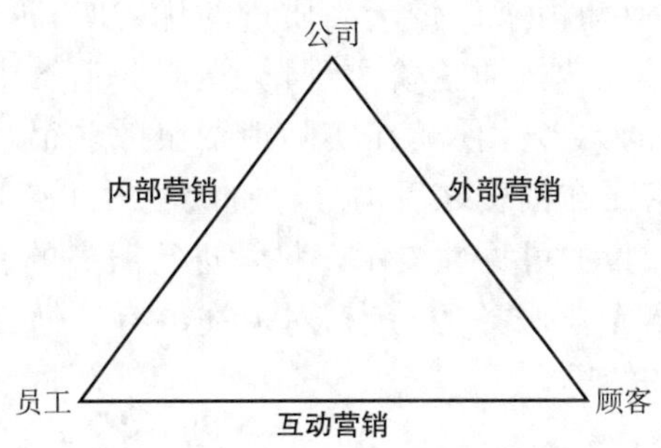

图 16.2 服务业三种类型的营销

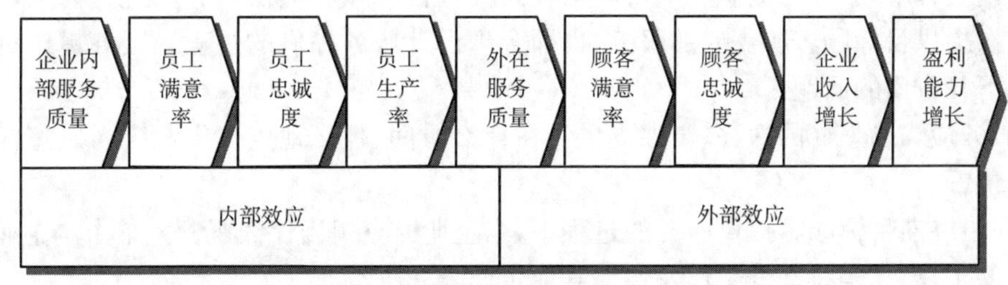

图 16.3 服务利润链

16.2.6 服务有形展示

服务是无形的，在服务消费决策中，消费者往往根据其能够感知的有形因素的状况来判断无形服务的质量，从而做出是否消费的决策。通过有形因素向消费者展示无形服务的特点、层次等，即服务营销中的有形展示。

作为服务营销组合中的一项重要内容，有形展示起着十分重要的作用。第一，有形展示可以通过感官刺激向消费者提供服务信息，让消费者感受到无形服务能够为其带来的利益，激发消费需求。第二，有形展示有助于引导消费者对服务质量的合理期望。消费者对企业服务不满的重要原因之一在于企业实际提供的服务不能满足顾客的期望，而消费期望不能得到很好的满足将会对企业利益产生不利影响。恰当的有形展示有助于使顾客建立对企业服务的恰当期望，降低实际服务利益低于其期望利益的可能性。第三，影响消费者对企业服务的印象。消费者对企业服务的印象建立在多种因素基础之上，服务消费的实际体验是决定其对服务印象的最重要的因素。但在决定消费者印象的若干因素中，由于有形展示是消费过程中首先接触的要素，它往往决定了消费者对企业及其所提供的无形服务的第一印象。

在服务营销中，有形展示具有十分重要的作用。企业必须通过对有形展示的管理，使消费者根据有形线索得出有利于服务推广的结论。对有形展示进行科学管理,关键在于合理地设计、组合各种有形要素。一切可向外界传达企业服务特色的有形要素,都构成服务营销中的有形展示。在营销过程中,能够为企业所控制、并会为消费者重视的有形线索主要包括三个方面。一是服务的物质环境,如服务场所的设计及其整洁程度、企业形象标识、服务设备的档次、服务人员的形象等。二是信息沟通,即沟通本企业与外界的所有宣传,如企业对外的广告宣传、外界对本企业服务质量和形象的评论等。三是价格。消费心理学表明,当消费者缺乏必要的专业知识来评价产品质量的优劣时,价格往往成为其判断质量优劣的重要指标,这也就是所谓的“按质论价心理”。在服务消费中,消费者也经常会面临着同样的问题。一方面,服务的无形性使其在实际消费服务前很难对服务的质量做出评价;另一方面,对于部分服务,甚至在消费之后仍难对质量做出准确的评价。在这些情况下,价格高低也就成为无形服务质量的可见性展示。科学进行服务的有形展示,要求企业能够根据目标市场需求的特点和本企业服务的特点,对上述各有形性因素进行合理的设计,并保证各种有形因素传达信息的统一。

16.2.7 服务过程

在营销过程中,服务的提供者不仅要明确向哪些目标顾客提供服务,提供哪些服务,而且要明确怎样提供目标顾客所需要的服务,也即合理设计服务提供的过程。服务提供过程的设计涉及以下几方面的问题:

(1)服务应当以怎样的次序、步骤提供?在什么时间、什么地点提供?应当以怎样的速度向顾客提供?

(2)在最终向目标顾客提供服务的过程中,本企业究竟担当什么职责?是由本企业来完成整个过程的工作,还是将部分工作发包给其他企业来完成?

(3)在服务提供过程中,服务提供人员与顾客之间如何进行接触?是由服务人员上门提供服务,还是吸引顾客前来购买服务?

(4)以怎样的方式提供服务?是根据各个顾客的要求提供个性化的服务,还是向大批顾客提供标准化的服务?

(5)如何评价并不断改进服务提供过程?如主要由顾客来评价,还是由管理人员评价?或是员工之间相互评价?

向顾客提供服务的过程也是一个价值增值过程。在这一过程中,不同部门都在程度不等地为最终更好地满足消费者的需要而做出各自的贡献。企业应围绕着以尽可能低的成本向顾客提供尽可能大的价值这一基本宗旨,优化整个价值增值的过程,确立自身在市场竞争中的优势。

16.3 服务营销管理

服务营销的出现对传统的市场营销手段和方法提出了特殊的要求。服务的特殊性决定了服务市场细分的特殊性,要求企业在注意运用传统营销组合策略的同时,还必须要重视对人、过程及有形展示等因素的重要性。

为了有效地利用服务营销实现企业竞争的目的,企业应针对自己固有的特点注重服务市场的细分、服务差异化、有形化、标准化以及服务品牌、公关等问题的研究，以制定和实施科学的服务营销战略，保证企业竞争目标的实现。为此，企业在开展服务营销活动、增强其竞争优势时应注意研究以下问题。

16.3.1　服务市场细分

任何一种服务市场都有为数众多、分布广泛的服务需求者，由于影响人们需求的因素是多种多样的，服务需求具有明显的个性化和多样化特征。任何一个企业，无论其能力多大，都无法全面满足不同市场服务需求，都不可能对所有的服务购买者提供有效的服务。因此，每个企业在实施其服务营销战略时都需要把其服务市场或对象进行细分，在市场细分的基础上选定自己服务的目标市场，有针对性地开展营销组合策略，才能取得良好的营销效益。

16.3.2　服务的差异化

服务差异化是服务企业面对较强的竞争对手而在服务内容、服务渠道和服务形象等方面采取有别于竞争对手而又突出自己特征，以战胜竞争对手，在服务市场立住脚跟的一种做法。目的是要通过服务差异化突出自己的优势，与竞争对手相区别。实行服务差异化可从以下三个方面着手：

(1)调查、了解和分清服务市场上现有的服务种类、竞争对手的劣势和自己的优势。有针对性、创造性地开发服务项目，满足目标顾客的需要。解决价格竞争的出路就在于发展差别化提供物、提供方式和形象。提供物可以包含创新特色，以使本公司的提供物区别于竞争对手的。比如，航空公司引进了许多创新，例如在飞行过程中放映电影、预订座位、提供空对地电话服务以及对经常乘飞机的旅客进行奖励，以此实现各自服务的差别化。英国航空公司甚至为国际旅行的乘客提供可以睡觉的隔间、热水淋浴和现点现做的早餐。

(2)采取有别于他人的传递手段，迅速而有效地把企业的服务传送给服务接受者。服务企业可以通过下列措施实现其服务提供方式的差异化——通过更有能力、更可靠的顾客服务人员，通过改善服务的硬件环境，或者通过重新规划更好的服务供应流程。

(3)注意运用象征物或特殊的符号、名称或标志来树立企业的独特形象。比如芝加哥的哈里斯(Harris)银行把狮子作为自己的标志，用在办公用品、广告甚至是赠送给新储户的玩具上面。著名的哈里斯狮子为银行赋予了一个强大的形象。

16.3.3　服务的有形化

服务有形化是指企业借助服务过程中的各种有形要素，把看不见摸不着的服务产品尽可能地实体化、有形化，让消费者感知到服务产品的存在、提高享用服务产品的利益过程。服务有形化包括三个方面的内容：

1. 服务产品有形化

服务产品有形化即通过服务设施等硬件技术，如自动对讲、自动洗车、自动售货、自动取款等技术来实现服务自动化和规范化，保证服务行业的前后一致和服务质量的始终如一；通过能显示服务的某种证据，如各种票券、牌卡等代表消费者可能得到的服务利益，区分服务质量，变无形服务为有形服务，增强消费者对服务的感知能力。

2. 服务环境的有形化

服务环境是企业提供服务和消费者享受服务的具体场所和气氛,它虽不构成服务产品的核心内容,但它能给企业带来“先入为主”的效应,是服务产品存在的不可缺少的条件。

3. 服务提供者的有形化

服务提供者是指直接与消费者接触的企业员工,其所具备的服务素质和性格、言行以及与消费者接触的方式、方法、态度等如何,会直接影响到服务营销的实现,为了保证服务营销的有效性,企业应对员工进行服务标准化的培训,让他们了解企业所提供的服务内容和要求,掌握进行服务的必备技术和技巧,以保证他们所提供的服务与企业的服务目标相一致。

16.3.4 服务的标准化

由于服务产品不仅仅是靠服务人员,还往往要借助一定的技术设施和技术条件,因此这为企业服务质量管理和服务的标准化生产提供了条件,企业应尽可能地把这部分技术性的常规工作标准化,以有效地促进企业服务质量的提高,具体做法可以从下面五个方面考虑:

(1)从方便消费者出发,改进设计质量,使服务程序合理化。

(2)制定要求消费者遵守的内容合理、语言文明的规章制度,以引导、规范消费者接受服务的行为,使之与企业服务生产的规范相吻合。

(3)改善服务设施,美化服务环境,使消费者在等待期间过得充实舒服,如设置座椅、放置书报杂志、张贴有关材料等,为消费者等待和接受服务提供良好条件。

(4)使用价格杠杆,明码实价地标明不同档次、不同质量的服务水平,满足不同层次的消费者需求。同时,在不同时期,不同状态下,通过价格的上下浮动调节消费者的需求,以保持供需平衡,稳定服务质量。

(5)规范服务提供者的言行举止,营造宾至如归的服务环境和气氛,使服务生产和消费能够在轻松、愉快的环境中完成。

16.3.5 服务品牌

服务品牌是指企业用来区别于其他企业服务产品的名称、符号、象征或设计,它由服务品牌名称和展示品牌的标识语、颜色、图案、符号、制服、设备等可见性要素构成。创服务名牌,是服务企业提高规模经济效益的一项重要措施。因而,企业应注意服务品牌的研究,通过创名牌来树立自己独特的形象,以建立和巩固企业特殊的市场地位,在竞争中保持领先的优势。

16.3.6 服务公关

服务公关是指企业为改善与社会公众的联系状况,增进公众对企业的认识、理解和支持,树立良好的企业形象而进行的一系列服务营销活动,其目的是要促进服务产品的销售,提高服务企业的市场竞争力。通过服务公关活动,沟通与消费者的联系,影响消费者对企业服务的预期愿望,尽可能地与企业提供的实际服务相一致,保证企业服务需求的稳定发展。服务营销有利于丰富市场营销的核心——充分满足消费者需要的内涵,有利于增强企业的竞争能力,有利于提高产品的附加价值。服务营销的兴起,对增强企业的营销优势、丰富企业营销活动内涵有着重要的意义。

服务营销是企业营销管理深化的内在要求，也是企业在新的市场形势下竞争优势的新要素。服务营销的运用不仅丰富了市场营销的内涵，而且也提高了面对市场经济的综合素质。针对企业竞争的新特点，注重产品服务市场细分，服务差异化、有形化、标准化以及服务品牌、公关等问题的研究，是当前企业竞争制胜的重要保证。

16.3.7 服务质量

服务企业实现自身差异化的一个主要方法，就是比竞争对手稳定地提供更高的质量。就像走在它们前面的制造企业一样，服务提供者现在也加入了全面质量管理运动中。像产品营销人员一样，服务提供者需要识别目标顾客对服务质量的预期。然而，服务质量要比产品质量更加难以定义和判别。比如，就一次理发的质量达成一致意见，要比就一个电吹风的质量达成一致意见困难。顾客保留率可能是衡量质量的最好尺度——一个服务企业保留住其顾客的能力，取决于它在多大程度上能够稳定、持续地向顾客让渡价值。

服务企业希望能够确保顾客在每一次接受服务的时候，都能够得到稳定一致的高质量服务。制造企业可以调整其机器设备和各种投入，直到一切都准备好，然而，服务质量却受到员工和顾客之间相互作用的影响而经常波动，所以质量问题会不可避免地发生。即使竭尽全力，就算是最好的企业偶尔也会发生递送延误、把牛排烤焦、员工大发脾气这样的情况。不过，虽然服务企业不能够避免质量问题的发生，但是可以学着进行补救。巧妙的服务补救措施可以把愤怒的顾客转变成忠诚的顾客。事实上，巧妙的服务补救与一切在一开始就完美无缺相比，更能够赢得顾客的购买和忠诚。因此，企业应当采取措施不仅努力确保每次都提供优质服务，而且还在发生服务失误时及时补救。

第一步就是向一线服务员工授权——给他们识别、关心和实现顾客需求的权力、责任和动机。比如在马里奥特公司，公司授权训练有素的员工就地解决发生的事情，以保持顾客满意。公司也期望员工们能够帮助管理人员查找出客人们的问题所在，并且给管理人员提出有关改善宾馆整体服务和顾客舒适水平的建议。

针对管理有方的服务企业的研究表明，它们的服务质量具有一些相同的优点。顶尖的服务企业都高度关注顾客并且树立高服务质量标准，它们不仅仅满足于良好的服务水平，而是要实现100%无缺陷服务。98%的绩效标准听起来似乎还不错，但是如果使用这样的标准，联邦快递公司每天就要丢失64 000个包裹，每一页打印好的文稿有10个单词出现拼写错误，每天开错400 000个药方，一年当中有8天饮用水是不安全的。

顶尖的服务公司对本公司和竞争对手的服务绩效密切关注。它们采用对比购买、用户调查以及意见和投诉表的方法来衡量绩效。例如，通用电气公司每年向用户家庭发放70万份意见反馈卡，以了解他们对通用电气服务人员绩效的评价。花旗银行定期进行“ART”评估——精确率、响应率和及时性——并且派一些雇员假扮顾客来检验服务的质量。

优秀的服务企业还通过沟通、交流的方式把公司对服务质量的关切传递给员工，并且提供绩效反馈。在联邦快递，质量检验随处可见。当员工早晨步入公司大门的时候，就会看到上一周的按时送达率。接着，公司的内部电视台会向员工详细分析前一天的工作情况以及当天可能存在的问题。

16.3.8 服务生产率

随着成本迅速上升,服务企业承担着提高生产率的巨大压力。为此,它们可以采取多种方法。服务提供者可以把现有的员工培训得更好,也可以招募工作更勤奋或者工作技能更熟练的新员工,或者服务提供者可以通过舍弃一部分质量来提高其服务的数量。在保健组织工作的医生们现在正减少给每个病人看病的时间,从而接待更多的病人。服务提供者可以通过增加设备和实施标准化生产来将"服务工业化",就像麦当劳在快餐零售业中采用流水线生产法那样。

最后,服务提供者可以利用技术的力量。尽管我们经常认为技术是用来在制造企业中节省时间和成本的,然而技术在使服务工人提高生产率方面也有巨大的潜力,只是这种潜力尚未开发出来。

通过使用一个名为Apriori的计算机化帮助系统,Storage Dimensions(SD)公司能够即时回答顾客提出的服务问题。当顾客打电话给SD公司询问问题时,操作员输入关键词。如果顾客的这个问题以前曾经有其他人问过并且做出过解答,解决方案的文件就会出现在计算机屏幕的顶端,这样顾客的问题就即时得到了解决。自从安装了Apriori系统,SD公司大幅度地降低了问题解决时间,从平均2小时降到了平均20分钟。除此之外,还有意外收获,公司通过使用在这种帮助"会话"中收集到的信息来确定销售意向并获得产品开发的构思。

与此类似,设计出色的网站可以为顾客提供购买所需的信息,筛选购买选择,甚至直接在网上购买,从而节省了服务提供者的时间。

不过,企业应当避免过分追求生产率而损害了质量。尝试使服务实现工业化生产或者削减成本,可以在短期内提高服务企业的效率,但是却削弱企业长期的经营能力,比如创新能力、维持服务质量的能力以及响应顾客需要或愿望的能力。在有些情况下,服务提供者宁愿牺牲一部分生产率来创造更大的服务差异化水平或更高的质量。

小 结

服务和服务营销在现代经济生活中具有重要的意义。服务产品是能够满足人们某种需要的行为、过程与表现,服务具有无形性、不可分离性、差异性及不可储存性等特征。

服务营销就是一门讨论如何有效开展无形服务的营销活动的学科。其研究的内容不仅包括纯粹无形服务的营销过程,也包括与有形产品组合起来向消费者提供的无形服务部分的营销活动。

服务营销对手段和方法提出了特殊的要求。服务的特殊性决定了服务市场细分的特殊性,要求企业在注意运用传统营销组合策略的同时,还必须要重视对人、过程及有形展示等因素的重要性。服务营销过程中必须协调处理好供求矛盾,通过加强质量管理意识,建立合理的质量评估体系,消除质量缺口,建立顾客忠诚。

复习题

(1)服务营销与传统营销的异同有哪些?

(2)服务产品具有哪些特点?这些特点对服务营销过程提出了哪些特别的要求?

(3)服务市场细分的主要标准有哪些?

(4)为什么要加强服务质量管理?

案　例

助力中国品牌崛起:君智战略咨询如何"营"得服务

2015年,君智由战略咨询专家谢伟山(董事长)、徐廉政(董事)、姚荣君(总裁)联合创办。创立至今,君智已成功助力包括飞鹤乳业、波司登羽绒服、雅迪控股、竹叶青峨眉高山绿茶等9家行业龙头在内的十余家企业实现增长,协助其中5家企业营收突破百亿元。在竞争激烈的战略咨询行业,君智是如何帮助客户取得这些成果的?未来,君智又应该如何加强优势,解决服务差异化管理的难题?如何才能持续提升服务水平,跻身于世界咨询之林?这些问题都有待于进一步的回答。

1. 成果为上,共创事业

1)独辟蹊径

咨询行业最初诞生在欧美国家,可以划分为三个子类:信息咨询业、管理咨询业和战略咨询业。信息咨询业是以市场信息调查、收集、整理和分析为主,属于基础层;管理咨询业包含运营咨询、人力资源咨询、财务会计咨询、IT咨询等专业领域,位于整个行业的核心层;而为大众所熟知的行业翘楚MBB(麦肯锡、贝恩和波士顿)则属于战略咨询,为企业提供战略设计、竞争策略、业务领域分析与规划设计等服务,位于行业最高层。

2015年君智创办时,外资管理咨询公司正凭借丰富的开发模型与工具在中国市场风生水起。然而,君智创始人发现,国外咨询公司主要解决企业内部的效率与成本问题。而我国企业长期存在着一种商业"瘟疫",就是它们无法摆脱价格战。因此,如何通过品牌塑造赢得消费者才是企业发展的真正目标。在此背景下,着眼于企业单个领域的改善已经很难获得突破,只有从全局出发,重新梳理发展战略,才能为企业注入能量。因此,君智立足于战略咨询,致力于为企业设计顶层战略,从根本上解决问题。

2)取道高端

据摩根士丹利2021年1月26日发布的报告预测:到2030年,中国的消费市场规模将保持年化7.9%的增长率,达到12.7万亿美元,相较于2020年翻一番。因此,中国企业家正迎来品牌淘金期和发展窗口期。国际管理咨询协会理事会(ICMCI)的报告也显示,相对于中国全球第二的GDP总量而言,中国的咨询行业依旧有很大的发展空间。

在这样的背景下,君智逐渐形成了"重塑中国商业文明"的使命,以及"以客户成果为荣,以价值创造者为本"的宗旨,并立下了"十年成就100个成功经典案例"的愿景。董事长谢伟山认为,"未来中国有话语权的企业,都是以千亿级营收为标准的"。因此,君智致力于协助企业提升盈利能力,获得行业领先者地位。目前,君智的客户,平均每年项目成本都达到了千万级别,无论是从合作的经费规模、执行深度和广度,还是从客户体验和客户成果目标来看,君智都已经在业界树立了高端战略咨询的形象。

3)模式蝶变

一般而言,大多数咨询公司的服务模式可以形象地比喻为“海鸥式咨询”,即签订合同后,咨询公司通过邮件向客户发送咨询报告,并不协助落地,导致客户很难落实策略获得突破。君智创始人在以往的工作经验中深刻体会到,执行咨询报告的困难是企业无法获取成果的重要原因,企业对落地指导的需求很大,但这一领域却是咨询行业的“真空区”。

有感于行业痼疾,君智开辟了共创式咨询服务模式。正如谢伟山所说:“君智创办的时候只有一个初心,就是一定要把企业的成果拿到。不管你多么能说会道,付出了多少劳动,还是写了多么好的东西,客户有没有出效果、有没有增长,这才是唯一的东西。”而且,君智遵循与客户合作关系的“长期主义”,至少合作三年以上,不仅提供咨询建议,也帮助其配称落地方案。一般而言,第一年为客户确立并落地竞争战略,第二年之后开展长期优化,使得品牌在顾客心中扎根。图16.4所示为君智服务模式。

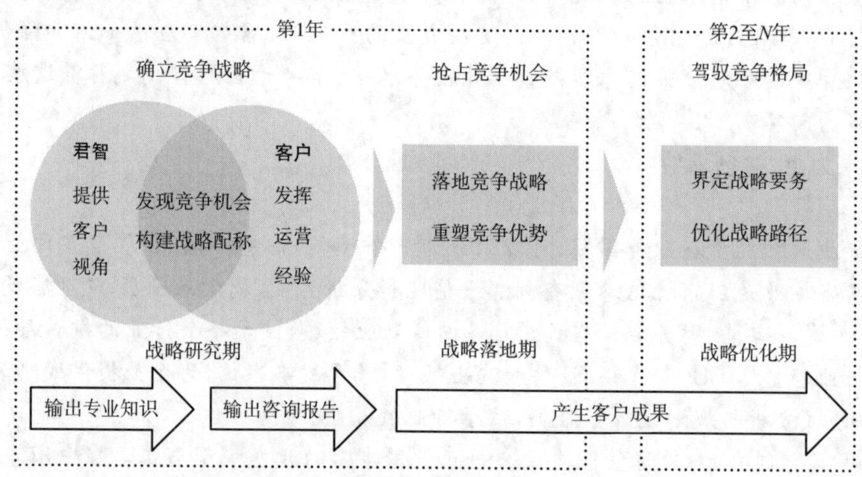

图16.4　君智服务模式

相较于传统咨询企业,君智的服务模式更注重战略执行的板块,从创立之初便处于不断的摸索迭代当中,经历了从体系构建到模块把控、从外部共创到内部优化的过程,共经历了三次模式蝶变。1.0阶段梳理出了所有落地模块。2.0阶段更注重模块的筛选与灵活应用,以便与企业实现更高效的价值共创。例如,对于消费者品牌意识较弱的行业,君智不要求企业着力品牌传播,而是灵活筛选出其他关键模块进行提升。3.0阶段的服务改进侧重于内部人员管理,人员按照能力、级别与需求获取模块化知识培训,从而有针对性地、更高效地提高专业水准。目前,君智正在进行4.0大数据运营的升级。未来,君智的知识、经验将借助数据支撑发挥更大的作用。

2. 以君之力,谋客之需

对于每一个潜在客户而言,君智既是知识分享者,也是事业伙伴。从接触客户到完成合作,君智的客户关系管理分为三个阶段,如图16.5所示。

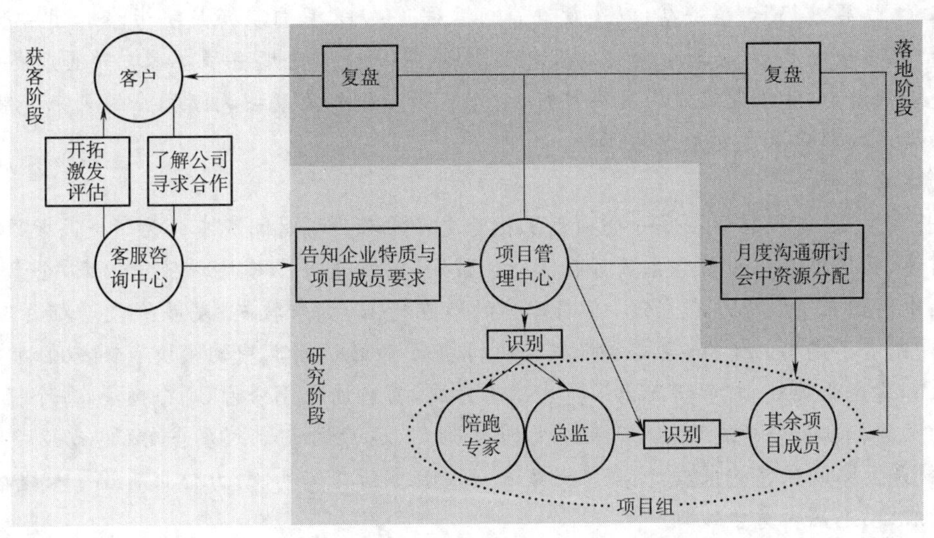

图 16.5　服务流程

1)精准获客

君智采取与客户双向选择的获客模式。君智首席客户官表示:“君智一年服务的客户数量不是很多,相比于客户数量,我们更注重合作质量。我们不仅要开发客户,更重要的是要对客户的产品、企业家精神等进行评估、筛选和认知的管理。”如图 16.6 所示,获客流程包含开拓、激发与评估三大内容。

开拓客户	激发客户	评估客户
开拓有潜力的、未来能赢得竞争的企业	激发企业对君智了解与合作的热情	评估客户是否达到标准
环节一 多渠道合作，与企业双向了解	环节二 通过3天课程体系，与企业双向选择	
		环节三 通过市场体验与深度沟通，对企业评估筛选

图 16.6　获客流程

君智通过多触点来形成客户的认知。以某运动平台公司为例,一开始,有投资人向其推荐了君智,但当时并没有引起该企业的重视。当企业领导人在市场上看到波司登出色的业绩之后,发现其背后的咨询公司是君智。其后,他又在清华的 EMBA 课堂上与飞鹤集团董事长深入沟通,进一步了解到君智的理念和模式,进而主动寻求与君智合作。

对于有合作意向的潜在客户,君智会开设为期 3 天的培训课程介绍其方法论及效能,同时也评估筛选出与君智理念相同的企业。君智首席客户官表示:“有一些企业家想通过营销快速地上市,或者是赚快钱,我们认为他们就是做生意的,这种企业家我们很难服务”。此外,客户咨询中心还将开展小范围市场体验,从四个维度进行客户筛选:①从客户所在行业角度去了解行业容量、发展趋势、竞争壁垒,以及政策管制措施;②从客户自身角度去考察其团队能力、产品质量、品牌认知度、社会和资金资源及相关渠道;③从竞争角度去了解客户是否具备成为行业领先者的潜力,竞争策略是否具有可行性;④从顾客认知角度去判断客户的未来发展方向,以及为满足顾客需求需要做出的调整。

2)战略共建

"长期主义"使得君智在每一个项目上花费更多的人力与时间成本。为了提高效率和稳定服务质量,构建标准化的后台系统势在必行。最初,君智将每个模块都梳理出来,全盘应用于企业之中。但在实践中逐渐发现,不同客户的所在行业、竞争状态、发展阶段等都存在差异。因此,即便有了完整的体系,也需要根据企业的需求与短板,对其中的模块有侧重地动态匹配。基于上百家企业实践,君智研发出了竞争战略系统,将咨询服务分为30个模块,每个模块都有特定的服务标准和分析流程,如市场需求、竞争形势、运营优势等。每个流程包含213个管控点,也就是具体的信息需求设计,据此开发出了143个研究工具,助力企业高效导入战略、稳定运营护航、动态应对竞争。

在这套标准化系统的支撑下,项目组从顾客与市场的角度入手开展战略研究。如图16.7所示,这是一套多渠道信息收集、多轮次市场研究、内外部方案共建的过程。

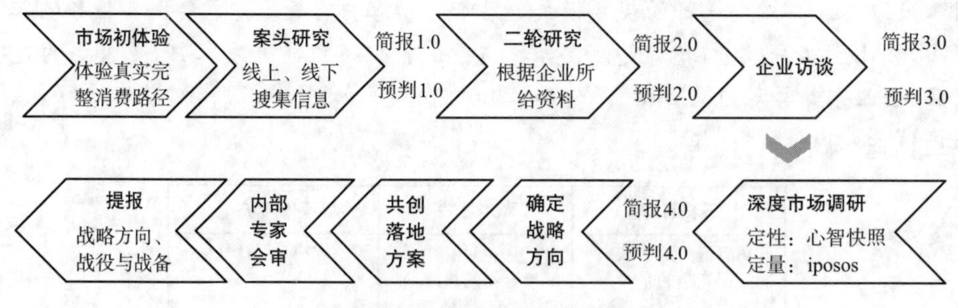

图16.7 研究阶段的流程

刚接触项目时,项目组的分析人员首先进行市场初体验,即以顾客身份去购买使用该产品及其竞品,体验真实完整的消费路径,对项目产品形成初步感受,再通过线上、线下渠道自行搜集信息。君智与益普索、尼尔森、万得等数据公司达成了战略合作关系,并拥有自身的专家智库,可以获取到企业的相关数据。接着,项目组向企业列出资料清单,以获取各运营板块的重要数据进行二轮研究,并开展企业访谈,了解客户中高层的感受与想法。

对二手资料梳理清晰后,项目组带着预判与资料下市场,进行定性定量相结合的深度市场调研。了解顾客需求并与企业产品特点相联系是君智研究过程中的重要一环。例如,在飞鹤项目中,表面上,消费者心目中国外奶粉品牌就是高端产品。但随着对市场的深入了解,君智挖掘出"一方水土养一方人"这一消费者常识,这与飞鹤采用本土新鲜、高质量奶源的特点不谋而合,从而协助飞鹤制定"更适合中国宝宝体质"战略,帮助飞鹤锁定了核心竞争优势。

在调研方式的选择上,为了避免集中式访谈的弊端,项目组采取了"心智快照"的定性调研方式,即截访店内外顾客,以获取真实消费场景下顾客最真实直接的感受;同时结合Ipsos提供的数据进行定量研究,得出最终的简报与预判,基本确定战略方向。制定初步战略方案后,最后一个环节为内部专家会审。总裁姚荣君认为,"真正要落地方案去拿到成果,首先还是策略的准确性。”专家委员会对战略与执行方案进行判断把控，并提出建议，当项目方案在整个君智层面获得确认，方可向企业提报。

3）护航落地

如何帮助客户落地是咨询行业的痛点，君智通过其“共创式”咨询方式在落地阶段为企业保驾护航。这不仅指君智与客户一起执行和落实，也指君智并不局限于咨询报告的纸面参数，而是随着市场需求的动态变化，随时为客户方案进行修正和调整，形成一份“动态的、长期的报告”。

针对战略的落地，君智会制定一份详细的计划表，围绕“抢占顾客认知”的核心要务制订相应的运营策略，从生产、物流配送、终端渠道、品牌推广等各个方面改善企业运营现状，并根据不同阶段顾客的认知变化而调整战略要务。在落地阶段最为重要的则是战略复盘，也就是在战略执行过程中对其进行管控。

君智的战略复盘主要有三种：一是常规复盘，即遵循定期复盘的原则，不断观察战略的执行情况并对其中执行不到位的地方进行调整；二是由行业突发事件引发的复盘，对于行业内竞争对手的突发动作，君智及时和客户研究对策；三是整个外部经济环境变化引发的复盘，这往往涉及所有项目的具体执行策略，分析企业是否可以充分利用突发事件带来的机遇。通过不断复盘，客户能从多个方面落实战略；君智也可以不断总结经验，提高工作效率。

尽管君智针对战略会有相应的落地计划和复盘方案，但不同企业的财务、市场状态不同，受制于有限的资源，一些企业很难在短时间内成功落地实施战略。在此情况下，君智还会为客户进行人力资本培育。例如，君智会为客户有潜质的中高层提供培训工作，解决人才培养问题，从而能够加深企业对战略的理解，更好地达到战略落地的目标。

3. 路漫漫兮，上下求索

谢伟山曾说：“如果中国的咨询公司不能立足于一个世界之林的话，我们中国品牌就很难立足于世界之林。”面对这个历史机遇，君智的时代刚刚到来。然而，复杂变化的环境给君智带来了许多困难和挑战：在迅速迭代的技术变革下，处于不同行业和不同生命周期的客户，对咨询服务的要求差异很大。如何进一步提升服务营销水平，解决咨询服务质量不稳定和差异化管理的难题，真正成长为我国咨询行业的领先者，君智正在不断摸索和前行……

讨论：

（1）君智的咨询服务有什么特点？

（2）针对咨询行业的问题，君智确立了怎样的战略定位和服务模式？

（3）在共创模式下，君智是如何进行客户关系管理的？

（4）运用服务营销三角形理论解释君智咨询服务后台支撑体系。

第六篇

市场营销管理

第 17 章　品牌管理

本章要点

- 品牌的整体含义。
- 品牌定位与品牌识别。
- 品牌资产及评估。
- 品牌延伸的几个步骤。

17.1　品牌的内涵与作用

17.1.1　品牌的内涵

1. 品牌的概念

越来越多的企业及其管理人员认识到，企业最有价值的资产之一是与它们的各种产品和服务相联系的品牌，品牌意识已深入人心，那么究竟什么是品牌呢？对品牌的定义有多种，广告专家琼斯对品牌的界定是：品牌，指能为顾客提供其认为值得购买的功能利益及附加价值的产品。美国市场营销协会（AMA）对品牌的定义是：品牌是一种名称、术语、标记、符号、设计或是它们的组合运用，其目的是借以辨认某个销售者，或某群销售者的产品及服务，并使之与竞争对手的产品和服务区别开来。其中，我们把这些创造品牌的名称、术语、标记、符号、设计、或它们的组合称为品牌元素。

2. 品牌的整体含义

品牌实质上代表着卖者对交付给买者的产品特征、利益和服务的一贯性的承诺。最佳品牌就是质量的保证。但品牌还是一个更复杂的象征。品牌的整体含义可分成六个层次：

(1)属性。品牌首先使人们想到某种属性。例如“奔驰”意味着昂贵、工艺精湛、动力强大、高贵、转卖价值高、速度快等。公司可以采用一种或几种属性为汽车做广告。

(2)利益。品牌不止意味着一整套属性。顾客不是在买属性，他们买的是利益。属性需要转化为功能性或情感性的利益。耐久的属性体现了功能性的利益：“多年内我不需要买一辆新车。”昂贵的属性体现了情感性利益:“这辆车让我感觉到自己很重要,并受人尊重。”制作精良的属性既体现了功能性利益,又体现了情感性利益:“一旦出事,我很安全。”

(3)价值。品牌也说明一些生产者价值。因此,“奔驰”代表着高绩效、安全、声望及其他东西。品牌的营销人员必须分辨出对这些价值感兴趣的消费者群体。

(4)文化。品牌也可能代表着一种文化。“奔驰”汽车代表着组织严密、高效率和高质量。

(5)个性。品牌也反映一定的个性。如果品牌是一个人、动物或物体的名字,会使人们想到什么呢?“奔驰”可能会让人想到严谨的老板、凶猛的狮子或庄严的建筑。

(6)用户。品牌暗示着购买或使用产品的消费者类型。如果我们看到一位20来岁的秘书开着一辆“奔驰”会感到很吃惊。我们更愿意看到开车的是一位55岁的高级经理。

所有这些都说明品牌是一个复杂的符号。如果公司只把品牌当成一个名字,那就错过了品牌化的要点。品牌化的挑战在于制定一整套品牌含义。当受众可以识别品牌的六个方面时,我们称之为深度品牌,否则只是一个肤浅品牌。

了解了六个层次的品牌含义,营销人员必须决定品牌特性的深度层次。人们常犯的错误是只注重品牌属性。但是购买者更重视品牌利益而不是属性;而且竞争者很容易模仿这些属性。另外,现有属性会变得没有价值,品牌与特定属性联系得太紧密反而会伤害品牌。

但是,只强调品牌的一项或几项利益也是有风险的。假如“奔驰”汽车只强调其“性能优良”,那么竞争者可能推出性能更优秀的汽车,或者顾客可能认为性能优良的重要性比其他利益要差一些,此时“奔驰”就需要调整到一种新的利益定位。

品牌最持久的含义是其价值、文化和个性,它们构成了品牌的实质。“奔驰”代表着“高技术、杰出表现和成功”等。奔驰公司必须在其品牌策略中反映出这些东西。如果奔驰公司以“奔驰”的名称推出一种新的廉价小汽车,那将是一个错误,因为这将会严重削弱奔驰公司多年来苦心经营的品牌价值和个性。

17.1.2　品牌的作用

品牌的作用可从多个方面来透视。下面,分别就品牌对营销企业和消费者的积极作用进行阐述。

1. 品牌对营销者的重要作用

对从事市场营销活动的企业来说,品牌的有益作用主要表现在以下几方面:

(1)品牌有助于促进产品销售,树立企业形象。品牌以其简洁、明快、易读易记的特征而使其成为消费者记忆产品质量、产品特征的标志,也正因如此,品牌成为企业促销的重要基础。借助品牌,消费者了解了品牌标定下的商品;借助品牌,消费者记住了品牌及商品,也记住了企业(有的企业名称与品牌名称相同,更易消费者记忆);借助品牌,即使产品不断更新换代,消费者也会在其对品牌信任的驱使下产生新的购买欲望,在品牌得到公众/消费者信任的同时,企业的社会形象、市场信誉得以确立并随品牌忠诚度的提高而提高。

(2)品牌有利于保护品牌所有者的合法权益。品牌经注册后获得商标专用权,其他任何未经许可的企业和个人都不得仿冒侵权,从而为保护品牌所有者的合法权益奠定了客观基础。

(3)品牌有利于约束企业的不良行为。品牌是一把双刃剑,一方面因其容易为消费者所认知、记忆而有利于促进产品销售,注册后的品牌有利于保护自己的利益;另一方面,品牌也对品牌使用者的市场行为起到约束作用,督促企业着眼于企业长远利益,着眼于消费者利益,着眼于社会利益,规范自己的营销行为。

(4)品牌有助于扩大产品组合。为适应市场竞争的需要,企业常常需要同时生产多种产品。因此对企业而言,产品组合是一个动态的概念。依据市场变化,不断地开发新产品、淘汰市场不能继续接受的老产品是企业产品策略的重要组成部分,而品牌则是支持其新的产品组合(尤其是扩大的产品组合)的无形力量。若无品牌,再好的产品和服务也会因消费者经常无从记起原有产品或服务的好印象而无助于产品改变或产品扩张。有了品牌,消费者对某一品牌产生了偏爱,则该品牌标定下的产品组合的改变或扩大就容易为消费者所接受。

此外,品牌还有利于企业实施市场细分战略,不同的品牌对应不同的目标市场,针对性强,利于拓展各细分市场。

2. 品牌给消费者带来的益处

(1)品牌便于消费者辨认、识别所需商品,有助于消费者选购商品。随着科学技术的发展,商品的科技含量日益提高,信息及科技传播速度的加快,增加了制造商的模仿能力。对消费者来说,同种类商品间的差别越来越难以辨别。由于不同的品牌代表着不同的商品品质、不同的利益,所以有了品牌,消费者即可借助品牌辨别、选择所需商品或服务。

(2)品牌有利于维护消费者利益。有了品牌,企业以品牌作为促销基础,消费者认牌购物。企业为了维护自己的品牌形象和信誉,都十分注意恪守给予消费者的利益,并注重同一品牌的产品质量水平同一化。如此一来,消费者可以在厂商维护自身品牌形象的同时获得稳定的购买利益。

(3)品牌有利于促进产品改良,有益于消费者。由于品牌实质上代表着销售者(卖者)对交付给买者的产品特征和利益等的承诺,所以营销企业为了适应消费者的需求变化,适应市场竞争的客观要求,必然会不断更新或创制新产品,以兑现或增加承诺。这是厂商的选择,也是消费者的期望。可见,迫于市场的外部压力和企业积极主动迎接挑战的动力,品牌最终会带给消费者更多的利益。

品牌的有益作用还表现在有利于市场监控、有利于维系市场运行秩序、有利于发展市场经济等社会经济发展方面。

17.2 品牌定位与品牌识别

17.2.1 品牌定位

1. 品牌定位的含义

品牌定位是指建立一个与满足目标市场需要有关的独特品牌形象的过程。一个企业不论它的规模有多大,它所拥有的资源相对于消费需求的多样性和可变性总是有限的,因此它不可能去满足市场上的所有需求,它必须针对某些自己拥有竞争优势的目标市场进行营销。品牌定位就是要在选定的目标市场上找到自己的位置,并在消费者的心里占据一个特定位置。

品牌定位和产品定位同样基于鲜明的竞争导向,但两者之间也有不同之处。品牌包含产品,又不等于产品,品牌在产品之上附加了联想、价值。因此,品牌定位更多地偏向传播的角度。

2. 品牌定位的目的

品牌定位的目的就是将产品转化为品牌,以利于潜在顾客的正确认识。成功的品牌都有一个特征，就是以一种始终如一的形式将品牌的功能与消费者的心理需要连接起来，通过这种方式将品牌定位信息准确传达给消费者。因此，厂商最初可能有多种品牌定位，但最终的是要建立对目标人群最有吸引力的竞争优势，并通过一定的手段将这种竞争的优势传达给消费者，转化为消费者的心理认识。

良好的品牌定位是品牌经营成功的前提，为企业进入市场、拓展市场起到导航作用。如若不能有效地对品牌进行定位，树立独特的消费者认同的品牌个性与形象，必然会使产品淹没在众多产品质量、性能及服务雷同的商品中。品牌定位是品牌传播的客观基础，品牌传播依赖于正确的品牌定位，没有品牌整体形象的预先设计(即品牌定位)，品牌传播就难免盲从而缺乏一致性。

3. 品牌的定位策略

品牌定位是勾画品牌形象及其所提供价值的行为，以此使该细分市场的消费者正确认识本品牌有别于其竞争品牌的象征，在消费者心里确立一个独一无二的位置。

品牌定位是通过积极的传播而形成的。企业可以选择不同的定位策略，明确定位，结合品牌的包装、渠道、促销、公关等向市场传达定位概念。

(1)属性定位策略。即根据产品的某项特色来定位，如雷达表宣传它“永不磨损”的品质特色。

(2)利益定位策略。根据产品带给消费者的某项特殊利益定位，如高露洁突出“没有蛀牙”的功效。

(3)用途定位策略。根据产品的某项用途定位，如“汽车要加油，我要喝红牛”的“红牛”饮料，把自己定位于增加体力、消除疲劳的功能性饮料。

(4)用户定位策略。这是把产品和特定用户群联系起来的定位策略。它试图让消费者对产品产生一种量身定造的感觉，如“太太口服液”定位于太太阶层。

(5)竞争者定位策略。以某知名度较高的竞争品牌为参考点来定位，在消费者心目中占据明确的位置，如七喜饮料针对可口可乐和百事可乐定位于“非可乐”，王老吉针对雪碧定位于“祛火凉茶”，江中牌健胃消食片针对吗丁啉定位于“助消化”等，都在不同程度上加强了自己在消费者心目中的形象。

(6)质量价格组合定位。如海尔家电产品定位于高价格、高品质，华联超市定位于“天天平价，绝无假货”。

(7)生活方式定位。这是将品牌人格化，把品牌当作一个人，赋予其与目标消费群十分相似的个性；如百事可乐以“年轻、活泼、刺激”的个性形象，在一代一代年轻人中产生共鸣。

17.2.2　品牌识别

1. 品牌识别的概念

著名品牌管理专家艾克将品牌识别(brand identity)定义为，品牌识别是品牌战略者们希望通过创造和保持的能引起人们对品牌美好印象的联想物。对品牌识别理是建立强有力品牌的关键，并且由此建立品牌资产。

在艾克的品牌识别理论中，品牌识别有三个方面的内容，包括品牌精髓(soul of brand)、品牌核心识别(core identity of brand)和品牌延伸识别(extended identity of brand)三个方面的内容。此外，艾克还从四个方面解释了品牌识别的 12 项具体的内容，包括：作为产品的品牌

(产品范围、产品特性、质量/价值、使用体验、用户和原产地)、作为组织的品牌(组织特性、区域性或者全球性)、作为人的品牌(品牌个性、品牌/消费者关系)、作为符号的品牌(视觉形象/标识和品牌历史),每一项内容都与品牌相关。

2. 品牌识别的系统流程

品牌识别系统的整个实施流程大致包括以下几个阶段:

(1)定义品牌识别。定义品牌识别具体内容是实施品牌识别系统的起点,如果要品牌识别产生"反映企业能组织和希望做些什么、和消费者产生共鸣、能造成与竞争对手的差异"的作用,企业就必须确保由品牌识别所体现的品牌形象能实现的利益价值主张是与消费者利益价值主张相一致的。消费者利益价值主张有三种形式,分别为功能性利益价值主张、情感性利益价值主张、自我表现性利益价值主张。品牌识别有四个方面12项具体内容,但并非所有的12项内容都能体现企业拟建立的品牌形象,而取舍标准是要看那一项内容能更好地实现消费者利益价值主张。通过倾听—了解—获悉的方法确定消费者的利益价值主张,并以此为标准,准确定义品牌识别的具体内容,然后以这些品牌识别内容为框架构建具体的品牌形象。

(2)建立和消费者关系。对与消费者建立一种"关系"有两种不同的理解:一种是"品牌是消费者和产品之间的关系";一种是"品牌应该和消费者建立如同人际关系般的联系"。这两种观点的分歧在于"品牌在和消费者建立关系中应该担当什么样的角色":前者认为品牌是和消费者关系的载体;后者则认为品牌是和消费者建立关系的主体。在第一种观点中,建立产品和消费者的关系是为了达到通过提高竞争品牌进入市场的门槛,增加竞争对手获得顾客的成本,从而达到降低自身品牌市场风险的目的。这与实施品牌识别系统的目标即获得清晰的品牌形象的目标是不一致的。要建立品牌与消费者之间的关系不应该局限于产品的范畴里,而应该以消费者为中心,以建立起一种"如同人际之间般的关系"。这就要求赋予品牌人性化的特征,使品牌能够成为消费者的朋友、老师、顾问或者保镖等,从而品牌就在消费者日常生活中扮演了某个角色。消费者的利益价值主张在人性化的品牌形象中得以体现,品牌将会获得消费者的认同,使消费者对品牌产生强烈的归属感,为最终形成品牌忠诚奠定了基础。

(3)品牌形象的传播。完成了定义品牌识别和与消费者建立关系深化品牌形象的步骤后,这一品牌形象需要消费者认知,要向他们进行大规模的品牌形象传播工作。始终保持品牌形象的持久一致是企业品牌化工作中的重点和难点。为了保证形象的持久一致,传播的主体企业在传播的过程中必须清楚三个最为基本的问题:传播的目标受众是谁(know-who)、传播什么内容(know-what)和怎样进行传播(know-how)。消费者利益价值主张统领着企业整个传播战略。它为品牌提供了定位的依据,通过品牌定位明确品牌的目标受众,然后企业配合最能体现消费者利益价值主张渠道、积极向消费者实施以其利益价值主张和品牌识别为主要内容的品牌定位传播,使消费者充分获得品牌形象的有关信息,为在他们心目中能形成一个鲜明、具体的品牌形象提供前提条件。完成建立和传播品牌形象,企业还需在执行层面维持这个品牌形象在消费者眼中的持久一致。达到这个目标的重要条件是"两个一致":品牌所有者必须达到从高层管理者到企业一线员工对消费者的利益价值主张认识一致,以及所有的市场营销活动实现消费者利益价值主张前后一致。

(4)建立消费者体验。消费者体验过程中的主角是消费者本身,但主导这一过程的则是品牌的所有者。因为消费者体验是否愉悦将很大程度上取决于品牌所有者提供的经历内容是否符合消费者的期望。在消费者的体验过程中,消费者与品牌每一次接触都将产生一个或者多个的接触点(touch point)。品牌所有者通过这些接触点向消费者传达关于品牌形象的信息，这些信息使消费者能对品牌的具体形象进行感知和联想，加深消费者对品牌形象的印象。消费者与品牌的接触点分为有形的(例如产品包装、配送等)和无形的(例如企业文化、员工士气等)两种类型，但无论是有形的还是无形的，接触点向消费者传播的信息所体现的品牌形象都应该是一致的。

经过了消费者体验品牌的过程，品牌的形象才在消费者心中真正地建立起来。品牌所有者需要通过不懈的努力去维持品牌形象在消费者心中的良好和持久一致，使品牌识别成为消费者辨别具体品牌的有力标准，这样，企业最终将会获得由战略性的品牌资产带来的具有竞争力的、强大的市场优势。

17.3 品牌资产

17.3.1 品牌资产的含义

品牌资产(brand equity)是附加在产品和服务上的价值。这种价值可能反映在消费者如何思考、感受某一品牌并做出购买行动，以及该品牌对公司的价值、市场份额和盈利能力的影响。品牌资产是与公司的心理价值和财务价值有关的重要无形资产。

营销者们和研究人员使用各种各样的预测方法研究品牌资产。基于顾客的研究方法从消费者(个人或者组织)的视角分析品牌资产。基于顾客的品牌资产模型的前提是顾客所见、所读、所听、所学、所想和所感觉到的品牌力量。换句话说，一个品牌的力量取决于已有的或潜在的顾客及其直接和间接的关于品牌的经历。

基于顾客的品牌资产(customer-based brand equity)可以被定义为关于消费者对某一品牌的营销效应的不同反应。当顾客对产品以及它的推销方式有积极的反应时，一个品牌便拥有正面的基于顾客的品牌资产。如果顾客对在相同情况下的品牌营销活动做出较不喜欢的反应，这个品牌则被认为有负面的基于顾客的品牌资产。

这个定义有三个关键成分。首先，品牌资产起源于消费者反应的差别。如果没有差别，该品牌的产品基本上被归类为一般产品。于是这种产品的竞争或许就以价格为基础。其次，这些差别是一个消费者的关于品牌知识的结果。品牌知识(brand knowledge)由与品牌相关的全部想法、感觉形象、经验、信仰等组成，所以，品牌必须使消费者相信它是强大的、有利的、独特的。第三，构成品牌资产的消费者的不同反应，反映在与一个品牌营销各方面有关的知觉、偏爱和行为上。表17.1总结了一些品牌资产的关键利益。

表17.1 品牌资产的关键利益

产品性能的改善	对价格下降有弹性的消费者反应
更高的忠诚度	更强大的买卖合作以及支持
竞争性市场行为中更少的弱点	增长的市场沟通效率
市场危机中更少的弱点	可能的许可机会
更大的利润	额外的品牌拓展机会
对价格增长无弹性的消费者反应	

在建设强势品牌过程中,营销者们的挑战是:保证顾客拥有关于产品和服务的经验与被要求创建品牌知识结构的营销计划相一致。

17.3.2 建立品牌资产

营销者们通过对合适的消费者创建正确的品牌知识结构来建造品牌资产。该过程取决于全部的相关品牌接触——无论是否是营销者所发动的。不过,在一个营销管理远景中,品牌资产的形成有三个主要方面:

(1)组成品牌的品牌元素或者身份的最初选择。例如,品牌名称、网站地址、标识、符号、特征、代言人、口号、谐韵、包装和记号。品牌资产是以品牌名字为核心的联想网络,因此一种产品在没有名字之前,就没有品牌资产可言。

(2)产品和服务以及全部相关营销活动和支持营销计划。给产品起一个合适的名字对品牌资产建设固然重要,但是,没有相应的营销传播活动,品牌一样建立不起来,品牌资产也无法形成。在各种营销活动中,广告是重要的活动之一。企业经常利用广告来加强消费者的品牌意识,提高品牌知名度。除了广告之外,其他营销活动如产品展示也有助于提高品牌知名度。

(3)消费者的产品经验是品牌资产形成的关键。消费者的产品经验对品牌资产形成的重要性体现在以下两个方面:一是产品经验会强化或修正基于营销传播建立起来的联想;二是产品经验导致一些联想的形成。

具体而言,建立品牌资产应关注以下几个方面:

1. 选择品牌元素

品牌元素包括能鉴定并且使品牌有差异的那些可识别的图案。大多数强势品牌拥有多个品牌元素。耐克有特别的“对钩”标识、“想做就做”的口号,以及基于神话中有翼的胜利女神的名字——耐克,共同构成了耐克这一强大品牌。

好的品牌元素可以为建立更多的品牌资产服务。如果要测试这些品牌元素的品牌构建能力,应该测试当他们只了解该品牌元素时,他们如何思考或者感受这种产品。例如,提供正面信息的品牌元素将使消费者产生假设或推断出价值联想或反应。

2. 品牌元素选择准则

选择品牌元素有6个准则,前3个准则(可记忆、有意义和可爱的)可表现为品牌资产如何通过对某种品牌元素做出谨慎选择而建立,因此被描述为品牌塑造。后3个准则(可转换、可适用和可保护)更多地用于“防御”,涉及一个元素怎样在一个品牌里调控并且在不同的机会和限制条件面前保护品牌资产。

(1)可记忆。在消费者进行购买和消费时,该要素是否很容易被忆起和识别?例如,农夫山泉是一个很容易记住的名字。

(2)有意义。在相应的产品类目中,品牌的可信度和联想度达到什么程度?品牌能够表明该产品的成分或者使用该品牌的这类型人群吗?它是否令人想起某种成分或某些品牌使用者?例如,李宁是中国家喻户晓的体育明星,李宁品牌很容易让人联想起“运动”的相关产品。

(3)可爱的。是否具有美学感染力,并在视觉、语言或其他方面具有内在的迷人特征?例如,福娃,作为北京奥运的吉祥物,其名字饱含中国民风韵味,并且五个可爱形象给人以深刻印象。

(4)可转换。在相同还是不同的种类里,品牌元素能用来介绍新产品吗?品牌元素能跨越地理边界和市场细分群体使品牌资产增加到什么程度？大众汽车公司命名它的越野车为途锐(Touareg)，这是一个丰富多彩的撒哈拉沙漠游牧部落。

(5)可适应。品牌元素的适应性和更新水平怎样？贝蒂妙厨的形象已经有了8次以上的彻底改变。

(6)可保护。品牌元素的法律保护怎样？竞争的可保护性怎样？它容易被复制吗？品牌创建是个长期而成本高昂的过程，企业要让其品牌成为该类产品的替代名称，品牌保护显然尤为重要。

3. 开发品牌元素

在品牌塑造的过程中，产品有很多可供选择的品牌名称。今昔对比，品牌名称选择有所变化。以前公司选择品牌名称时，通常会先列一张清单，详细地写明各种名称的含义，讨论它们的优点，挑选后留下少数几个，然后在目标顾客中进行测试和做最后的选择。今天，许多公司更喜欢雇用营销调研公司设计并测试名称。这些公司应用头脑风暴会议和计算机数据库，进行联想，然后把声音和其他质量指标编入目录单。名称研究过程包括：联想测试(association tests)(名称能在人们心目中产生什么形象)，学习测试(learning tests)(名称的易读性如何)，记忆测试(memory tests)(名称的易记性如何)，以及偏好测试(performance tests)(哪个名称更受欢迎)。当然，公司还必须进行搜寻，保证被选择的名称没被注册。

4. 设计全面营销活动

虽然审慎地选择品牌元素和次级联想对建造品牌资产有重要贡献，但最初的投入来自于产品或服务及对营销活动的支持。

品牌不是通过广告建立起来的。顾客可以通过多种接触点来获悉一个品牌：个人观察和使用，口碑传播，与公司人员进行在线或者电话体验式的互动。品牌接触可以定义为一个消费者或预期顾客对品牌、产品目录或者与这种营销者们的产品或者服务有关的与该品牌的接触体验。任何体验都可能是正面或者负面的。公司必须投入与做广告一样多的努力来管理这些品牌接触体验。

营销计划背后的战略和战术近年来发生了戏剧性的变化。营销者们正通过众多街区活动建立品牌接触和品牌资产，例如，俱乐部和消费者社区、贸易展览会、事件营销、工厂访问、公共关系和新闻发布会，以及社会活动营销。为了销售麦片，通用磨坊公司除了进行传统的广告营销外，还在明尼阿波利斯的"美国商场"内设有基于家庭主题和娱乐的零售点——麦片冒险。

不考虑这些特别工具或者他们选择的方法，全面营销者们在设计品牌、建造营销计划时，强调三个重要的新主题：个性化、一体化和内在化。

5. 个性化

互联网的迅速扩张已经为创建个性化营销提供了机会。营销者们正逐渐放弃在20世纪50年代、60年代和70年代建造品牌时的大众营销惯例，公司正在努力与每位顾客进行一对一的营销。为了适应消费者不断增加的对个性化的向往，营销者们已经接受了这些概念，如体验营销、一对一营销和许可营销。

从品牌的观点看，这些概念将通过建立一种强烈、活跃的关系，使消费者更积极地参与到一个品牌中。个性化营销(personalizing marketing)是指尽可能保证品牌及其营销与顾客保持关联——这是一项挑战，因为没有两个顾客是完全相同的。

6. 整合

这些新的营销方法的应用是因为传统的营销组合概念和对4Ps的解释已不足以描述现代营销活动。整合营销(integrating marketing)就是将各种营销活动混合并搭配,以使单独的和整体的营销效果均能最大化。作为整合营销的一部分,营销者们需要加强有关品牌许诺的多种营销活动。

整合就营销传播而言特别关键。从品牌建造的视角看,对传播方案的评价应该以其对品牌资产的贡献为标准。每种传播方案可以依据其效力、效率及其品牌知名度的影响来判断,这样可以创造、维护或强化品牌形象。品牌知名度(brand awareness)是消费者在不同情况下鉴定品牌的能力,表现在他们对品牌的识别或记忆能力。品牌形象(brand images)是消费者对品牌持有的知觉和信仰,反映在消费者的记忆与品牌的联系上。

17.3.3 管理品牌资产

品牌审计和品牌追踪调研为最有效地建立和评估品牌资产提供了一个庞大的信息库,尽管如此,如果在组织内部不采用适当的结构和程序,以有效地利用品牌资产的概念及收集的相关信息,那么这些研究努力的潜在价值还是无法实现。虽然品牌资产管理系统无法保证总能作出"明智"的品牌决策,但它可增加作出这类决策的可能性,或者至少能减少作出糟糕的品牌决策的可能性。

许多公司在接受了品牌和品牌资产的概念以后,组织了专门力量,研究如何将这一概念最好地融入到组织中去。由于对品牌资产的概念缺乏理解和赞同,有些批评者坚持认为,许多营销经理实际上是在"无许可证"的情况下滥用品牌。

为了消除这些组织以及其他组织内部可能导致品牌管理在长期内低效率的潜在因素的不良影响,有必要建立一套品牌资产管理系统。品牌资产管理系统是指为加深对品牌资产概念的理解,改进品牌资产的利用效率,在公司内部设计的一套组织流程。完成一套品牌资产管理系统,要经过三个步骤:建立品牌资产图;撰写品牌资产报告;明确品牌资产责任。

1. 品牌资产图

建立品牌资产管理系统的第一步,是将公司对品牌资产的理解以书面的形式制定成文件,即品牌资产图,以便为公司内部的营销经理及公司外主要的营销伙伴提供相关的工作指导。这一文件应该:

(1)从公司的角度对品牌资产概念作出定义并解释其重要性。

(2)从相关产品及其冠名、营销方式的角度描述关键品牌的范围。

(3)从公司水平和单个产品水平确定所有相关层次品牌的实际资产和理想资产。同时,还必须对相关联想进行定义,包括联想的特质、价值及构成共同点和差异点的想法。

(4)说明如何利用追踪调研及由此得出的品牌资产报告对品牌资产进行评估。

(5)对如何根据总的战略原则(如强调长期内营销计划的一致性)管理品牌资产提出建议。

(6)描述如何依据具体的战术原则(如广告评价标准、品牌名称选择标准)修正营销计划,从商标使用、包装及沟通的角度确定处理品牌的正确方法。

例如,通用电气公司有一份"识别计划文件",对通用电气公司所有的营销沟通活动中应该表现出的通用电气品牌形象作了定义。在简短地陈述了品牌历史及品牌重要性之后,这份文件对针对通用电气品牌价值的研究作了总结,明确了通用电气品牌的核心承诺("更加美好的生活")、个性及价值,并为品牌管理提出了若干原则。这些原则强调了一致性和纪律性,并被总结成一张问题清单,以督促通用电气的营销决策者们明确关键产品的特征、销售建议及其与通用电气核心承诺的联系。

虽然品牌资产图的布局不必每年调整,但其内容需要每年更新,以便更好地描述品牌现状,帮助决策者分辨品牌新的机会及潜在风险。当新产品问世、品牌计划修改及其他营销活动发生时,也需要把这一切在品牌资产图中充分地反映出来。另外,从品牌审计中获得的许多深层次的见解,也应该在品牌资产图中占有一席之地。

2. 品牌资产报告

建立品牌资产管理系统的第二步,是将追踪调研及其他相关品牌业绩评估的结果以品牌资产报告的形式反映出来,定期(每月、每季度或每年)送交管理层。其实,报告中的许多形象在组织中可能已经存在或已收集过了,但这些信息到达管理层手中时往往是支离破碎、大块大块的文字,无法从中得到整体的理解和把握,品牌资产报告就是试图将所有这些不同的评估结果有效地整合起来。

品牌资产报告应该提供的信息有:描述性信息及品牌现状;诊断性信息及原因说明。它应该涵盖内部和外部的有关品牌业绩、品牌资产来源和成果的所有评估结果;而且,报告中应有专门的一部分,对追踪调研得出的有关关键特质或价值联想的消费者感知、消费者偏好及行为进行总结。另外,报告中还应该用一定的篇幅,提供更带有描述性的市场水平信息,例如:

(1)产品经由分销渠道的运送和转移。

(2)相关成本损失。

(3)适当的价格和折扣计划。

(4)按相关因素(如地理区域、零售或消费者类型)细分的销售及市场份额信息。

(5)利润评估。

随着计算机技术的进步,公司可以将这些信息在网上发布,这样,经理们就可以通过公司内部网或其他方式进行查阅。

3. 品牌资产责任

最后,为了建立一套可使长期品牌资产最大化的品牌资产管理系统,还需要在组织内部明确划分与品牌相关的责任和流程。在这一部分,将讨论在公司内部为实施正确的品牌管理所涉及的责任分配问题,以及公司外部营销伙伴应当扮演的恰当角色。

1)品牌资产的监督

应当专门设立一个品牌战略管理或品牌资产管理副总裁或董事的职位,以便进行整体协调。担任此职位的人有责任监督品牌资产图的实施,以及品牌资产报告的完成,并最大限度地保证各部门及各地区的产品和营销活动能够反映品牌资产图的精神及品牌资产报告的实质,以最终实现品牌资产最大化。具体实施这些监督职权和责任的机构,可以是公司内部的一个直接向高层报告的营销小组。

即使是已经很强大的品牌,也需要严密监视,以防止经理们掉以轻心。要杜绝那些认为在品牌资产管理上"犯一次小错误"或"稍有闪失"是可以容忍的想法。许多顶级的公司,已为其部分或全部品牌设立了品牌资产"守门人"。IBM 成立了一个小组,专门负责品牌资产的调研,其任务是发掘有关品牌资产的联想,并从中找出那些需要修剪的不理想的联想,以及那些需要继续培育,以实现公司所希望的品牌形象的理想联想。这一小组的工作涉及的领域十分广泛,包括产品的总体印象和感觉,其目的是保证产品能最大限度地加强品牌资产。该小组还负责将有关品牌资产的信息在IBM各部门之间进行沟通,并负责解决公司内部各团体之间有关品牌资产的争议。

2)组织设计及结构

一般而言,市场营销的职能应当是在公司内部进行组织,并以实现品牌资产最大化为目标。目前,在组织设计及机构方面出现的几种趋势表明,人们已经越来越认识到品牌的重要性及稳妥管理品牌资产的困难。越来越多行业的公司,如汽车、卫生医疗、医药、计算机软件及计算机硬件行业,都在各自的组织中引入了品牌经理。通常,它们从一流的包装产品公司引进这类人才,并采用了与原公司相同的品牌营销措施。有趣的是,这些包装产品公司本身的品牌管理系统也在不断地演化,主要表现出以下两个发展方向:

(1)产品大类管理。品牌管理系统的先行者宝洁公司以及其他几家一流公司,近些年在公司产品大类管理上发生了很大的变化。以前,宝洁公司的高级管理层包括众多的部门营销副总裁,每人负责3～6个产品大类、12～18个品牌。20世纪80年代后期,宝洁公司开始强调新产品大类,为每40个左右参与竞争的产品大类(如洗衣剂、洗碗剂及其他特色产品)任命一个总经理,并赋予其直接的职责和权力,而品牌经理的责任实际上没有变化。

虽然与缩小机构规模、削减管理层次的管理趋势有些相悖,宝洁公司还是认为,它的新组织结构有许多优点。传统的品牌管理系统在品牌经理间培养内部竞争,因而创造了内部追求卓越的强烈动机。但这样的激励是以内部协调的丧失为代价的,因为品牌经理之间有时会相互争夺公司资源,如广告费、生产能力等,因而无法使他们的计划步调一致。与以前份额较小的产品大类相对易被忽视不同,新计划是为了使所有产品大类都能得到充足的资源而设计的,因此,产品大类管理被视为一种更有效的品牌管理方式,它可以加强品牌之间适当的共同点和差异点。泽诺尔从理论上对其做了证明。他采用博弈论分析和经验验证的方法,阐述了通过产品大类管理,协调公司不同产品和品牌的价格及其他市场营销活动所带来的好处。

另一个常被引用的加强产品大类管理的依据,是交易力量的增长。零售商开始逐步采用产品大类制,公司的利润也是来自这些商店的不同部门和分店,因此,宝洁公司认为,明智之举还是沿着它们的路线走。

(2)地理上的营销促进。另一个重要的问题是,如何在地区间分布市场营销力量,以最有效地实施品牌资产管理。有一个有趣的例子。米勒酿造厂出台了一项服务计划,重新组织其销售及市场营销功能。根据服务计划,米勒按销量、连锁布局、地理位置及法律规范等标准,将整个美国划分为19个主要市场,这些市场再组合成东部、南部和西部三个地区,每一个地区由多功能小组进行管理,这些小组有权处理价格促销、采购、销售及当地的市场营销计划等战术性营销问题,并对利润实现情况负责。与此同时,在米勒的密尔沃基总部又成立了一个授权经营集团,以便对长期资产实施战略性管理,并负责包装、全国性广告等问题的决策。因此,可以将米勒的营销计划视为致力于品牌的地区性和全国性需要有效调和的一次尝试。

总之,许多公司都在试图重新设计自己的市场营销机构,以更好地适应其品牌所面对的挑战。有趣的是,与此同时,由于工作要求和职责的变化,许多公司正在逐步取消传统的市场营销部门,转而探索其他实现市场营销职能的途径,如事业集团、多方执法小组等这些新的组织计划的目标,是为了改善内部协调,提高效率,加强对外部因素如零售商、消费者等的重视。虽然这些目标很美好,但这些新设计面临着一大挑战,即必须保证品牌资产能够得到继承和发扬,不会因缺乏监督而被忽视。

3)营销伙伴的管理

由于品牌的业绩还取决于外部供应商及营销伙伴的行为,因而有必要妥善处理其间的关系。目前的趋势是,公司正逐渐加强自己与营销伙伴间的关系,并减少外部供应商的数量,这一趋势在全球广告业务上的表现尤为明显。在这一领域内,许多公司把大部分业务(如果不是全部的话)交由一家代理商处理,例如,高露洁棕榄与 Young&Rubicam,IBM 与 0gilvy&Mather,以及锐步与 Leo Burnett 都是这样的关系。对在某一区域内雇用多少外部供应商的决策的因素有很多,包括成本效率、组织杠杆、创造性的多样化等。从品牌的角度看,只与一家主要供应商(如一家广告代理)打交道的好处之一,是可能在品牌理解和态度上实现更高的一致性,其他营销伙伴也能发挥很大的作用。

4)品牌投资

高级管理层的一项重要职责,是确定市场营销预算,决定公司资源在组织内部的分配方案。所以,品牌资产管理系统必须能够为这些决策者提供信息,使他们认识到其决策会给品牌资产带来的短期或长期影响。诸如投资于哪个品牌、是否实施品牌创建的营销计划、是否通过品牌延伸以增加品牌资产、减少沟通费用等决策,都必须能够反映通过品牌追踪调研或其他计划所揭示的品牌的当前状态和理想的状况。

17.4　品牌延伸

品牌延伸(brand extension)是指在已有相当知名度与市场影响力的品牌基础上,将原品牌运用到新产品或服务,以期望减少新产品进入市场风险的一种营销策略。品牌延伸具有能增加新产品的可接受性、减少消费行为的风险性、提高促销性开支使用效率、满足消费者多样性需要等多项功能,因而在广告与品牌营销中得到广泛应用。

品牌延伸战略的制定,必须经过系统的、审慎的考虑,一般应遵循以下五个步骤。在这五个步骤中,每一步都可以借助管理人员的判断及消费者调研来辅助决策。

第一步:定义实际的和理想的消费者品牌知识。

第二步:列举可能的延伸方案。

第三步:评价待选延伸方案潜力。

第四步:设计实施延伸的营销计划。

第五步:评价延伸结果及其对母品牌资产的影响。

17.4.1　实际的和理想的消费者品牌知识

在考虑任何延伸决策之前,有必要充分并且清晰地陈述理想的知识结构,特别是要明确定位的基础以及品牌的核心优势所在。定义实际的和理想的知识结构,有助于找出可能的延伸方案,对关系到延伸能否成功的决策具有指导意义。同时,在延伸评价的过程中,理解品牌长期的发展方向也是十分重要的。由于实施延伸之后可能改变品牌的含义,因此,延伸也会影响到消费者对此后所有营销活动的反应。

17.4.2 可能的品牌延伸方案

对于消费者因素，营销人员在寻找可能的延伸方案时，应该考虑母品牌联想——尤其当它们与品牌定位及核心优势有关时——以及在消费者头脑中看上去与品牌形象相协调的产品大类。管理首脑会议以及消费者调研，都可以作为产生可能的优势方案的方法。虽然在消费者调研中，考察消费者对某一延伸概念的反应要比让他们提出延伸建议的效果好，但是，直接询问消费者在推出新产品时应当把品牌提供给哪些产品还是很有建设性意义的。

适合性的基础可能是一个或多个联想。比彻姆公司在英国经营 Lucozade 多年，Lucozade 是一种治疗脱水和其他儿童疾病的葡萄糖饮剂。比彻姆在品牌联想方面大量投入，成功地将其从一种“液体补充剂”转换成“无论男女老幼都适合的健康运动饮品”；同时，比彻姆还以英国著名的奥林匹克运动明星戴利·汤普森(Dalay Thompson)作为广告明星，大张旗鼓地进行宣传，使得 Lucozade 的销售和利润急剧上升。由此可见，正是因为比彻姆认识到了 Luczzade 并不一定仅仅局限于一种医药产品，它可以通过品牌延伸及其他营销活动重新定位为一种健康营养饮料，从而成功地转换了品牌形象。

17.4.3 评价待延伸方案

预测计划中的品牌延伸能否成功时，有必要通过判断和调研，对品牌延伸发扬延伸优点、避免延伸缺点的可能性进行评估。在这一过程中，对于任何新产品来说，分析消费者、企业和竞争因素都是非常有用的。

1. 消费者因素

评价计划中的品牌延伸的成功机会，需要对其实现自身品牌资产的能力及其影响母品牌现有品牌资产的可能性进行评估。首先，营销人员必须预测品牌延伸所有联想的力度、赞誉度和独特性；换句话说，即母品牌联想在计划延伸内容中的重要性、赞誉度或独特性如何？同时，其他任何相关联想的力度、赞誉度和独特性如何？

一般需要进行消费者调研，对可能的延伸方案的组合进行删减。在调研中，可以向消费者直接询问，例如：“建议的延伸与母品牌是否协调？”或者：“您对母品牌推出的这一新产品感到吃惊吗？”甚至可以问消费者，他们认为目前哪些产品属于该品牌。如果多数消费者认为某一计划延伸的产品已经在该品牌下出售，那就可以得出结论：延伸在推出过程中风险很小，至少消费者对其最初的反应不会太差。为了更好地理解消费者对建议延伸的感知，在消费者调研中通常会采用开放式联想，例如：“当您想到这一品牌延伸时，脑海中会出现些什么？”或者：“当您听说母品牌正在推出这一延伸时，您产生的第一印象是什么？”然后根据对延伸概念陈述的反应进行分级。

在评价可能的延伸方案时，应尽量避免几个经常可能出现的问题。在评价延伸机会时常常会犯的一个主要错误是，没有通盘考虑所有消费者的品牌知识结构，营销人员有时会错误地将一个或几个品牌联想认为是适合性的潜在基础，而在这一过程中忽略了其他可能更重要的品牌联想。

另一个常见的错误，是忽视了消费者在评价延伸时会多么仔细。虽然消费者最终关心的是延伸的好处，但他们常常也会注意并对延伸特质——尤其是具体特质——进行评价；而品牌经理们在预测消费者反应时，则倾向于强调消费者感知到的好处，因而可能忽视一些潜在的破坏性特质联想。

2. 企业和竞争因素

营销人员在对某一计划中的延伸进行评价时,不能仅仅局限于从消费者的角度看问题,还必须拓宽视野,从企业和竞争的角度考虑。在延伸过程中,企业资产的使用效率如何?在延伸内容中,现有的营销计划、消费者感知到的延伸利益及目标顾客之间的相关程度怎样?消费者看到的延伸的竞争优势有哪些?竞争对手可能的反应是什么?

太多的延伸产品和过度的竞争,会使公司的资源使用变得紧张。例如,20世纪90年代早期,百事公司启动了一项激进的多品牌战略,推出了果汁、冰茶等各式饮料及运动饮品,将其品牌从14个一下扩充到了60个。这些品牌都取得了一定的成功。但1993年推出的一个主要延伸线"晶体百事"却惨遭失败。造成这一失败的因素很多,主要是口味不对、名称不恰当、包装不合适、广告不到位。虽然起了"晶体百事"这个名字,但喝起来一点也不像可乐,而是带点肉桂、姜、胡椒的味道。在整个事件中,可能百事受到的最大打击,就是其主打可乐品牌的市场份额流失,被可口可乐取而代之。人们怀疑,这是因为过多的新产品分散了百事用在核心品牌上的精力。

17.4.4 设计实施延伸的营销计划

人们常常会把延伸看成是推出新产品的一条捷径,而对发展能够使品牌延伸资产最大化并且丰富母品牌资产的品牌和营销方案重视不够。在新品牌的情况下,为品牌延伸构建品牌资产,需要选择品牌要素、设计实施延伸的最优营销方案,以及提升次要品牌联想。

1. 选择品牌要素

从定义看,品牌延伸保留了现有品牌的一个或多个要素。而营销人员应该认识到,在延伸时不仅应提升品牌名称,同时还需要提升其他品牌要素。例如,像亨氏和金宝汤料这样的公司,就已经进行了一揽子设计,其目的不仅仅在于赋予不同的线延伸或品牌类型以特色,同时还为了反映它们共同的来源。

包装在品牌资产中有时是一个相当重要的组成部分,以至于人们无法想象没有统一的包装设计要素的品牌延伸会是什么样子。在这种情况下,品牌的处境是进退两难:如果它们选择使用同种类型的包装,延伸就可能没有自己的特色;而如果它们选择使用不同类型的包装,则又会闲置了一个重要的品牌资源来源。

品牌延伸可以保留或修改使用一个或多个母品牌的品牌要素,也可以发展自己的品牌要素。在为延伸产品创造新的品牌要素时,同样可以遵循品牌发展中的易记性、内涵丰富、保护性、适应性和传递性几条原则。一般来讲,新品牌要素有助于品牌延伸与母品牌区别开来,从而建立自己的知名度和形象。现有母品牌要素和新延伸品牌要素之间的相对重要性,决定了母品牌向延伸传递的力度,以及延伸对母品牌的反作用。

2. 设计最优营销方案

设计品牌延伸营销方案应当遵循的原则,与构建品牌资产应当遵循的原则一致。在设计辅助营销计划时,通常需要创造产品相关及非产品相关联想,定价策略应以消费者的价值感知为指导,分销战略必须同时考虑推和拉两种因素,而营销沟通也应该将混合及匹配沟通结合起来使用。

在为品牌延伸选择合适定位时,通常是,延伸与母品牌之间的相似性越小,就越需要建立必要的、有竞争力的共同点。在许多情况下,大类延伸的差异点直接从母品牌的差异点中沿袭发展而来,并且很容易为消费者所感知。因此,当爱得利香皂延伸至香波和护发素时,其关键的"柔和"差异点很轻易地得以成功传递,所以,看上去更严峻的挑战反而是要将该产品大类的魅力以及香波如何将一个人的面貌改观等大类共同点传递到消费者头脑中。因此,对于大类延伸来说,共同点通常是至关重要的。而对于线延伸来说,则往往需要创造一个新的联想,作为延伸额外的差异点,以使其与母品牌区别开来。

对于线延伸来说,为了使销售挤占或消费者困惑等风险最小化,有必要使消费者理解新品牌与现有产品的联系所在。

3. 提升次要品牌联想

一般来说,品牌延伸往往能提升与母品牌一致的次级联想。有些情况下,延伸大类内的竞争,使得还有必要再采取一些额外的巩固行动,如与其他实体相联系等。从定义上看,品牌延伸的特殊之处在于,延伸时通常伴随着其他品牌联想或公司联想的提升,不过,这些其他联想与延伸关联的程度取决于所采用的品牌战略及延伸的品牌。如上面所述,品牌要素越普通,受到的重视越高,母品牌联想越有可能得到传递。

17.4.5 评价延伸结果及其对母品牌资产的影响

评价品牌延伸的最后一个步骤,是对品牌实现自身资产同时发展母品牌资产的能力进行评估。在推出品牌延伸时要考虑很多问题。在一些有关的研究活动中,雷迪、霍拉克和拜特对线延伸的成功因素进行了研究。引用他们研究的一些主要成果,进一步加强了我们上面提到的很多结论。主要是:

(1)强势品牌的线延伸会比弱势品牌的延伸更成功。

(2)象征性品牌(Symbolic Brand)的线延伸会比其他品牌的延伸在市场上获得更大的成功。

(3)得到有力广告和促销支持的线延伸会比支持不力的延伸更成功。

(4)较早进入某一产品次大类的线延伸会比后进入的延伸成功,条件是延伸的母品牌必须是强势品牌。

(5)公司的规模和营销努力也会对延伸能否成功产生影响。

(6)较早的线延伸有助于母品牌的市场拓展。

(7)由线延伸产生的销售增加额可能高于因"挤占"而损失的销售额。

小 结

品牌是一个名称、术语、标记、符号、图案设计或者是它们的不同组合,用以识别某个或某群销售者的产品或服务,使之与竞争对手的产品和服务相区别。品牌与产品、商标的概念既有区别,又有联系。品牌对制造商、经销商和消费者都有至关重要的作用。品牌定位是指建立一个与满足目标市场需要有关的独特品牌形象的过程。品牌识别是品牌战略者们希望通过创造和保持的能引起人们对品牌美好印象的联想物。品牌识别是建立强有力品牌的关键,并且由此建立品牌资产。品牌资产是附加在产品和服务上的价值。这种价值可能反映在消费者如何思考、感受某一品牌并做出购买行动，以及该品牌对公司的价值、市场份额和盈利能力的影响。品牌延伸是指在已有相当知名度与市场影响力的品牌基础上，将原品牌运用到新产品或服务以期望减少新产品进入市场风险的一种营销策略。品牌延伸一般应遵循以下五个步骤：定义实际的和理想的消费者品牌知识；列举可能的延伸方案；评价待选延伸方案潜力；设计实施延伸的营销计划；评价延伸结果及其对母品牌资产的影响。

复习题

(1)什么是品牌定位?

(2)举例说明品牌识别系统的建立过程。

(3)如何建立品牌资产?

(4)如何实施品牌延伸营销计划?

案　例

王老吉的品牌授权之路

公众对王老吉的了解，不仅仅是一句“怕上火，喝王老吉”的广告语，还有频频发生的王老吉品牌授权纠纷与丑闻。简言之，王老吉的成功源于品牌授权，其后续的止步不前式发展很大程度上也与品牌授权密切相关。

1. 品牌授权下的品牌价值提升

王老吉凉茶，创立于清道光年间(1828年)，创始人王泽邦，被公认为凉茶始祖。王泽邦辞世后王家分家，其中，王恒裕迁往香港定居，留在广东的王恒辉、王瑞恒兄弟经营王老吉远恒济。1956年社会主义改造公私合营后，王老吉商标所有权一直归广药集团所有。

2000年，广药集团授权香港鸿道集团在一定期限内生产经营红色罐装和红色瓶装王老吉，而在此之前，王老吉品牌一直是一个默默无名的小角色，年销售额不过一亿元左右。然而，在鸿道集团的营销努力下，“怕上火，喝王老吉”迅速传遍大江南北，精准的品牌定位和系统的整合营销传播，一度使其成为国内外营销界的经典成功案例。2010年，王老吉凉茶的品牌价值达到1 080亿元，一跃成果国内罐装饮品第一大品牌。

2. 基于品牌授权的商标纠纷

正值王老吉如日冲天之际，广药集团一纸诉状将鸿道集团告上法庭，一场旷日持久的商标纠纷官司正式拉开。令人惊奇的是，诉讼的焦点在于双方对红罐王老吉的商标使用期限无法达成统一认知，广药集团认为，根据品牌授权协议，鸿道集团的商标使用权限为期限从2000年5月至2010年5月共10年；而鸿道集团则认为，双方拥有后续的补充协议，其拥有更长的使用期限。

经过长达445天的沟通、取证、仲裁、判决，最终证实：鸿道集团所谓的后续补充协议是通过非法手段获取的，即通过贿赂广药集团原总经理所得，不具有法律效力。2012年7月，广药集团收回鸿道集团的红色罐装及红色瓶装王老吉凉茶的生产经营权。广药集团虽然胜诉，但旷日持久的法律纠纷,仍使王老吉品牌美誉度大打折扣。

3. 频频发生的品牌授权乱象

王老吉品牌价值的提升,似乎让广药集团尝到了品牌授权的甜头,从白云山和王老吉于2019年成立的、专门负责广药集团系列公司品牌授权生意的广州创赢公司的官网展示内容来看,目前其授权产品已高达300余款,涉及保健品、啤酒和食品等多个领域。

遗憾的是,关于王老吉品牌授权的丑闻却频频发生。起因是最近几年,在多个社交平台上有招商公司打着"广药集团大健康饮品全国运营中心""广药大健康王老吉新品运营总部""王老吉总部"等旗号,以明星代言、高额返利、专业运营团队等承诺,引诱各地投资人签署代理合同。但没想到的是,与代理商们签约的只是一个获得了王老吉品牌授权的经销商。

最终在这个以"王老吉授权"为主线编织起来的真假难辨、错综复杂的招商关系网中,由于招商公司无法履行签约前的招商承诺,以至于新加入的代理商们承担了所有的经营风险并付出了巨额亏损的代价。但当损失惨重的代理商们找广药集团和王老吉讨一个说法时,广药集团却在官网发布声明回应称:"不法分子假冒广药集团进行招商,这类公司和广药集团没有任何隶属关系。希望代理商和商户提高警惕,谨防诈骗。"

从法律角度来看,王老吉似乎的确不需要承担任何责任。但企业往往生活在一个非真实而是被感知的环境中,招商公司利用王老吉名义侵害经销商的权益,显然一定程度上对王老吉品牌的声誉造成极大的负面影响。特别是,作为凉茶大王的王老吉,为何会频频在品牌授权方面出现问题,王老吉的品牌管理真的就没有问题吗?

(资料来源:根据网络相关资料整理)

讨论:

(1)你如何看待王老吉的品牌授权管理模式?

(2)你认为王老吉在品牌授权中应强化哪些管理?

参考文献

[1] 科特勒,阿姆斯特朗．市场营销原理:第15版[M]. 郭国庆,译．北京:清华大学出版社,2019.

[2] 郭国庆．市场营销学通论[M].8版．北京:中国人民大学出版社,2020.

[3] 吕一林,陶晓波．市场营销学[M]. 北京:中国人民大学出版社,2019.

[4] 王兴明．市场营销学[M]. 南京:南京大学出版社,2015.

[5] 王永贵．市场营销[M]. 北京:中国人民大学出版社,2019.

[6] 吴健安,钟育赣,胡其辉．市场营销学[M].6版．北京:清华大学出版社,2018.

[7] 张巍编．市场营销[M]. 西安:西安交通大学出版社,2020.

[8] 徐长冬,陈伟,陈嵩博．现代市场营销学[M]. 北京:清华大学出版社,2017.

[9] 金焕民,刘春雄．营销红皮书[M]. 北京:企业管理出版社,2009.

[10] 刘常宝．市场调查与预测[M].2版．北京:机械工业出版社,2021.

[11] 苏朝晖．市场营销　从理论到实践[M].2版．北京:人民邮电出版社,2021.

[12] 刘冰．网络营销策略与方法[M]. 北京:北京邮电大学出版社,2019.

[13] 安贺新．服务营销[M]. 上海:上海财经大学出版社,2020.

[14] 贝尔奇,贝尔奇．广告与促销:整合营销传播视角[M]. 郑苏晖,译．北京:中国人民大学出版社,2019.

[15] 赵晓燕,孙梦阳．市场营销管理:理论与应用[M].2版．北京:北京航空航天大学出版社,2018.

[16] 凯勒,斯瓦米纳坦．战略品牌管理:创建、评估和管理品牌资产[M]. 何云,吴水龙,译．北京:中国人民大学出版社,2020.

[17] 张玉利,张敬伟．客户关系管理:客户关系的建立与维护[M].5版．北京:清华大学出版社,2021.

[18] 郑锐洪．营销渠道管理[M]. 北京:机械工业出版社,2020.

[19] 毛利,唐淑芬,侯银莉．新媒体营销[M]. 成都:电子科技大学出版社,2020.